船舶智能化与绿色技术丛书

船舶推进轴系振动及其控制

欧阳武　金　勇　张　聪　何　涛　著

科学出版社

北　京

内 容 简 介

本书系统总结船舶推进轴系动力学建模方法、振动特性规律及主/被动控制方法等方面的研究成果。全书共分9章，主要包括：绪论、船舶推进轴系支撑系统摩擦诱导振动特性、船舶推进轴系支撑系统分布式动态特性、船舶推进轴系耦合振动特性、船舶推进轴系振动状态评估与优化方法、基于微结构的推进轴系振动和噪声被动控制技术、基于颗粒阻尼的推进轴系纵向振动控制技术、基于挤压磁流体的推进轴系横向振动智能控制技术、基于电磁力的推进轴系横向振动主动控制技术。

本书内容新颖，理论与实践相结合，可作为高等院校船舶与海洋工程、交通运输工程、动力工程、机械工程等专业的研究生教材和相关专业教师的教学和科研参考书，也可作为从事相关领域工作的工程技术和研究人员的参考书。

图书在版编目（CIP）数据

船舶推进轴系振动及其控制/欧阳武等著. —北京：科学出版社，2024.6
（船舶智能化与绿色技术丛书）
ISBN 978-7-03-078576-3

Ⅰ.① 船… Ⅱ.① 欧… Ⅲ.① 推进轴系 Ⅳ.① U664.21

中国国家版本馆 CIP 数据核字（2024）第 101972 号

责任编辑：杜 权 刘 畅/责任校对：高 嵘
责任印制：彭 超/封面设计：苏 波

科学出版社出版
北京东黄城根北街 16 号
邮政编码：100717
http://www.sciencep.com

武汉市首壹印务有限公司印刷
科学出版社发行 各地新华书店经销
*

开本：787×1092 1/16
2024 年 6 月第 一 版 印张：20
2024 年 6 月第一次印刷 字数：470 000
定价：**178.00 元**
（如有印装质量问题，我社负责调换）

"船舶智能化与绿色技术丛书"序

近年来，世界船舶产业发展聚焦"智能"和"绿色"两大热点。国际海事组织、国际标准化组织等国际组织将"绿色智能船舶"列为重要议题，国际主要船级社先后发布了相关的规范或指导性文件，世界主要造船国家大力推进绿色智能船舶的研制与应用，船舶绿色智能化也成为我国船舶制造业发展的新机遇和新挑战。

绿色智能船舶中的"绿色"是指船舶在制造、运营、拆解的全生命过程中，以"绿色"为设计理念，在确保船舶质量、满足船舶的使用功能基础上，最大限度地降低成本，减少污染，提高船舶的资源及能源的利用率，打造环境友好型和资源节约型船舶。造船与航运业正在广泛开展船体节能技术（包括水动力节能和创新节能技术），替代燃料及主、辅机节能技术，航态优化与能效管理等技术的研究与产品开发。

绿色智能船舶中的"智能"是指利用传感器、通信、物联网、互联网等技术手段，自动感知和获取船舶自身、海洋环境、物流、港口等方面的信息和数据，并基于计算机技术、自动控制技术和大数据处理分析技术，在船舶航行、管理、维护保养、货物运输等方面实现智能化，以使船舶更加安全、环保、经济和可靠。中国船级社发布了全球首部《智能船舶规范（2015）》，综合考虑了船舶安全、能效、环保、经济和可靠的需求，将（商用）智能船舶分解为智能航行、智能船体、智能机舱、智能能效管理、智能货物管理、智能集成平台等。经过划分后，各部分自成体系，而整体上又涵盖了船舶上的各类智能系统。

当前，我国正处于世界新一轮科技革命和产业变革同我国转变发展方式的历史交汇期，发展绿色智能船舶是实现船舶工业转型升级、由造船大国向造船强国迈进所面临的千载难逢的历史机遇。我国船舶工业和航运业在绿色智能船舶领域进行了有益探索，相关科研攻关取得积极进展，船舶智能化与绿色技术的工程应用初显成效，已形成一定的技术积累和产业基础，基本与国际先进水平保持同步。为了给广大船舶科技工作者系统介绍船舶智能化与绿色技术的研究成果，将国内与国际研究相结合，更好地为国家海洋强国战略服务，科学出版社组织国内多所高校的专家学者编著了"船舶智能化与绿色技术丛书"。

"船舶智能化与绿色技术丛书"重点介绍新技术与新产品，注重学科交叉，理论与应用相结合，系统性、专业性较强。本套丛书的推出将在引领我国船舶与海洋工程领域的基础研究、原始创新和规模化发展，加快船舶与海洋工程建设水平，促进船舶与海洋工程领域研究成果转化和相关先进设备的产业化进程，推进我国成为海洋强国等方面起到积极的作用。

随着新技术特别是人工智能技术的迅猛发展，丛书内容难免会有缺陷与不足，但希望在我国船舶领域的高等学校、科研院所、造船企业及相关科技界的关怀下，在参加编著的专家学者的共同努力下，丛书的出版能够为我国船舶与海洋工程的技术进步与创新、推动船舶产业的"绿色化发展、数字化转型、智能化升级"做出应有的贡献，并为船舶与海洋工程界的科研人员和高等学校师生提供参考和指导。

吴卫国

2022 年 2 月 18 日

P序
reface

水路交通具有成本低、运距广、货量大和能耗低等显著特点，具有不可替代的优势。水路交通对于保障产业链、供应链安全至关重要，有力地保障了国民经济和社会发展。

船舶是水路交通的基本交通工具，其推进轴系是船舶动力与传动装置的重要组成部分，在主机和螺旋桨之间起到传递扭矩和推力的关键作用。随着船舶大型化的发展，推进轴系也向着具有大尺寸、长跨距、支撑多、轴系多、布局难等特点的方向发展。作为船-机-桨匹配的纽带，推进轴系及其连接设备的振源和传递路径极为复杂，其激励源包括：主机运动部件力矩不均衡、气动激励，螺旋桨非定常激励，船体不均匀或动态变形激励，传动齿轮啮合激励，传动轴不平衡和不对中等激励，轴承摩擦激励等，这些激励具有固、流、声、热、电磁等多物理场耦合、非线性等特征。在内外激励的作用下，推进轴系会产生纵向振动、回旋振动、扭转振动及其耦合振动，同时还会引起轴系与船体的耦合振动，造成轴系甚至全船振动超标、断轴断桨、轴承磨损烧瓦、密封失效等严重故障。

我国已经基本建立了船舶减振和降噪技术研究及设计体系，在设备、系统和元器件等减振降噪单项技术上取得了显著成果，但综合能力与传统海洋强国还存在差距。一方面，船舶推进轴系关键部件和系统振动机理的认识还存在局限，导致多源激励特性、振动传递机理、振动控制原理等方面的理论体系尚未建立，这也反映出基于动力学理论的船舶推进轴系振动结构优化和材料改性的潜力挖掘有限；另一方面，虽然橡胶隔振器、气囊隔振器等传统被动减振装置已经较为成熟，在船舶设备减振方面有广泛的应用，但难以有效抑制船舶推进轴系低频线谱的传递，无法适应振源特性的变化。振动主动控制、振动主被动协同控制技术是解决上述难题的有效手段之一。因此，开展船舶推进系统振动基础理论研究，揭示船舶推进轴系耦合振动机理和优化方法，提出面向船舶推进轴系的主被动控制技术，对持续提高我国船舶的声隐身水平，提高船舶运营可靠性，解决推进轴系振动控制难题具有重要意义。

武汉理工大学是我国水路交通领域高层次人才培养和科技创新的重要基地。依托水路交通控制全国重点实验室和国家水运安全工程技术研究中心，团队长期致力于船舶动力推进系统动力学理论、减振方法和技术研究，为我国船舶推进系统性能提升提供了大量的理论成果和技术支持。近年来，团队在国家自然科学基金重点、面上和青年项目、装备预研领域基金项目和国防科技重点实验室基金项目等项目的支持下，系统开展了船舶推进系统动力学建模、振动特性评估和优化、振动控制方法和技术研究，基于上述研究成果形成了这本专著。

　　该专著的出版对丰富船舶动力学理论和技术体系具有积极意义。希望该专著能为水路交通、船舶工业等技术领域的科技创新、人才培养、技术进步发挥重要作用。

中国工程院院士

水路交通控制全国重点实验室主任

2024 年 2 月 28 日

F 前 言
OREWORD

船舶是我国交通运输、海洋开发和海权捍卫的关键载体，高技术船舶是我国制造强国战略的十个重点领域之一。动力传动系统是高技术船舶的重要装备之一，《交通强国建设纲要》等国家重大战略文件明确指出，应强化船舶动力传动系统研发，突破设备关键技术。船舶推进轴系主要由传动轴、轴承、艉轴密封装置、传动设备和相关附件组成，它将主机旋转能量传递给螺旋桨，螺旋桨旋转产生推力又通过推进轴系传递给船体从而推动船舶前进。作为船-机-桨匹配的纽带，推进轴系在运行过程中受到外部激励（主机激励、螺旋桨脉动力、水压和冲击等）和内部自激励（支撑部件摩擦激励等）的共同作用，导致推进轴系多向耦合振动、非线性振动及与船体间耦合振动等问题凸显。研究表明，船舶推进轴系振动是船舶机械振动的主要形式之一，轴系振动剧烈、转轴断裂、密封破坏、轴承磨损等事故时有发生，并且给船员身体健康带来威胁。根据瑞士著名船舶保险公司 Swedish Club 的船舶理赔事故统计报告，船舶航行中由机械故障造成的事故占总理赔事故的 45 %，而在机械故障中动力传动系统（主机+推进轴系）的故障占 52.9%。此外，推进轴系的异常振动和噪声严重威胁舰艇声隐身性和战斗能力。因此，船舶推进轴系振动特性演化机理及其防控方法一直是船舶振动领域的研究热点。

服役条件下船舶推进轴系振动是一个极其复杂的动力学现象，恶劣工况下推进轴系支撑系统摩擦诱导振动形成和演化机制尚未揭示清楚，轴系多向振动耦合及其与船体动力学耦合作用机理阐述不明。近年来，材料、信息和控制理论的快速发展，为船舶推进轴系减振降噪研究带来了新方向。为此，本书总结作者及团队十余年来在船舶推进轴系振动及控制方面的研究进展，系统阐述船舶推进轴系动力学建模、振动特性分析及振动控制方法和技术。全书共 9 章：第 1 章为绪论，从船舶推进轴系振动及其振源出发，概述船舶推进轴系振动特性与控制的研究现状；第 2 章阐述船舶推进轴系支撑系统摩擦诱导振动特性，介绍推进轴系轴承动态摩擦力和摩擦诱导振动特性识别方法，揭示轴承鸣音特性；第 3 章阐述船舶推进轴系支撑系统分布式动态特性，包括偏载轴弯曲下水润滑艉轴承分布式润滑特性、刚度和阻尼特性及轴承分布式动特性支撑下的轴系振动特性；第 4 章介绍船舶推进轴系多向耦合振动和推进轴系-船体耦合振动的建模方法和仿真结果；第 5 章阐述船舶推进轴系振动状态评估与优化方法，包括基于静态校中、动态校中的推进轴系动力学建模、性能评估与优化方法和软件；第 6 章介绍基于微结构的推进轴系振动和噪声被动控制技术，包括刚柔异质与微结构耦合的仿生减振、增材制造超结构减振及声学超结构轴承减振技术；第 7 章介绍基于颗粒阻尼的推进轴系纵向振动控制技术；第 8 章介绍基于挤压磁流体的推进轴系横向振动智能控制技术；第 9 章介绍基于电磁力的推进轴系横向振动主动控制技术。

本书研究得到了作者所主持相关项目的资助，主要包括：国家自然科学基金专项项目（52241102）、国家自然科学基金青年项目（51609190）、国家自然科学基金重点项目（51839005）、装备预研领域基金重点项目（61402100101）、船舶振动噪声重点实验室基金项目（61422040303）、国防科技重点实验室基金项目（2021-JCJQ-LB-036）等，中国船舶集团有限公司七〇一研究所和七一九研究所等单位的委托项目，以及武汉理工大学研究生教材专著资助建设项目。在此，向国家各部委及企事业单位深表谢意。

本书撰写工作得到了团队大力支持，严新平教授、刘正林教授和周新聪教授对本书的立项和框架给予了宝贵的指导，对全书修订给予了大量帮助。本书由欧阳武教授统稿，各章节撰写人为欧阳武（第 1、2、3、6、8 章）、金勇（第 1、2、5、6、7 章）、张聪（第 1、4、6、9 章）、何涛（第 1、2、6 章）、杨磊（第 1、6 章）；课题组研究生程奇志、李瑞卿、刘祺霖、李金峻、陈浩东、况福明、黄健、朱杰峰、邓天扬、田亚奇、王桂、许天乐、燕汉兴、乔辉等参与了有关研究并提供了相关材料。此外，本书参考和引用国内外相关文献，在此一并致以衷心的感谢！

船舶推进轴系振动及其控制研究涉及多方面的影响因素，还有许多问题需要深化研究，因此本书的观点和论述难免存在不完善之处，敬请读者指正。

作 者

2024 年 2 月

C目录 ONTENTS

第 1 章

绪 论

1.1 概　述

航运业是世界贸易运输方式的主要承担者，根据国际贸易相关数据，全球贸易总量的 2/3 以上、中国进出口货物总量的约 90% 都是通过海洋运输来实现。而船舶作为水上基本交通工具，其航行的安全性及可靠性等各项指标正受到人们越来越多的关注，特别是对船舶推进系统的稳定性和可靠性提出了更高的要求。

船舶动力装置作为船舶的心脏，其主要任务是为船舶提供运作所需的能量，以保证船舶的正常航行、人员的正常生活与安全及完成各种作业等。随着造船技术的发展与完善，近十余年来，船舶越来越倾向于大型化、快速化、专用化及高度自动化。推进轴系作为船舶动力装置的核心，根据减速器类型、主发动机类型、桨轴类型、支承类型等可将其划分成不同形式，然而各类推进轴系的基本组成是类似的，主要包含螺旋桨、艉轴、中间轴、中间轴承、推力轴承、联轴器及密封装置等。推进轴系将原动机提供的动力经减速器带动螺旋桨旋转，并将螺旋桨在水中旋转时带来的反作用力传递给船体，从而推动船舶进行运动。

随着船舶朝着大型化发展，船舶推进轴系呈现出长跨距、多支承的特点，推进轴系的整体尺寸也随之增加。由于推进轴系长径比较大，螺旋桨这一集中质量也对推进轴系产生很大影响，轴系易发生弯曲变形，所以推进轴系在实际投入海上运行前须经过校中，一个良好的校中状态能够极大地改善推进轴系的使用性能。根据我国船舶行业标准《船舶推进轴系校中》（CB/Z 338—2005）规定，船舶推进轴系校中完成后，轴系各截面的挠度与转角需要满足一定的要求。除此之外推进轴系的支承特性也是影响推进轴系运转状况的关键因素，推进轴系中任意一个支承的特性发生改变时，都会影响推进轴系的振转特性。

在推进轴系运行时，螺旋桨总是处在不均匀伴流场中，加之海浪冲击、工作部件温升及校中状态与支承特性的变化等，船舶推进轴系常会出现复杂的线谱噪声，并伴随不同的振动形式产生，其中最典型的有推进轴系的横向振动、纵向振动与扭转振动，给推进轴系的稳定运转带来不良的影响甚至对推进轴系造成破坏。目前国内外对单一的振动形式已有较为丰富的理论方法和实验研究，然而对耦合振动尚缺乏有效手段。推进轴系逐渐朝着大尺寸、长跨距、多支承的趋势发展，扭转振动的固有频率远大于横向及纵向对应阶次的固有频率，因此发生耦合振动时，常为纵向振动与横向振动之间的耦合。其中横向振动所对应的固有频率较低，比纵向振动出现得更为频繁。当发生耦合振动时还会伴随一些复杂的非线性现象，因此有必要探究推进轴系纵横耦合振动特性的机理及振动消减策略。

随着船舶的不断发展，船舶推进轴系的振动问题变得更为复杂，需要考虑的因素也变得更多。相关研究的不断深入及技术方法的进步，也为船舶推进轴系的振动特性和控制方法提供了新的思路与挑战。船舶推进轴系支撑系统的动态特性、船舶推进轴系耦合振动、船舶推进轴系摩擦和振动状态评估与优化方法、船舶推进轴系的主被动控制技术等都是亟待研究的关键科技问题。这对提高船舶动力推进系统运行的稳定性及可靠性和降低推进系统振动对船舶的危害具有重要意义。

1.2 船舶推进轴系振动及其振源

1.2.1 船舶推进系统的组成与作用

船舶推进系统是船舶动力装置的关键部分，其中推进轴系的主要任务是连接主机与螺旋桨，将主机发出的功率传给螺旋桨，同时又将螺旋桨所产生的推力通过推力轴承传给船体，以达到推进船舶的目的。船舶推进系统主要结构如图 1-1 所示。

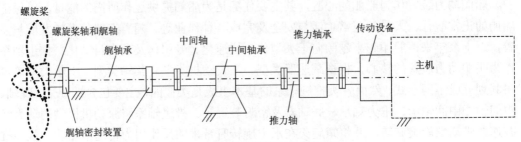

图 1-1　船舶推进系统组成示意图

船舶推进轴系由主机到螺旋桨之间的传动轴、轴承、艉轴密封装置、传动设备和轴系附件组成。

1. 传动轴

传动轴主要由螺旋桨轴、艉轴、中间轴和推力轴组成，其配置取决于船型、动力装置和机舱的布置情况。

1）螺旋桨轴和艉轴

螺旋桨轴位于轴系的最后端，尾部安装螺旋桨，首部通过联轴节与中间轴或推进机组输出法兰相连。一般情况下，只有当螺旋桨轴伸出船体过长时，螺旋桨轴才分为两段，安装螺旋桨的一段为螺旋桨轴，通过艉轴管的一段为艉轴，如图 1-2 所示。

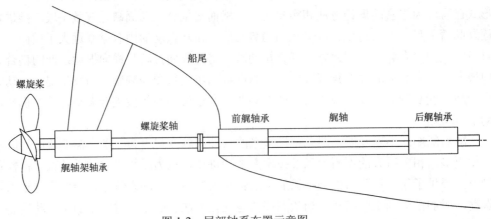

图 1-2　尾部轴系布置示意图

螺旋桨轴的尾部锥体与螺旋桨锥孔紧密配合，由此产生的摩擦力或通过键来传递主机转矩和螺旋桨推力。艉轴结构通常与螺旋桨轴基本相同。

2）中间轴

中间轴一般设在艉轴与推力轴之间，传递扭矩、推力和旋转运动。中间轴主要有整锻法兰式和两端锥体式两种。中间轴的轴颈用于安装中间轴承，一般每根中间轴设置一道中间轴承（即一个轴颈）。当中间轴过长时，也可用两道中间轴承，设置两个轴颈。

3）推力轴

在船舶轴系中，推力轴主要用来承受螺旋桨推力，并将推力传给船体推船前进；同时也要传递扭矩和旋转运动。推力轴的一端与主机或弹性联轴器、齿轮箱连接，另一端与中间轴或艉轴连接。一般滑动式推力轴承的推力轴均为整锻法兰式，轴上设有推力环。在推力环的两侧有推力块与其配合，用来承受和传递螺旋桨的推力。

2. 轴承

船舶轴系轴承包括螺旋桨轴承、艉轴承、中间轴承、推力轴承（有的柴油机推力轴承设在柴油机机座内），这些轴承主要为滑动轴承。

滑动轴承建立流体动压润滑的必要条件是：滑动摩擦副的配合表面之间存在楔形间隙，并连续充满润滑流体（油）等；配合表面之间须有相对滑动速度，其运动方向应保证润滑流体从大截面流进、从小截面流出。对应于给定的载荷 W，必须使速度 v、长径比 L/D、黏度 η 及间隙 δ 等参数匹配适当。滑动轴承获得流体动压润滑膜的充分条件是必须保证润滑膜最小厚度处的表面粗糙峰不直接接触。

1）艉轴承

艉轴承包括艉轴架轴承、前艉轴承和后艉轴承。艉轴承工作条件比中间轴承恶劣，在工作期间很难对其进行检查和维护，只有进坞或停泊时才能进行检查。

艉轴承润滑方式有油润滑和水润滑两种。油润滑艉轴承内衬材料常采用白合金；水润滑艉轴承常用橡胶、赛龙、飞龙等高分子复合材料，与其配合的轴承衬套常用青铜材料，以防腐蚀。

（1）白合金艉轴承。图 1-3 所示为一种白合金艉轴承的基本结构。轴承衬套常用青铜或黄铜材料，衬套内孔表面开有纵向和横向的燕尾槽，用于防止浇注的白合金脱落。在白合金表层上，沿轴线方向开有上、左、右三条油槽，使滑油能够均匀分布。在衬套不受压力一侧开有油孔，通过油孔向半圆形油槽注油，油槽与轴向油槽相通。

白合金较少发生因摩擦发热而烧轴的事故。轴承平均使用寿命为 2～3 年，最长 6～7 年，锡基合金的使用寿命相对更长。

（2）水润滑艉轴承。水润滑艉轴承内衬材料的发展历经多年，国内外有多家企业和科研单位进行了创新设计，先后出现了铁梨木、桦木层压板、橡胶、尼龙及树脂基、酚醛基、聚四氟乙烯（polytetrafluoroethylene，PTFE）等高分子复合材料。采用水作为润滑介质，虽然承载能力较油润滑低，但由于比热容高，冷却性能较油润滑好，长时间运行也无过热现象，即便突发断水也不易发生抱轴等安全事故，另外不怕泄漏，环境友好。因此，世界各国海军舰艇的艉轴承均采用水润滑轴承，而且随着绿色航运需求发展，民用船舶采用水润滑轴承将成为趋势。

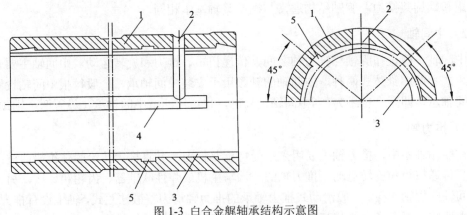

图 1-3 白合金艉轴承结构示意图

1-轴承衬套；2-油孔；3-白合金；4-油槽；5-燕尾槽

水润滑艉轴承有整体式和板条式两种结构。整体式橡胶轴承将橡胶直接硫化于衬套内表面上形成内衬。该轴承结构简单，在中小型船舶上得到广泛应用，如图 1-4 所示，其中轴承内径为 D，长度为 L，水槽深度为 h，宽度为 w。

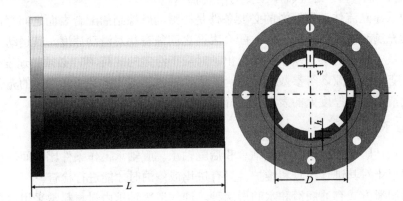

图 1-4　整体式橡胶艉轴承示意图

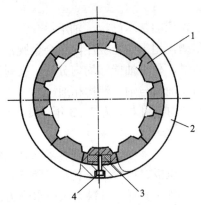

图 1-5　板条式橡胶艉轴承示意图

1-板条；2-衬套；3-金属衬板；4-沉头螺钉

板条式橡胶轴承在板条压制前，先加入金属衬板（以增加板条刚性及便于用沉头螺钉固紧定位），然后将橡胶放在压模上采用硫化方法制成橡胶板条，如图 1-5 所示。这种板条式橡胶轴承主要用于中、大型船舶，多用作水下航行器艉轴承。

橡胶艉轴承结构较简单，采用水润滑，无密封，无漏油和污染现象，也避免了密封摩擦功耗；能吸收振动，噪声较小；轴承接触面积大，压力分布得比较均匀，对安装误差及冲击的敏感性较小，校正较容易；对水中泥沙的适应能力强。

2）中间轴承

中间轴承主要用于支承中间轴，有滑动和滚动两种形式。目前，船舶轴系多采用滑动轴承。

滑动中间轴承通常有单独的润滑体系及专门的滑油冷却设备。根据润滑方式，润滑轴承可分为油环式和油盘式两种。油环式有单油环和双油环之分，结构较简单，其轴承座与轴承盖、轴瓦、油环及甩油环都采用剖分式，有利于拆装和更换已磨损的白合金轴瓦。单油环中间轴承如图1-6所示。油环径比轴颈大，套在轴上随轴一起转动，转速比轴低。环的下部浸在油中，当油环转动时，油池中的滑油被带到轴颈上部，刮油器将滑油刮下，均匀分布在轴表面，然后随轴转动，将油带到轴瓦的油槽中，对轴颈和轴瓦的滑动摩擦表面进行润滑。中、大型中间轴承的油池底部设有冷却水管，以冷却油池中的滑油。

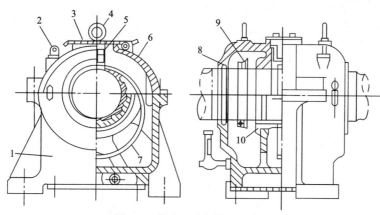

图1-6 单油环中间轴承示意图

1-轴承座；2-油标尺；3-盖板；4-吊环；5-刮油器；6-轴承盖；7-油环；8-填料；9-甩油环；10-轴瓦

3）推力轴承

推力轴承是船舶轴系的重要组成部分，它承受螺旋桨产生的轴向推力、推力轴的径向负荷及轴系安装产生的附加径向力等。

直接传动的大型低速柴油机主机，往往自带推力轴承；拥有减速器的轴系，减速器中也常设有推力轴承。在主机和减速器内未设推力轴承的轴系，一般都要单独设置推力轴承。推力轴承有滑动式和滚动式两种形式，大、中型船舶一般均采用滑动式推力轴承，某些小型船舶使用滚动式推力轴承。

一种最常用的滑动式推力轴承如图1-7所示。推力轴的推力环两侧各安装一组独立的扇形推力块用来承受轴向正倒车推力，每块推力块与推力环的接触表面为白合金，其背面装有顶头，偏心地支撑在支撑垫上，在支撑垫的后面设有调整板，用来调整推力环与推力块间的轴向间隙。

当推力轴运转时，滑油会随着推力环的转动而被带入推力环和推力块之间，形成油膜压力。推力块上的油膜压力作用中心与它背后的支点不重合，从而产生一个力偶使推力块倾斜一个小角度，使推力环与推力块间出现楔形油膜，避免环、块直接接触，实现液体摩擦，提高轴承的承载能力。

3. 艉轴密封装置

为了防止舷外水进入船内或润滑油外漏，在艉轴上设置有相应的密封装置。水润滑艉轴架轴承的首、尾端无密封，但艉管首部设有密封装置以防止水进入船舱；油润

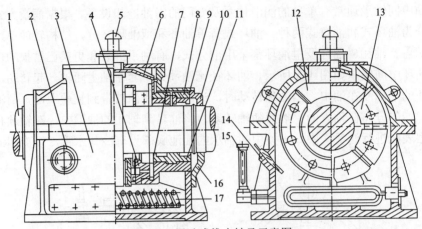

图 1-7　滑动式推力轴承示意图

1-推力轴；2-螺塞；3-下壳体；4-支撑垫；5-通气罩；6-刮油器；7-调整板；8-上轴瓦；9-密封；10-上挡油盖；

11-下轴瓦；12-压盖；13-推力块；14-油位计；15-油温计；16-下挡油盖；17-冷却水管

滑艉管的首尾端均有密封装置，首端密封防滑油漏入船内，尾端既要封水又要封油，比较复杂。

艉轴密封装置有机械密封、盘根密封、皮碗密封等类型。密封装置主要由密封元件（摩擦偶件）及其夹持、定位部件等组成。在工作中，轴承间隙产生的径向跳动、正倒车（或因温度变化）引起的轴向窜动、海水腐蚀、江河泥沙的磨刷，以及螺旋桨交变载荷和船舶振动导致的密封摩擦副摩擦磨损，使得艉轴密封使用寿命缩短。

船舶轴系常用骨架式橡胶油封和机械密封两种。油封按结构特点分为骨架式油封及无骨架式油封。船舶轴系上的设备多采用骨架式橡胶油封。机械密封装置在船舶上使用较多，尤其在水下航行器中。它由动环、转动座、静环、静环座、弹簧组件等组成，如图 1-8 所示。动环为硬质合金，镶嵌在转动座上，转动座通过键槽和卡环固定在轴上，并随轴旋转；静环固定在静环座上，能随静环座做轴向运动。在弹簧力和密封介质压力的共同作用下，保证静环、动环端面始终接触。密封环端面外侧为被密封水介质，内侧为空气。

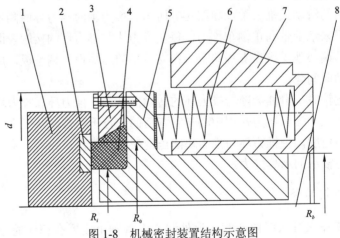

图 1-8　机械密封装置结构示意图

1-转动座；2-动环；3-锁紧环；4-静环；5-静环座；6-弹簧；7-弹簧座；8-艉轴

填料函式水密封装置如图 1-9 所示。盘根密封装置结构简单、工作可靠、修理方便，但摩擦功耗大。在使用过程中，盘根容易磨损。工作一段时间后，应通过螺钉调整盘根与艉轴间的压紧力，直至重新更换盘根。盘根材料应具有耐温性、耐蚀性、耐磨性、耐溶性，以及塑性与弹性。常用的盘根材质包括植物纤维、矿物纤维、化学纤维、动物纤维、金属材质。

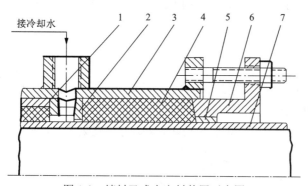

图 1-9　填料函式水密封装置示意图

1-橡胶轴承；2-配水环；3-艉管；4-填料；5-压盖衬套；6-压盖；7-轴套

4. 传动设备

传动设备主要有联轴器、减速器、离合器等。其中，联轴器又称联轴节，用来连接推进轴系的两根轴，并传递扭矩。联轴器根据有无弹性元件、对轴段间的相对位移有无补偿能力等，主要可以分为刚性联轴器和挠性联轴器。刚性联轴器只能传递轴的运动和扭矩，不具备其他功能，如液压联轴器，如图 1-10（a）所示。无弹性元件的挠性联轴器除了传递运动和扭矩，对一定程度的轴向、径向和角向上的偏移具备补偿能力，如齿式联轴器、万向联轴器等。有弹性元件的挠性联轴器既能传递运动和扭矩，适应一定程度的各向偏移，还具有不同程度的减振、缓冲作用，改善传动轴系的工作性能，如高弹联轴器，如图 1-10（b）所示。

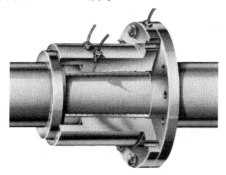

（a）液压联轴器

（b）高弹联轴器

图 1-10　联轴器

5. 轴系附件

轴系附件主要包括润滑、密封、冷却等系统。

1.2.2 船舶推进轴系振动形式

船舶推进轴系振动是指推进轴系在运行过程中产生的振动现象。这些振动可以由多种因素引起，包括发动机不平衡、螺旋桨失衡、轴线弯曲、轴承故障等。船舶推进轴系振动通常可分为纵向振动、回旋（横向）振动、扭转振动、轴承摩擦振动和多种形式的耦合振动。

1. 纵向振动

船舶轴系纵向振动是指船舶推进轴系在其纵向方向（与轴线方向一致）上发生的振动运动。这种振动形式是指沿着船舶的前后方向发生的振动，与船体的纵向运动方向一致，如图 1-11 所示，其中 L_1 和 L_2 为跨距，$F(t)$ 为螺旋桨纵向激励。

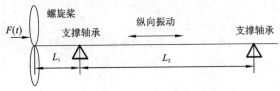

图 1-11　纵向振动示意图

船舶轴系纵向振动会引起多方面的危害，可能对推进系统的结构和附属设备造成损坏，如推力轴承、联轴器等，甚至引起上层建筑的纵向振动，严重时甚至可能危及船舶的安全。由于其影响较大，国内一些船舶规范，如《舰艇轴系通用规范》（GJB 2626—1996）给出了轴系纵向振动在运转范围内的位移响应幅值，新船测试必须满足规范制定的许用值。

纵向振动的相关计算原理比较成熟，主要是建立集总参数模型或者质量与刚度的分布式系统，利用 Holzer 计算法、传递矩阵和系统矩阵法及有限元法进行计算，由于不同船型的简化原则不同，其计算过程稍有差异。当前国内外纵向振动研究的重点除算法外还有控制方法，如通过改变轴段的纵向刚度、集中质量及分布来避开危险共振转速；通过加入减振器（如第 6 章所述的颗粒阻尼器），进行轴系纵振的主被动控制等。

2. 回旋（横向）振动

船舶推进轴系的尾部连接有巨大螺旋桨，当轴系做回旋振动时，轴一方面以某一自转角速度绕其自身的几何中心线（即动扰度曲线）旋转，同时弯曲的几何中心线又以一回旋角速度绕支撑中心旋转。悬臂端中心线在空间的轨迹是一个以 x 轴为对称轴的圆锥面或椭圆面，螺旋桨盘面将随转轴的回旋产生偏摆，螺旋桨的动量矩矢量方向不断变化，如图 1-12 所示。此时，螺旋桨对轴除有惯性力作用外，还有惯性力矩（即陀螺力矩）

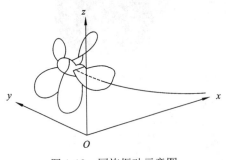

图 1-12　回旋振动示意图

的作用。对于转速较高的推进轴系，自转角速度比回旋角速度高得多，可忽略回旋效应即陀螺力矩的作用，只进行横向振动计算，但大多数船舶推进轴系的回旋角速度与绝对角速度在一个数量级，数值上可能比绝对角速度大，因此回旋效应不能忽略，必须进行回旋振动校核。

回旋振动较严重时会在螺旋桨轴产生过大的交变弯曲应力，引起桨轴的疲劳破坏，同时也会导致艉轴承、尾部密封出现故障，因此，新船的轴系布置必须经过回旋振动校核，避免航速落入其临界转速范围。

回旋（横向）振动早期一般通过简化公式进行校核即可，但随着船舶的大型化，轴系的长度越来越长，甚至达到 100 多米，且尾部的刚度有所降低，回旋振动的简化计算模式已不足以解决复杂问题。当前，国内外学者主要利用传递矩阵法、有限元法进行计算，取得了较好的效果。回旋振动校核不满足要求时，一般通过调整轴的悬臂长度、螺旋桨质量来改变固有频率，也可以通过调整艉端轴承位置来改变共振转速，但不推荐改变螺旋桨叶片数来提高叶片次临界转速，因为这样会影响推进效率。

3. 扭转振动

船舶轴系的扭转振动是指船舶推进轴在扭转方向上发生的周期性或非周期性的运动或振动。与横向振动不同，扭转振动是沿着轴线的旋转方向发生的，如图 1-13 中各个质量节点做绕轴线旋转的运动。

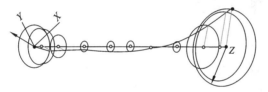

图 1-13   扭转振动示意图

船舶轴系扭转振动可能引起一系列危害，涉及船舶的结构、设备、性能和乘员舒适性等方面。长期的扭转振动使曲轴、传动轴及凸轮轴产生过大的交变应力，甚至导致疲劳折损，联轴器中也会出现橡胶件撕裂、螺栓折断等情况。因此，新船的轴系布置也要通过扭转振动校核，使其固有频率不与工作转速接近。

由于柴油机、齿轮箱等部件结构较为复杂，不易建立简化模型，在扭转振动计算中，常将复杂的柴油机轴系转换为一系列的集中质量-弹性系统，即当量系统，以代表实际轴系的扭转振动特性。另外，国内外学者也有采用传递矩阵法进行扭振计算，如中国船级社的 COMPASS 系统。在扭转振动计算中对惯量和刚度的处理必须考虑齿轮传动比的问题，否则柴油机轴系的临界转速会出现偏差。对于扭转振动的控制，目前主要是通过调整大圆盘类部件的转动惯量，安装弹性联轴器调整扭转刚度，增大轴径使单节点扭振转速提高，并降低轴段扭振应力等方法。另外，如果在工作转速范围内有危害的扭共振时，应采用调频减振方法把共振转移到常用转速以外，而尽可能不用阻尼减振器减小振动的方法。

4. 轴承摩擦振动

摩擦振动是相互滑动的两表面处于干摩擦或边界润滑、混合润滑状态时，出现的一种特殊摩擦学现象。船舶推进轴系在低速重载运行、启停阶段，水润滑艉轴承摩擦副会出现明显的摩擦噪声，这就是摩擦振动导致的辐射噪声。摩擦振动不仅产生噪声，还会与磨损耦合，进一步降低推进轴系的运行品质[1]，特别是难以保障水下航行器的隐蔽性和生存能力。

由于水润滑轴承材料的非线性和工作条件的特殊性，水润滑轴承的摩擦振动和噪声机理尚未完全揭示[2]。到目前为止，对水润滑轴承摩擦振动的产生和控制机制的研究仍然是动力学和摩擦学的热点选题[3]。第 6 章将对轴承摩擦振动的研究进展进行概述。

5. 耦合振动

船舶推进轴系振动除了上述 4 种表现形式，还存在多种形式的耦合振动。由于螺旋桨激励和齿轮啮合激励，船舶轴系的扭转振动和弯曲振动常发生耦合。这种弯扭耦合振动可能导致轴系的疲劳损伤和失效，因此需要重点关注。轴系纵向振动也可能由轴系强烈的扭转振动耦合引发，特别是在两者临界转速相近时更易产生，另外，螺旋桨作用在船舶轴系上的力的作用线并非在推进主轴上，因此，纵向与横向振动也会耦合。近年来，也有不少学者考虑轴系弯扭耦合振动和摩擦激励之间的相互作用，研究轴颈振动的规律。

总的来说，这些复杂的耦合振动形式可能导致轴系的多种失效模式，包括疲劳裂纹、塑性变形和断裂等，对船舶的安全运行构成严重威胁。

1.2.3   船舶推进轴系振源

船舶推进轴系振动的振源涉及多个方面，包括机械、水动力和结构等因素。不平衡是船舶轴系振动的常见机械振源之一。轴系上的零部件，如曲轴、连杆、飞轮等，在制造过程中可能存在微小的质量不平衡。这种不平衡可能导致旋转机械部件的惯性力矩，引发纵向振动。特别是在高速旋转的情况下，不平衡会显得尤为明显，对轴系振动产生显著的影响。

轴承也是重要的振源。轴承是支持和保持轴旋转的关键组件，但它们容易磨损、损伤或受到润滑不良的影响。一旦轴承失效，轴系的稳定性将受到威胁，可能导致纵向振动的产生。轴承的状态对防止振动问题至关重要，因此定期检查和维护轴承是保持船舶轴系性能的关键。

螺旋桨不平衡是轴承振动的一个振源。螺旋桨的质量不均匀分布可能是由制造过程中的误差或腐蚀引起的。当螺旋桨旋转时，不平衡的质量会施加不均匀的力矩，导致轴系产生纵向振动。水动力影响是另一个重要的振源。船舶在水中运动时，受到波浪和水流的作用。波浪引起的船体运动及水流对螺旋桨的影响都会产生振动。在恶劣的海况下，水动力影响可能变得更加显著，进一步加剧轴系振动。轴系结构问题也可能导致振动。轴的弯曲、整个轴系的刚度不足或结构材料的问题都可能成为振动的源头。这可能是由设计缺陷、制造问题或长期使用引起的疲劳等导致的。

总体而言，船舶轴系振动的振源是多方面的，须通过全面的振动分析和系统检查来识别和控制。对船舶轴系的设计、制造和维护过程中的质量控制及定期的状态监测和健康管理都是预防和解决振动问题的关键。

1.3 船舶推进轴系振动特性与控制研究现状

1.3.1 推进轴系轴承摩擦振动特性

随着推进轴系中水润滑轴承的应用越来越广泛，其摩擦振动特性研究也变得越来越重要。水润滑轴承在运行过程中产生的振动不仅会降低轴承的使用寿命，还会对整个机械系统的运行稳定性和精度造成不利影响。因此，深入进行水润滑轴承的振动特性研究，对提高轴承的工作性能和改善整个机械系统的运行品质具有重要意义。

从材料层面研究水润滑轴承摩擦振动特性是当前学者的主要方向，应用于水润滑轴承衬套的材料主要包括橡胶材料和复合高分子材料两大类。其中，橡胶材料是用于水润滑轴承的最佳弹性材料之一[4]，但其低速下的摩擦噪声不易控制，因此，复合高分子材料目前在水润滑轴承材料中备受关注，主要包括聚酰胺[5]、聚氨酯[6]和超高分子量聚乙烯[7]等。

从机理层面研究水润滑轴承摩擦振动特性是另外一个主要方向。摩擦振动的机理是一项包含力学、材料学、摩擦学和动力学的跨学科研究，这一主题研究大致可分为三类：分析方法[8]、试验研究[9]和有限元法[10]。在分析方法的研究中，应用简单的单自由度系统模型来分析系统的动力学问题，如黏滑机制[11]，与速度机制负斜率相关的摩擦系数[12]和属于模态耦合理论的问题[13]。试验研究中主要通过高速相机等设备观测水润滑轴承试块的摩擦振动行为[14]。在仿真研究中，研究人员提出了松弛振动机理、摩擦力-速度曲线负斜率机制、模态耦合机理等理论在水润滑轴承摩擦噪声研究中的应用[15-16]。在这些方法中，模态分析已被验证为求解轴承系统固有频率的最简单方法，具有广泛的用途。

虽然许多专家对船舶推进轴系水润滑轴承摩擦振动的影响因素进行了大量的数值模拟、台架试验和研究，但摩擦振动机理仍未得到充分阐明，还需要继续深入研究。

1.3.2 推进轴系振动建模与动力学特性

船舶推进轴系属于转子系统，早期的建模与动力学分析均基于多圆盘转子系统采用系统矩阵、传递矩阵法等进行数值求解。其中传递矩阵法由于求解速度快、效率高、维度不变，被研究人员应用于解决各种动力学问题，在发展过程中也有学者对其进行改进，如 Horner 等提出了 Riccati 传递矩阵法[17]，Lund 等给出复数矩阵表达形式，求解有阻尼系统的临界转速[18]。随着计算机技术的快速发展，有限元法在推进轴系振动分析中的应用逐渐深入，从早期的梁、杆、弹簧单元模拟实际轴系，到考虑接触时的轴系实体建模，甚至简单的工作站就能完全仿真计算带有阀架的实艇轴系动力学问题。因此，简单易懂的有限单元算法加上超强的计算能力为推进有限元仿真在推进轴系动力学分析方面的应用提供了坚实的基础。

船舶推进系统是典型的非线性动力学系统，应用常规的线性系统分析理论难以揭示其本质特征。目前，线性模式下的动力学特性，如固有频率、临界转速、动力学响应、时频域信号等大多用来进行推进轴系的校核与评估，如果需要进行故障诊断、数字孪生等智能化方向的研究，则需要引入相关非线性系统的理论方法和分析手段，如分岔图、庞加莱（Poincaré）映射等。近年来，研究人员也在此基础上考虑液膜动刚度[19]、船体变形、不确定性[20]等复杂因素对推进轴系校中状态、动力学特性的影响，取得了一些研究成果。本书将在后续章节对其中一些最新的研究成果进行介绍。

1.3.3 推进轴系-船体耦合振动特性

在船舶推进轴系振动问题的研究过程中，很多学者也注意到了推进轴系与船体之间存在相互作用，如将船体变形、摇荡等视为作用在推进轴系上的激励[21]；将船体视为刚性边界条件，轴承座的振动等效为船体振动[22-23]；将推进轴系简化为作用在壳体端部[24-25]或壳体内部基座[26]上的激励。但由于推进轴系和壳体本身都存在复杂的振动形式，仅建立单独的推进轴系或壳体模型无法真实反映两者之间的相互振动传递作用。因此建立同时包含推进轴系实体和壳体实体的耦合动力学模型对分析船舶推进轴系、壳体的复杂振动特性是十分有价值的。目前推进轴系-船体耦合振动方面，常用的方法包括有限元/边界元法、频响函数法综合法、解析法等。

在使用有限元/边界元法对船舶推进轴系、壳体的振动问题进行研究的基础上，很多学者也采用这种方法开展了推进轴系-壳体的耦合振动问题的研究[27-30]。这种方法能够比较方便地建立船体上的围壳、尾翼等附体，以及船体内部的板架、平台、基座、螺旋桨桨叶、加筋舱壁等不规则结构的实体模型，使得所建立的模型更接近船舶实际结构，但存在建模操作烦琐、运算速度慢、所需存储大，以及不方便进行多参数对比分析的缺点。

频响函数法综合法首先采用有限元/边界元法、解析法、传递函数法等分别建立壳体和推进轴系子系统的动力学模型，求得子系统的频响函数后，将轴承作为轴与壳之间的连接结构，通过频响函数综合建立轴-壳耦合动力学模型[31-35]。频响函数综合法通常需要首先借助有限元模型获取壳体结构的动力学特性，因此与有限元/边界元方法存在同样的限制。

解析法是通过板、壳、梁等理论建立轴系、组合壳体解析动力学模型，并通过子结构间的位移、内力连续条件建立耦合动力学模型的一类方法[36-41]。解析法在推进轴系、壳体及其耦合结构的振动分析中均有应用，随着研究的深入，解析法也不再仅限于计算梁、柱壳、平板等简单结构的振动特性，而是发展到采用锥柱锥、锥柱球等复杂组合壳体模拟船舶的船体结构，并可考虑肋板、舱壁、轴承油膜、螺旋桨弹性等对推进轴系-船体耦合特性的影响。解析法与有限元、边界元等数值方法相比，具有物理意义明确、计算精度高、计算速度快等优点。

1.3.4 推进轴系振动被动控制技术

船舶隔振系统是船舶工程中至关重要的一部分，直接关系船舶在海上运行时的稳定性、舒适性和安全性。而在结构动力学中存在许多振源，例如船舶等内部动力设备运行时都会产生振动，这些振动通过轴承、基座、主机等部件传递到船体，同时会降低推进轴系零部件服役寿命。振动一方面会影响驾驶员的舒适性，另一方面会产生噪声并且导致一些设备的结构和功能损坏，尤其是一些精密设备的运输[42]。最重要的是对于核潜艇等水下设备，其发动机在运行时产生的振动会暴露自身位置，从而导致任务失败等严重后果，因此隔振显得尤为重要[43]。船用动力设备作为船舶振动和噪声的主要来源，如何控制和降低船用动力设备的振动传到船体上，往往是船舶隔振中的重要内容。除主动隔振技术外，与之相对的另一种振动控制技术就是被动隔振。被动隔振技术依靠弹簧、减振器等被动元件来减轻船舶受到的振动和冲击。这种技术的优势在于其简单、稳定、可靠，且相对成本较低。研究者致力于寻找更有效的被动隔振设计，以提高船舶在海上的舒适性。为了减小或隔离振动传递，传统的船舶隔振方式是在动力设备和船体之间安装弹性支撑，比如最初的单层隔振系统和双层隔振系统，再到后来的浮筏隔振系统都是这样的设计思路。

1. 单层隔振系统

近年来，对新型材料的研究不断推动着单层隔振系统的发展。弹簧、减振材料和结构设计的优化都在提高系统性能方面发挥作用。如图 1-14（a）所示，单层隔振系统是一种简单的振动隔离系统，通常由弹簧、减振材料或其他阻尼装置构成，用于降低外部振动对结构或设备的影响。它可以减少某些频率范围内的振动传递，但在处理复杂振动频率或振幅时，难以应对复杂多变的振动频率，其隔振效果可能不够理想。但是单层隔振由于结构简单、操作方便而被广泛应用于船舶等交通行业[44]。

2. 双层隔振系统

双层隔振系统结合了多个隔离层，如图 1-14（b）所示。相比单层隔振系统，其特点是加入了中间质量块。设备通过隔振器—质量块—隔振器连接到船件，旨在提供比单层隔振系统更好的隔离效果。一般来说，中间质量块大于设备总质量的30%以上。虽然中间质量块隔振效果较好，但是缺点明显，需要的空间尺寸大，隔振系统的总质量也大，且隔振效果与中间质量块质量和系统质量的比值有关，因此系统设计要求较高，如设计不当，效果可能比单层隔振系统差。

（a）单层隔振系统　　　　　（b）双层隔振系统

图 1-14　单、双层隔振系统示意图

3. 浮筏隔振系统

如图 1-15 所示，浮筏隔振系统可以对多台设备进行隔振，通过共用一个中间筏体来实现隔振。浮筏隔振系统在船舶设备上应用时，针对体积较大且不能承受普通隔振技术的设备。相较于双层隔振系统，浮阀隔振系统中间筏体的质量有所下降，形式更加多样，可以对多个设备进行隔振，但其质量不利于船的轻量化，安装时会受到空间的限制，且安装要求高。

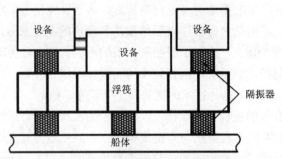

图 1-15　浮筏隔振系统示意图

目前，隔振系统的发展不断受到新材料、控制技术和工程设计的推动。不同系统的优缺点决定了它们在不同场景下的适用性，因此在实际应用中需要根据具体需求和条件进行选择。

4. 基座隔振系统

为了防止动力设备产生的振动传递到船体上，基座隔振是比较常用的一种隔振手段，基座隔振系统分为局部基座、长基座、平台基座和悬臂基座，如图 1-16 所示。局部基座在低频段时，其振动特性受横截面横向振动影响；在高频段时，其阻抗特性受基座结构静刚度影响。长基座一般为大型动力设备基座，其振动方式与局部基座相似。平台基座是通过增加传递路径上的振动损耗而进行隔振的，主要用于船舶上的轻型设备。悬臂基座是与平台基座相类似的一种轻型设备基座，主要用于船舶上的板壳结构表面，通过避免对板壳结构面的直接激励进行隔振。

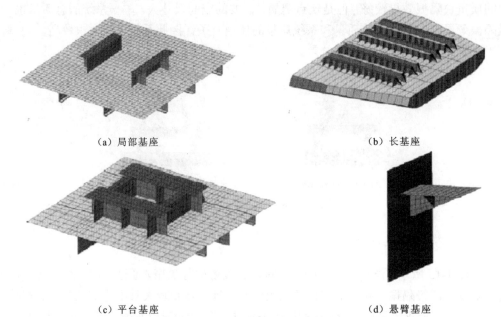

（a）局部基座　　　　　　　　　　　　　　（b）长基座

（c）平台基座　　　　　　　　　　　　　　（d）悬臂基座

图 1-16　基座隔振系统示意图

基座需要具有一定的刚度，既可以承载设备的重量，又要满足隔振要求，这些通过基座本身的材料及结构就可以达到隔振效果，尤其是在一些不能引入或者加装隔振器的动力设备的情况下[45]。而如何去选择材料及结构设计是一个重点问题，为了评估不同隔振系统设计的性能，研究者广泛使用数值模拟和实验研究，研究聚焦阻尼、阻抗等方面。例如张鑫等[46]以某型船舶柴油发电机组的隔振基座为优化对象，先通过数值分析研究局部的阻尼材料铺设区域和阻尼材料厚度对基座隔振效果的影响，然后结合重量、阻尼材料及工艺等因素设计基座隔振方案，再利用有限元分析验证优化后的效果，最后的基座试验表明了优化方案的有效性，使振动在 5～10 kHz 内降低 4 dB。杨德庆等[47]对某船舶基座进行动力学局部优化，提出统一阻抗模型法，以基座的各个重要部件的厚度、截面积和阻尼材料为变量，将离散模型连续化，同步优化刚度-质量-阻尼设计，最后优化得到的减振基座具有高传递损失。

综上所述，材料、结构在船舶隔振系统中起着关键的作用。但对新材料和新结构的设计研究较少，新材料和新结构不仅可以达到轻量化，有助于减小船体自身的振动质量，还能提高船舶的燃油效率，通过材料或结构创新，船舶隔振系统可以在提高性能的同时达到更加节能环保的目标。

5. 基于增材制造的隔振技术

增材制造技术的快速发展，吸引着许多科研工作者将其用于减振、隔振结构和材料研发中，这些结构和材料重量轻且强度高。对推进轴系的隔振系统来说，一方面需要其具有良好的隔振性能，另一方面需要有较高的强度，普通材料往往难以同时兼顾这两方面。此外，传统的被动控制技术较难突破低频和宽带两个技术难题。因此，可以通过设计新颖的结构（如点阵结构）和利用新的材料，使隔振系统具有多方面性能。

点阵多孔结构优异的机械性能与振动吸收特性被国内外学者广泛重视。图 1-17 所示为利用点阵多孔结构制成的船舶柴油机轴系隔振基座，不仅可以在满足承载的前提下进行结构的轻量化设计，并且可以有效地减少柴油机在工作时振动向船体的传递。而在工业应用中经常使用多孔材料替代实心材料来实现轻质特性。多孔结构按照结构特点可分为周期性多孔结构和随机多孔结构。典型的多孔结构如图 1-18 所示[48-50]。周期性多孔材料包括常见的蜂窝结构[48]和点阵结构[49]，蜂窝结构比较局限于二维层面，而点阵结构可以延伸到三维层面，因此点阵结构的应用范围更为广泛。

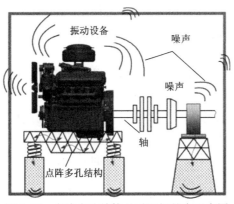

图 1-17　点阵多孔结构承重隔振基座示意图

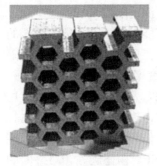
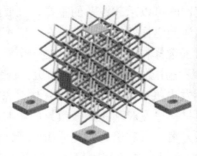

(a) 蜂窝结构[48]　　　　　　　　(b) 点阵结构[49]　　　　　　　　(c) 金属泡沫[50]

图 1-18　典型多孔结构

点阵结构虽然具有可调控的几何结构和机械特性,但是传统工艺难以满足制造要求。近年来,增材制造(additive manufacturing,AM)技术的不断成熟为制造结构复杂且多变的轻量化点阵结构提供了可能[51],即可以通过增材制造工艺一体化成形功能齐备且结构复杂的零部件,来代替传统组装的零部件。该方法相较于传统工艺有三大优势:第一,极大地减少了零件数量,简化了后续复杂装配调试的流程;第二,节省了零部件的设计空间,通过增材制造工艺一体化成形可以节省传统零件的装配空间;第三,提高了结构设计的自由度,增材制造工艺在理论上可以成形任意复杂形状。目前制备高精度的金属点阵结构材料主要方法为利用激光选区熔化(selective laser melting,SLS)技术通过逐层连续燃烧金属粉末而被应用于点阵结构的制造[52-56]。由于模型是自主结构设计,并且通过增材制造技术制造出来的样品精度很高,所以具有结构可控、性能可预测的优点[57]。

一般点阵结构当作芯体在夹层板内使用,夹层结构由两个薄面片和一个中间芯组成,具有高比刚度/强度和超轻结构等优异性能,已广泛应用于航空航天、汽车和土木工程等领域。与已有研究的传统泡沫芯或蜂窝芯夹层结构相比,新开发的点阵夹层结构由于具有大开孔设计和足够的相互连接的空隙空间,在轻量化、多功能应用方面具有很大的潜力。这种新兴的结构概念是在 20 世纪初提出的,从那时起,学者在金属和复合点阵夹层结构的制造技术、静力和动态力学性能方面进行了大量的研究工作。各种点阵结构,如金字塔结构[58]、3D Kagome 结构[59]和四面体结构[60],这些结构的研究都表明具有更高的刚度/强度-密度比。近年来,人们对其典型振动特性进行了一系列的研究,包括固有频率、振型、阻尼性能和损失灵敏度等,一些研究者也在其基础上进行了结构和材料的创新。例如 Li 等[61]在传统的金字塔-核心点阵夹层结构的基础上,开发了棋盘式设计的金字塔-核心点阵夹层结构,通过数值分析,表明棋盘式设计和梯度设计比传统设计具有更低、更宽的振动带隙。

以上这些研究基本都是直杆类点阵结构,其在长期受载时节点处易产生应用集中,从而发生疲劳断裂[62],因此在实际工程应用中,这类点阵结构的寿命通常难以满足要求。所以近年来一些研究已经转移到一种新型结构上,即三周期极小曲面点阵结构。

极小曲面是满足某些条件下平均曲率为零且面积最小的曲面。沿 x、y、z 三个方向周期性排列构成的点阵结构则为三周期极小曲面(triply periodic minimal surface,TPMS)结构。国外数学家于 1865 年发现了第一个不自相交的三周期极小曲面的案例,并命名为 Schwarz diamond 曲面[63],随后在 1883 年发现第二个 TPMS 案例,命名为 Neovius 曲面[64]。

在 1970 年，Schoen[65]基于构造算法，确定了 17 种极小曲面。基于不同算法，相同控制函数可生成两种 TPMS 点阵结构：片状和柱状，如图 1-19 所示。

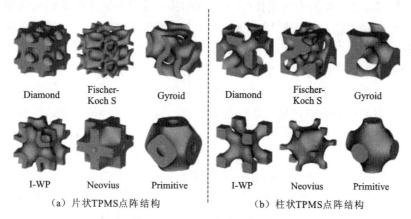

（a）片状TPMS点阵结构　　　　　（b）柱状TPMS点阵结构

图 1-19　TPMS 点阵结构单胞

Diamond：金刚石结构；Fischer-Koch S：费歇尔-科赫结构；Gyroid：螺旋二十四面体结构；

I-WP：I-graph-Wapped package 结构；Neovius：维武斯结构；Primitive：原始结构

TMPS 相关性结构也广泛存在于自然界生物系统中，早期科学家就发现蝴蝶翅膀[66]和甲壳虫骨骼[67]中存在 Gyroid 极小曲面结构和 Dimond 极小曲面结构。很多研究也指出，TMPS 点阵结构的应力分布比传统的点阵结构更加均匀[68]，从而有更高的抗疲劳能力和使用寿命[69]，而对 TMPS 结构的研究也越来越多。例如 Maskery 等[70]通过增材技术制造了由 Al-Si10-Mg 制成的双螺旋（double-gyroid）点阵结构，探讨了单胞尺寸的选择和制造后的热处理对其失效机制的影响。在振动方面，Viet 等[71]研究了用聚乳酸（polylactic acid，PLA）材料制成的片状和杆状三周期极小曲面结构的机械性能和波传递特性。Simsek 等[72]利用金属激光融化制造 Gyroid 极小曲面结构，对夹层板结构模型的频率响应进行验证，结果表明通过改变板厚及壁厚可以改善 Gyroid 结构的动态特性，仿真和优化将在增材制造领域发挥关键作用以便于达到复杂结构的最佳机械性能。以上研究都表明 TMPS 点阵结构不仅拥有出色的力学性能，而且在振动方面也有潜力。

1.3.5　推进轴系主动控制技术研究现状

推进轴系是船舶螺旋桨和船体之间传播振动的重要途径。船舶推进轴系振动通常可以分为扭转振动、纵向振动和横向振动，其中，纵向振动和横向振动是推进轴系–船体之间传递的两类主要振动形式，纵向振动通过推力轴承传递，横向振动则主要通过艉轴承和中间轴承传递，这两类振动传递到船体后，是引起水下声辐射的主要振动。轴系振动严重危害船舶设备的使用寿命，也对船舶的性能产生不良影响。因此，国内外学者对推进轴系振动主动控制技术已有众多相关研究。

国外众多学者对船舶推进轴系振动控制的问题研究起步较早，目前相关大量研究工作依旧进行中，例如利用共振转换器、作动器、电磁推力轴承等[73-77]。文献[78]是有记录以来最早采用共振转换器来控制船舶轴系纵向振动，利用共振原理将轴系共振频率处振动能量进行吸收，并产生良好试验效果的研究报道。Lewis 等[79-80]采用在推进轴系的推力轴承基座上加装辅助磁推力轴承的方法并采用并联方式连接，同时结合制定的控制策略，来抑制螺旋桨产生的力向船体外辐射。Dylejko 等[81-82]采用船舶轴系添加共振转换器的方式对船舶轴系振动进行抑制，通过采用非线性约束和遗传寻优算法来优化推进轴系中共振转换器的参数，使轴系减振达到最大效果。Johnson 等[83]采用在船舶轴系上添加电磁式主动控制装置的方式，将该装置与推进轴系进行并联。利用交变电流产生的电磁力作为主动控制力，来抵消轴系受螺旋桨激励引起的振动。Baz 等[84]利用气动伺服系统的作动器，对船舶轴系纵向振动进行主动控制，通过试验验证了该装置对轴系低频纵向振动良好的抑制效果。Pan 等[85]在艇体内表面布置多个压电陶瓷（piezoelectric ceramic）堆叠作动器，通过模态控制手段成功使艇体的前三阶纵振模态振动减少。Caresta 等[86-87]在艇首锥壳部位布置多个惯性作动器使其呈圆周阵列布置，对螺旋桨受谐波激励下的艇体弯曲振动进行振动主动控制，抑制了艇体振动。Song 等[88]在船舶推进轴系传递路径上利用周期结构隔振方法进行相关控制，其结果显示由螺旋桨脉动力诱发的壳体振动及噪声辐射在使用此方法后明显衰减。Qin 等[89]采用相关控制算法改变主动电磁轴承中轴承支撑刚度这一参数，从而改变轴承在不同转速下的传递特性，控制螺旋桨处激励通过轴系向外传递。Korkmaz 等[90]设计了一种新型的磁性推力轴承，根据轴系振动状态利用闭环控制电路实时调节电流，从而控制推力轴承的止推力，试验结果表明：该新型磁性推力轴承可对轴系纵向振动进行精准控制。近些年，国内许多学者也开展针对船舶推进轴系的振动控制研究。胡芳[91]提出了一种采用自适应控制算法的轴系纵向振动主动控制策略，该策略利用电磁式振动控制装置作为力源，对轴系施加电磁作动力来控制轴系纵向振动，结果表明该控制系统能够有效抑制船舶轴系的纵向振动。张亮[92]利用压电作动器装置，采用经典控制理论中的 PID（proportion integration differentiation，比例积分微分）算法对船舶推进轴系横向振动进行控制，并搭建了相关的试验平台进行试验，结果表明提出的控制方案对纵向振动有较好的控制效果。李全超等[93]研究了一种利用主动推力平衡原理的减振缸-蓄能器系统，该系统通过装置中的伺服液压机和减振缸来实现轴系纵向减振作用，结果表明采用该系统对低频全段振动均有抑制效果。郑洪波等[94]提出了一种将最小均方算法和动态插值算法结合起来的轴系纵向振动自适应控制策略，该策略可以提高策略的收敛速度，仿真结果表明：在系统动态特性变化较大下可以有效抑制轴系纵向振动。唐子阳[95]针对多支承轴系的横向振动问题，通过闭环控制仿真研究了采用智能弹簧对轴系横向振动控制的效果，并进一步搭建了试验台架，试验表明智能弹簧支承能够有效减小轴系横向振动响应。国内许多高校也开展了有源噪声和振动控制的研究。

综上所述，由于船舶推进轴系中的纵向振动产生来源相比于横向振动明确，同时纵向振动又是危害船舶推进轴系的主要因素，国内外专家学者对船舶轴系纵向振动控制进行了大量研究。然而船舶推进轴系横向振动因其来源复杂、振动方向较多，虽然对其产生激励有了深入研究，但是如何对其进行主动控制，目前未能很好解决。因此针对船舶推进轴系横向振动主动控制的研究具有较高应用研究价值。

船舶推进轴系作为转子系统的重要分支之一，转子系统横向振动控制方法对船舶推进轴系横向振动控制具有良好的借鉴意义。大多数转子系统的横向振动主动控制方面的研究都是围绕转子系统中的轴承开展,根据外部干扰和系统运动的状态来改变轴承特性,达到控制转子系统横向振动的目的。

国外众多学者利用多种类型的轴承结合不同类型作动器,构成了各种各样的主动轴承策略和方案[96-103]。Zhao 等[104]研制出可以直接套装在轴上的惯性作动器,该作动器采用滤波自适应-最小均方控制算法来驱动惯性作动器产生相关驱动力,从而对转子系统的结构振动与噪声进行振动控制。Salazar 等[105-106]利用可改变润滑的可倾瓦滑动轴承对转子系统进行了横向振动控制,并建立了含有主动控制轴承的转子动力学模型,采用液压装置结合线性二次型高斯(linear quadratic Gaussian,LQG)最优控制算法对转子横向振动进行控制,试验取得较为良好的控制效果。Yao 等[107]采用电磁轴承控制转子系统的多频横向振动,通过对电磁力的计算分析并利用寻优算法使其达到最优状态,以此降低转子系统的振动,达到相应的控制要求。Roy 等[108]采用既为转子系统的静态支承力,并且通过与预测校正器(predictor-corrector)算法结合改变不同状态下电磁力以提供主动力的新型电磁轴承,以降低转子系统的横向振动。Zaccardo 等[109]将新型主动磁阻尼器安装在柔性轴承上,通过控制主动磁阻尼器对轴承施加的电磁力,控制高速旋转轴横向振动。高速转子试验台的试验结果显示,与挤压膜阻尼器的比较表明,主动磁阻尼器更有效地降低了高速旋转轴横向振动。Tukesh 等[110]利用三元控制和四元控制策略,在适当的位置处放置电磁轴承,通过控制高速转动轴系的振动,从而控制轴系的横向振动。

国外学者对包括船舶轴系在内的转子系统横向振动主动控制进行了大量且深入的研究,但国内目前针对此问题的研究较少。徐晖等[111]提出了一种利用神经网络的自适应控制算法,通过在轴系的轴承处安装作动器来抑制船舶轴系横向多频振动,研究结果表明提出的控制算法可以对其进行有效的抑制。谢溪凌等[112]通过建立一种具有六自由度的主动艉支承的振动模型,利用原点速度反馈的主动控制方法,对推进轴系横向振动传递进行控制,结果显示控制效果良好。严新平等[113]在后艉轴承处布置 4 个含电磁作动器的支承结构,通过支撑结构连接轴承与船体,通过相关控制策略抑制螺旋桨横向振动。

综上所述,对转子系统的横向振动研究多针对轴承处,利用新型电磁轴承对转子系统的横向振动进行减振,这种方式对原轴系的结构有较大更改。因此,寻找一种对原有轴系改变较小且对轴系横向振动有效控制的方法,成为目前开展船舶推进轴系横向振动主动控制的重要原因。

参 考 文 献

[1] 欧阳武. 船舶水润滑轴承性能参数识别及多场耦合建模[M]. 北京: 科学出版社, 2023.

[2] Bhushan B. Stick-slip induced noise generation in water-lubricated compliant rubber bearings[J]. Journal of Lubrication Technology, 1980, 102(2): 201-210.

[3] Yang X, Zhang Z, Zhang T, et al. Improved tribological and noise suppression performance of graphene/nitrile butadiene rubber composites via the exfoliation effect of ionic liquid on graphene[J]. Journal of Applied Polymer Science, 2020, 137(46): 49513.

[4] Orndorff Jr R L. Water-lubricated rubber bearings, history and new developments[J]. Naval Engineers

Journal, 1985, 97(7): 39-52.

[5] Demirci M T, Düzcükoğlu H. Wear behaviors of Polytetrafluoroethylene and glass fiber reinforced Polyamide 66 journal bearings[J]. Materials & Design, 2014, 57: 560-567.

[6] Wu Z, Guo Z, Yuan C. Influence of polyethylene wax on wear resistance for polyurethane composite material under low speed water-lubricated conditions[J]. Wear, 2019, 426: 1008-1017.

[7] Xiong D, Ge S. Friction and wear properties of UHMWPE/Al$_2$O$_3$ ceramic under different lubricating conditions[J]. Wear, 2001, 250(1-12): 242-245.

[8] Hu S, Liu Y. Disc brake vibration model based on Stribeck effect and its characteristics under different braking conditions[J]. Mathematical Problems in Engineering, 2017: 1-13.

[9] Viswanathan K, Sundaram N K. Distinct stick-slip modes in adhesive polymer interfaces[J]. Wear, 2017, 376: 1271-1278.

[10] Tison T, Heussaff A, Massa F, et al. Improvement in the predictivity of squeal simulations: Uncertainty and robustness[J]. Journal of Sound and Vibration, 2014, 333(15): 3394-3412.

[11] Han D X, Wang G, Ren J L, et al. Stick-slip dynamics in a Ni$_{62}$Nb$_{38}$ metallic glass film during nanoscratching[J]. Acta Materialia, 2017, 136: 49-60.

[12] Thörmann S, Markiewicz M, von Estorff O. On the stick-slip behaviour of water-lubricated rubber sealings[J]. Journal of Sound and Vibration, 2017, 399: 151-168.

[13] Zhou M, Wang Y, Huang Q. Study on the stability of drum brake non-linear low frequency vibration model[J]. Archive of Applied Mechanics, 2007, 77: 473-483.

[14] Kuang F, Zhou X, Liu Z, et al. Computer-vision-based research on friction vibration and coupling of frictional and torsional vibrations in water-lubricated bearing-shaft system[J]. Tribology International, 2020: 106336.

[15] Kinkaid N M, O'Reilly O M, Papadopoulos P. Automotive disc brake squeal[J]. Journal of Sound and Vibration, 2003, 267(1): 105-166.

[16] Hochlenert D. Nonlinear stability analysis of a disk brake model[J]. Nonlinear Dynamics, 2009, 58: 63-73.

[17] Horner G C, Pilkey W D. The Riccati transfer matrix method[J]. Journal of Mechanical Design, 1978, 100(2): 297-302.

[18] Lund J W, Orcutt F. Calculations and experiments on the unbalance response of a flexible rotor[J]. Journal of Engineering for Industry, 1967, 89(4): 785-796.

[19] 钟涛, 耿厚才, 饶柱石, 等. 船舶轴系合理校中及其影响因素分析[J]. 噪声与振动控制, 2010, 2: 77-79.

[20] 何晓良. 船舶推进轴系的非参数建模及其动力学特性研究[D]. 大连: 大连海事大学, 2021.

[21] 田哲, 张聪, 严新平, 等. 计入船体变形激励的大型船舶推进轴系振动性能研究[J]. 船舶力学, 2015(11): 1368-1376.

[22] 李全超, 俞强, 刘伟. 支撑参数对船舶轴系-轴承-基座系统振动特性影响研究[J]. 舰船科学技术, 2016, 38(6): 101-104.

[23] 郑洪波, 胡芳, 黄志伟, 等. 基于自适应方法的轴系纵振主动控制研究[J]. 振动与冲击, 2018, 37(4): 203-207, 218.

[24] Li C, Su J, Wang J, et al. Effects of symmetrical foundation on sound radiation from a submarine hull structure[J]. The Journal of the Acoustical Society of America, 2015, 138(5): 3195-3201.

[25] Caresta M. Active control of sound radiated by a submarine hull in bending vibration using inertial actuators[J]. Noise and Vibration Worldwide, 2011, 42(7): 12-17.

[26] 李海峰, 朱石坚, 何其伟. 推进电机舱段圆柱壳体的振动声辐射控制[J]. 海军工程大学学报, 2016, 28(1): 62-66.

[27] 张阳阳, 所俊. 推力轴承隔振对潜艇声振特性影响研究[J]. 噪声与振动控制, 2020, 40(3): 240-245.

[28] Wu C, Lei Z, Xu X, et al. An analysis of low-frequency propeller vibration and sound radiation characteristics: the Jellyfish effect[J]. Chinese Journal of Ship Research, 2020, 15(5): 154-160.

[29] 贾泽坤, 孙孟, 张冠军. 桨–轴–艇耦合模型振动传递及声学优化[J]. 船舶工程, 2022, 44(8): 14-20, 169.

[30] Su J, Lei Z, Qu Y, et al. Effects of non-axisymmetric structures on vibro-acoustic signatures of a submerged vessel subject to propeller forces[J]. Applied Acoustics, 2018, 133: 28-37.

[31] Liu N, Li C, Yin C, et al. Application of a dynamic antiresonant vibration isolator to minimize the vibration transmission in underwater vehicles[J]. Journal of Vibration and Control, 2018, 24(17): 3819-3829.

[32] Huang X, Ni Z, Zhang Z, et al. Stiffness optimization of marine propulsion shafting system by FRF-based substructuring method and sensitivity analysis[J]. Ocean Engineering, 2017, 144: 243-256.

[33] Chen F, Chen Y, Hua H. Vibration analysis of a submarine elastic propeller-shaft-hull system using FRF-based substructuring method[J]. Journal of Sound and Vibration, 2019, 443: 460-482.

[34] 朱月月, 黄志伟, 谢溪凌, 等. 基于主动支承的推进轴系横向振动传递控制方法研究[J]. 振动与冲击, 2021, 40(9): 120-124, 151.

[35] Xie X, Yang D, Wu D, et al. Theoretical analysis on vibration transmission control in a shaft-hull system excited by propeller forces via an active multi-strut assembly[J]. Ocean Engineering, 2021, 221: 108511.

[36] Caresta M, Kessissoglou N. Reduction of the sound pressure radiated by a submarine by isolation of the end caps[J]. Journal of Vibration and Acoustics, 2011, 133(3): 031008.

[37] Caresta M, Kessissoglou N. Reduction of hull-radiated noise using vibroacoustic optimization of the propulsion system[J]. Journal of Ship Research, 2011, 55(3): 149-192.

[38] Caresta M. Active control of sound radiated by a submarine in bending vibration[J]. Journal of Sound and Vibration, 2011, 330(4): 615-624.

[39] Caresta M, Kessissoglou N. Active control of sound radiated by a submarine hull in axisymmetric vibration using inertial actuators[J]. Journal of Vibration and Acoustics, 2012, 134(1): 011002.

[40] Xie D, Zhang C. Study on transverse vibration characteristics of the coupled system of shaft and submerged conical-cylindrical shell[J]. Ocean Engineering, 2020, 197: 106834.

[41] Xie K, Chen M, Dong W, et al. A semi-analytic method for vibro-acoustic analysis of coupled

propeller-shaft-hull systems under propeller excitations[J]. Ocean Engineering, 2020, 218: 108175.

[42] Qu D, liu X, Liu G, et al. Analysis of vibration isolation performance of parallel air spring system for precision equipment transportation[J]. Measurement and Control, 2019, 52(3-4): 291-302.

[43] Zhao X, Yuan Y, Tang W. A practical optimisation method of submarine base considering vibration reduction, light-weight and shock resistance[J]. Ships and Offshore Structures, 2021, 17(11): 2416-2427.

[44] 方媛媛, 左言言, 邵广申, 等. 船舶设备半主动单层隔振系统传递特性分析[J]. 振动测试与诊断, 2019, 39(3): 571-576, 672.

[45] 谢溪凌, 董广明, 林枫, 等. 船舶动力与传动装置振动控制技术发展研究[J]. 中国工程科学, 2022, 24(6): 193-202.

[46] 张鑫, 李坚波, 陈林, 等. 船舶动力设备基座减振优化设计与试验研究[J]. 噪声与振动控制, 2023, 43(6): 196-201.

[47] 杨德庆, 杨康, 王博涵. 刚度-质量-阻尼综合优化的船舶减振统一阻抗模型法[J]. 振动工程学报, 2020, 33(3): 485-493.

[48] Obadimu S O, Kourousis K I. Load-rate effects on the in-plane compressive behaviour of additively manufactured steel 316L honeycomb structures[J]. Engineering Structures, 2022: 273.

[49] 霍明政, 陈捷, 杨琴, 等. 杆径对激光选区熔化 NiTi 合金点阵结构动态减振特性的影响[J]. 中国激光, 2022, 49(14): 259-268.

[50] Zhao C Y. Review on thermal transport in high porosity cellular metal foams with open cells[J]. International Journal of Heat and Mass Transfer, 2012, 55(13-14): 3618-3632.

[51] Ghobadian A, Talavera I, Bhattacharya A, et al. Examining legitimatisation of additive manufacturing in the interplay between innovation, lean manufacturing and sustainability[J]. International Journal of Production Economics, 2020, 219: 457-468.

[52] Ding R, Yao J, Du B, et al. Retracted: Mechanical properties and energy absorption capability of arch lattice structures manufactured by selective laser melting[J]. Advanced Engineering Materials, 2020, 22(5): 1901534.

[53] van Bael S, Chai Y C, Truscello S, et al. The effect of pore geometry on the in vitro biological behavior of human periosteum-derived cells seeded on selective laser-melted Ti-6Al-4V bone scaffolds[J]. Acta Biomater, 2012, 8(7): 2824-2834.

[54] Bartolo P, Kruth J P, Silva J, et al. Biomedical production of implants by additive electro-chemical and physical processes[J]. CIRP Annals, 2012, 61(2): 635-655.

[55] Mckown S, Shen Y, Brookes W K, et al. The quasi-static and blast loading response of lattice structures[J]. International Journal of Impact Engineering, 2008, 35(8): 795-810.

[56] Yan C, Hao L, Hussein A, et al. Microstructural and surface modifications and hydroxyapatite coating of Ti-6Al-4V triply periodic minimal surface lattices fabricated by selective laser melting[J]. Materials Science & Engineering C-Materials for Biological Applications, 2017, 75: 1515-1524.

[57] Yang L, Li Y, Wu S, et al. Tailorable and predictable mechanical responses of additive manufactured TPMS lattices with graded structures[J]. Materials Science and Engineering: A, 2022, 843: 143109.

[58] 李爽, 杨金水, 吴林志, 等. 边界和杆件倾角对沙漏点阵结构振动特性的影响[J]. 哈尔滨工程大学学报, 2019, 40(5): 878-885.

[59] Wang R, Shang J, Li X, et al. Vibration and damping characteristics of 3D printed Kagome lattice with viscoelastic material filling[J]. Scientific Reports, 2018, 8(1): 9604.

[60] 田阳. 点阵夹层板的振动响应分析及控制[D]. 北京: 北京交通大学, 2019.

[61] Li Z Y, Ma T X, Wang Y Z, et al. Vibration isolation by novel meta-design of pyramid-core lattice sandwich structures[J]. Journal of Sound and Vibration, 2020, 480: 115377.

[62] Yang L, Li Y, Chen Y, et al. Topologically optimized lattice structures with superior fatigue performance[J]. International Journal of Fatigue, 2022, 165: 107188.

[63] Schwarz H A. Ueber die Minimalfläche, deren Begrenzung als ein von vier Kanten eines regulären Tetraeders gebildetes räumliches Vierseit gegeben ist[J].Monatsberichte der koniglichen akademie der wissenschaften zu berlin, 1865: 149-153.

[64] Han L, Che S. An Overview of materials with triply periodic minimal surfaces and related geometry: From biological structures to self-assembled systems[J]. Advanced Materials, 2018, 30(17): e1705708.

[65] Schoen A H. Infinite periodic minimal surfaces without self-intersections[R]. Washington D.C.: National Aeronautics and Space Administration, 1970: 1-92.

[66] Winter B, Butz B, Dieker C, et al. Coexistence of both gyroid chiralities in individual butterfly wing scales of *Callophrys rubi*[J]. Proceedings of the National Academy of Sciences of the United States of America, 2015, 112(42): 12911-12916.

[67] Seago A E, Brady P, Vigneron J P, et al. Gold bugs and beyond: A review of iridescence and structural colour mechanisms in beetles (Coleoptera)[J]. Journal of the Royal Society Interface, 2009, 6 (Suppl 2): 165-184.

[68] Yang L, Yan C, Cao W, et al. Compression-compression fatigue behaviour of gyroid-type triply periodic minimal surface porous structures fabricated by selective laser melting[J]. Acta Materialia, 2019, 181: 49-66.

[69] Yang L, Wu S, Yan C, et al. Fatigue properties of Ti-6Al-4V Gyroid graded lattice structures fabricated by laser powder bed fusion with lateral loading[J]. Additive Manufacturing, 2021, 46: 102214.

[70] Maskery I, Aboulkhair N T, Aremu A O, et al. Compressive failure modes and energy absorption in additively manufactured double gyroid lattices[J]. Additive Manufacturing, 2017, 16: 24-29.

[71] Viet N V, Karathanasopoulos N, Zaki W. Mechanical attributes and wave propagation characteristics of TPMS lattice structures[J]. Mechanics of Materials, 2022, 172: 104363.

[72] Simsek U, Arslan T, Kavas B, et al. Parametric studies on vibration characteristics of triply periodic minimum surface sandwich lattice structures[J]. The International Journal of Advanced Manufacturing Technology, 2020, 115(3): 675-690.

[73] Chasalevris A, Fadi D. A journal bearing with variable geometry for the suppression of vibrations in rotating shafts: Simulation, design, construction and experiment[J]. Mechanical Systems and Signal Processing, 2015, 52-53: 506-528.

[74] Jaehoon J, Chongmin K, Yanggon K. Design improvement of a viscous-spring damper for controlling torsional vibration in a propulsion shafting system with an engine acceleration problem[J]. Journal of Marine Science and Engineering, 2020, 8(6): 428.

[75] Merz S, Kessissoglou N, Kinns R, et al. Passive and active control of the radiated sound power from a submarine excited by propeller forces[J]. Journal of Ship Research, 2013, 57(1): 59-71.

[76] Lusty C, Sahinkaya N, Keogh P. A novel twin-shaft rotor layout with active magnetic couplings for vibration control[J]. Proceedings of the Institution of Mechanical Engineers Part I Journal of Systems and Control Engineering, 2016, 230(3): 266-276.

[77] Chasalevris A, Dohnal F. Improving stability and operation of turbine rotors using adjustable journal bearings[J]. Tribology International, 2016, 104: 369-382.

[78] Goodwin A J H. The design of a resonance changer to overcome excessive axial vibration of propeller shafting[J]. Transactions of the Institute of Marine Engineers, 1960, 72: 37-63.

[79] Lewis D W, Allaire P E, Thomas P W. Active magnetic control of oscillatory axial shaft vibrations in ship shaft transmission systems, part 1: System natural frequencies and laboratory scale model[J]. Tribology Transactions, 1989, 32(2): 170-178.

[80] Lewis D W, Humphris R R, Thomas P W. Active magnetic control of oscillatory axial shaft vibrations in ship shaft transmission systems, part 2: Control analysis and response of experimental system[J]. Tribology Transactions, 1989, 32(2): 179-188.

[81] Dylejko P G, Kessissoglou N J, Yan T, et al. Optimisation of a resonance changer to minimise the vibration transmission in marine vessels[J]. Journal of Sound and Vibration, 2007, 300(1-2): 101-116.

[82] Dylejko P G. Optimum resonance changer for submerged vessel signature reduction[D]. Sydney: University of New South Wales, 2007.

[83] Johnson B G, Hockney R, Eisenhaure D, et al. System and method for damping narrow band axial vibrations of a rotating device: US5291975[P]. 1994-03-08.

[84] Baz A, Gilheany J, Steimel P. Active vibration control of propeller shafts[J]. Journal of Sound and Vibration, 1990, 136(3): 361-372.

[85] Pan X, Yan T, Juniper R. Active control of radiated pressure of a submarine hull[J]. Journal of Sound and Vibration, 2008, 311(1-2): 224-242.

[86] Caresta M. Active control of sound radiated by a submarine in bending vibration[J]. Journal of Sound and Vibration, 2011, 330(4): 615-624.

[87] Caresta M, Kessissoglou N. Active control of sound radiated by a submarine hull in axisymmetric vibration using inertial actuators[J]. Journal of Vibration & Acoustics, 2012, 81(1): 1-8.

[88] Song Y, Wen J, Yu D, et al. Reduction of vibration and noise radiation of an underwater vehicle due to propeller forces using periodically layered isolators[J]. Journal of Sound & Vibration, 2014, 333(14): 3031-3043.

[89] Qin H, Zheng H B, Qin W Y, et al. Active control of lateral vibration of a shaft-hull coupled system[C]//The 24th International Congress on Sound and Vibration, London, 2017.

[90] Korkmaz F C, Su M E, Alarcin F. Control of a ship shaft torsional vibration via modified PID controller[J]. Brodogradnja, 2014, 65(1): 17-27.

[91] 胡芳. 推进轴系纵向振动主动控制方法研究[D]. 上海: 上海交通大学, 2015.

[92] 张亮. 推进轴系纵向振动主动控制试验研究[D]. 武汉: 华中科技大学, 2019.

[93] 李全超, 刘伟. 基于主动推力平衡原理的轴系纵向减振技术研究[J]. 舰船科学技术, 2020, 42(1): 136-139.

[94] 郑洪波, 覃会, 胡芳, 等. 基于动态插值自适应方法的时变轴系纵向振动主动控制[J]. 振动与冲击, 2018, 37(21): 171-176.

[95] 唐子阳. 多支承轴系横向弯曲振动主动控制研究[D]. 南京: 南京航空航天大学, 2019.

[96] Koroishi E H, Borges A S, Cavalini A A, et al. Numerical and experimental modal control of flexible rotor using electromagnetic actuator[J]. Mathematical Problems in Engineering, 2014: 1-14.

[97] Pierart F G, Santos I F. Lateral vibration control of a flexible overcritical rotor via an active gas bearing: Theoretical and experimental comparisons[J]. Journal of Sound and Vibration, 2016, 383: 20-34.

[98] Salazar J G, Santos I F. Feedback-controlled lubrication for reducing the lateral vibration of flexible rotors supported by tilting-pad journal bearings[J]. Proceedings of the Institution of Mechanical Engineers, Part J: Journal of Engineering Tribology, 2015, 229(10): 1264-1275.

[99] Mauro C. Active control of sound radiated by a submarine hull in bending vibration using inertial actuators[J]. Noise and Vibration Worldwide, 2011, 42(7): 12-17.

[100] Moheimani S R. A survey of recent innovations in vibration damping and control using shunted piezoelectric transducers[J]. IEEE Transactions on Control Systems Technology, 2003, 11(4): 482-494.

[101] Williams K, Chiu G C, Bernhard R. Dynamic modelling of a shape memory alloy adaptive tuned vibration absorber[J]. Journal of Sound and Vibration, 2005, 280(1): 211-234.

[102] Popp K M, Kroger M, Li W, et al. MRE Properties under Shear and Squeeze Modes and Applications[J]. Journal of Intelligent Material Systems and Structures, 2010, 21(15): 1471-1477.

[103] Merz S, Kessissoglou N, Kinns R, et al. Minimisation of the sound power radiated by a submarine through optimisation of its resonance changer[J]. Journal of Sound and Vibration, 2010, 329(8): 980-993.

[104] Zhao G, Alujevic N, Depraetere B, et al. Experimental study on active structural acoustic control of rotating machinery using rotating piezo-based inertial actuators[J]. Journal of Sound and Vibration, 2015, 348: 15-30.

[105] Salazar J G, Santos I F. Active tilting-pad journal bearings supporting flexible rotors: Part I-The hybrid lubrication[J]. Tribology International, 2017, 107: 94-105.

[106] Salazar J G, Santos I F. Active tilting-pad journal bearings supporting flexible rotors: Part II-The model-based feedback-controlled lubrication[J]. Tribology International, 2017, 107: 106-115.

[107] Yao J F, Gao J J, Wang W M. Multi-frequency rotor vibration suppressing through self-optimizing control of electromagnetic force[J]. Journal of Vibration and Control, 2017, 23(5): 701-715.

[108] Roy H K, Das A S, Dutt J K. An efficient rotor suspension with active magnetic bearings having

viscoelastic control law[J]. Mechanism and Machine Theory, 2016, 98: 48-63.

[109] Zaccardo V M, Buckner G D. Active magnetic dampers for controlling lateral rotor vibration in high-speed rotating shafts[J]. Mechanical Systems and Signal Processing, 2021, 152: 107445.

[110] Tukesh S, Das A S, Dutt J K. Active vibration control of ship mounted flexible rotor-shaft-bearing system during seakeeping[J]. Journal of Sound and Vibration, 2020, 467: 115046.

[111] 徐晖, 祝长生. 船舶推进轴系传递力的自适应主动控制研究[J]. 机电工程, 2019, 36(8): 857-861.

[112] 谢溪凌, 覃会, 徐颖蕾, 等. 基于原点速度反馈的推进轴系横向振动传递控制研究[J]. 振动与冲击, 2019, 38(9): 115-122.

[113] 严新平, 张聪, 田哲, 等. 船舶轴系性能提升与运行安全[M]. 北京: 科学出版社, 2023.

第 2 章

船舶推进轴系支撑系统
摩擦诱导振动特性

　　船舶推进轴系是船舶动力装置必不可少的重要设备,确保其正常稳定运行是船舶安全航行的关键。在船舶运行过程中,水润滑轴承等支撑部件与转轴之间会产生摩擦。特别是当水润滑轴承出现润滑失效,轴承界面直接接触时,转轴与轴承复合材料内衬之间会产生摩擦诱导振动。该振动除了形成噪声,还会进一步激励转轴加剧轴系振动。因此,研究船舶推进轴系支撑系统的摩擦诱导振动特性具有重要的工程价值和研究意义。

2.1 推进轴系轴承动态摩擦力识别

随着超大型油轮、巨型油轮等大型船舶的出现，为满足传动需求，船舶推进轴系也向着长轴系发展，其轴承繁多。长轴系运转时往往伴随着大量摩擦功耗，意味着轴承摩擦力的准确测量对提高船舶的传动效率至关重要。同时，动态摩擦力测试也是揭示轴承摩擦诱导振动机理的重要手段。

本节提供两种有效的测量动摩擦力方案。第一种测量方案是直接在轴系上应用旋转测力计测量动摩擦力，但旋转测力计使用成本较高。第二种测量方案采用在艉轴承底部安装二分力传感器，通过电涡流传感器识别偏位角，结合动力学公式计算动摩擦力。本节重点介绍第二种测量方案。

2.1.1 方案设计

1. 旋转测力计测量方案

旋转测力计的设计具有紧凑和便于操作的优点。在安装旋转测力计时，可通过转轴接口直接进行安装，然后再将试验轴颈与旋转测力计相连。在运行过程中，旋转测力计会随转轴旋转，因此，其可以直接对轴颈上的受力进行测量。该方案具体操作步骤：将旋转测力计安装在支撑轴与试验轴之间，测量单元由转子和定子构成。转子内部有四分量压电传感器、电荷放大器和数字传输电路，转子两端通过联轴器与转轴连接。定子承担了供电、切换量程、接收数字信号的作用，其与转子是非接触式的。定子一般是固定在某个支架，定子与转子的径向间隙控制在 $3\sim10\ \text{mm}$。旋转测力计系统的组成如图 2-1 所示。

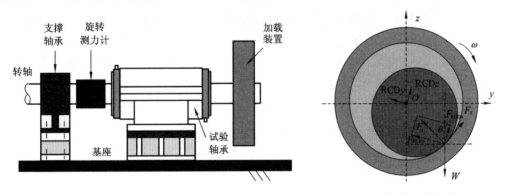

（a）旋转测力计安装示意图　　　　（b）旋转测力计受力示意图

图 2-1　旋转测力计测量方案

测试系统力学关系为

$$F_{\text{n}} = \sqrt{F_{\text{RCD}y}^2 + F_{\text{RCD}z}^2} \tag{2-1}$$

$$F_{\text{n}}\cos\theta + F_{\text{f}}\sin\theta = W \tag{2-2}$$

式中：θ 为电涡流传感器计算所得偏位角；F_{n} 为旋转测力计在 y、z 平面的合力，为接触法向力；F_{RCDz} 和 F_{RCDy} 为旋转测力计实际测得的力；F_f 为动摩擦力；W 为转轴给轴承施加的静态载荷。

2. 二分力传感器测量方案

二分力传感器测量方案如图 2-2 所示。由于压电传感器特性，测量所得两个方向载荷是去除轴承静载后的动载荷。电涡流传感器通过打孔穿过轴承座壳体和试验轴承外衬，位于试验轴承沿轴向 1/2 处，两个电涡流传感器互相垂直。由于轴承内衬为高分子复合材料，电涡流传感器头部磁场受周围影响忽略不计。将电涡流传感器头部与轴颈之间的中点位置作为传感器初始安装位置。

水润滑轴承在运行过程中，转轴与轴承内壁接触部位的受力状态如图 2-3 所示，图中：F_f 为动摩擦力；F_n 为接触法向力；W 为转轴给轴承施加的静态载荷。

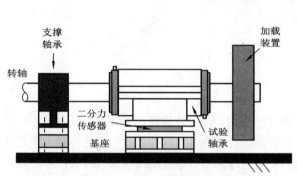

图 2-2　二分力传感器测量方案

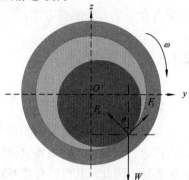

图 2-3　轴承切向受力示意图

轴承在 y（水平）方向和 z（垂直）方向的力学平衡公式为

$$F_y = F_n \sin\theta - F_f \cos\theta \tag{2-3}$$

$$F_z = -F_n \cos\theta - F_f \sin\theta \tag{2-4}$$

式中：F_y 和 F_z 分别为二分力传感器水平方向和垂直方向的示数。由于二分力传感器采用的是压电传感原理，只能采集动态力信号，所以测试的静态载荷 W 为 0。

联合式（2-3）和式（2-4），计算得到轴承动摩擦力 F_f，从而得到轴承动态摩擦系数 μ_d：

$$\mu_d = \frac{F_f}{F_n} \tag{2-5}$$

根据动摩擦力时域数据，可以得到动摩擦力均方根值 F_{f0}：

$$F_{f0} = \sqrt{\frac{x_1^2 + x_2^2 + x_3^2 + \cdots + x_n^2}{n}} \tag{2-6}$$

式中：x 为动摩擦力每个采样点对应数值；n 为采样个数。

2.1.2　测试结果

图 2-4 展示了轴承在载荷 372 N 和 618 N 下，转速 40 r/min、70 r/min、130 r/min 的动摩擦力的变化。载荷 372 N 下各转速动摩擦力曲线相对光滑，表明轴承系统润滑状态良好。载荷 618 N 下各转速摩擦力曲线相比于 372 N 在峰值处出现明显的振荡，随着转

速升高，动摩擦力曲线幅值也相应增加，这是因为轴承在高载荷下没有形成良好的动压润滑状态，轴承部分区域仍处于边界润滑或混合润滑状态，导致轴承动摩擦力的峰值振荡现象随着转速升高逐渐加剧。

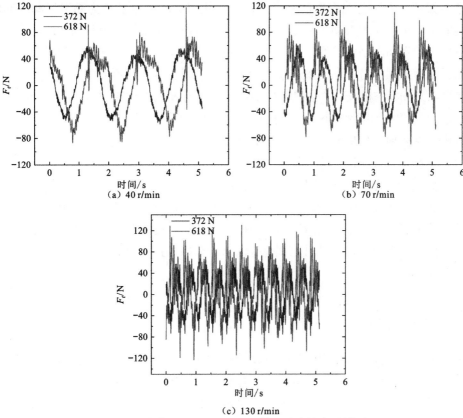

图 2-4　载荷 372 N 和 618 N 下轴承动摩擦力时域图

图 2-5 展示了轴承在载荷 372 N 和 618 N 下，转速 40 r/min、70 r/min、130 r/min 的动摩擦力频域（5～50 Hz）的变化。结果显示，在两个载荷下，各转速的频域成分主要包含转频的倍频，随着转速升高，其倍频幅值逐渐增加。其中 618 N 各转速峰值较 372 N 载荷有一定提高，且前者各转速峰群频段较后者更加集中在低频 10～25 Hz。

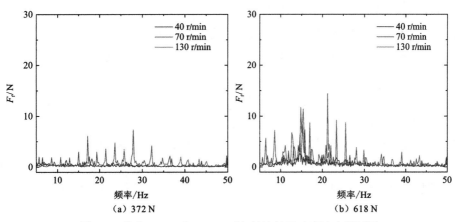

图 2-5　载荷 372 N 和 618 N 下各转速轴承动摩擦力频域图

2.2　推进轴系摩擦诱导振动特性识别

摩擦振动是一种普遍存在的物理现象，在机械运动学中被称为黏滑运动或间歇滑动。实船艉轴承的摩擦振动常发生在重载、启停阶段。由于轴承材料的非线性和工作条件的特殊性，水润滑轴承的摩擦振动和噪声机理仍有待揭示。近年来，学者通过对水润滑轴承异常摩擦振动特征的有效识别来研究摩擦振动的影响。孙迪等[1]认为摩擦振动可以反映摩擦磨损状态的变化，他提出振动信号特征值 K 的变化规律可以反映摩擦振动的变化。李国宾等[2]应用谐波小波包变换有效地提取了弱摩擦振动的特征。Chen 等[3]认为时频分析是摩擦振动分析的合适方法，同时时频分析也适用于平滑或非平滑信号的分析。目前，大多数单一振动信号分析技术并不能完全识别推进轴系摩擦振动特征。

本节提出一种基于经验模态分解和时频域分析技术结合的水润滑轴承摩擦振动特征识别方法，为研究试验因素对轴承摩擦振动的影响提供理论基础。试验过程中，通过控制不同的工况条件采集水润滑轴承在不同运行状态下的振动特性，并记录相关的振动信号和摩擦力矩等数据，通过对比试验等深入研究摩擦振动现象，探究摩擦振动特征与试验工况间的关系。

2.2.1　试验装置

水润滑轴承摩擦振动临界特征识别试验在武汉理工大学 SSB-100 型船舶水润滑艉轴试验台上进行。试验台主要由试验设备、数据采集系统、加载系统和润滑系统组成。如图 2-6 所示：试验轴承安装在轴承座中，试验轴穿过试验轴承，安装在 R1#滚动轴承和R2#滚动轴承上；轴承座下方安装有液压油缸，载荷通过液压加载系统直接施加在试验轴承上；加载系统通过调整油压来改变加载力；试验轴承的轴承座两端分别为出水口和入水口，通过润滑系统的流量阀来控制水润滑轴承冷却水流量；轴承座两端采用标准骨架密封，保证在较小泄漏的前提下，尽可能地降低密封摩擦力和摩擦噪声；分别在 R1#滚动轴承座、试验轴承座、R2#滚动轴承座、电机、加载装置，基座的 Y 方向（垂直试验轴承方向）各布置 1 个加速度传感器，共 6 个传感器，获取各测点振动数据。

如图 2-7 所示，采用的试验轴承的外衬为不锈钢，厚度 n 为 20 mm；内衬为高分子复合材料，内衬杨氏模量为 1720 MPa，密度为 1.421 g/cm^3，泊松比为 0.4，内衬厚度 m 为 20 mm。

试验台模拟实船进行停机试验，以 450 r/min 匀速降低至 0 r/min。在试验轴承 Y 方向（垂直试验台地面方向）布置一个加速度传感器，在试验台其他重要部件同样布置 Y 方向传感器，各测点传感器通过采集系统同步记录停机过程的振动数据。如图 2-8 所示，在轴承停机过程中，0.2 MPa 比压下进行停机试验未发现振动包络现象，而 1.0 MPa 比压下则出现振动包络。初步分析为摩擦振动所致，通过以下步骤阐明振动包络现象发生的原因。

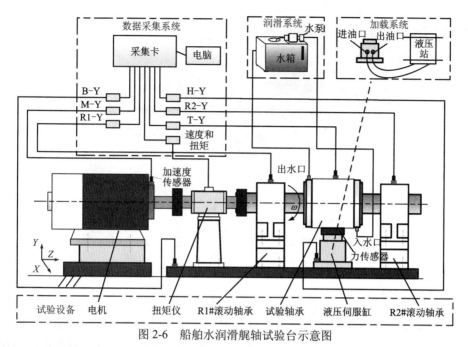

图 2-6　船舶水润滑艉轴试验台示意图

各部件的垂直方向振动表示：T-Y 代表试验轴承的振动；M-Y 代表电机的振动；B-Y 代表试验基座的振动；

R1-Y 代表左侧滚动轴承的振动；R2-Y 代表右侧滚动轴承的振动；H-Y 代表位于试验轴承下方的加载装置的振动

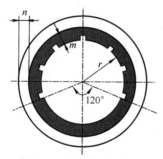

图 2-7　试验轴承示意图

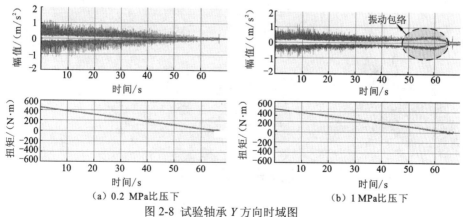

（a）0.2 MPa比压下　　　　　（b）1 MPa比压下

图 2-8　试验轴承 Y 方向时域图

（1）对比摩擦力矩和转速图。如图 2-9 所示，振动包络的起点与摩擦力矩的突增点之间存在对应关系。摩擦扭矩点的突然增大表明轴承已从动压润滑阶段进入混合润滑阶段，此时水润滑轴承内部出现局部接触。

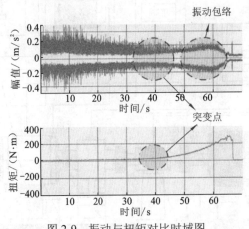

图 2-9　振动与扭矩对比时域图

（2）查看时频域图。如图 2-10 所示，在降速试验期间，时频域图中出现的振动包络的特征频率集中在 6000 Hz 和 8000 Hz，出现时间处于停机试验的低速阶段。在 SSB-100 型船舶水润滑艉轴试验中进行的振动试验[4]表明，试验台各部件的特征频率均在 3000 Hz 以内，研究表明试验台组件不会产生高频振动，因此 6000 Hz 与 8000 Hz 的特征频率信号不来源于试验台各部件。

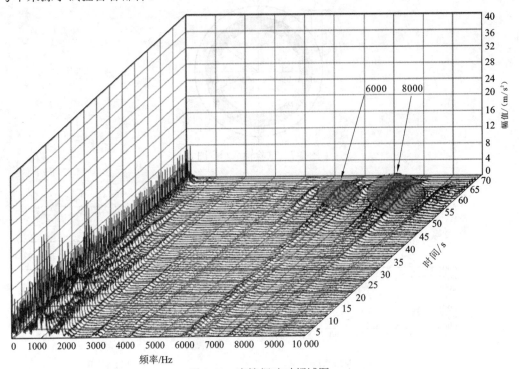

图 2-10　摩擦振动时频域图

（3）对比各测点振动。Rorrer 等[5]表示，水润滑轴承引起的摩擦振动主要是自激的。通过比较试验台其他设备的测点（频率约为 6000 Hz 和 8000 Hz）和相同时刻的 Y 方向时频图。振幅的对比结果表明，图 2-11 中所示区域试验轴承的振动幅值远高于其他测量点。综上所述，停机试验造成时域图上的振动包络现象来自水润滑轴承的自激摩擦振动（下文将其简称为摩擦振动）。

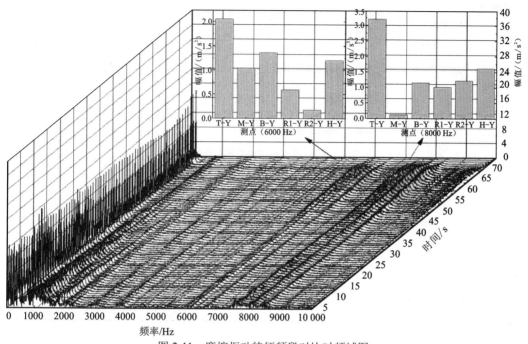

图 2-11   摩擦振动特征频段对比时频域图

2.2.2   识别方法

对于摩擦振动产生的包络波形，可利用其波形特征反映水润滑轴承摩擦振动特征。而分解出包络波形信号首先须确定信号处理方法，主流的振动数据分析有小波分析、希尔伯特-黄变换、短时傅里叶分析等，其中希尔伯特-黄变换中经验模态分解（empirical mode decomposition，EMD）可以分离不同振动频段下的数据，并形成不同的固有模态函数（intrinsic mode function，IMF）分量。而摩擦振动信号属于高频振动的信号[6]，经验模态分解的本质是对一个信号进行平稳化处理，其结果是将信号中不同尺度的波动或趋势逐级分解出来，产生一系列具有不同特征尺度的数据序列，每一个序列称为一个 IMF。因此摩擦振动的信号可被准确地显现出来，经验模态分解这种直接分解而非滤波的处理方法适用于摩擦振动信号的提取与分析。

本小节利用 EMD 方法分离出摩擦振动的 IMF 特征分量，并针对摩擦振动特征分量进行 IMF 能量、时域、频域的特征值提取，如表 2-1 所示，利用表中特征值提出水润滑轴承摩擦振动临界特征识别方法，主要分为三个阶段（图 2-12）。

表 2-1　水润滑轴承摩擦振动特征值

噪声谱	特征值	物理含义	公式
IMF 能量	IMF 能量 E_{imf}	反映每个分量振动信号的总能量	$E_{\text{imf}} = \sum_{i=1}^{n} |e_i(t)|^2$
	IMF 能量占比 P_i	代表每个分量振动信号的能量占原始信号总能量的百分比	$P_i = E_{\text{imf}} / E_{\text{total}}$
时域信号	标准差 P_t	反映数据的离散程度	$P_t = \left(\dfrac{1}{n} \sum_{i=1}^{n} (X_i - \bar{X})^2 \right)^{\frac{1}{2}}$
	偏度 K_3	反映振动信号的非对称性，如果某一方向存在摩擦或者碰撞，造成振动波形的不对称，则偏度指标会增大	$K_3 = \dfrac{1}{n} \sum_{i=1}^{n} (X_i - \bar{X})^3 \left/ \left(\dfrac{1}{n} \sum_{i=1}^{n} (X_i - \bar{X})^2 \right)^3 \right.$
	波形因子 S_f	表示实际波形与标准正弦波的差异和畸变，常用于低频领域故障的诊断	$S_f = \sqrt{\dfrac{1}{n} \sum_{i=1}^{n} X_i^2} \left/ \dfrac{1}{n} \sum_{i=1}^{n} |X_i| \right.$
	裕度因子 C_e	可以识别轴承的磨损状况	$C_e = x_{\max} - x_{\min} \left/ \left(\dfrac{1}{n} \sum_{i=1}^{n} \sqrt{|X|} \right)^2 \right.$
频域信号	重心频率 F_c	描述信号在频谱中分量较大的信号成分的频率，反映信号功率谱的分布情况	$F_c = \int_0^{+\infty} f P(f) \mathrm{d}f \left/ \int_0^{+\infty} P(f) \mathrm{d}f \right.$ 式中 $P(f)$ 为信号的功率谱
	频率标准差 R_f	描述功率谱能量分布的分散程度	$R_f = \sqrt{V_f}$ 式中 V_f 是信号的频率方差

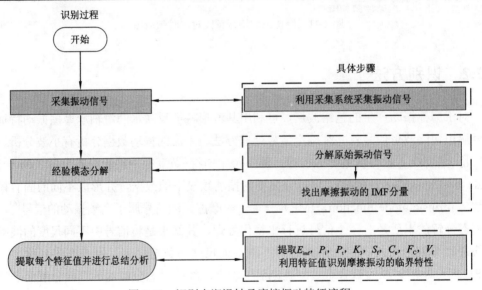

图 2-12　识别水润滑轴承摩擦振动特征流程

（1）采集振动信号。利用采集系统记录每个停机试验的振动数据，当试验轴承出现由摩擦振动引起的振动包络时，将振动数据进行下一步经验模态分解，如图 2-13 所示。

（2）经验模态分解。以轴承的初始振动信号为基础，利用经验模态分解方法，找出摩擦振动的特征固有模态分量。太少的固有模态分量无法有效分离摩擦振动特征信号，但是过多的固有模态分量又会稀释摩擦振动特征信号，并且导致计算工作量大大增加。

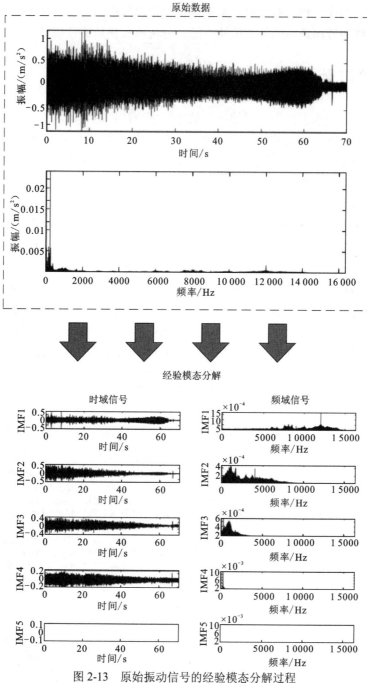

图 2-13 原始振动信号的经验模态分解过程

研究结果表明，对于本小节研究的水润滑轴承摩擦振动的分解工作，5 个固有模态分量的结果是最优方式。其中第一个固有模态分量与原始信号中的包络图像相互对应，并且其包络波形的最高幅值与原始信号相同，频域信号的特征频段也对应了时频域中振动包络的特征频段。结果表明，第一个固有模态分量是摩擦振动的特征分量，其他分量是其他特征频段的振动信号。

（3）提取特征值。根据摩擦振动的特征分量进行表 2-1 特征值的提取，绘制各特征值随工况参数的变化曲线，根据每个特征值变化情况筛选出能够识别摩擦振动临界特征的特征值，最终通过筛选后的特征值特点综合分析摩擦振动特征信号。

2.2.3　试验结果

针对前文提出的水润滑轴承摩擦振动信号识别方法，制订水润滑轴承摩擦振动试验方案。试验过程中各停机试验速度变化恒定，在恒速下由 450 r/min 降低到 0 r/min，时间为 70 s。在减速过程中，比压、流量和温度保持不变。采集系统记录了整个停机过程中每个测量点的振动数据。

本次试验方案一共包含三种试验，比压试验、流量试验、温度试验，具体试验流程如图 2-14 所示，每次试验前改变比压（0.2 MPa、0.3 MPa、0.4 MPa、0.5 MPa、0.6 MPa、0.7 MPa、0.8 MPa、0.9 MPa、1.0 MPa）、流量（2 L/min、4 L/min、6 L/min、8 L/min、10 L/min、12 L/min）和温度（20℃、30℃、40℃、50℃、60℃）。在比压试验中，流量保持在 5 L/min，而温度保持在 23℃。在流量试验中，比压设置为 0.8 MPa，温度固定在 30℃。在温度试验中，比压保持在 0.85 MPa，流量保持在 5 L/min。选择这些条件是为了模拟船舶在运行中的真实条件，便于研究实际水润滑轴承服役期间的真实摩擦振动现象。每种试验只关注一个试验变量，观察其对摩擦振动识别结果的影响。

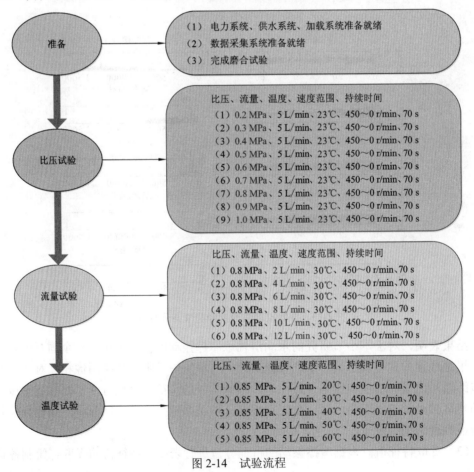

图 2-14　试验流程

图 2-15 显示了比压、流量和温度对 IMF 能量和 IMF 能量占比的影响。IMF 能量反映了振动信号每个分量的总能量。IMF 能量占比表示摩擦振动特征固有模态分量的能量占原始信号总能量的百分比。

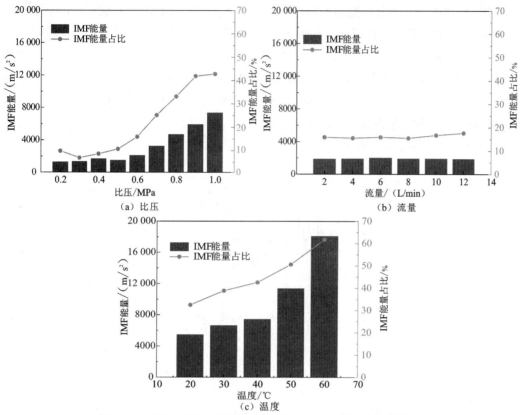

图 2-15　比压、流量和温度对 IMF 能量和 IMF 能量占比的影响

如图 2-15（a）所示，IMF 能量和 IMF 能量占比在 0.2～0.4 MPa 的比压下趋于稳定。然而，当比压处于 0.5 MPa，它表现出单调升高的趋势。IMF 能量从 0.5 MPa 时的 1530 m/s² 升高到 1 MPa 时的 7378 m/s²；IMF 能量占比从 0.5 MPa 时的 10%升高到 1.0 MPa 时的 42%。

如图 2-15（b）所示，IMF 能量和 IMF 能量占比随着流量的增加而变化不大。IMF 能量保持在 1800～2050 m/s²；IMF 能量占比保持在 15%～17%。结果表明，流量不会影响 IMF 能量和 IMF 能量占比，流量对特征值的影响很小。

如图 2-15（c）所示，随着温度的升高，IMF 能量与 IMF 能量占比逐渐升高。IMF 的能量从 20 ℃时的 5481 m/s² 升高到 60 ℃时的 18 111 m/s²；IMF 能量占比从 20 ℃时的 32%升高到 60 ℃时的 62%。结果表明，温度升高，IMF 能量和 IMF 能量占比都有所提高。

在分析工况因素对摩擦振动特征值影响的基础上，选取 IMF 能量特征值来探究其对摩擦振动的敏感性。比压和温度对摩擦振动有显著影响，而流量没有明显的影响。因此，流量的影响在本节中不讨论。根据对时域和频域摩擦振动特征的分析，下文将围绕临界摩擦振动试验条件对特征值的影响进行灵敏度分析。

增幅比 a_i 是每个特征值 n_i 的数值减去前一个特征值 n_{i-1} 数值，并除以上一个特征值 n_i 数值。增幅比用于分析不同试验条件下各特征值对摩擦振动的敏感性。

$$a_i = \frac{n_i - n_{i-1}}{n_i} \times 100\% \tag{2-7}$$

如图 2-16（a）所示，已知在 0.5 MPa 的比压下，特征值的增幅比迅速变化，认为 0.5 MPa 的比压是发生摩擦振动的临界比压。此时，IMF 的能量为 1300～1700 m/s²，保持 4%～23%的增幅比。在经过 0.5 MPa 比压后，IMF 能量随着比压的升高而持续升高，增幅比为 20%～55%。与比压为 0.2～0.4 MPa 试验相比，增幅比有显著提高。因此，IMF 能量在比压试验中容易受到摩擦振动信号的影响。在 20～60 ℃的温度范围内，随着温度的升高，IMF 能量增幅比呈 10%～60%的上升趋势。IMF 能量持续从 5000 m/s² 上升到 18 000 m/s²。IMF 能量在低温下增幅较小，在高温下增幅较大，表明 IMF 能量在温度试验中对摩擦振动信号高度敏感。

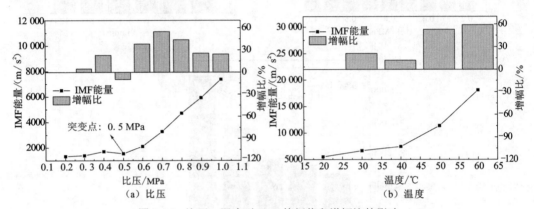

图 2-16　比压、温度对 IMF 特征值和增幅比的影响

本小节对提取振动信号的时域特征值进行分析，标准差反映了数据的离散程度，偏度反映了振动信号的不对称性。如果在一个方向上发生摩擦或碰撞，导致振动波形不对称，则偏度将增加。波形因子表示实际波形与标准正弦波之间的差异和失真，通常用于故障诊断。裕度因子用于识别轴承的磨损状况。

图 2-17 显示了比压对时域特征值的影响。如图 2-17（a）所示，在比压升高的影响下，时域中的标准差和偏度持续增加。同时，随着比压的升高，波形因子和裕度因子显示出单调下降，但是波形因子下降幅度较小。标准差、偏度和裕度因子均在 0.5 MPa 时发生突变。标准差从 0.4 MPa 时的 0.027 m/s² 下降到 0.5 MPa 时的 0.025 m/s²；偏度从 0.4 MPa 时的 0.14×10⁻³ 降低到 0.5 MPa 时的 0.08×10⁻³；波形因子从 0.2 MPa 时的 1.77 降低到 1.0 MPa 时的 1.33；裕度因子从 0.4 MPa 时的 200.41 下降到 0.5 MPa 时的 143.93。结合图 2-16，摩擦振动将在 0.5 MPa 比压后发生，因此时域标准差和偏度可以作为确定轴承摩擦振动的重要参考。

如图 2-18（a）和（b）所示，随着流量的增加，时域信号中的偏度、标准差、裕度因子和波形因子保持不变。标准差为 0.25～0.3 m/s²；偏度保持在 0.07×10⁻³～0.09×10⁻³；波形因子保持在 1.5 左右；裕度因子保持在 80～120。结果表明，流量对时域特征值影响较小。

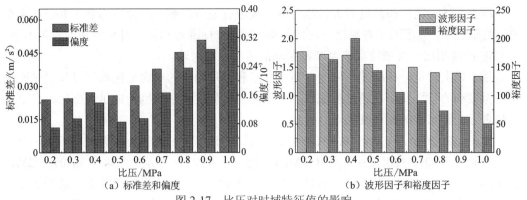

图 2-17 比压对时域特征值的影响

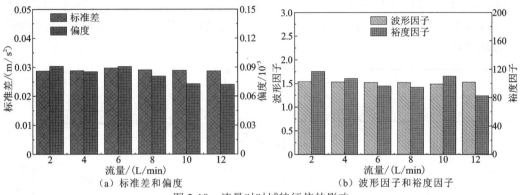

图 2-18 流量对时域特征值的影响

如图 2-19（a）和（b）显示，时域信号中的时域标准差和偏度随着温度的升高而逐渐升高。同时，波形因子和裕度因子也呈现单调下降。温度从 20℃上升到 60℃。标准差从 0.048 m/s^2 升高到 0.089 m/s^2；偏度从 0.32×10^{-3} 升高到 1.08×10^{-3}；波形因子从 1.55 降低到 1.24；裕度因子从 80.90 降低到 20.95。结果表明，时域特征值对温度变化具有较高的敏感性。

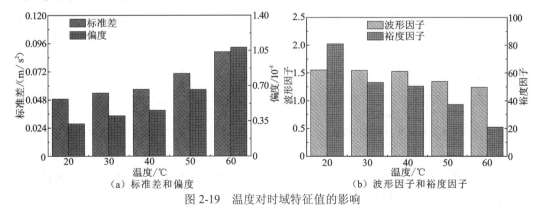

图 2-19 温度对时域特征值的影响

标准差和偏度的升高反映了摩擦振动引起的时域信号峰群陡度的逐渐升高，裕度因子的减小表示其振动波形稳定性的降低。相比之下，波形因子的减小表示时域信号波形逐渐陡峭，这也验证了上文中时域和时频域的判断。

综上所述，比压和温度对大多数时域特征值有显著影响，而流量影响不大。在 4 个时域特征值中，波形因子对摩擦振动信号不太敏感，标准差和偏度对摩擦振动较为敏感。与 IMF 能量相比，时域特征值对摩擦振动的敏感性相对较弱。

基于以上结论，标准差、偏度、裕度因子和波形因子的单调变化均可以反映试验轴承摩擦振动的特性变化。通过观察时域中标准差、偏度和裕度因子的迅速变化，可以确定是否存在轴承摩擦振动临界点。

如图 2-20 所示，在 0.2～0.4 MPa 的比压下，当时域中的标准差增幅比为 6%～11%；偏度增幅比为 40%～50%。在 0.5～1.0 MPa 的比压下，时域标准差的增幅比为 10%～25%；偏度的增幅比为 10%～76%。一旦比压超过 0.5 MPa，时域中标准差和偏度的增幅比呈现持续升高。温度对标准差增幅比的影响范围为 6%～27%。同时，偏度对增幅比的影响为 10%～65%。时域标准差和偏度随着温度的升高而不断升高。此外，时域标准差和偏度在高温下比在低温下升高得更快。结果表明，时域特征值的标准差和偏度可以反映摩擦振动特征变化。

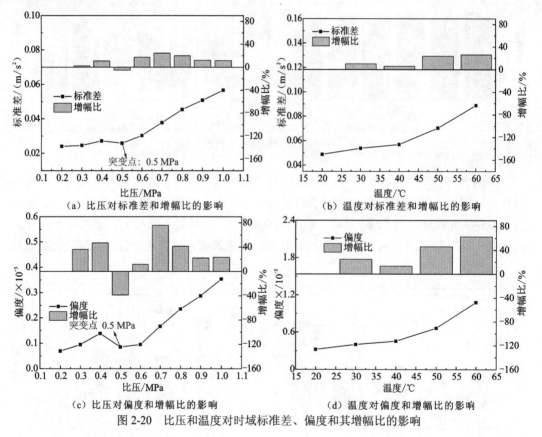

图 2-20　比压和温度对时域标准差、偏度和其增幅比的影响

频率标准差用于描述振动信号能量分布。重心频率可以描述频谱中分量较大的振动分量的频率，反映振动信号的分布。

图 2-21 显示了比压、流量和温度对频率标准差和重心频率的影响。如图 2-21（a）所示，随着比压的升高，频率标准差呈现降低趋势，重心频率呈升高趋势。频率标准差从 0.2 MPa 的 4293 Hz 下降到 1.0 MPa 时的 3009 Hz；在 0.2～0.4 MPa 比压下，重心频率

保持在 6000～7000 Hz。但是，重心频率在 0.5～1.0 MPa 的比压下上升至 8000～10 000 Hz。结果表明，0.5 MPa 的比压是该试验中摩擦振动产生的突变点。

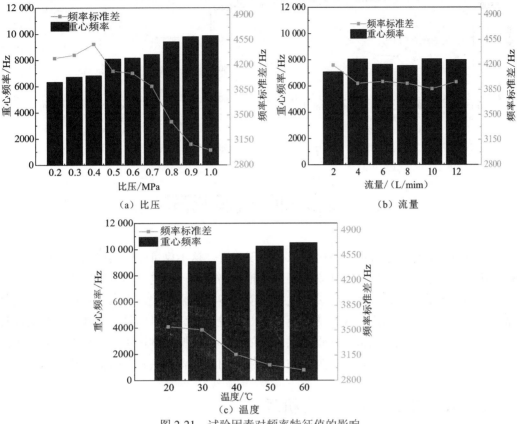

图 2-21　试验因素对频率特征值的影响

如图 2-21（b）所示，在流量从 2 L/min 增加到 12 L/min 期间，频率标准差和重心频率变化很小。频率标准差在 3800～4200 Hz 稳定波动；重心频率在 7000～8000 Hz 保持稳定。

如图 2-21（c）所示，随着温度从 20 ℃上升到 60 ℃，频率标准差逐渐减小，重心频率逐渐增加。频率标准差从 3551 Hz 下降到 2945 Hz；重心频率从 9123 Hz 升高到 10 505 Hz。

综上所述，频率标准差和重心频率容易受到比压和温度升高的影响，流量对它们的影响较小。结果表明，在比压升高的情况下重心频率相比于频率标准差对摩擦振动信号更敏感。

如图 2-22 所示，当重心频率为 6000～7000 Hz 时，在 0.2～0.4 MPa 比压下几乎没有摩擦振动出现，并且增幅比保持在 1%～6%。值得注意的是，当比压达到 0.5 MPa 时，重心频率突然变为 8000 Hz，增幅比达到 18.54%，验证了比压 0.5 MPa 是一个突变点。当比压为 0.5～0.7 MPa 时，重心频率持续上升，增幅比为 0%～4%。在 0.8 MPa 比压下，重心频率上升到 9000 Hz，增幅比为 11.52%。比压为 0.8～1.0 MPa 后，增幅比为 0%～5%。从 20 ℃到 60 ℃，重心频率从 9000 Hz 持续升高到 10 000 Hz，增幅比保持在 0.5%～7%。重心频率在低温下增长较快，重心频率增幅比随温度升高而下降。这一发现表明温度对重心频率的影响是有限的。因此，频域特征值中的重心频率可以灵敏地反映摩擦振动程度。

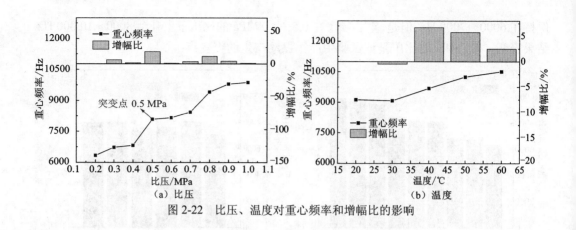

图 2-22　比压、温度对重心频率和增幅比的影响

2.3　推进轴系轴承鸣音特性

在推进轴系运行过程中，有时轴承会出现鸣音，这不仅可能影响船舶设备的正常运行，还可能预示着潜在的故障和安全隐患。轴承鸣音是一个复杂而多层次的现象，其产生可能与轴承的设计、制造、安装及运行环境等多种因素相关，水润滑轴承的鸣音现象是由材料自身的特性而产生并无法避免的，对其进行研究的目的是了解其产生的机理及影响因素，为船舶艉轴的减振降噪提供理论依据。本节探讨推进轴系轴承鸣音的产生机理、表现形式及识别方法，以期为船舶工程领域的从业者提供有益的信息和启示。

2.3.1　水润滑轴承鸣音产生机理

轴承鸣音是由轴系-轴承摩擦副系统的自激振动引起的，摩擦自激振动的频率取决于摩擦系统的固有特性。对于振动鸣音的形成理论，目前学术界共提出了 4 种摩擦振动形成机理，它们分别是黏-滑振动机理、摩擦系数-相对滑动速度负斜率机理、自锁-滑动机理和模态耦合机理，在水润滑轴承研究领域，主要采用前两种理论对鸣音形成的机理进行解释。

1. 黏-滑振动机理

黏-滑振动常用传送带模型来说明。如图 2-23（a）所示，一质量块质量为 m，刚度为 k，阻尼为 c，将质量块放在一个以恒定速度 v_b 运动的传送带上，质量块与传送带之间的摩擦系数可以假设为如图 2-23（b）所示的关于相对速度的三次函数（$v = v_b - \dot{x}$ 是相对滑动速度）。

$$\mu(v) = \mu_0 - \mu_1 |v| + \mu_3 |v|^3, \quad \mu_0, \mu_1, \mu_3 > 0 \tag{2-8}$$

若 $\dot{x} \neq v_b$，质量块与传送带间是相对滑动状态，质量块的运动方程为

$$m\ddot{x} + c\dot{x} + kx = N\mu(v_b - \dot{x})\mathrm{sgn}(v_b - \dot{x}) \tag{2-9}$$

若 $\dot{x} = v_b$，则为相对黏滞状态，运动方程为

$$\dot{x} = 0 \ \text{且} \ c\dot{x} + kx < N\mu_0 \tag{2-10}$$

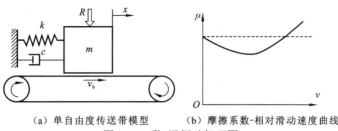

(a) 单自由度传送带模型　　　　　(b) 摩擦系数-相对滑动速度曲线

图 2-23　黏-滑振动机理图

在这个模型中，质量块可能有三种运动形式：恒稳滑动、纯滑动周期振动、黏-滑周期振动，传送带的速度 v_b 有两个临界速度点：

$$v_{b-max} = \sqrt{\frac{\mu_1 N - c}{3\mu_3 N}} \quad (\mu_1 N - c > 0), \quad v_{b-min} = \sqrt{\frac{4}{5}} v_{b-max} \qquad (2\text{-}11)$$

当 $v_b > v_{b-max}$ 时，存在稳定的恒稳滑动，注意到若 $c > \mu_1 N$，则在任何传送带速度下质量块都有稳定的恒稳运动；当 $v_{b-min} < v_b < v_{b-max}$ 时，纯滑动周期振动才有可能发生；而当 $v_b < v_{b-min}$ 时，黏-滑周期振动产生。

在与轴颈接触的轴承承载区，摩擦副的相对运动主要受其与轴颈间摩擦力的作用。将其类比到摩擦自激振动的传送带模型，可将轴颈看作以一定速度运动的传送带，而与其接触的轴承则是具有一定刚度和阻尼的质量块。由于接触区域的动摩擦力作用，摩擦副就会在临界速度下出现黏-滑周期振动。

从摩擦副的微观粗糙度层面也可以对黏-滑运动进行解释。当轴系-轴承摩擦副相对转速较低时，在法向载荷的作用下，摩擦副材料表面层凸体接触的时间延长，在切向作用力下，微凸体顶端有足够的时间产生塑性变形，此时的接触面积比正常运行时的接触面积大，边界润滑膜尚未形成，或者形成后立刻就被挤破。在一定情况下，摩擦副表面的分子紧密接触，在相互作用下扩散而使界面黏附增强。在干摩擦和边界摩擦条件下，当切向力大于最大静摩擦力时，两接触表面的结点被剪断，静摩擦向动摩擦转变，发生宏观滑动现象。在动摩擦力作用下，摩擦副界面相对滑动微小距离时，轴承表面的微凸体因相对滑动而发生错位，与轴的不同表面上的微凸体再次接触，导致边界膜被挤破而再次形成结点，此时摩擦阻力增大，需要较大的剪切力将结点剪切断，才能再次发生宏观滑动。根据轴承的工作条件，当静摩擦系数大于动摩擦系数时，黏着与滑动现象交替出现，称为间歇的不平衡运动，引起自激振动现象，即通常所说的黏-滑运动，在这个转换过程中，振动鸣音不可避免。

2. 摩擦系数-相对滑动速度负斜率机理

在水润滑条件下，轴与轴承的摩擦力 F 与其相对滑动速度 v 之间的关系大致趋势如图 2-24 所示。图中 F_0 是相对滑动速度为 0 时系统的最大静摩擦力。图中 OA 区域是摩擦系数的下降特性区域，该区间摩擦力-速度曲线斜率为负，AB 区域为摩擦系数的上升特性区域，该区间摩擦力-速度曲线斜率为正。

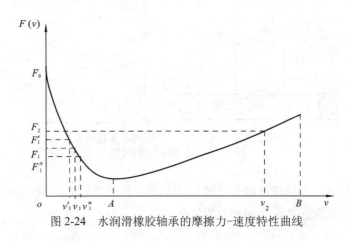

图 2-24　水润滑橡胶轴承的摩擦力-速度特性曲线

假设系统中轴承承受的载荷 P 恒定，轴承的表面具有一定的扭转弹性变形能力（扭转变形刚度为 K），轴为刚性体，以角速度 ω 转动。假设轴在相对滑动速度为 v_1、v_2 分别对应的系统摩擦力为 F_1、F_2，轴承在切向将会分别产生 $\Delta_1=F_1/K$、$\Delta_2=F_2/K$ 的变形量，对应的恢复力分别为 H_1、H_2（$H_1=F_1$，$H_2=F_2$）。

当轴相对轴承的速度为 v_1 时，系统处于摩擦力的下降特性区域，摩擦力-速度曲线斜率为负。这时，如果有任何的外界干扰导致轴的速度 v_1 略微下降到 v_1'，则系统摩擦力 F_1 会上升到 F_1'，轴承的变形也会增加，导致轴的相对滑动速度进一步下降，摩擦力持续上升，从而更进一步促使轴的相对滑动速度降低，直至轴相对轴承的速度减小为 0，即轴与轴承表面发生黏着，轴承扭转变形速度与轴的角速度 ω 相同。当系统静摩擦力随变形的增加达到最大静摩擦力直至临界滑动状态，而恢复力大于系统的最大静摩擦力时，轴承与轴的黏着表面开始脱开并产生滑动，轴相对轴承的滑动速度开始升高。

相反，如果外界干扰导致轴相对轴承的滑动速度略微上升到 v_1''，则摩擦力 F_1 会下降到 F_1''，轴承的扭转变形以一定的角速度（与轴的速度反向）恢复，导致轴相对轴承的滑动速度进一步增大，摩擦力进一步减小，从而更进一步导致轴承的变形恢复角速度的增大，直至轴承的扭转变形达到最小值，导致系统恢复力小于系统的最小动摩擦力，轴的相对滑动速度开始下降。此时如果处于减速停机阶段，则轴的相对滑动速度进一步下降，动摩擦力逐渐增大，停机后轴逐渐完全静止不动瞬间，摩擦力转化为静摩擦力 F_0。

将上述两种运动情况结合起来，就是典型的黏-滑过程，而导致产生这一运动的必要条件是系统的摩擦力相对速度曲线存在负斜率。

而当轴以 v_2 的相对速度运转时，系统处于摩擦力的上升特性区域，摩擦力-速度曲线斜率为正。如果有任何的外界干扰导致轴相对轴承的速度 v_2 略微下降或者上升，则会引起摩擦力的显著变化，并将轴的相对滑动速度拉回到原来的初始速度，保持系统的稳定运行。

由此可见，轴承系统在摩擦力下降特性区域中运行不稳定，受到微小的外界干扰便会产生摩擦振动，继而辐射出振动鸣音，而在摩擦力上升特性区域中，系统能够稳定地运行而不产生摩擦振动。

2.3.2 水润滑轴承鸣音表现形式

在水润滑轴承摩擦振动研究中，国外的学者认为振动鸣音就是"audible vibration or bearing squeal"，根据频率高低的不同分为两种，低频的为摩擦自激振动"friction-induced vibration"或低频颤振"chatter"，高频的为鸣音"squeal"或"noise"。国内有的团队称之为摩擦噪声，有的称之为尖叫声，更多的称之为轴承啸声、轴承鸣音或振动噪声。

根据轴系-轴承摩擦副运行工况条件的不同，本小节将水润滑轴承的振动鸣音分为黏-滑鸣音和啸叫声。当轴在低速区稳定运转时一般表现为黏-滑鸣音，当轴的润滑状态很差时，一般表现为啸叫声。

1. 黏着-滑动鸣音

在摩擦副处于低速工作区时，界面的润滑状态表现为混合润滑，容易发生黏-滑现象，在激出摩擦振动时向系统外部辐射出鸣音，即便在稳定运行阶段，该噪声也会持续辐射出来。鸣音发生时，在时域图谱上会出现周期性的噪声团，在频域图上则表现为多个峰群，有一定的谐波特征，如图2-25所示。

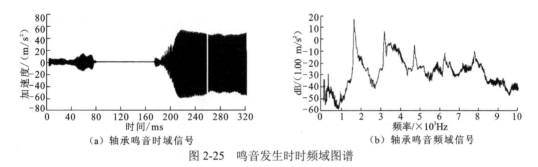

（a）轴承鸣音时域信号　　　　　（b）轴承鸣音频域信号

图2-25　鸣音发生时时频域图谱

图2-25是在某长轴系的水润滑艉轴承处测得的鸣音发生时的时频域图谱，可以明显地看出周期性的噪声，在频域上呈现 1.6×10^3 Hz、3.2×10^3 Hz、4.8×10^3 Hz 等特征频率的峰群。

2. 啸叫声

啸叫声一般在干摩擦或半干摩擦的润滑状况下出现，在轴系的启停阶段和变速时也会发生，当轴系进入稳定运转后，该噪声也就消失了，甚至在轴系磨合良好后，变速阶段也可能不会出现。啸叫声的幅值一般较高，时域图谱上会有连续的噪声团，频域图上则表现为某个频率下的异常线谱，如图2-26所示。

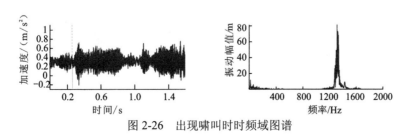

图2-26　出现啸叫时时频域图谱

图 2-26 是某台架在低速区降速过程中在水润滑轴承处测得的时频域图谱，在时域图谱上能观察到周期性的噪声团，幅值不大，但在频域图上则出现较大的 1300 Hz 单根谱峰，其他频率处都很低。

2.3.3　水润滑轴承鸣音识别方法

水润滑轴承鸣音的特征有效识别是当前船舶行业研究的热点。以前主要采用人工和传感器监听轴承是否产生异常噪声来判断轴承是否低速稳定运行，但这些办法并不完全可靠，一方面如果背景噪声强，则不容易听到或检测到轴承的异常噪声；另一方面，轴系振动有多个振源，其响应的谱图复杂，鸣音发生时的特征谱可能会被淹没在其他激励的响应谱中，这就会被观察者忽视掉。随着计算机技术及智能算法的大力发展，当前在鸣音的特征识别上也出现了一些较好的方法。

1. 基于振动信号的轴承鸣音识别

由于鸣音的本质是高频振动，轴承座上的振动信号可以很好地反映轴承噪声的出现，通过振动测试仪测得的振动图谱来自动识别鸣音的产生。

图谱特征的提取是基于图像识别的鸣音识别的第一个核心步骤，它直接决定振动鸣音特征识别的效果。

振动图谱一般较为复杂，图形元素众多，这给图像的自动识别带来了困难。图像的预处理就是通过一系列的特定图形处理方法来改变原图的像素或形式以达到后续特征提取的目的。一般来讲，预处理主要是灰度化、平滑、细化、二值化和压缩等操作。针对前述啸叫声的频谱图，在图形上首先抽取特征曲线的颜色进行颜色滤波（图 2-27），去除其他图形元素，然后根据所需要的关键特征谱线进行形态滤波（图 2-28），最后基于纹理特征分布矩阵的提取方法将特征谱线的幅值分布和距离分布记录为特征向量，其定义为

$$P = \{(a_1, s_1 - s_m), (a_2, s_2 - s_m), \cdots, (a_n, s_n - s_m), s_m\} \tag{2-12}$$

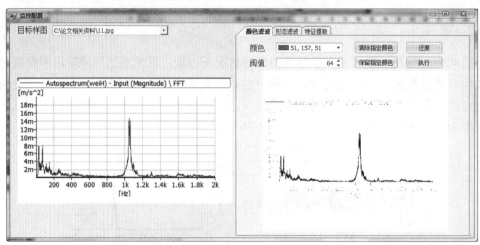

图 2-27　颜色滤波界面

式中：$(a_n, s_n - s_m)$ 为特征谱线 A_n；a 为谱线归一化后的长度；s_n 为谱线 n 距谱图原点的距离；s_m 为参考谱线距谱图原点的距离；n 为图像压缩后的特征谱线总数。在参考谱线的选择上，因为特定的振动特征体现在峰群的分布情况中，峰值谱线的幅值与位置重要性最高，所以将峰值谱线作为计算其他特征谱线的矢量距离的起点，该点相当于坐标原点，原点左侧的谱线距离以负值标示，右侧以正值标示。

图 2-28　形态滤波界面

大量目标故障的振动特征通过图像处理后都可以得到类似式（2-12）的特征向量或矩阵。在鸣音监测时，通过匹配目标故障特征对待检振动特征进行有效分类识别是基于图像识别的鸣音监控的第二个核心步骤。

不同的故障在振动谱图上具有各自的纹理分布，应用聚类分析能将不同的振动故障特征知识库归集为多个聚类，例如谱峰群集中于低频、中频、高频或各频段都有分布等类别。在自动识别过程中，信号和知识库的样本越多，则分类越细，识别的结果也越精确。在鸣音的实时监测中，信号样本少，须结合其他算法来进行图像的自动识别，以提高该过程的速度和精确度。

本小节基于上述分析设计一种新的算法，先通过与知识库各聚类中心进行比较，获得当前信号所属的聚类，然后利用相似算法，计算待识别目标与该聚类中所有对象的相似程度，这样既利用了知识库的层次性，也避免了常规相似算法对所有模板都要计算的资源耗费。算法的具体流程如图 2-29 所示。

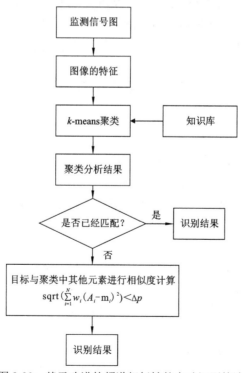

图 2-29　基于改进的频谱相似性的自动识别算法

被监控信号截取的实时图像已经经过前述的预处理、压缩和特征提取等过程，获得了与知识库中同类型图谱的特征向量，将该目标向量与知识库中的已有聚类中心进行比较，分配给最近的聚类。如果该聚类除了待识别目标向量只剩下一个聚类中心向量，那么可以直接得到匹配结果。

如果该聚类有较多的模板特征向量，就须通过计算待识别目标向量与其他向量的相似度来获得最相似的模板特征向量。在相似度算法中，m_i 为目标特征向量中的特征谱线；A_i 为待识别特征向量中的特征谱线；w_i 为不同特征谱线的权重值。

需要注意的是，待识别目标向量也有可能在知识库中尚不存在，因此在上述的算法中，还需要加入阈值 Δp 的判断。当相似距离值大于 Δp 或者在聚类分析时待识别目标向量与所有的聚类中心距离都较远，就不是已有的振动故障特征，需要给用户予以提示。

2. 基于机器视觉的轴承摩擦振动识别

一直以来，有关水润滑橡胶艉轴承摩擦诱导振动的机理研究主要集中在数值模拟方面，以相对较为简单的集中质量模型为分析对象，从系统自激振动的角度开展摩擦振动产生机理和影响因素的探讨。数值模拟具有初始条件明确，推导过程严谨的特点。但是在数学建模的过程中要简化分析模型、突出主要矛盾，采用了很多理想化和单一化的假设条件，极有可能会影响分析结果的可靠性与工程应用性。因此，为了更好地研究水润滑橡胶艉轴承摩擦诱导振动的机理，解决实际摩擦振动噪声问题，还须在数学建模的基础之上开发基于机器视觉的轴承摩擦振动识别方法，并利用台架试验研究对系统模型进行修正，以此相互补充。

况福明等[7-8]基于水润滑橡胶艉轴承六自由度非线性动力学模型，搭建基于计算机视觉的水润滑橡胶艉轴承摩擦诱导振动原位测量系统，采用玻璃轴代替金属轴与橡胶试块构成一对摩擦副，借助计算机视觉技术追踪并计算橡胶板条、玻璃轴和试块夹具（模拟艉轴承支架）的动态响应，综合分析图像、振动、噪声和摩擦力信号，可视化地探究摩擦诱导振动发生的机理及艉轴轴系多振动耦合过程，从而实现对仿真模拟结果的验证、修正和完善。

1）试验台架

在数值模拟的过程中，通过数学建模、数值求解可以较为直接、简单地获取推进轴系艉轴、橡胶轴承和轴承支撑部件的动态响应。但在常规的试验台架研究中，想同时获取摩擦副摩擦面的位移、速度和加速度难以实现。该方法设计了一种结构简单、方便观测的水润滑橡胶轴承摩擦副高速原位测量的试验台架，如图 2-30 所示。试验台主要由驱动、传动、试验、加载和测量 5 部分组成。

驱动和传动部分位于试验台的右侧，由交流电机、变频器、齿式联轴器、假轴（用于扭矩测量）、弹性联轴器等部件组成，驱动电机与试验部分用弹性联轴器连接，可有效减少轴系不对中对试验造成的影响。加载部分由加载杆、轴向滑轨和弹性加载单元组成，以模拟推进轴系艉轴的实际受力情况。

试验部分位于试验台的左侧，主要由外径为 170 mm、厚度为 10 mm 的透明玻璃管和橡胶板条组成，该摩擦副的特点是可以从玻璃管的内部直接地观测摩擦副的摩擦表面，以实现轴系部件动态响应的测量。

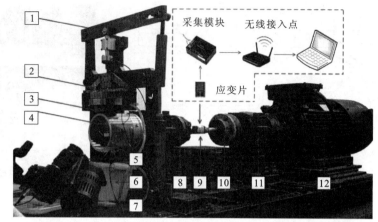

图 2-30　水润滑橡胶艉轴承摩擦诱导振动原位测量试验台架

1-加载系统；2-加速度传感器；3-橡胶试块；4-玻璃轴；5-高速相机；6-水箱及潜水泵；7-光源；

8-弹性联轴器；9-无线扭矩测量系统；10-齿式联轴器；11-支座；12-交流电机

测量部分主要包括高速相机、加速度传感器、无线扭矩测量系统和声级计。其中，高速相机主要用于橡胶板条、玻璃轴、试块夹具（模拟艉轴承支架）振动响应的同步测量；加速度传感器主要用来测量摩擦副在 x 和 y 方向上的振动强度；无线扭矩测量系统主要用于测量橡胶板条作用在推进轴系艉轴上的摩擦力矩；另外，通过手持式声级计测量摩擦振动辐射噪声，结合联合分析方法对水润滑橡胶艉轴承摩擦诱导振动机理进行全面的揭示。

2）试验轴与轴承试样

本试验台架中所采用的空心玻璃轴材质为易于钻孔加工的高透明有机玻璃管，如图 2-31 所示，参照美国军用标准 NAVY MIL-DTL-17901C-2005 对水润滑橡胶艉轴承摩擦测试轴颈直径的要求，有机玻璃管的外径为 170 mm。为同时保证玻璃轴的透射率和结构稳定性，有机玻璃管的厚度设置为 10 mm。为减少玻璃轴尾端的径向挠曲，提高整体结构稳定性，在满足装配及试验要求的前提下，尽量减短玻璃管长度，在本试验中玻璃管的长度为 150 mm。轴承试件同样是按照 NAVY MIL-DTL-17901C-2005 对水润滑橡胶艉轴承摩擦试验试件的要求，取水润滑橡胶艉轴承板条的一部分制成长度×宽度为 70 mm×30 mm 的橡胶试块。在试验中，采用的所有橡胶板条材料的物理性能均满足中华人民共和国船舶行业标准《船用整体式橡胶轴承》（CB/T 769—2008）和 NAVY MIL-DTL-17901C-2005。试件的结构及实物图如图 2-31 所示。试验过程中为保证相同的加载行程，通过改变铜质背衬的厚度以保持轴承试样的总厚度不变。

为了对比不同工况、不同磨损程度的轴承试样橡胶板条发生摩擦振动的倾向，分别采用表面粗糙度 S_a 为 0.839 μm、1.664 μm、3.134 μm 的轴承试块，如图 2-32 所示，在不同的转速、载荷下进行摩擦振动试验，通过联合分析数字图像信息、振动、噪声和摩擦力，揭示水润滑橡胶轴承摩擦振动的发生机理，并完成对数值模拟中静摩擦系数对系统稳定性影响的试验验证。

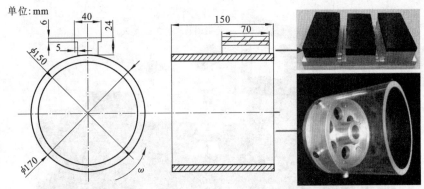

图 2-31　摩擦副结构示意图及试验玻璃轴和轴承试样

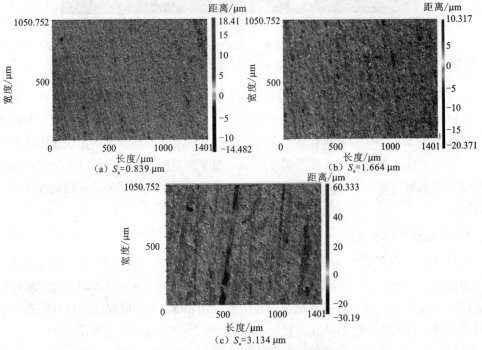

图 2-32　不同表面粗糙度的橡胶试块

为了研究不同的材料参数和结构参数对水润滑橡胶轴承摩擦振动的影响，按表 2-2 所描述的因素和水平，改变橡胶板条的硬度、厚度和表面形貌，揭示结构参数和材料参数对摩擦振动的影响机理，并完成对数值模拟中橡胶板条的法向、切向刚度和阻尼对系统稳定性影响的试验验证。图 2-33 为凹面型和凸面型橡胶板条（曲率半径 R 为 171 mm）的结构示意图。

表 2-2　不同材料参数和结构参数的因素水平表

因素	水平		
	1	2	3
硬度/A	65	75	85
厚度/mm	4	8	12
表面类型	凹面型	平面型	凸面型

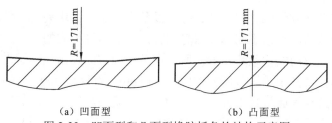

（a）凹面型　　　　　　　　　　（b）凸面型

图 2-33　凹面型和凸面型橡胶板条的结构示意图

3）信号采集与分析

现阶段对水润滑橡胶艉轴承振动的测量，根据传感器接触形式的不同，可大致分为接触式测量和非接触式测量。由于接触式测量会产生传感器自身重量、周围环境，以及其他约束等干扰因素，从而影响被测物体的动态特性及测量结果。非接触式测量则是以计算机视觉为主的数字图像处理技术。其原理是借助高速摄像机拍摄振动部件，并利用图像处理或者模式识别技术提取其中的运动或振动信息，计算出运动或振动的相关参数。根据不同的对象，机器视觉技术测量运动或振动的方法可大致分为基于序列清晰图像和基于模糊图像两种。目前，在对运动及振动的跟踪测量中，最常用的方法是基于序列清晰图像。其原理是：假定摄像机的曝光时间趋近于 0，则高速摄像机所采集到的序列目标图像为理想的清晰图像。应用图像处理技术提取序列清晰图像中追踪点的位移、速度和加速度，来分析振动系统的动态响应。

图 2-34 展示了如何借助高速摄相机同时追踪并测量该摩擦系统中玻璃轴、橡胶板条摩擦面和试块夹具（模拟艉轴承支架）的动态响应。在该摩擦系统中激励力的方向沿切向方向，在对图像中各部件上标记点进行追踪和测量时，仅需考虑标记点在切向方向上的位移、速度和加速度。总体来看，高速摄相机的摄入方向虽然不是垂直于拍摄平面，但却是垂直于各标记点的位移方向，因此采用如图 2-34 所示的测试方法对各标记点在轴切向方向上的追踪和测量是可行的。

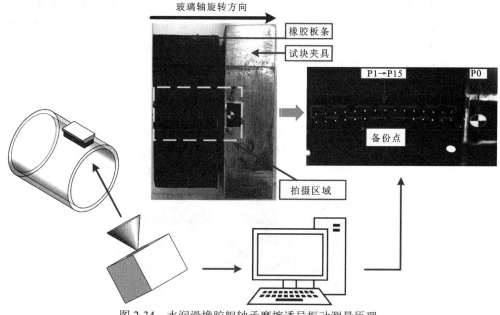

图 2-34　水润滑橡胶艉轴承摩擦诱导振动测量原理

为了更加准确和方便地对玻璃轴、橡胶板条摩擦面和试块夹具（模拟艉轴承支架）进行追踪，在试验前，根据不同部件自身的特点给予三种不同的标记。因为要考虑橡胶板条摩擦面在切向方向的位移和变形，所以在其切向方向采用光纤激光打标机在橡胶板条摩擦面打印两排（其中一排备用）深度为 150 μm、直径为 300 μm 的凹坑，并用白色染色剂填充。为确保橡胶板条上标记点的均匀性，采用超景深三维显微系统检查填充后标记点的状态。从图 2-35 所示的橡胶板条摩擦面的微观图像可以看出，不同孔洞的直径比较均匀，所填充的白色染色剂附着良好。

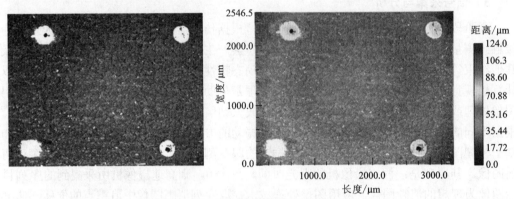

图 2-35　橡胶板条摩擦面上的标记点

同时，在玻璃轴内侧沿径向方向用白色染色剂等距地标记 8 个相对较大的点，该标记点应尽量靠近但不与橡胶和夹具上的标记点重叠。为了实现各标记点真实位移的测量，需要对高速相机所测量的像素值进行标定。因此，夹具上的特征点采用标准尺寸的特殊标记点，以实现准确的目标追踪和图像标定功能。在本方法中，夹具上所采用的标记点的实际直径为 3.82 mm，其在高速相机采集到的图像中的像素值为 74.03（pixel）。所以，图像中的每一个图像像素点的实际长度应为 0.0516 mm。

图 2-36 所示为该原位测量系统所使用的高速相机，型号为 FASTCAM Mini AX，其尺寸小巧（120 mm×120 mm×94 mm），但可以实现 1024×1024 像素下 6400 帧/s、640×480 像素下 20 000 帧/s，在降低分辨率情况下 21 6000 帧/s 的拍摄速度。另外，这款相机可以达到黑白 ISO 40000/彩色 ISO 16000 的高灵敏度，可应用于流体、燃烧、微小物体观测等多种试验领域。在本测试系统中，为了确保更长的拍摄时间和拍摄精度，经过多次调试，最终将分辨率设置为 1024×512，快门速度设置为 4000 帧/s。

图 2-36　FASTCAM Mini AX 系列高速相机及微距镜头

在捕捉到包含玻璃轴、橡胶板条摩擦面和试块夹具的图像序列之后，利用专业图像处理软件 TEMA Motion 对不同部件上的多个标记点进行跟踪并计算每个标记点的位移、速度和加速度。为了验证该图像处理软件跟踪算法的准确性和可靠性，在开始正式试验之前，先采用高速摄相机进行了一次基于计算机视觉的自由落体法-重力加速度测量试验。如图 2-37 所示，将黄色橡胶小球从 6 cm 的高度释放，借助高速相机对橡胶小球的自由落体及多次触地反弹的过程进行捕捉、记录。然后使用 TEMA Motion 图像处理软件分析橡胶小球的位移、速度和加速度。从图 2-37 中可以看出，橡胶小球在自由落体及多次反弹过程中的加速度均稳定在 $9.80 \sim 9.85 \ \mathrm{m/s^2}$。由此可以证明，该图像处理软件可满足船舶推进轴系多部件摩擦诱导振动的研究。

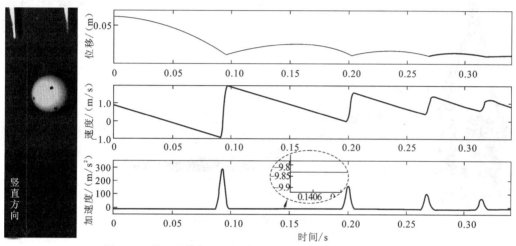

图 2-37　基于计算机视觉的自由落体法-重力加速度测量试验

4）振动、噪声信号

在进行推进系统摩擦诱导振动非接触式测量的同时，为全方位地分析水润滑橡胶轴承摩擦振动发生的原因，该原位测量台架还采用了常规的接触式振动测量系统及手持式声级计，对摩擦系统的振动和噪声进行同步测量。其中，振动测量系统包含 4514B 型加速度计（灵敏度：$9.815 \ \mathrm{mV/g}$；测量范围：$1 \sim 10 \ \mathrm{kHz}$）、数据采集前端（包括传感器供电、滤波器滤波、数模转换、数字信号处理等）和 Pules Labshop 通用分析系统，如图 2-38 所示。

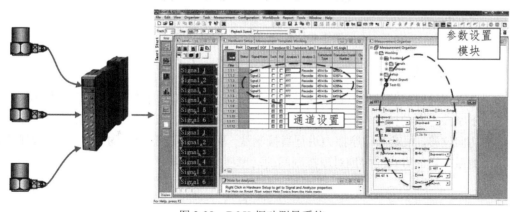

图 2-38　B&K 振动测量系统

噪声测试设备为 2250-L 手持式声级计，如图 2-39 所示。为了使测量结果能够反映人们对噪声的主观感受，对声音信号通常需要进行频率计权，常用的频率计权有 A、B、C、D 4 种计权方式。在研究水润滑橡胶艉轴承摩擦振动机理时，往往将摩擦振动按频率及人耳听力感觉分为低频"颤振"和高频"尖叫"，而 A 计权得到的结果与人耳感觉是十分接近的。所以频率计权方式应选择 A 计权。4 种计权曲线如图 2-40 所示，其中：C 计权比较接近于线性不计权的结果；D 计权多用于评价 1～10 kHz 频率范围内的单个飞机噪声和脉冲噪声；B 计权一般较少使用。

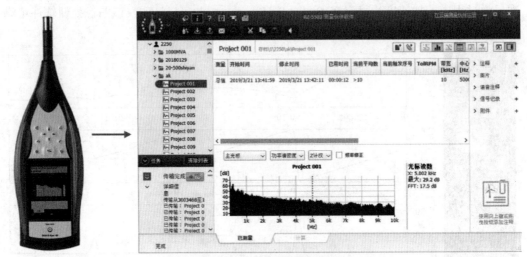

图 2-39　2250-L 手持式声级计

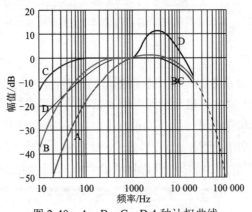

图 2-40　A、B、C、D 4 种计权曲线

5）摩擦力信号

在水润滑橡胶轴承摩擦振动研究中，不可避免地要对轴承与轴的摩擦力进行测量，但由于摩擦力激励相对较大，固定橡胶板条的金属部件在低速、重载时会沿轴进行一定量的切向位移，很难对动摩擦力进行直接测量。所以，本试验台架的传动部分设置假轴，采用测量扭矩的方式间接地对摩擦副间的动摩擦力进行计算：

$$F_f = \frac{T}{D/2} \tag{2-13}$$

式中：F_f 为轴与轴承间的摩擦力；T 为假轴上所测得的扭矩；D 为旋转轴的直径。

图 2-41 所示为无线扭矩测试分析系统（DH5905N，江苏东华测试技术股份有限公司），由应变片、发射模块、电源模块和接收模块组成。当摩擦力矩作用到转轴之上时，所产生的扭力使传动部分的假轴产生微弱变形，该变形被应变计所感应并产生了相应的电阻值变化，因此将具有相同变形特性的应变计组成测量电桥，就可以将微弱变形通过电桥转换成电压信号。然后采用 Wi-Fi 通信技术实时采集数据，并传送至计算机，完成对旋转轴扭矩的计算与分析、存储和显示。该无线扭矩测试分析系统相对于普通扭矩仪有着较高的采样频率，本方法所采用的摩擦力采样频率均为 4000 Hz。

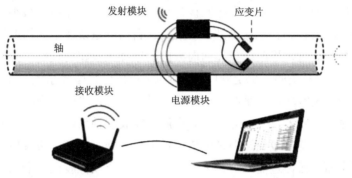

图 2-41　DH5905N 无线扭矩测试分析系统

6）试验方案

为了全面地考察水润滑橡胶艉轴承摩擦激励下船舶推进轴系摩擦振动的诱发条件，在试验过程中，借助基于计算机视觉的水润滑橡胶艉轴承摩擦诱导振动原位测量系统，改变摩擦副间接触压力、玻璃轴的旋转速度，分析不同参数下系统的动态响应，有针对性地探究不同类型摩擦诱导振动的发生机理及推进轴系中不同部件的耦合过程。设置摩擦副间接触压力为 200 N、400 N 和 600 N；玻璃轴的旋转速度为 20 r/min、30 r/min、40 r/min、50 r/min、100 r/min 和 200 r/min，相应的轴颈直径为 170 mm 的情况下，线速度为 0.178 m/s、0.267 m/s、0.356 m/s、0.445 m/s、0.890 m/s 和 1.780 m/s；试验室温度为 20℃。在试验研究中，以粗糙度 S_a＝3.134 μm 的橡胶板条为对象，探究在不同载荷、不同艉轴旋转速度下的摩擦振动特性。具体试验过程如下。

（1）完成橡胶板条装夹后，摩擦副间接触压力设置为 400 N，转速设置为 50 r/min，磨合 5 min，确保橡胶板条与玻璃轴贴合良好。

（2）在磨合完成后，将转速降至 20 r/min，载荷降至 200 N。在摩擦振动稳定后，同步测量数字图像、振动、噪声和摩擦力。每组连续测量时间为 5.4592 s。

（3）按照步骤（2）依次完成该试块在载荷为 400 N、600 N 及旋转速度为 30 r/min、40 r/min、50 r/min、100 r/min、200 r/min 的测试，并进行数据记录。

7）试验结果分析

为了全方位地考察摩擦系统工况参数对水润滑橡胶艉轴承摩擦诱导振动的影响，用以验证摩擦模型参数及系统参数对轴承系统稳定性的影响，根据上述试验方案，改变摩擦副接触压力和艉轴旋转速度，对比分析振动、噪声、摩擦力及同步采集的橡胶板条摩擦表面、玻璃轴动态响应时域、频域信息。

傅里叶变换将时域信号线性积分变换至频域,所分解出的幅值分量和频率分量是表征信号的最佳物理参数。如图 2-42 所示,当摩擦副的最大接触压力为 600 N 时,水润滑橡胶艉轴承在轴的切向方向的摩擦振动频谱除了包含 66.5 Hz 的主频频率和峰值频率为 1586 Hz 的频带,还包含了基频为 66.5 Hz 的谐波分量,这是非线性摩擦振动的典型特征。随着摩擦副的接触压力减小,水润滑橡胶艉轴承在轴的切向方向的振动响应也发生了显著的变化。如图 2-42 所示,当摩擦副接触压力为 400 N 时,频率为 66.5 Hz 和 1586 Hz 的幅值分量大幅度减小,取而代之的是 486.4 Hz 主频及以其为基频的谐波分量。这是因为摩擦副接触压力的减小,会导致橡胶板条与玻璃轴之间的摩擦力减小。根据数值仿真研究可知,由橡胶板条和轴承支撑部件组成的二自由度系统在不同的摩擦激励下会呈现两种不同的振型。此时,橡胶板条在切向方向的摩擦激励相对较低,虽然依照系统稳定性分析的结果来看,系统的不稳定倾向应该是减小的,但是摩擦系统在接触压力为 400 N 时依然没有达到稳定区域,而是激发出频率较高的模态。当摩擦副间的接触压力进一步减小到 200 N 时,从图 2-42 中可以看出,水润滑橡胶艉轴承在轴的切向方向的摩擦振动的频率分量没有发生明显改变,但是幅值分量大幅下降。这是因为摩擦激励随着摩擦副接触压力的减小而降低,进而系统越来越趋于稳定,所以橡胶板条沿轴切向方向的振动也是逐渐减弱的。

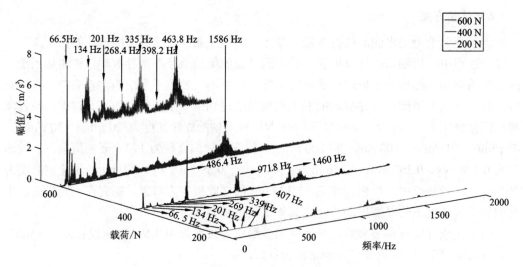

图 2-42　不同载荷下水润滑橡胶轴承的振动频谱图

($n=20$ r/min,$S_a=3.134$ μm)

图 2-43 为不同载荷下水润滑橡胶轴承摩擦系统的噪声频谱图。当载荷为 600 N 时,尽管噪声频谱的频率分量与水润滑橡胶艉轴承在切向方向振动信号一一对应,但是在幅值分量方面,振动信号与噪声信号在低频段的差距比较大,尤其在主频 67.2 Hz 处。这是由声级计的频率计权方式所决定的。为了使摩擦噪声的测量结果能够反映人们对噪声的主观感受,在测试过程中频率计权方式采取 A 计权。这也是为什么在振动信号频谱图中频率为 1586 Hz 的振动,在噪声信号中相对较大的原因。同振动信号频谱图类似的是,当摩擦副

接触压力减小为 400 N 时，噪声信号中频率为 67 Hz 左右的频率分量及其谐波分量被幅值分量相对较大、频率为 486.4 Hz 的主频及以其为基频的谐波分量所取代。这是因为频率计权方式为 A 计权的声级计对中频（500～6000 Hz）更加敏感。随着摩擦副间接触压力的继续降低，噪声信号中的低频分量逐渐减少，相对较高的频段也仅存在频率为 491.4 Hz 及以其为基频的谐波分量。这是因为随着摩擦激励的降低，橡胶板条背后的金属部件的不稳定倾向逐步降低，乃至只有橡胶板条发生非线性摩擦自激振动。

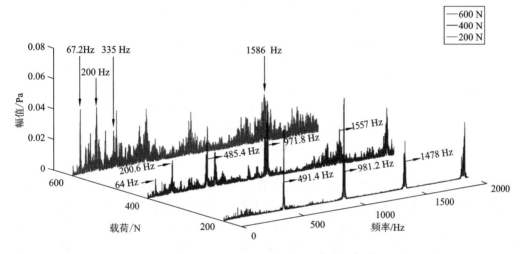

图 2-43　不同载荷下水润滑橡胶轴承的噪声频谱图

（n=20 r/min，S_a=3.134 μm）

根据水润滑橡胶艉轴承在轴切向方向的振动及噪声信号的频谱图可知，由玻璃轴、橡胶板条及试块夹具所模拟的推进轴系在不同的摩擦激励下有着不同的动态响应。图 2-44 展示了玻璃轴与橡胶板条在不同的接触压力下摩擦力的波动。当接触压力为 600 N 时，摩擦力的峰值相对较大，且按一定规律波动，经过简单计算，其波动频率与振动信号主频相同。这是因为水润滑橡胶板条在轴切向方向的摩擦振动是由橡胶板条在轴切向方向的"黏-滑"行为所致，该行为也是导致摩擦力波动的根本原因。当摩擦副接触压力降低到 400 N 时，因为玻璃轴没有完全对中，导致轴在旋转的过程中，摩擦副间的接触压力随轴回转中心至橡胶板条距离的变化而变化。当轴的回转中心至橡胶板条距离相对较小时，摩擦系统的摩擦激励因接触压力的增大而增大，进一步激发低频动态响应；而当轴的回转中心至橡胶板条距离较大时，摩擦系统的摩擦激励因接触压力的减小而相对较小，从而激发频率相对较高、幅值相对较小的动态响应。当摩擦副间的接触压力进一步降低到 200 N 时，系统的摩擦激励相对较小，摩擦力波动频率和振动信号与载荷为 200 N 时的主频相近。

图 2-45 展示了橡胶板条在轴切向方向的位移及玻璃轴在回转方向上的扭转振动。可以看出，橡胶板条在切向方向的位移与玻璃轴的速度在不同载荷下的变化趋势与摩擦力的变化趋势相同，且同样包含了两种不同的动态响应。其中，当摩擦副接触压力为 600 N 或者处于 400 N 的低频振动区域时，橡胶板条的位移及玻璃轴的速度波动都相对较大；

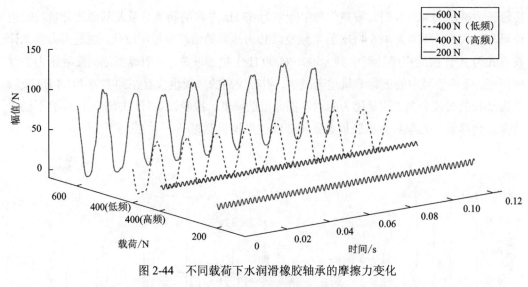

图 2-44　不同载荷下水润滑橡胶轴承的摩擦力变化

（$n=20$ r/min，$S_a=3.134$ μm）

当接触压力相对较小时，橡胶板条沿轴切向的位移及玻璃轴旋转速度的波动都逐渐减小。当载荷降低至 200 N，橡胶板条和玻璃轴仅出现高频动态响应，幅值小于低频的波动。由此可见，橡胶板条等部件的数字图像信息与摩擦系统的振动具有紧密的关联性。因此，高速摄相机所捕捉到的图像信号可以被用来分析摩擦振动发生机理及橡胶轴承摩擦振动与轴扭转振动的耦合机制。

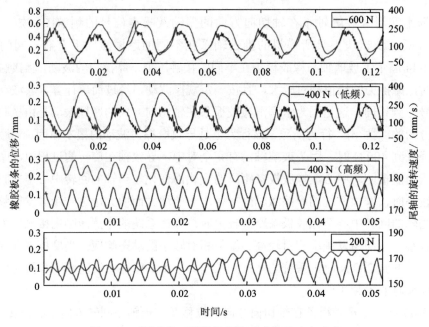

图 2-45　不同载荷下橡胶板条和玻璃轴的动态响应

（$n=20$ r/min，$S_a=3.134$ μm）

参 考 文 献

[1] 孙迪, 李国宾, 魏海军, 等. 磨合磨损过程中摩擦振动变化规律研究[J]. 哈尔滨工程大学学报, 2015, 36(2): 166-170.

[2] 李国宾, 任宗英, 王宏志, 等. 摩擦振动信号谐波小波包特征提取[J]. 摩擦学学报, 2011, 31(5): 452-456.

[3] Chen G X, Zhou Z R. Time-frequency analysis of friction-induced vibration under reciprocating sliding conditions[J]. Wear, 2007, 262(1-2): 1-10.

[4] 金勇, 刘正林, 田宇忠, 等. 基于 Pulse 的船舶尾轴承振动监测[J]. 武汉理工大学学报, 2010, 32(6): 84-88.

[5] Rorrer R A L, Juneja V. Friction-induced vibration and noise generation of instrument panel material pairs[J]. Tribology International, 2002, 35(8): 523-531.

[6] Thörmann S, Markiewicz M, von Estorff O. On the stick-slip behaviour of water-lubricated rubber sealings[J]. Journal of Sound and Vibration, 2017, 399: 151-168.

[7] 况福明. 基于计算机视觉的水润滑橡胶尾轴承摩擦诱导振动机理研究[D]. 武汉: 武汉理工大学, 2020.

[8] Kuang F M, Zhou X C, Liu Z L, et al. Computer-vision-based research on friction vibration and coupling of frictional and torsional vibrations in water-lubricated bearing-shaft system[J]. Tribology International, 2020, 150: 106336.

第 **3** 章

船舶推进轴系支撑系统分布式动态特性

　　传统的径向轴承长径之比约为 0.8～1.2，船舶推进轴系水润滑艉轴承长径之比达 3～4。在螺旋桨悬臂载荷下，水润滑艉轴承界面沿轴向呈多种润滑状态共存的现象，形成了复杂的分布式动态特性，现有的不考虑轴向分布特点的轴承集中动力学理论难以适用。因此，开展轴承分布式动态特性研究对提高推进轴系动力学设计和提出减振方法具有重要意义。

3.1　偏载轴弯曲下水润滑艉轴承分布式润滑特性

3.1.1　分布式润滑特性识别方法

1. 水膜压力测试

根据传感器的安装位置，可将水润滑轴承水膜压力识别技术分为两种：一种是将传感器安装于轴承上的轴承体嵌入式识别技术，另一种是将传感器安装于转轴上的转轴嵌入式识别技术[1]。利用轴承体嵌入式识别技术进行水膜压力识别时，每个传感器只能识别所在点处的压力，如需得到全周水膜压力，则需安装多个传感器组成阵列，给测试工作带来很大的不便[2]。而转轴嵌入式识别技术是将微型压力传感器嵌入轴中，传感器随轴旋转，利用单个传感器即可获得轴承截面的全周水膜压力分布数据。但测试过程中，旋转信号的准确获取是一大难点，有研究者采用电刷滑环技术，但该技术存在电刷与滑环接触不良、磨损和干扰信号大等问题，本小节介绍一种采用高精度无线遥测的信号获取技术。

如图 3-1 所示，在轴上设置 4 个压力截面（P_1、P_2、P_3 和 P_4），在每个截面安装一个微型压力传感器；在实船检修中发现水润滑艉轴承的异常磨损常出现在轴承长度 L 的 1/10 段，因此，将 P_1 压力传感器布置在轴承 1/10L 处；在轴承的轴向中间部位布置 1 个压力传感器 P_2；在中部两侧对称设置各布置 1 个压力传感器 P_3 和 P_4，便于分析轴倾斜时压力分布特性；相邻的两个传感器沿周向间隔 90° 布置，ω 为轴角速度。此外，在轴水平方向布置一个电涡流传感器，采集鉴相信号，用于辨别旋转后各压力传感器的位置。

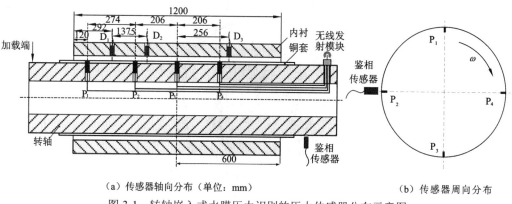

(a) 传感器轴向分布（单位：mm）　　　　　(b) 传感器周向分布

图 3-1　转轴嵌入式水膜压力识别的压力传感器分布示意图

选用法国 FGP 公司的微型压力传感器 XPM10，安装螺纹 M5，量程范围为 0～10 MPa，额定供电为 10～30 VDC，输出电压范围为 0.5～4.0 V，线性度达 ±0.25% 满量程输出（full scale output，FSO）。为了将传感器嵌入转轴中，设计如图 3-2 所示的压盖，压盖上开设直径 2 mm 的引流孔。首先将传感器安装在压盖中，然后再将压盖安装在转轴的测量孔中。转轴为空心轴，压力传感器的信号线通过空心轴连接到信号无线发射模块。信号无线测试系统采用德国 KMT 公司的无线遥测系统，信号转换模块 MT32-VOLT 质量仅为 20 g，尺寸为 52 mm×27 mm×11 mm。该系统采用电磁感应原理进行供电和信号采集，确保信号稳定、精度高、连续运行时间长。

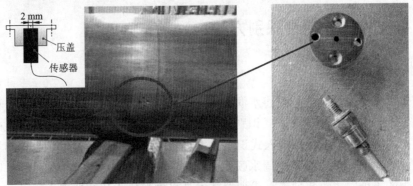

图 3-2　压力传感器的安装方案

2. 水膜厚度测试

在轴承上设置 3 个转轴位置测试截面（D_1、D_2、D_3），在每个截面安装 2 个电涡流传感器。D_1 测试截面剖面布局如图 3-3 所示。两个传感器布置在轴承上半瓦，安装角度与垂直方向呈 45°，其余截面与 D_1 截面布置方案相同。其中：点 O 为轴承中心；点 O' 为轴中心；φ 为偏位角；e 为偏心距；s_1 和 s_2 分别为 D_{1-1} 和 D_{1-2} 到轴承孔壁的距离。采用美国 Micro-Epsilon 公司制造的 3010-U3 型高精度电涡流传感器，最大量程为 3 mm，分辨率为 0.15 μm，线性度为 ±0.25% FSO，可在 −50～150 ℃ 的环境温度下稳定工作，工作电压为 24 V。将传感器探头与内衬表面距离安装时接近传感器量程的一半，以保证工作精度。

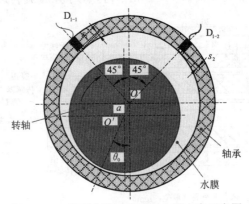

图 3-3　D_1 截面电涡流传感器布置方案示意图

通过计算轴心与轴承的相对位置来确定轴承圆周上各点的动态膜厚。选择在轴承稳定运行时测量的轴心初始位置作为参考点。根据薄膜厚度的经验方程，传感器数据和初始的薄膜厚度之间存在以下关系：

$$\begin{cases} a_1' - S_1 = c + e' \cdot \cos(315° - \theta_0') \\ a_2' - S_2 = c + e' \cdot \cos(45° - \theta_0') \end{cases} \tag{3-1}$$

式中：a_1' 和 a_2' 分别为 1 号和 2 号传感器在参考点的测试值；S_1 和 S_2 分别为两个传感器探头与轴承内表面的距离；c 为半径间隙；e' 为参考点的偏心距；θ_0' 为参考点的偏心角。求解该方程可得到参考点在直角坐标系中的绝对坐标值 X_0 和 Y_0：

$$\begin{cases} X_0 = \dfrac{c + S_2 - a_2'}{\sqrt{1 + \left(\dfrac{a_1' - S_1 - c}{a_2' - S_2 - c}\right)}} \cdot \sin\left[45° - \arctan\left(\dfrac{a_1' - S_1 - c}{a_2' - S_2 - c}\right)\right] \\[4mm] Y_0 = \dfrac{c + S_2 - a_2'}{\sqrt{1 + \left(\dfrac{a_1' - S_1 - c}{a_2' - S_2 - c}\right)}} \cdot \cos\left[45° - \arctan\left(\dfrac{a_1' - S_1 - c}{a_2' - S_2 - c}\right)\right] \end{cases} \quad (3\text{-}2)$$

轴线轨道的绝对坐标由式（3-2）得出

$$\begin{cases} X(t) = X_0 + [a_2' - a_2(t)] \\ Y(t) = Y_0 + [a_1' - a_1(t)] \end{cases} \quad (3\text{-}3)$$

式中：$a_1'(t)$ 和 $a_2'(t)$ 分别为 1 号和 2 号传感器在任何时刻的测量数据。动态薄膜厚度可表示为

$$h(\theta,t) = c + \sqrt{X(t)^2 + Y(t)^2} \cos\left[\theta - \arctan\frac{Y(t)}{X(t)}\right] \quad (3\text{-}4)$$

式中：θ 为待解位置的角度；$h(\theta,t)$ 为任意时刻和位置的薄膜厚度。

在实际操作中，由于磨损、变形等情况，经验公式往往难以准确反映实际膜厚状态。因此，为了优化识别方法，引入一个修正系数 k，并建立公式：

$$\begin{cases} \overline{a}_1 - S_1 = c + \overline{e} \cdot \cos(315° - \overline{\theta}_0) + k \\ \overline{a}_2 - S_2 = c + \overline{e} \cdot \cos(45° - \overline{\theta}_0) + k \\ \overline{a}_3 - S_3 = c + \overline{e} \cdot \cos(180° - \overline{\theta}_0) + k \end{cases} \quad (3\text{-}5)$$

式中：$\overline{a}_1$、$\overline{a}_2$ 和 $\overline{a}_3$ 分别为由同一截面的三个传感器测得的周期数据的线性中点值。在轴承稳定运行的条件下，轴承的状态参数在实验–测量期间是稳定的。修正系数 k 可通过求解式（3-5）得到。

$$\begin{cases} \overline{\theta}_0 = \arctan\dfrac{1}{1 - 2\left(\dfrac{\overline{a}_1 - S_1 - \overline{a}_3 + S_4}{\overline{a}_1 - S_1 - \overline{a}_2 + S_2}\right)} \\[4mm] \overline{e} = \dfrac{\overline{a}_1 - S_1 - \overline{a}_2 + S_2}{-\sqrt{2}\sin\overline{\theta}_0} \end{cases} \quad (3\text{-}6)$$

$$k = \overline{a}_1 - S_1 - \overline{e} \cdot \cos(45° + \overline{\theta}_0) - c \quad (3\text{-}7)$$

在已经得到测试部分的薄膜厚度和轴向直径位置的前提下，非测试部分的薄膜厚度可以从轴颈的相对位置推导出来。如图 3-4 所示，各段之间的相对位置关系可以用轴向距离和双向倾斜角来表示。位于轴承中部的 D_2 截面被选为参考面，O_{D_2}（截面的中点）为轴向原点。在这一点上，轴颈围绕水平 X 轴的旋转角为 θ_x，这是轴颈的垂直倾斜度。

围绕垂直 Y 轴的旋转角为 θ_y，这是轴颈的水平倾角。根据轴向直径的空间状态，可以得到任何截面的轴向轨道的动态坐标：

$$\begin{cases} X_1(t) = X_{D_2}(t) + \Delta l \tan \theta_x(t) \\ Y_1(t) = Y_{D_2}(t) + \Delta l \tan \theta_y(t) \end{cases} \quad (3\text{-}8)$$

式中：$X_{D_2}(t)$ 和 $Y_{D_2}(t)$ 为 D_2 段的轴向轨道坐标；Δl 为待求截面 D_L 和截面 D_2 的轴向坐标之差。

通过结合单节膜厚识别方法，推导出整个轴承的动态膜厚：

$$h(\theta,l,t) = c + \sqrt{X_1(t)^2 + Y_1(t)^2} \cos\left[\theta - \arctan \frac{X_l(t)}{Y_l(t)}\right] + k \quad (3\text{-}9)$$

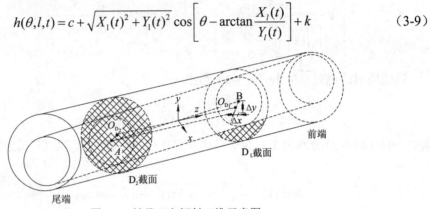

图 3-4   轴承双向倾斜三维示意图

3.1.2   轴承分布式润滑特性试验

1. 试验台架

搭建如图 3-5 所示的全尺寸偏载水润滑艉轴承试验台，该试验台装备配重盘、标高调节装置和低速电机等部件，以此开展变转速和标高下全尺寸偏载水润滑艉轴承分布式润滑特性的研究[3]。

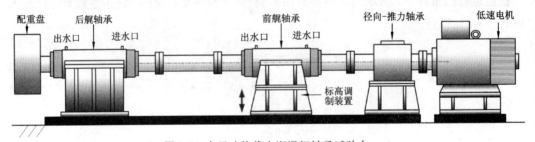

图 3-5   全尺寸偏载水润滑艉轴承试验台

水润滑艉轴承工作环境十分复杂，风浪冲击、装载条件等因素会导致船体变形，船体变形对轴系的作用本质是改变轴承的标高，从而影响推进轴系运行状态[4]。在图 3-5 所示的全尺寸水润滑轴承试验台上进行标高对水润滑轴承润滑特性影响的试验研究。在前艉轴承底座部分设置标高调节装置，其结构和实物如图 3-6 所示，标高调节范围为 −2.5～2.5 mm。标高调节装置的工作原理是基于楔形滑块一侧为平面、另一侧为斜面的特点，通过旋转丝杆带动两个楔形滑块反向移动，移动楔形滑块改变斜面接触位置，实现前艉轴承标高的变化。

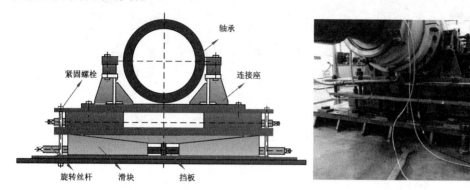

（a）结构示意图　　　　　　　　　　　　（b）实物图

图 3-6　标高调节装置

通过改变轴承标高，模拟船体变形对船舶推进轴系的影响。前艉轴承标高的变化将改变其余支撑组件的相对位置。本小节进行变标高试验，以研究船体变形对水润滑艉轴承的影响，轴速为 145 r/min，供水压力为 0.13 MPa，悬臂端施加 75 kN 的偏载。

2. 偏载下轴承水膜压力分布特征

转速为 165 r/min 时，4 个轴承截面水膜压力分布如图 3-7 所示。P_1 截面的压力分布存在明显波动，在最大压力处有内凹，表明内衬在高压力作用下出现了"水囊"状变形，表现出弹流润滑的特征[5]；与 P_1 截面的压力分布相比，其他 3 个截面压力分布比较平滑，表现出动压润滑的特征；3 个截面的高压区对应的周向角比较小，P_3 和 P_4 的周向角约 10°，P_2 的周向角约 20°，4 个截面的偏位角分别为 29°、5°、10° 和 16°，表明轴线在左右方向存在弯曲。将图 3-7 中的 4 个截面的最高压力值进行比较，由图 3-8 可知：P_1 处最大，P_3 处最小，P_4 处的高压部分大于 P_3 处，表明轴的两端出现了向下弯曲，轴中间部位拱起。理想的无倾斜轴承压力沿轴向为凸形、左右对称，但偏载作用下压力峰值集中在轴承一侧（如 P_1 截面压力最大），中部压力峰被降低；在 $P_2 \sim P_4$ 截面处的压力分布中观察到明显的"负压"现象，即最小压力低于环境压力（0.13 MPa）。

综合对比各截面压力分布特征，可以发现其与现有轴承润滑理论的假设存在如下矛盾之处。

（1）轴线在后艉轴承孔中呈现复杂的空间弯曲状态，各截面的轴线弯曲位置都不相同，这是由轴尾部悬臂配重导致的；目前轴承润滑模型一般假设转轴为直线、轴线水平或倾斜，并未考虑轴线弯曲状态。

（2）在偏载作用下，后艉轴承界面出现多种润滑状态分区域共存，各区域沿着轴向分布；目前轴承润滑模型一般假设轴承处于一种润滑状态。

（3）后艉轴承压力分布存在明显负压，但传统的动压润滑仿真通常忽略负压，采用雷诺边界条件，将负压区幅值设为零。

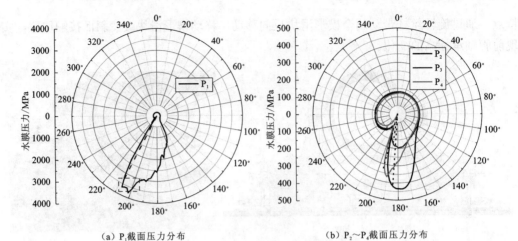

（a）P₁截面压力分布　　　　　　　　　（b）P₂～P₄截面压力分布

图 3-7　各轴承截面水膜压力分布

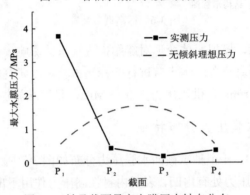

图 3-8　轴承截面最高水膜压力轴向分布

不同转速下各截面的水膜压力分布见图 3-9，可知：对于 P₁ 截面压力，压力随着转速升高逐渐增大，在转速大于 75 r/min 后压力增大得相对缓慢；压力分布也随着转速升高逐渐向坐标的第三象限倾斜，即轴的偏位角逐渐增大；压力分布出现多个压力峰或"台阶"，存在弹流润滑状态的"颈缩"特征；"水囊"随转速升高而出现，在 75～195 r/min "水囊"最明显，但在 220 r/min 时"水囊"已消失；对于 P₃ 截面压力，具有明显的动压润滑特征，压力分布光滑，压力峰没有"水囊"和"颈缩"现象；P₃ 截面分布存在明显的压力破裂区，且压力破裂区的大小随转速升高呈现扩大趋势。

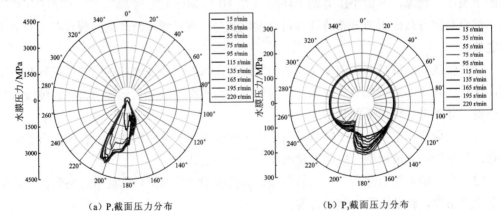

（a）P₁截面压力分布　　　　　　　　　（b）P₃截面压力分布

图 3-9　不同转速下 2 个轴承截面水膜压力分布

由于各轴承段的润滑状态不同，不同的轴承段需要不同的速度来产生动压水膜，即这种偏载、大长径比水润滑轴承的起飞转速应是多个值，这与一般轴承只有一个起飞转速的情况不同。

3. 标高对水膜压力分布的影响

建立前艉轴承标高分别为-1.13 mm、0 mm、1.13 mm 的试验台三维模型，利用 ANSYS 软件进行轴系校中计算，可得各标高下后艉轴承的载荷分别为 74 300.9 N、73 587.5 N、72 874.0 N，后艉轴承处转轴的转角分别为 $6.4×10^{-4}$ rad、$8.8×10^{-4}$ rad、$1.1×10^{-3}$ rad。可知，随着前艉轴承标高增大，后艉轴承的支反力逐渐减小，转角逐渐增大。

当转速为 165 r/min 时，前艉轴承标高变化后的 4 个截面压力分布如图 3-10 所示。P_1 截面压力随标高增大而增大，其他测点压力随之减小。这是因为前艉轴承标高增大后，后艉轴承处轴线转角增大，转轴对 P_1 截面处的挤压程度加重，而其他压力测点处的轴段被抬起，从而出现 P_1 截面压力增大，而其他截面压力减小的现象；随着前艉轴承标高增大，各截面处轴段的偏位角减小，特别当前艉轴承标高取 1.13 mm 时，P_2 和 P_3 截面偏位

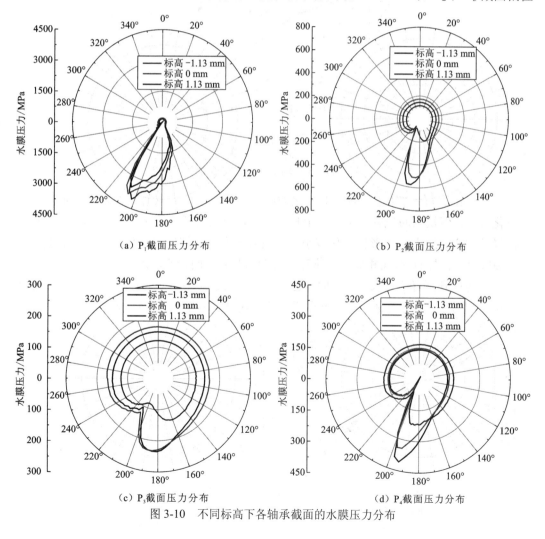

（a）P_1 截面压力分布　　　　　　（b）P_2 截面压力分布

（c）P_3 截面压力分布　　　　　　（d）P_4 截面压力分布

图 3-10　不同标高下各轴承截面的水膜压力分布

角进入第二象限，且压力值接近环境压力，表明中间轴段被抬空；后艉轴承孔中各轴段空间位置除了受尾部载荷的影响，还受到整个轴系校中状态的影响，但校中因素也是目前传统轴承润滑建模中被忽略的。

4. 不同转速下轴心轨迹分布

为了进一步了解转轴在轴承孔中的空间位置情况，测试了轴承 3 个截面的轴心轨迹。转速为 165 r/min 时轴心轨迹如图 3-11 所示。3 个截面的轴心轨迹外形基本相同，为椭圆形，表明转轴对中状态良好；轴心轨迹的面积相差很大，越靠近配重，轴心轨迹面积越小，D_1 截面处轴段的运动受悬臂载荷压制作用最大，其轴心轨迹面积最小；3 个截面的轴心位置也有明显区别，这与传感器的初始位置、轴静止时的初始位置、转速和载荷等因素有关，难以进行绝对位置对比，本小节对不同工况下同一个截面的轴心位置进行对比。

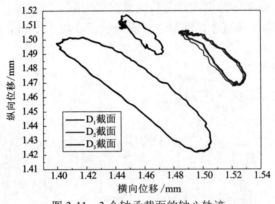

图 3-11　3 个轴承截面的轴心轨迹

3 个轴承截面轴心轨迹随转速的变化如图 3-12 所示。随着转速升高，D_1 轴心轨迹形状变化较小，但轨迹的位置逐渐向左上角移动。在悬臂配置作用下，D_1 截面轴段振动较小，导致轴心轨迹大小和形状变化较小。随着转速升高，该轴段偏位角增大，偏心率减小，轴段上浮；与 D_1 截面相比，转速升高时 D_2 和 D_3 截面轴心轨迹形状的变化较大，轨迹面积随转速升高有所增大。一方面，这两个轴段的载荷小于 D_2 截面轴段，轴心轨迹受载荷压制相对小；另一方面，转子不平衡力随转速升高而增大，导致轴心轨迹面积增大。

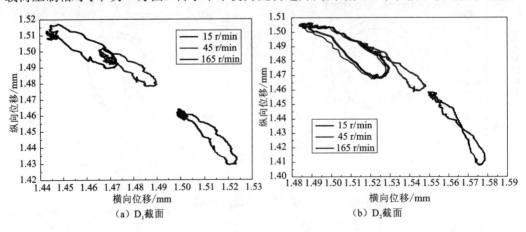

（a）D_1 截面　　　　　　　　　　　　　（b）D_2 截面

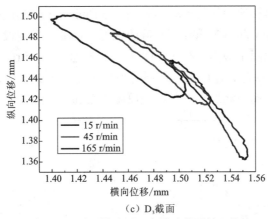

（c）D_3截面

图 3-12　不同转速下 3 个轴承截面轴心轨迹

5. 轴承水膜厚度测试

传感器在测试部分的 45°、180° 和 315° 方向布置，垂直方向的最高点被定义为 0°，角度沿顺时针方向增大，后面描述的角度是根据这个规则确定的。非测试点的动态膜厚值是用膜厚识别方法得到的。图 3-13 显示了在 95 r/min 和 175 r/min 两个选定的操作条件下，每个部分的多个角度位置的动态薄膜厚度数据。波动幅度随着转速的升高而增大。轴承两侧的膜厚波动要比中间的膜厚波动大。D_1 截面的膜厚曲线形状不规则，有尖峰，而 D_3 截面的膜厚曲线更接近于正弦形，说明 D_1 截面处于摩擦产生状态，D_3 截面处于较好的润滑状态。

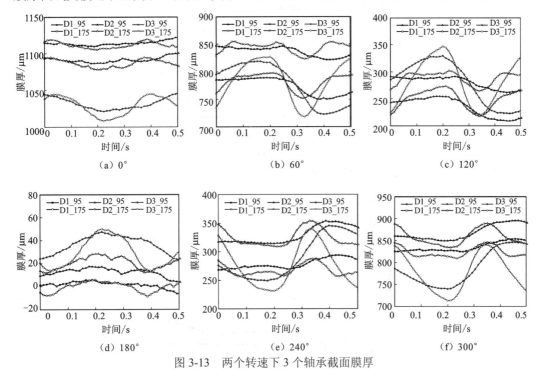

图 3-13　两个转速下 3 个轴承截面膜厚

图 3-14 比较了在 35～175 r/min 转速范围内测试部分的薄膜厚度的圆周分布。图 3-15 显示了基于 35 r/min 的各截面的最小膜厚增幅。在偏载作用下舰轴承各部分显示出不同

的膜厚分布模式。随着转速由 35 r/min 增长到 175 r/min，3 个测试截面最小膜厚分别增加了 1.17 μm、27.82 μm 和 5.71 μm。D_1 截面靠近压载端，受到很大的压制作用，因此水膜厚度的变化比其他两个截面小得多。D_3 截面在转速大于 95 r/min 时，最小膜厚几乎没有增加。原因可能是由压载作用引起轴颈的垂直偏转，使 D_3 截面的轴颈升高并且在较低的转速下形成了流体动力润滑，并且薄膜厚度不会随着转速的升高而发生明显变化。

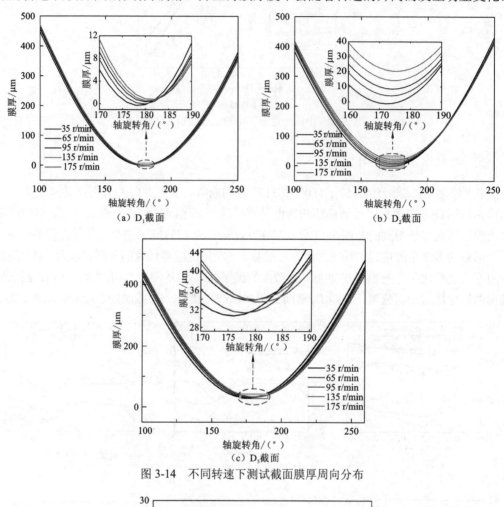

图 3-14　不同转速下测试截面膜厚周向分布

图 3-15　35 r/min 下各截面最小膜厚增幅

值得注意的是，本小节研究中膜厚的零值与试验开始前自然状态下轴承内表面的位置相对应。膜厚的负值意味着由于磨损或变形，内表面比初始状态要低。

为进一步了解水膜在全轴承的分布情况，使用三个测试截面轴心位置数据沿水平和垂向进行最小二乘拟合得到轴承全位置的轴径弯曲曲线，结合前文的膜厚识别方法推得轴承的三维膜厚数据。图 3-16 所示为不同转速下轴承三维膜厚分布。轴承底端膜厚最大值与最小值分别位于轴承中部与压载端，从膜厚投影可以看出，膜厚等高线与轴线并不平行，轴在水平与垂直方向均处于明显的弯曲状态。随着转速升高，中截面底部膜厚增大，尾端底部膜厚减小，与轴径挠曲规律保持一致。

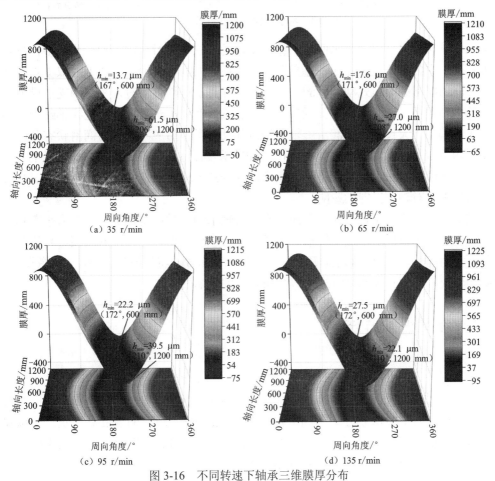

图 3-16　不同转速下轴承三维膜厚分布

3.2　偏载轴弯曲下水润滑艉轴承分布式刚度和阻尼特性

水润滑艉轴承由于艉轴的悬臂效应，轴承沿着轴向方向的液膜厚度和压力分布严重不均匀，导致轴承呈现出分布式动特性，由多个轴向的动特性参数并联组成，如图 3-17 所示，其中 $k_1, k_2, \cdots, k_n$，$c_1, c_2, \cdots, c_n$，M 为参振质量。以往的研究把轴承当作单支点处理，只计算整个轴承的动特性参数，但对于有轴颈倾斜的大长径比轴承，采用单支承模型难以表征轴承的分布式特性。

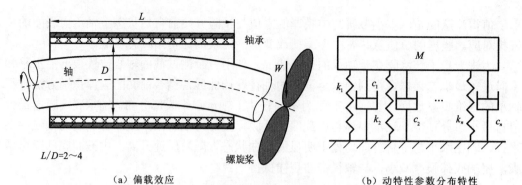

<table>
<tr><td>（a）偏载效应</td><td>（b）动特性参数分布特性</td></tr>
</table>

图 3-17　轴承轴向动特性参数分布特性

作者首次提出了识别轴承两端动特性系数的方法，但对轴承模型简化较多，仅识别轴承垂直方向的主刚度和主阻尼系数[6]。在此基础上，构建轴线弯曲下的双支点模型，进行不同工况下的分布式动特性测试[7-8]，但在计算动特性参数时未考虑两支点模型之间存在的力和力矩平衡关系。王亚兵等[9]论证了与具有单一润滑状态和直线轴颈的滑动轴承相比，偏载下大长径比水润滑艉轴承的流体动力学模型应考虑轴向润滑状态分区、弯曲轴颈和负压等因素。品芳蕊等[10]提出一种轴承设计方法，即增大轴向端部处的直径，针对该端面渐扩型轴承建立混合润滑模型，并分别就轴颈倾斜和无倾斜两种情况分析渐扩型结构参数对轴承性能的影响。

综上所述，为了完善偏载轴弯曲下水润滑轴承动力学模型，综合考虑力平衡和力矩平衡方程，本小节提出水润滑轴承分布式动特性参数识别方法，研究激振力和位移信号外部干扰对动特性参数的影响，开展水润滑轴承分布式动特性测试试验，分析激振频率、静载和转速等因素对轴承动特性系数分布状态的影响规律。

3.2.1　参数识别方法

1. 动力学模型

将轴承划分为两个等长单元，假设有两个等效支点支撑着转轴，构成两支点分布式动特性模型，如图 3-18 所示，水润滑轴承左侧受到激振力 f_y，右侧受到配重盘模拟螺旋桨重力 f_0，l_1、l_2 分别为左右两端水润滑轴承到转子质心的距离，l_3、l_4 分别为动态激振力和螺旋桨重力施加位置到转子质心的距离[11]。

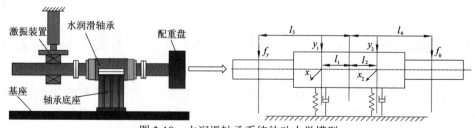

图 3-18　水润滑轴承系统的动力学模型

当转子转速为 Ω 时，对轴施加垂直激振力 f_y 后，可获得左右两端水润滑轴承中心测

量的转子运动 x_1、x_2、y_1 和 y_2。基于上述简化后的模型，通过力和力矩平衡可得水润滑轴承系统的动力学方程：

$$\begin{cases} m\ddot{x}_c = -(k_{x1}x_1 + c_{x1}\dot{x}_1) - (k_{x2}x_2 + c_{x2}\dot{x}_2) \\ m\ddot{y}_c = f_y + f_0 - (k_{y1}y_1 + c_{y1}\dot{y}_1) - (k_{y2}y_2 + c_{y2}\dot{y}_2) \\ I_t\ddot{\theta}_y = (k_{x1}x_1 + c_{x1}\dot{x}_1)l_1 - (k_{x2}x_2 + c_{x2}\dot{x}_2)l_2 - I_p\Omega\dot{\theta}_x \\ I_t\ddot{\theta}_x = f_yl_3 - f_0l_4 + (k_{y1}y_1 + c_{y1}\dot{y}_1)l_1 - (k_{y2}y_2 + c_{y2}\dot{y}_2)l_2 + I_p\Omega\dot{\theta}_y \end{cases} \quad (3\text{-}10)$$

式中：x_c 和 y_c 分别为转子质心在水平和垂直方向上的运动；m 为转子的质量；k_{x1}、k_{y1}、c_{x1}、c_{y1} 分别为左侧水润滑轴承的刚度和阻尼参数；k_{x2}、k_{y2}、c_{x2}、c_{y2} 分别为右侧水润滑轴承的刚度和阻尼参数；θ_x 和 θ_y 为转子倾斜角；I_t 和 I_p 分别为转子径向惯性力矩和转子极惯性力矩。

结合质心运动方程和倾斜角公式可得

$$\begin{cases} \dfrac{m(l_1\ddot{x}_2 + l_2\ddot{x}_1)}{L} = -(k_{x1}x_1 + c_{x1}\dot{x}_1) - (k_{x2}x_2 + c_{x2}\dot{x}_2) \\ \dfrac{m(l_1\ddot{y}_2 + l_2\ddot{y}_1)}{L} - f_y - f_0 = -(k_{y1}y_1 + c_{y1}\dot{y}_1) - (k_{y2}y_2 + c_{y2}\dot{y}_2) \\ \dfrac{I_t(\ddot{y}_2 - \ddot{y}_1)}{L} + \dfrac{I_p\Omega(\dot{x}_2 - \dot{x}_1)}{L} = (k_{x1}x_1 + c_{x1}\dot{x}_1)l_1 - (k_{x2}x_2 + c_{x2}\dot{x}_2)l_2 \\ \dfrac{I_t(\ddot{x}_2 - \ddot{x}_1)}{L} - \dfrac{I_p\Omega(\dot{y}_2 - \dot{y}_1)}{L} = f_yl_3 - f_0l_4 + (k_{y1}y_1 + c_{y1}\dot{y}_1)l_1 - (k_{y2}y_2 + c_{y2}\dot{y}_2)l_2 \end{cases} \quad (3\text{-}11)$$

将式（3-11）进行快速傅里叶变换（fast Fourier transform，FFT），可得

$$\begin{bmatrix} k_{x1} + jwc_{x1} & k_{x2} + jwc_{x2} & 0 & 0 \\ -k_{x1}l_1 - jwc_{x1}l_1 & k_{x2}l_2 + jwc_{x2}l_2 & 0 & 0 \\ 0 & 0 & k_{y1} + jwc_{y1} & k_{y2} + jwc_{y2} \\ 0 & 0 & -k_{y1}l_1 - jwc_{y1}l_1 & k_{y2}l_2 + jwc_{y2}l_2 \end{bmatrix} \begin{bmatrix} X_1(w) \\ X_2(w) \\ Y_1(w) \\ Y_2(w) \end{bmatrix} =$$

$$\begin{bmatrix} 0 \\ 0 \\ F_y(w) \\ F_y(w)l_3 \end{bmatrix} + \frac{1}{L}\begin{bmatrix} w \cdot w \cdot ml_2 & w \cdot w \cdot ml_1 & 0 & 0 \\ -w \cdot w \cdot I_t & w \cdot w \cdot I_t & -j\Omega \cdot w \cdot I_p & j\Omega \cdot w \cdot I_p \\ 0 & 0 & w \cdot w \cdot ml_2 & w \cdot w \cdot ml_1 \\ jw \cdot w \cdot I_p & -jw \cdot w \cdot I_p & -\Omega \cdot w \cdot I_t & \Omega \cdot w \cdot I_t \end{bmatrix} \begin{bmatrix} X_1(w) \\ X_2(w) \\ Y_1(w) \\ Y_2(w) \end{bmatrix} \quad (3\text{-}12)$$

在轴上施加激励力 f_y，一次激振可建立 4 个方程。对 4 个方程进行快速傅里叶变换，求解可得到 8 个刚度和阻尼系数。将式（3-12）进行线性化处理，可得

$$\begin{cases} \boldsymbol{Q}_x\boldsymbol{P}_x = \boldsymbol{N}_x \\ \boldsymbol{Q}_y\boldsymbol{P}_y = \boldsymbol{N}_y \end{cases} \quad (3\text{-}13)$$

式中：$\boldsymbol{Q}_x = \begin{bmatrix} X_1 & X_2 \\ -l_1X_1 & l_2X_2 \end{bmatrix}$；$\boldsymbol{P}_x = \begin{bmatrix} k_{x1} + j\Omega c_{x1} \\ k_{x2} + j\Omega c_{x2} \end{bmatrix}$；$\boldsymbol{Q}_y = \begin{bmatrix} Y_1 & Y_2 \\ -l_1Y_1 & l_2Y_2 \end{bmatrix}$；$\boldsymbol{P}_y = \begin{bmatrix} k_{y1} + j\Omega c_{y1} \\ k_{y2} + j\Omega c_{y2} \end{bmatrix}$；

$$\boldsymbol{N}_x = \frac{w}{L}\begin{bmatrix} w \cdot ml_2 & w \cdot ml_1 & 0 & 0 \\ -I_t & I_t & -j\Omega \cdot I_p & j\Omega \cdot I_p \end{bmatrix} \begin{bmatrix} x_1 \\ x_2 \\ y_1 \\ y_2 \end{bmatrix}；$$

$$N_y = \begin{bmatrix} F_y(w) + F_0(w) \\ F_y(w)l_3 - F_0(w)l_4 \end{bmatrix} + \frac{w}{L} \begin{bmatrix} 0 & 0 & w \cdot ml_2 & w \cdot ml_1 \\ I_p & -jI_p & -\Omega \cdot I_t & \Omega \cdot I_t \end{bmatrix} \begin{bmatrix} X_1 \\ X_2 \\ Y_1 \\ Y_2 \end{bmatrix}$$

当 Q_i 和 P_i（$i=x$ 或 y）已知时，通过求解矩阵方程 $P_i = Q_i^{-1} N_i$ 来获得轴承动特性参数。

2. 正反问题

反问题是利用水润滑轴承的位移响应及激振力，求解水润滑轴承的刚度和阻尼系数，上文动力学模型已做解释，下文不再叙述。正问题则是利用水润滑轴承的刚度、阻尼系数和激振力，求解水润滑轴承的位移响应，可表示为

$$(H - I)S = M \tag{3-14}$$

矩阵 H、I、S 和 M 的定义如下：

$$H = \begin{bmatrix} k_{x1} + j\omega c_{x1} & k_{x2} + j\omega c_{x2} & 0 & 0 \\ -k_{x1}l_1 - j\omega c_{x1}l_1 & k_{x2}l_2 + j\omega c_{x2}l_2 & 0 & 0 \\ 0 & 0 & k_{y1} + j\omega c_{y1} & k_{y2} + j\omega c_{y2} \\ 0 & 0 & -k_{y1}l_1 - j\omega c_{y1}l_1 & k_{y2}l_2 + j\omega c_{y2}l_2 \end{bmatrix}$$

$$I = \frac{1}{L} \begin{bmatrix} \omega^2 \cdot ml_2 & \omega^2 \cdot ml_1 & 0 & 0 \\ -\omega^2 \cdot I_t & \omega^2 \cdot I_t & -j\omega \cdot \Omega \cdot I_p & j\omega \cdot \Omega \cdot I_p \\ 0 & 0 & \omega^2 \cdot ml_2 & \omega^2 \cdot ml_1 \\ j\omega^2 \cdot I_p & -j\omega^2 \cdot I_p & -\omega \cdot \Omega \cdot I_t & \omega \cdot \Omega \cdot I_t \end{bmatrix}$$

$$S = \begin{bmatrix} X_1(\omega) \\ X_2(\omega) \\ Y_1(\omega) \\ Y_2(\omega) \end{bmatrix}; \quad M = \begin{bmatrix} 0 \\ 0 \\ F_y(\omega) + F_0(\omega) \\ F_y(\omega)l_3 - F_0(\omega)l_4 \end{bmatrix}$$

式（3-14）中，当 $H - I$ 和 M 已知时，可通过求解矩阵方程 $S = (H - I)^{-1}M$ 来获得位移响应 $X_1(\omega)$、$X_2(\omega)$、$Y_1(\omega)$ 和 $Y_2(\omega)$。

3. 基于正反问题的误差分析

为检验轴承特性参数识别方法的有效性及外部干扰对动特性参数的影响，需要开展仿真研究。设定激振力 F、轴承刚度 k 和轴承阻尼 c，对动力学模型利用正问题求解位移响应 Q，在 F 和 Q 上添加幅值误差或者相位误差，对动力学模型进行反问题求解，得到轴承刚度和阻尼的识别值 K 和 C。通过对比给定值和识别值，检验识别精度情况。

测试中轴承的位移信号与力信号均存在测试误差，包括幅值误差和相位误差。其表达式如下：

$$\begin{cases} A_1 = A_0 + \lambda A_0 \\ \partial_1 = \partial_0 + \Delta\partial \end{cases} \tag{3-15}$$

式中：A_0 和 ∂_0 为采集信号干扰前的幅值和相位；λ 和 $\Delta\partial$ 分别为采集信号受干扰造成的幅值误差系数和相位偏差角；A_1 和 ∂_1 为采集信号干扰后的幅值和相位。

1）激振力扰动对识别精度的影响

由于激振力施加在轴承垂直方向，对水平方向的刚度和阻尼影响较为微小，所以只考虑激振力对垂直方向刚度和阻尼的影响。激振力幅值扰动对刚度阻尼识别值相对误差影响如图 3-19 所示，随着激振力振幅扰动的增大，刚度和阻尼系数的识别误差线性增大。相同激振力幅值扰动下，激振力幅值扰动对阻尼系数的影响大于对刚度系数的影响。如果刚度和阻尼系数的识别误差小于 10%，则动载荷的幅值扰动应小于 15%。

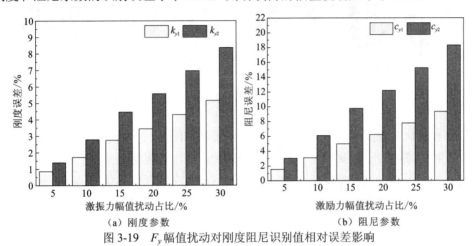

（a）刚度参数　　　　　　　　　（b）阻尼参数
图 3-19　F_y 幅值扰动对刚度阻尼识别值相对误差影响

激振力相位扰动对刚度阻尼识别值相对误差影响如图 3-20 所示，激振力相位扰动对刚度系数的影响较小，对阻尼系数的影响较大。随着激振力相位扰动的增大，刚度和阻尼系数的识别误差逐渐增大；相同激振力相位扰动下，对刚度的影响较小，对阻尼的影响较大。如果刚度和阻尼的识别误差小于 20%，则动态负载的相位干扰应小于 3°；但如果仅考虑主刚度的识别误差小于 0.5%，则激振力的相位干扰应小于 5°。

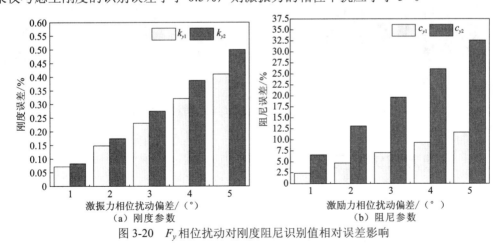

（a）刚度参数　　　　　　　　　（b）阻尼参数
图 3-20　F_y 相位扰动对刚度阻尼识别值相对误差影响

2）位移信号扰动对识别精度的影响

位移幅值扰动对刚度阻尼识别值相对误差影响如图 3-21 所示，随着位移幅值扰动的增加，刚度和阻尼系数的识别误差增加。同一幅值干扰下，阻尼系数和刚度系数的识别误差基本相同。如果刚度和阻尼系数的识别误差小于 10%，则位移幅值扰动应小于 10%。

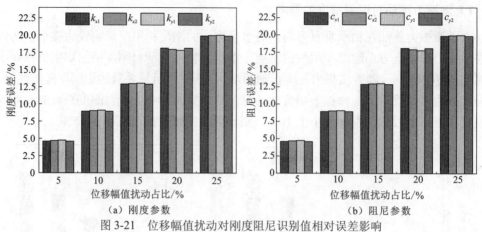

（a）刚度参数 （b）阻尼参数

图 3-21　位移幅值扰动对刚度阻尼识别值相对误差影响

位移相位扰动对刚度阻尼识别值相对误差影响如图 3-22 所示，位移信号的相位扰动对刚度系数的影响较小，对阻尼系数的影响较大，刚度和阻尼系数都会随着位移信号的相位扰动的增大而增大。如果阻尼的识别误差小于 20%，则位移信号的相位干扰应小于 1°；但如果只考虑主刚度的识别误差小于 1.2%，则激振力的相位干扰须小于 5°。

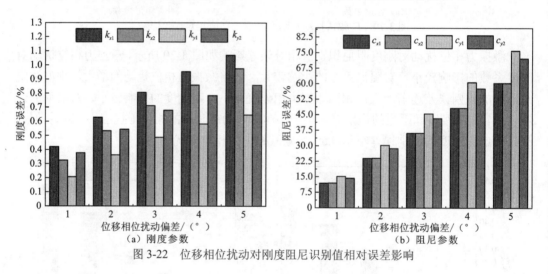

（a）刚度参数 （b）阻尼参数

图 3-22　位移相位扰动对刚度阻尼识别值相对误差影响

3.2.2　识别方法仿真与试验验证

1. 试验装置

图 3-23 为水润滑轴承试验台总体方案设计图。按照试验台各个部件的功能来区分，试验台主要分为驱动模块、加载模块、试验模块和润滑模块。其中驱动模块由驱动电机和变频器组成；加载模块包括静态加载装置和动态加载装置两个模块，静态加载由配重盘施加，动态加载是激振器对轴颈施加垂直动态激振力；润滑系统与水润滑轴承相连，轴承的左下端连接进水口，轴承的右上端连接出水口。

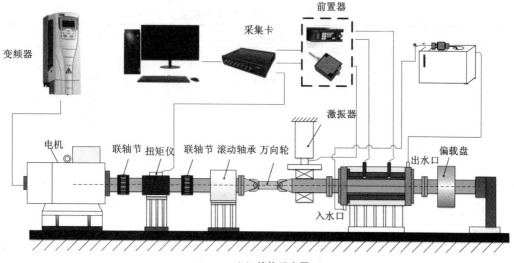

（a）结构示意图

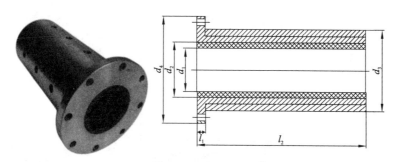

（b）实物图

图 3-23　水润滑艉轴承试验台总体方案设计图

　　轴承结构如图 3-24 所示。衬套为 316 不锈钢，内衬为高分子复合材料，弹性模量为 2320 MPa，泊松比为 0.34，密度为 1130 kg/m³。内衬均布 6 个水槽，轴承长径比为 4，主要结构参数如表 3-1 所示。

图 3-24　试验轴承结构图

表 3-1　试验轴承结构参数

项目	符号/单位	数值
内衬内径	d_1/mm	50
内衬外径	d_2/mm	64
衬套外径	d_3/mm	94
轴承法兰外径	d_4/mm	124
轴承法兰厚度	l_1/mm	10
轴承总长	l_2/mm	200

2. 测试系统

水润滑轴承动特性试验的测试参数包括冷却水流量、进出口温度、转速、扭矩、激振力、振动位移。其中冷却水流量、进出口温度、转速和扭矩为运行指示信号，用于试验中状态的观测；激振力及振动位移为测量信号，用于轴承动特性识别。

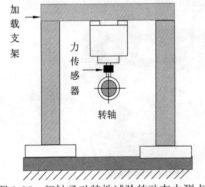

图 3-25　艉轴承动特性试验的动态力测点

1）水润滑轴承动特性测试力响应测点

如图 3-25 所示，艉轴承须测试静态力和动态力。其中：静态力通过轴系校中得到；动态力通过安装在激振器的输出杆处的力传感器测得。

2）水润滑轴承动特性测试位移响应测点

根据艉轴承动特性的测试原理，将试验轴承分成 4 段，在每段的中部布置一个电涡流位移传感器，用于测量各轴段的对应振动响应。

如图 3-26 所示，每个电涡流位移传感器穿过轴承座壳体和轴承，头部不能伸出轴承内壁面。由于试验轴承为高分子材料，传感器头部涡流磁场受周围材料的影响较小。传感器初始安装位置为传感器头部离轴的距离为传感器线性测量中点附近。

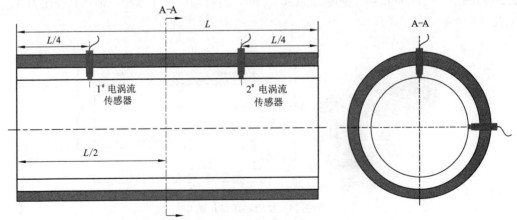

图 3-26　水润滑艉轴承电涡流传感器布置示意图

3.2.3 轴承分布式刚度与阻尼特性试验

当转速为 100 r/min、静载力为 250 N 时，不同激振频率引起刚度参数和阻尼参数的变化如图 3-27 所示。由图可知，同一激振频率下，垂直方向的动特性数值明显大于水平方向的动特性数值，这是因为试验轴承主要承受垂向载荷，承载方向水膜厚度小于水平方向，同时轴承内衬的动特性参数固定不变，轴承动特性由内衬动特性和水膜动特性叠加而成，因此轴承垂直方向的动特性数值明显大于水平方向的动特性数值。随着激振频率的升高，刚度呈现轻微上升趋势，其数量级始终保持为 10^7；阻尼参数呈略微下降趋势，数量级始终保持为 10^5。由此可见，当激振频率为 $5 \sim 20$ Hz 时，激振频率对轴承动特性的识别精度影响不大。

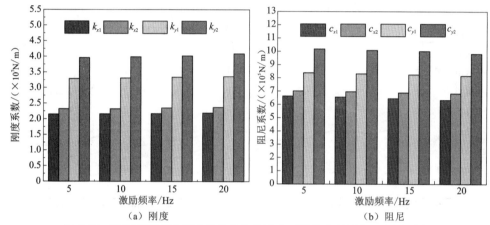

图 3-27　激振频率对轴承动特性参数的影响（静载力 390 N，100 r/min）

静载力 140 N、390 N、640 N 和 890 N 条件下，水润滑轴承刚度和阻尼随转速变化如图 3-28～图 3-31 所示。当转速升高时，轴承电机端和悬臂端的刚度和阻尼均逐渐下降。这是因为转速升高，轴承由混合润滑过渡到动压润滑，水膜厚度增加，润滑区域变大，导致水膜阻尼减小；同时水膜厚度增加导致同幅值的激振力下水膜的平均压力减小，因此刚度也在降低。

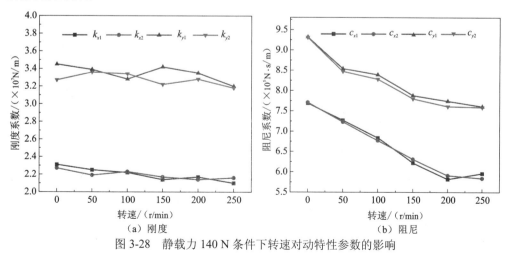

图 3-28　静载力 140 N 条件下转速对动特性参数的影响

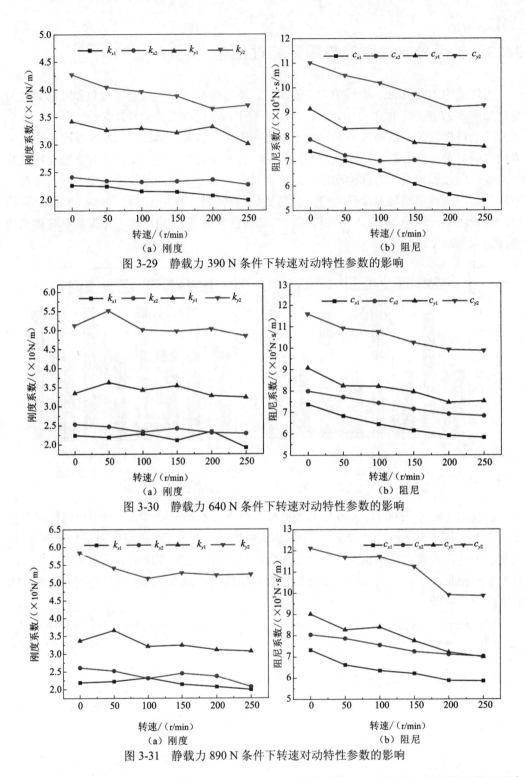

（a）刚度 （b）阻尼

图 3-29 静载力 390 N 条件下转速对动特性参数的影响

（a）刚度 （b）阻尼

图 3-30 静载力 640 N 条件下转速对动特性参数的影响

（a）刚度 （b）阻尼

图 3-31 静载力 890 N 条件下转速对动特性参数的影响

图 3-32（a）和（b）所示分别为 100 r/min 时不同静载力条件下轴承两端刚度和刚度变化幅度，其中变化幅度为当前静载力下动特性系数相较于前一个静载下动特性系数的相对改变量。当静载力为 140 N 时（不加配重盘，此时静载力为轴自重），在同一方向上电机端和悬臂端的刚度在数值上相近，如图 3-32（b），随着轴承静载的增大，电机端的水平

方向上的刚度参数 k_{x1} 和垂直方向上的刚度参数 k_{y1} 的变化趋势相同，总体呈略轻微下降趋势，k_{x1} 最大减小速率为 2.6%，k_{y1} 最大减小速率为 6.4%；而悬臂端水平方向上刚度参数 k_{x2} 和垂直方向上的刚度参数 k_{y2} 呈现增大趋势，k_{x1} 最大增长速率为 3.1%，k_{y1} 最大增长速率为 26.5%。综上所述，随着静载力的增大，悬臂端垂直方向的刚度和阻尼均急剧增大，且远大于电机端垂直方向的刚度和阻尼，此时轴承垂直方向刚度系数出现分布式现象。这是因为悬臂端轴颈重心随着静载力增大而下移，迫使水膜厚度变薄，较小的水膜厚度导致轴承刚度增大。而电机端轴颈重心相较于悬臂端有一定抬升，水膜厚度增加导致轴承刚度减小。

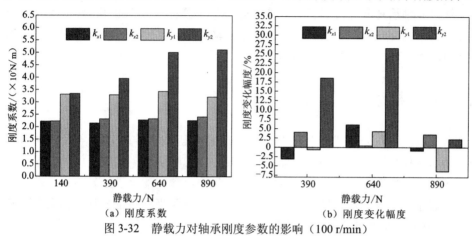

（a）刚度系数　　　　　　　　　（b）刚度变化幅度

图 3-32　静载力对轴承刚度参数的影响（100 r/min）

由图 3-33（a）和（b）可知，当静载力为 140 N 时，电机端和悬臂端在同一方向上的阻尼在数值上相近，随着轴承静载的增大，电机端的水平方向上的阻尼参数 c_{x1} 和垂直方向上的阻尼参数 c_{y1} 呈减小的趋势，c_{x1} 最大减小速率为 0.8%，c_{y1} 最大减小速率为 1.6%，而悬臂端刚度水平方向上的阻尼参数 c_{x2} 和垂直方向上的阻尼参数 c_{y2} 呈现增大趋势，c_{x2} 最大减小速率为 1.8%，c_{y2} 最大增长速率为 23%。综上所述，悬臂端垂直方向的阻尼参数急剧增大，且远大于电机端垂直方向阻尼参数，此时轴承垂直方向阻尼参数同样出现分布式现象，并且与刚度分布式现象相同。这是因为悬臂端随着静载力增大而重心下降，水膜厚度变薄，摩擦阻力增大，导致阻尼增加；相反，电机端水膜变厚，摩擦阻力减小，导致阻尼逐渐减小。

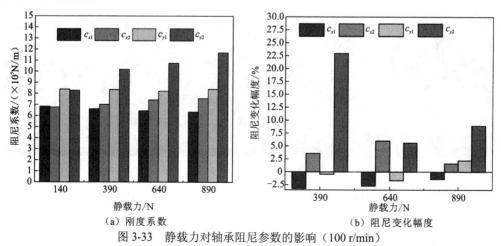

（a）刚度系数　　　　　　　　　（b）阻尼变化幅度

图 3-33　静载力对轴承阻尼参数的影响（100 r/min）

3.3 轴承分布式动特性支撑下轴系振动特性

在轴系振动计算中，通常将艉轴承简化为一个弹性支承，其刚度由经验或试验得出，导致简化模型的计算结果与实际情况有时相差较大[11]。同时，内衬材料的非线性对轴系振动计算的影响更大，因此对艉轴承支承刚度等效的准确度要求较高[12]。船舶艉轴承的长径比较大，将其简化为传统的单点支承等效模型难以反映轴系的实际运行情况，因此有必要探讨艉轴承刚度等效形式对轴系振动特性的影响。本节通过构建单点式、两点式和三点式支承的不同刚度等效形式的艉轴承振动特性计算模型，分析不同艉轴承刚度等效形式对轴系扭转自由振动的影响。

3.3.1 轴系模型

在 3.2 节艉轴承分布式刚度识别试验基础上，根据图 3-23 建立同尺寸轴系模型：①每段轴系按原型图纸简化为等截面均质轴元件，忽略倒角；②扭矩仪和支撑轴承简化为点支撑轴承；③海水浸没艉轴承轴段处；④轴系尾端（配重盘处）为自由端，轴系的电机端为固定端。根据以上模型简化要素，以电机端为坐标零位，具体轴系参数及说明见表 3-2，建立的轴系计算模型如图 3-34 所示。

表 3-2　轴系参数及说明

参数及说明	描述/数值
艉轴承内衬材料	赛龙
艉轴承长度/mm	200
艉轴承内径/mm	50
轴系材料	钢
轴系长度/mm	2000
配重盘质量/kg	25、50、75
转速/（r/min）	100

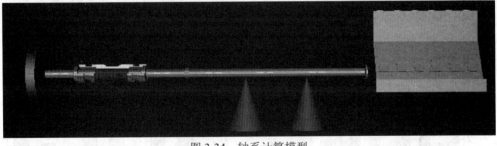

图 3-34　轴系计算模型

对艉轴承外表面所有位移进行约束，对配重盘施加重力，轴承挠度曲线如图 3-35 所示。由图可见，靠近配重盘端的轴系变形最大，沿着轴向逐渐减小，靠近电机端变形最小，轴系校中结果符合回旋振动计算要求。

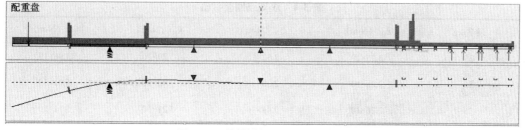

图 3-35 转轴-轴承系统垂向位移

3.3.2 结果分析

本小节计算舷轴承单点式、两点式和三点式不同等效形式对回旋自由振动的影响。三种形式的舷轴承刚度等效模型如图 3-36 所示。其中 k_{x1} 代表电机端 $L/4$ 处水平刚度，k_{y1} 代表电机端 $L/4$ 处垂直刚度。k_{x2} 代表悬臂端 $L/4$ 处水平刚度，k_{y2} 代表悬臂端 $L/4$ 处垂直刚度，k_{x3} 代表中间水平刚度，k_{y3} 代表中间垂直刚度，L 为舷轴承长度。取 3.2.3 小节中 100 r/min 工况下试验刚度数值作为两点式支承的刚度。

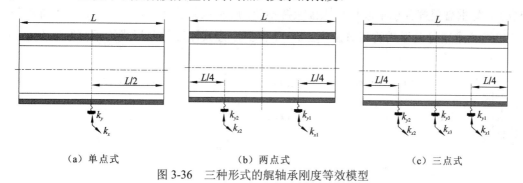

（a）单点式   （b）两点式   （c）三点式

图 3-36 三种形式的舷轴承刚度等效模型

根据文献[13]计算单点式刚度等效形式中的 k_x（水平）与 k_y（垂直）：

$$k_x = \int_0^{\frac{L}{2}} k_{x1} \mathrm{d}x + \int_0^{\frac{L}{2}} k_{x2} \mathrm{d}x \tag{3-16}$$

$$k_y = \int_0^{\frac{L}{2}} k_{y1} \mathrm{d}x + \int_0^{\frac{L}{2}} k_{y2} \mathrm{d}x \tag{3-17}$$

式中：k_x 为单点式舷轴承中点水平刚度；k_y 为单点式舷轴承中点垂直刚度。

三点式刚度等效形式中点位置刚度采用两点式左右两端刚度取均值。计算结果如表 3-3～表 3-5 所示。

表 3-3 单支点刚度数值

质量/kg	k_x/（N·m）	k_y/（N·m）
25	4.47×10^6	7.25×10^6
50	4.61×10^6	8.44×10^6
75	4.67×10^6	8.33×10^6

表 3-4　双支点刚度数值

质量/kg	k_{x1}/（N·m）	k_{x2}/（N·m）	k_{y1}/（N·m）	k_{y2}/（N·m）
25	2.15×10^7	2.32×10^7	3.29×10^7	3.96×10^7
50	2.28×10^7	2.33×10^7	3.43×10^7	5.01×10^7
75	2.26×10^7	2.41×10^7	3.21×10^7	5.12×10^7

表 3-5　三支点刚度数值

质量/kg	k_{x1}/（N·m）	k_{x2}/（N·m）	k_{x3}/（N·m）	k_{y1}/（N·m）	k_{y2}/（N·m）	k_{y3}/（N·m）
25	2.15×10^7	2.32×10^7	2.24×10^7	3.29×10^7	3.96×10^7	3.63×10^7
50	2.28×10^7	2.33×10^7	2.31×10^7	3.43×10^7	5.01×10^7	4.22×10^7
75	2.26×10^7	2.41×10^7	2.34×10^7	3.21×10^7	5.12×10^7	4.17×10^7

图 3-37 为不同艉轴承刚度等效形式对轴系扭转自由振动的影响。1 阶振型显示振动重点出现在配重盘处，2 阶振型显示振动重点在配重盘至艉轴承轴段。随着等效支点的增加，配重盘至艉轴承轴段相对振幅保持不变；艉轴承处前 2 阶振幅呈现持续下降趋势，从单点式刚度等效形式的相对振幅±0.1 下降到三点式刚度等效形式的相对振幅±0。

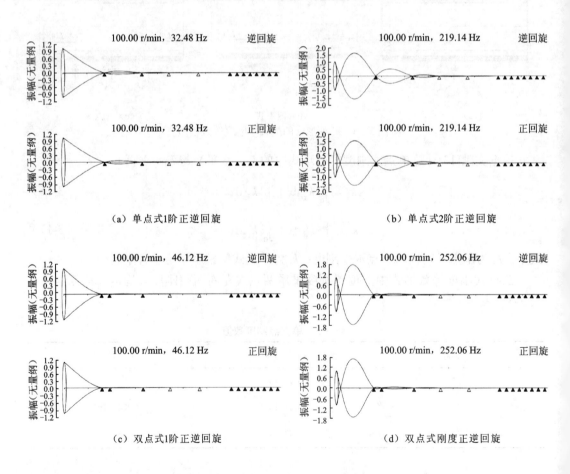

（a）单点式1阶正逆回旋　　　　　　　　　　（b）单点式2阶正逆回旋

（c）双点式1阶正逆回旋　　　　　　　　　　（d）双点式刚度正逆回旋

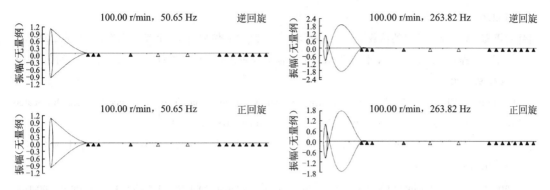

（e）三点式1阶正逆回旋　　　　　　　　　　　　（f）三点式2阶正逆回旋

图 3-37　轴承刚度等效形式对轴系扭转自由振动的影响

进一步计算三种配重盘质量下的三种刚度等效形式下的前 2 阶回旋自由振动固有频率，如表 3-6 所示，结果显示随着配重盘质量的增加，前 2 阶正逆回旋的固有频率持续下降；随着等效刚度支点的增加，前 2 阶正逆回旋的固有频率持续升高，并且固有频率数值的增加幅度减小，两点式与三点式回旋振动固有频率相对单点式趋于稳定。

表 3-6　不同配重盘质量下不同等效形式下的前 2 阶回旋振动固有频率

配重盘质量/kg	阶数	频率/Hz		
		单点式	两点式	三点式
25	1 阶正	32.61	46.30	50.86
	1 阶逆	32.36	45.93	50.44
	2 阶正	220.50	253.44	265.18
	2 阶逆	217.79	250.70	262.47
50	1 阶正	24.30	34.76	38.31
	1 阶逆	24.16	34.55	38.08
	2 阶正	217.51	246.82	257.03
	2 阶逆	214.70	243.91	254.12
75	1 阶正	20.21	28.99	31.99
	1 阶逆	20.12	28.85	31.83
	2 阶正	216.41	244.41	254.07
	2 阶逆	213.56	241.44	251.08

参 考 文 献

[1] Liu Q, Liang X, Zhang X, et al. Data-driven model of the distribution lubrication on water-lubricated bearing under severe operating conditions[J]. Journal of Tribology, 2024, 146: 014101.

[2] 欧阳武. 船舶水润滑轴承性能参数识别及多场耦合建模[M]. 北京: 科学出版社, 2023.

[3] Ouyang W, Liu Q, Xiao J, et al. Experimental study on the distributed lubrication characteristics of full-size water-lubricated stern bearings under hull deformation[J]. Ocean Engineering, 2023, 267:

113226.

[4] 刘祺霖. 基于试验信息的偏载全尺寸水润滑轴承动力学建模研究[D]. 武汉: 武汉理工大学, 2022.

[5] 欧阳武, 程启超, 王磊, 等. 偏载下水润滑艉轴承分布式动力学特性[J]. 交通运输工程学报, 2019, 19(2): 92-100.

[6] Ouyang W, Zhang X, Jin Y, et al. Experimental study on the dynamic performance of water-lubricated rubber bearings with local contact[J]. Shock and Vibration, 2018, 1: 1-10.

[7] 程奇志, 欧阳武, 黄志伟, 等. 偏载下大长径比水润滑轴承分布式动特性参数识别方法[J]. 润滑与密封, 2023, 48(11): 194-199.

[8] Ouyang W, Liu Q, Cheng Q, et al. Identification of distributed dynamic characteristics of journal bearing with large aspect ratio under shaft bending[J]. Journal of Marine Science and Engineering, 2022, 10(5): 658.

[9] 王亚兵, 刘洋洋, 王报龙, 等. 轴颈倾斜的水润滑橡胶艉轴承的静态特性[J]. 西安交通大学学报, 2020, 54(5): 61-69.

[10] 吕芳蕊, 夏康, 塔娜, 等. 以提高最小膜厚为目标的船用水润滑轴承结构优化[J]. 船舶力学, 2022, 26(11): 1680-1693.

[11] 程奇志. 轴倾斜下水润滑轴承分布式动特性参数识别方法研究[D]. 武汉: 武汉理工大学, 2023.

[12] 张晓东. 艉轴承等效支点位置对轴系回旋振动的影响[J]. 船海工程, 2012, 41(6): 46-49.

第 **4** 章

船舶推进轴系耦合振动特性

　　船舶推进轴系在运行过程中,由于主机的激励、螺旋桨的推力和不同形式的船体变形作用,轴系在各个方向的振动形式并不单一,这些振动形式之间相互耦合、相互影响,会提高各种振动响应的剧烈程度[1]。因此,深入研究轴系多种振动形式间的作用机理与耦合效应,准确预估振动频率和幅值,对推进轴系动力学性能设计和振动控制有重要价值。

4.1　船舶轴系弯曲、纵向、扭转多向耦合振动

依据弹性理论，结构的各点在外载荷作用下发生的变形，其大小和方向各不相同，变形不仅发生在载荷作用方向，也可能发生在其他方向；该变形包括线位移和扭转角；物体的形状越复杂，变形的形式和相互的影响也越复杂；这些振动形式相互依赖和影响的关系就是各种耦合振动的力学基础[2]。船舶轴系的耦合振动形式包括扭转-纵向、扭转-弯曲、弯曲-纵向等双向耦合振动及弯-纵-扭多向耦合振动。已有的研究结果表明：扭转-纵向耦合振动是由轴系的偏心作用引起的；扭转-弯曲耦合振动是由质量不平衡引起的，扭转角和横向位移发生在形心和剪切中心不重合的轴系截面[3]。然而这些研究都无法系统地揭示推进系统的耦合本质，推进轴系的多向耦合振动问题并不是扭转、弯曲和纵向振动的简单叠加。

4.1.1　船舶轴系扭转-纵向耦合振动

将船舶轴系简化为连续的均质欧拉梁，为主机端固定、螺旋桨端自由的悬臂梁结构，如图 4-1 所示。图中，ρ、J、L、A 和 E 分别为梁结构的密度、转动惯量、长度、横截面积和弹性模量；m 和 I_P 分别为质量和扭转常数；$\theta(t)$ 和 $x(t)$ 分别为振动响应的扭转角和纵向位移。

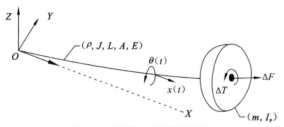

图 4-1　梁单元的简化模型

根据轴系旋转过程中的运动规律，轴系的扭振会产生轴向的变形，从而产生轴向的等效虚力；同样，在轴系的纵振过程中产生扭转的变形及对应的等效虚扭矩。可以得到由扭振产生的纵向虚位移 Δx_t 和由纵振产生的虚转角 $\Delta \theta_x$ 分别为

$$\Delta x_t = k_{tx}\theta(t)$$
$$\Delta \theta_x = k_{xt}x(t) \tag{4-1}$$

式中：k_{tx} 和 k_{xt} 分别为扭转和纵向耦合刚度；等效的扭矩和纵向力分别为 $\Delta T = k_t \Delta \theta_x$ 和 $\Delta F = k_x \Delta x_t$。

将耦合作用产生的虚转角和纵向虚位移代入振动方程，可以得到扭转-纵向耦合振动方程为

$$J\ddot{\theta} + d_t\dot{\theta} + k_t\theta - k_{tx}x = T\sin\omega_t t$$
$$m\ddot{x} + d_x\dot{x} + k_x x - k_{xt}\theta = F\sin\omega_x t \tag{4-2}$$

式中：J 为沿 x 轴的转动惯量；m 为梁的质量；d_t 和 d_x 分别为扭转阻尼和纵向阻尼；k_t 和 k_x 分别为扭转刚度和纵向刚度；在扭转耦合刚度 $k_{tx}(=\delta k_t)$ 和纵向耦合刚度 $k_{xt}(=\delta k_x)$ 中，δ 为扭转-纵向耦合刚度系数。

通过对该耦合振动方程的求解可以得到在不考虑阻尼条件下的频率解：

$$\omega_{n1,2}^2 = \frac{1}{2}\left(\frac{k_t}{J} - \frac{k_x}{m} \pm \sqrt{\left(\frac{k_t}{J} - \frac{k_x}{m} \right)^2 + \frac{4k_{tx}k_{xt}}{mJ}} \right) \tag{4-3}$$

式中：ω_{n1} 和 ω_{n2} 分别为耦合振动的两个固有频率；在不考虑耦合作用即 $\delta=0$ 时，$\omega_{n1,2}$ 分为独立的扭转和纵振固有频率 k_t/J 和 k_x/m，在考虑耦合作用即 $\delta \neq 0$ 时，两个方向的固有频率将互相作用使彼此的值发生改变。

同时，可以得到系统在耦合作用下的扭转和纵向振动响应 θ 和 x 分别为

$$\theta = \frac{-k_{tx}/J}{(\omega_{n1}^2 - \omega_t^2)(\omega_{n2}^2 - \omega_x^2) - (k_{tx}k_{xt}/mJ)}F$$
$$+ \frac{(\omega_{n1}^2 - \omega_\theta^2)(\omega_{n2}^2 - \omega_x^2) + (2k_{tx}k_{xt}/mJ)}{(\omega_{n1}^2 - \omega_t^2)(\omega_{n2}^2 - \omega_x^2) - (k_{tx}k_{xt}/mJ)}T$$

$$x = \frac{-k_{xt}/m}{(\omega_{n1}^2 - \omega_t^2)(\omega_{n2}^2 - \omega_x^2) - (k_{tx}k_{xt}/mJ)}T$$
$$+ \frac{(\omega_{n1}^2 - \omega_x^2)}{(\omega_{n1}^2 - \omega_t^2)(\omega_{n2}^2 - \omega_x^2) - (k_{tx}k_{xt}/mJ)}F \tag{4-4}$$

对船舶轴系纵扭耦合振动的数值求解一般采用集中质量法。将结构的分布按照一定的规则集中到某个特定的位置上，使结构的整体质量离散成为一系列的集中质量，其余部分认为没有质量但具有弹性性能。每个集中质量的惯性力与相互作用使得离散系统的运动方程只以其位移为自由度，进而可将无限自由度体系简化为有限自由度体系，其等效模型如图 4-2 所示。

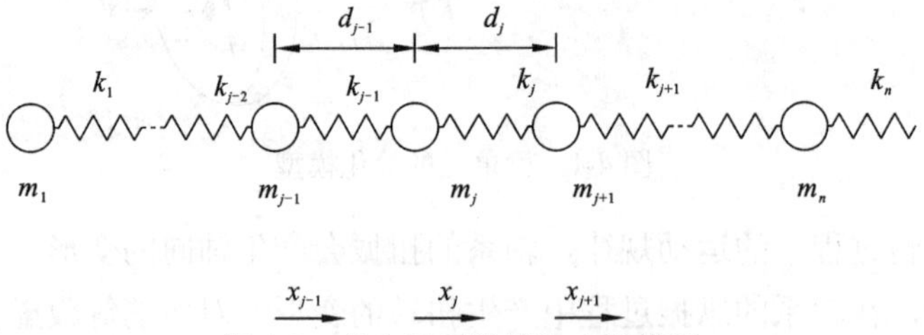

图 4-2　集中质量法等效力学模型

因此系统的扭转惯量矩阵 $\boldsymbol{J}$ 和质量矩阵 $\boldsymbol{M}$ 可分别表示为

$$\boldsymbol{J} = \begin{bmatrix} J_1 & & \\ & J_2 & \\ & & J_3 \end{bmatrix}$$
$$\boldsymbol{M} = \begin{bmatrix} m_1 & & \\ & m_2 & \\ & & m_3 \end{bmatrix} \tag{4-5}$$

式中：m_j 和 J_j $(j=3)$ 分别为轴系每部分的质量和转动惯量。

系统的扭转阻尼矩阵 $\boldsymbol{D}_T$ 和纵向阻尼矩阵 $\boldsymbol{D}_X$ 分别表示为

$$\boldsymbol{D}_T = \begin{bmatrix} d_{t1} & -d_{t1} & \\ -d_{t1} & d_{t1}+d_{t2} & -d_{t2} \\ & -d_{t2} & d_{t2}+d_{t3} \end{bmatrix}$$

$$\boldsymbol{D}_X = \begin{bmatrix} d_{x1} & -d_{x1} & \\ -d_{x1} & d_{x1}+d_{x2} & -d_{x2} \\ & -d_{x2} & d_{x2}+d_{x3} \end{bmatrix}$$

(4-6)

式中：系统每个质量点的扭转阻尼系数和纵向阻尼系数分别定义为

$$d_{tj} = 0.05 m_j \omega_j$$
$$d_{xj} = 0.08 J_j \omega_j$$

(4-7)

式中：ω_j 是轴系的转速。

系统的扭转刚度矩阵 $\boldsymbol{K}_T$ 和纵向刚度矩阵 $\boldsymbol{K}_X$ 分别表示为

$$\boldsymbol{K}_T = \begin{bmatrix} k_{t1} & -k_{t1} & \\ -k_{t1} & k_{t1}+k_{t2} & -k_{t2} \\ & -k_{t2} & k_{t2}+k_{t3} \end{bmatrix}$$

$$\boldsymbol{K}_X = \begin{bmatrix} k_{x1} & -k_{x1} & \\ -k_{x1} & k_{x1}+k_{x2} & -k_{x2} \\ & -k_{x2} & k_{x2}+k_{x3} \end{bmatrix}$$

(4-8)

式中：k_{tj} 和 $k_{xj}(j=3)$ 分别为每个部分的扭转刚度和纵向刚度，根据材料力学的基本原理可定义为

$$k_{tj} = GI_{Pj} / L_j$$
$$k_{xj} = EA_j / L_j$$

(4-9)

式中：G 和 E 分别为材料的切变模量和弹性模量，I_{pj}、A_j 和 $L_j (j=3)$ 分别为轴系每段的扭转常数、横截面积和长度。

系统的扭转耦合刚度矩阵 $\boldsymbol{K}_{TX}$ 和纵向耦合刚度矩阵 $\boldsymbol{K}_{XT}$ 分别表示为

$$\boldsymbol{K}_{TX} = \delta \boldsymbol{K}_T$$
$$\boldsymbol{K}_{XT} = \delta \boldsymbol{K}_X$$

(4-10)

式中：δ 是耦合刚度系数且定义为

$$\delta = \frac{m_c^2}{mJ}$$

(4-11)

式中：惯性耦合项 m_c 取决于螺旋桨的流体动力和动力距，且与转轴的扭转角和纵向变形相关。

在进行集中质量模型参数的定义并作为数值计算的输入后，作为计算结果输出包括结构的扭转角矩阵 $\boldsymbol{\theta}$、扭转速度矩阵 $\dot{\boldsymbol{\theta}}$ 和扭转加速度矩阵 $\ddot{\boldsymbol{\theta}}$，分别为

$$\boldsymbol{\theta} = [\theta_1 \quad \theta_2 \quad \theta_3]^T$$
$$\dot{\boldsymbol{\theta}} = [\dot{\theta}_1 \quad \dot{\theta}_2 \quad \dot{\theta}_3]^T$$
$$\ddot{\boldsymbol{\theta}} = [\ddot{\theta}_1 \quad \ddot{\theta}_2 \quad \ddot{\theta}_3]^T$$

(4-12)

结构的纵向位移矩阵 $\boldsymbol{x}$、纵向速度矩阵 $\dot{\boldsymbol{x}}$ 和纵向加速度矩阵 $\ddot{\boldsymbol{x}}$，分别为

$$x = [x_1 \quad x_2 \quad x_3]^T$$
$$\dot{x} = [\dot{x}_1 \quad \dot{x}_2 \quad \dot{x}_3]^T \tag{4-13}$$
$$\ddot{x} = [\ddot{x}_1 \quad \ddot{x}_2 \quad \ddot{x}_3]^T$$

式中：θ_j、$\dot{\theta}_j$、$\ddot{\theta}_j$ 和 x_j、$\dot{x}_j$、$\ddot{x}_j$（$j=3$）分别为每个质量点的扭转和纵向振动的位移、速度和加速度。

4.1.2　船舶轴系扭转-弯曲耦合振动

船舶轴系的扭转-弯曲耦合振动是由不平衡量引起的，不平衡量包括螺旋桨的旋转、轴部件的质量、作用于轴承的力和齿轮的啮合力，由于轴系的结构特点及上述转动过程中的不平衡影响，在轴系的质量中心和横截面中心之间会出现截面偏心距。同时，在实际运行条件下，轴不一定总是保持水平状态，轴系的偏心效应会使振动响应更加复杂和强烈。

将船舶轴系等效为一个固定端（主机）和自由端（螺旋桨）的欧拉悬臂梁结构，如图 4-3 所示。图中 ρ、J、L、A 和 E 分别为轴系的密度、转动惯量、长度、横截面积和弹性模量，m、e 和 I 分别为轴系的质量、横截面偏心和截面惯量。$x(t)$、$y(t)$ 和 $\theta(t)$ 分别为横向和扭转方向的位移和转角，F_x、F_y 和 M_θ 分别为各个方向上的横向力和扭转力矩。

在图 4-3 右侧的横截面偏心示意图中，x_c 和 y_c 分别为相对于截面中心原点 O_c 的 X-横向和 Y-横向的坐标，偏心率 e 为 O_c 和坐标原点 O 间的变形，ω 和 α 分别为轴系的转速和转角，其初始位置可由参数 x_0、y_0、θ_0 表示。

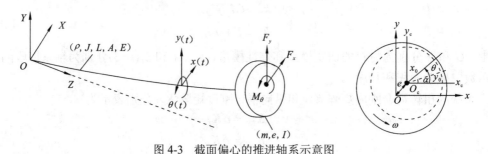

图 4-3　截面偏心的推进轴系示意图

轴系在转动过程中会产生扭转角，由于偏心作用的存在，轴系会产生横向的变形。根据横截面偏心距的几何关系与力学理论，横向变形 x_c 和 y_c，以及扭转角 φ 关于相对坐标原点 O_c 的表达式为

$$x_c = x + e\cos\varphi$$
$$y_c = y + e\sin\varphi \tag{4-14}$$
$$\varphi = \omega t + \theta$$

式中：x、y 和 θ 分别为相对初始坐标原点的 x 轴横向变形、y 轴横向变形和扭转角；t 为运动时间。

分别对式（4-14）求时间的一阶导数和二阶导数，得到横向变形和扭转角的速度和加速度表达式：

$$\dot{x}_c = \dot{x} - e\dot{\varphi}\sin\varphi$$

$$\dot{y}_c = \dot{y} + e\dot{\varphi}\cos\varphi \tag{4-15}$$

$$\ddot{x}_c = \ddot{x} - e\ddot{\varphi}\sin\varphi - e\dot{\varphi}\cos\varphi$$

$$\ddot{y}_c = \ddot{y} + e\ddot{\varphi}\cos\varphi - e\dot{\varphi}\sin\varphi \tag{4-16}$$

式中：$\dot{x}$、$\dot{y}$ 和 $\dot{\varphi}$ 分别为横向和扭转方向对应初始坐标系的速度；$\ddot{x}$、$\ddot{y}$ 和 $\ddot{\varphi}$ 分别为横向和扭转方向的加速度。

根据质心的运动理论和偏心引起的力矩理论，轴系横向振动的常微分方程可表示为

$$m\ddot{x}_c + c_x(\dot{x} - \dot{x}_0) + k_x(x - x_0) = me\ddot{\theta}\sin\varphi + me(\omega + \dot{\theta})^2\cos\varphi + F_x$$

$$m\ddot{y}_c + c_y(\dot{y} - \dot{y}_0) + k_y(y - y_0) = -mg - me\ddot{\theta}\cos\varphi + me(\omega + \dot{\theta})^2\sin\varphi + F_y \tag{4-17}$$

式中：c_x 和 c_y 分别为 X-横向和 Y-横向的阻尼；k_x 和 k_y 分别为相应的刚度；m 和 g 分别为轴系的质量和重力加速度。

同样，横向振动的响应也会受偏心距的影响而融入扭转振动中，由此建立轴系扭转方向的运动方程为

$$(J + me^2)\ddot{\theta} + c_\theta(\dot{\theta} - \dot{\theta}_0) + k_\theta(\theta - \theta_0) = me\ddot{x}\sin\varphi - me(g + \ddot{y})\cos\varphi + M_\theta \tag{4-18}$$

式中：J 为沿轴线方向的转动惯量；c_θ 和 k_θ 分别为扭转阻尼和刚度。

假定轴系直径为 D，其转动惯量为

$$J = m\frac{\left(\dfrac{D}{2}\right)^2}{2} \tag{4-19}$$

将轴系的横向振动方程与扭转振动方程相结合，假定初始横向变形 $x_0 = y_0 = 0$ 和扭转角 $\theta_0 = 0$，可以得到推进轴系扭转-弯曲耦合振动的运动方程为

$$m\ddot{x} + c_x\dot{x} + k_x x = me\ddot{\theta}\sin(\omega t) + me(\omega + \dot{\theta})^2\cos(\omega t) + F_x$$

$$m\ddot{y} + c_y\dot{y} + k_y y = -mg - me\ddot{\theta}\cos(\omega t) + me(\omega + \dot{\theta})^2\sin(\omega t) + F_y \tag{4-20}$$

$$(J + me^2)\ddot{\theta} + c_\theta\dot{\theta} + k_\theta\theta = me\ddot{x}\sin(\omega t) - me(g + \ddot{y})\cos(\omega t) + M_\theta$$

由式（4-20）可见，横向振动和扭转振动间的相互作用由偏心距引起，将该式转化为矩阵形式可得

$$\begin{bmatrix} m & & -me\sin(\omega t) \\ & m & me\cos(\omega t) \\ -me\sin(\omega t) & me\cos(\omega t) & J + me^2 \end{bmatrix}\begin{bmatrix} \ddot{x} \\ \ddot{y} \\ \ddot{\theta} \end{bmatrix} + \begin{bmatrix} c_x & & \\ & c_y & \\ & & c_\theta \end{bmatrix}\begin{bmatrix} \dot{x} \\ \dot{y} \\ \dot{\theta} \end{bmatrix}$$

$$+ \begin{bmatrix} k_x & & \\ & k_y & \\ & & k_\theta \end{bmatrix}\begin{bmatrix} x \\ y \\ \theta \end{bmatrix} = \begin{bmatrix} me(\omega + \dot{\theta})^2\cos(\omega t) + F_x \\ -mg + me(\omega + \dot{\theta})^2\sin(\omega t) + F_y \\ -meg\cos(\omega t) + M_\theta \end{bmatrix} \tag{4-21}$$

式（4-21）表明截面偏心是产生扭转-弯曲耦合振动的原因，也是扭转耦合振动的关键。当偏心距 $e = 0$ 时，轴系的扭转振动和横向振动互不影响，不存在耦合振动。

根据材料力学的相关理论，横截面为圆形的悬臂梁结构的横向刚度和扭转刚度可分别通过挠度和转角得到

$$\begin{cases} k_x = k_y = 3EI/L^3 \\ k_\theta = GI_P/L \end{cases} \tag{4-22}$$

式中：E 和 G 分别为材料的弹性模量和切变模量；沿轴线方向的截面惯量 I 和极惯性矩 I_p 可表示为

$$I = \pi I_p = \pi D^4 / 32 \qquad (4-23)$$

由于阻尼作用与轴系的转速有关，将轴系的横向阻尼和扭转阻尼分别定义为

$$c_x = c_y = \xi_x m \omega$$
$$c_\theta = \xi_\theta J \omega \qquad (4-24)$$

式中：ξ_x 和 ξ_θ 分别为横向阻尼系数和扭转阻尼系数，根据材料的实际性能定义其值分别为 $\xi_x = 0.05$ 和 $\xi_\theta = 0.08$。

包括横向力和扭矩在内的轴系外部激励可表示为

$$F_x = F_{x0} \sin(\omega t)$$
$$F_y = F_{y0} \sin(\omega t)$$
$$M_\theta = M_{\theta 0} \sin(\omega t) \qquad (4-25)$$

这些外部激励是耦合振动方程中具有不同振幅和转速的载荷输入。

4.1.3 船舶轴系弯曲-纵向耦合振动

本小节介绍基于有限元方法的轴系弯曲-纵向耦合振动数值计算，在进行船舶轴系振动有限元分析前，需要对轴系结构进行离散化，将整段轴分隔成若干个单元相连的结点。由于单元数目的增加，离散系统的自由度相应地升高，在提高求解精度的同时，也会增加计算的工作量，单元数目的多少将直接影响计算的时长和精度。研究梁的弯曲的前提条件是中心面假设，当中心面在轴线方向的长度一定时，梁在垂直中性面上的变形必将引起轴线方向的位移；同时，纵向周期性激励会诱发梁的横向位移，这两种振动形式的相互作用表明梁的弯曲-纵向耦合振动是客观存在的。

如图 4-4 所示，定义梁的长度为 l，其轴线位于 X-Y 平面内，中性面垂直于 X-Y 平面。梁上的任意点 A 在初始轴线上运动，在 X 轴上的坐标为 $(x,0)$，在弯曲-纵向耦合振动的影响下运动至 B 点 (x,y)，假设该点的纵向和横向位移分别为 $u(x,t)$ 和 $v(x,t)$，此时的轴线偏移至如图 4-4 所示的虚线位置。

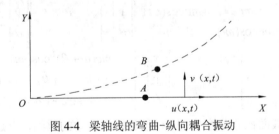

图 4-4　梁轴线的弯曲-纵向耦合振动

根据基尔霍夫假设，将非线性横向位移加入纵向位移中，可以得到各向位移分别为

$$U(x,y,t) = u(x,t) - y\frac{\partial v}{\partial x}(x,t)$$
$$V(x,t) = v(x,t) \qquad (4-26)$$
$$W(x,t) = 0$$

在小变形假设的基础上，规定位移量级 $O(u)=O(v^2)$，根据弹性力学中应力-应变关系可以得到

$$\begin{cases} \varepsilon_x = \dfrac{\partial U}{\partial x} + \dfrac{1}{2}\left(\dfrac{\partial V}{\partial x}\right)^2 \\[2mm] \varepsilon_y = \dfrac{\partial U}{\partial y} \\[2mm] \varepsilon_z = \gamma_{yz} = \gamma_{zx} = 0 \end{cases} \tag{4-27}$$

$$\begin{cases} \gamma_{xy} = \dfrac{1}{2}\left(\dfrac{\partial V}{\partial x} + \dfrac{\partial U}{\partial y}\right) \\[2mm] \gamma_{yz} = 0 \\[2mm] \gamma_{zx} = 0 \end{cases} \tag{4-28}$$

$$\varepsilon_x = \frac{\partial U}{\partial x} + \frac{1}{2}\left(\frac{\partial V}{\partial x}\right)^2 = \frac{\partial u}{\partial x} - y\frac{\partial^2 v}{\partial x^2} + \frac{1}{2}\left(\frac{\partial v}{\partial x}\right)^2 \tag{4-29}$$

式中：U 和 V 为在 X 轴和 Y 轴方向上的总位移变量；纵向 u 和横向 v 分别为横坐标 X 和时间 t 的函数。

根据胡克定律可以得到纵向应力 $\sigma_x = E\varepsilon$，故系统的应变能 PE 可以表示为

$$PE = \frac{1}{2}\int_V \sigma_{ij}\varepsilon_{ij}dV \tag{4-30}$$

$$PE = \frac{E}{2}\int_x \int_A \left[\frac{\partial u}{\partial x} - y\frac{\partial^2 v}{\partial x^2} + \frac{1}{2}\left(\frac{\partial v}{\partial x}\right)^2\right]^2 dAdx \tag{4-31}$$

根据横截面积为圆形结构关于中心面对称的特点，式（4-31）中含有 y 项的积分为 0，而 x 的取值范围从 0 到 l 的惯性矩定义为

$$I_x = \int_A y^2 dA \tag{4-32}$$

将式（4-32）代入式（4-31）并展开平方项可以得到

$$PE = \frac{1}{2}\int_0^l \left[EA\left(\frac{\partial u}{\partial x} + \frac{1}{2}\frac{\partial^2 v}{\partial x^2}\right)^2 + EI\left(\frac{\partial v}{\partial x}\right)^4\right]dx \tag{4-33}$$

同时，系统的动能可以表示为

$$KE = \frac{E}{2}\int_0^l \int_A \left\{\rho\left[\left(\frac{\partial U}{\partial t}\right)^2 + \left(\frac{\partial V}{\partial t}\right)^2\right]\right\}dAdx \tag{4-34}$$

将式（4-26）代入式（4-34）中可以得到

$$KE = \frac{1}{2}\int_0^l \left\{\rho\left[\left(\frac{\partial u}{\partial t}\right)^2 + \left(\frac{\partial v}{\partial t}\right)^2\right] + \rho I\left(\frac{\partial^2 v}{\partial x\partial t}\right)^2\right\}dx \tag{4-35}$$

建立对时间 t 的拉格朗日函数，可以得到

$$\begin{aligned} \int_1^f L dt &= \int_1^f (KE - PE)dt \\ &= \int_1^f \left\{\int_0^l [\rho A(\dot{u}^2 + \dot{v}^2) + \rho I\dot{v}'^2 - EA(u' + v'^2/2)^2 - EIv''^2]dx\right\}dt \end{aligned} \tag{4-36}$$

式中：符号·表示对时间 t 求导；符号'和"分别表示对位置 x 的一次和二次求导。这些符

号在后续的公式中具有相同的含义。

假设纵向运动 $u(x,t)$ 和横向运动 $v(x,t)$ 的虚功为

$$\partial W = \int_0^l [N_x(X,t)\delta u + Q_y(X,t)\delta v]\mathrm{d}x \tag{4-37}$$

式中：N_x 为纵向力；Q_y 为横向剪切力。

将虚功位移代入式（4-36）可以得到

$$\delta \int_1^f L\mathrm{d}t = \delta \int_1^f \left\{ \int_0^l [\rho A(\dot{u}\delta\dot{u} + \dot{v}\delta\dot{v}) + \rho I\dot{v}'\delta\dot{v}' \right. \\ \left. -EA(u' + v'^2/2)(\delta u' + v'\delta v') - EIv''\delta v'']\mathrm{d}x \right\}\mathrm{d}t \tag{4-38}$$

进行积分变换，考虑梁截面的边界条件略去高阶项，可以得到

$$\delta \int_1^f L\mathrm{d}t = \delta \int_1^f \left\{ \int_0^l [-\rho A\ddot{u} + EA(u' + v'^2/2)']\delta u \right. \\ \left. +[-\rho A\ddot{v} + (EA(u' + v'^2/2)v')' + \rho I\ddot{v}'' - (EIv'')'']\delta v\mathrm{d}x\mathrm{d}t \tag{4-39}$$

根据汉密尔顿原理 $\delta \int_1^f (W - L)\mathrm{d}t = 0$，弯曲-纵向耦合振动方程可以表示为

$$-\rho A\ddot{u} + EA\left(u' + \frac{1}{2}v'^2\right)' = N_x$$
$$-\rho A\ddot{v} - (EIv'')'' + \left[EA(u' + \frac{1}{2}v'^2)'\right]v' = Q_y \tag{4-40}$$

令虚力 $N_x = Q_y = 0$ 并将式（4-40）展开，可以得到

$$\rho A\frac{\partial^2 u}{\partial t^2} - EA\left(\frac{\partial^2 u}{\partial x^2} + \frac{1}{2}\frac{\partial v}{\partial x}\frac{\partial^2 v}{\partial x^2}\right) = 0$$
$$\rho A\frac{\partial^2 v}{\partial t^2} + EI\frac{\partial^4 v}{\partial x^4} - \left[EA\frac{\partial^2 u}{\partial x^2}\frac{\partial v}{\partial x} + \frac{\partial u}{\partial x}\frac{\partial^2 v}{\partial x^2} + \frac{3}{2}\left(\frac{\partial v}{\partial x}\right)^2\frac{\partial^2 v}{\partial x^2}\right] = 0 \tag{4-41}$$

在两种振动形式相互耦合的方程中，其耦合项是关于时间 t 和空间 x 的偏导数，可假设其振型为时间 t 或位置 x 的正弦函数进行求解，但在更加复杂的非正弦函数情况下，需要探寻其他的解决方法。

4.1.4　船舶轴系弯-纵-扭耦合振动

船舶轴系弯-纵-扭耦合振动模型可通过欧拉梁理论表示为[4]

$$EI\frac{\partial^4 v}{\partial x^4} + \rho A\frac{\partial^2(v + e\theta)}{\partial t^2} = EA\left[\frac{\partial^2 u}{\partial x^2}\frac{\partial v}{\partial x} + \frac{\partial u}{\partial x}\frac{\partial^2 v}{\partial x^2} + \frac{3}{2}\left(\frac{\partial v}{\partial x}\right)^2\frac{\partial^2 v}{\partial x^2}\right]$$

$$\rho Jp\frac{\partial^2 \theta}{\partial t^2} - GJp\frac{\partial^2 \theta}{\partial x^2} = \frac{r^2}{2}EA\left[2\frac{\partial u}{\partial x}\frac{\partial^2 \theta}{\partial x^2} + \left(\frac{\partial u}{\partial x}\right)^2\frac{\partial^2 \theta}{\partial x^2} - \frac{\partial^2 u}{\partial x^2}\frac{\partial \theta}{\partial x} - \frac{\partial u}{\partial x}\frac{\partial^2 u}{\partial x^2}\frac{\partial \theta}{\partial x}\right]$$
$$+ e^2\rho A\frac{\partial^2 \theta}{\partial t^2} + e\rho A\frac{\partial^2 v}{\partial t^2} \tag{4-42}$$

$$\rho A\frac{\partial^2 u}{\partial t^2} - EA\frac{\partial^2 u}{\partial x^2} = EA\left\{r^2\left[\frac{\partial \theta}{\partial x}\frac{\partial^2 \theta}{\partial x^2} - \frac{\partial u}{\partial x}\left(\frac{\partial \theta}{\partial x}\right)^2 - 2\frac{\partial u}{\partial x}\frac{\partial \theta}{\partial x}\frac{\partial^2 \theta}{\partial x^2}\right] + \frac{\partial v}{\partial x}\frac{\partial^2 v}{\partial x^2}\right\}$$

如果只考虑两种形式的耦合振动，例如扭转-弯曲耦合振动，可设 $\mu=0$；扭转-纵向耦合振动，可设 $\nu=0$；弯曲-纵向耦合振动，可设 $\theta=0$。

4.2 推进轴系–船体耦合振动

船舶在航行中，推进轴系会受到螺旋桨脉动力的激励而产生振动，并且随着船舶高速化、大型化的发展趋势，轴系刚度下降导致振动更加显著[5]。船体作为一个大型薄壁空腔结构，在螺旋桨表面力、流体载荷等激励下也极易发生振动。推进轴系与船体之间通过轴承相连存在振动耦合效应，仅建立推进轴系或船体的动力学模型无法真实反映两者之间的双向振动传递作用。因此建立同时包含推进轴系实体和壳体实体的耦合动力学模型，并以此为依据研究推进轴系-壳体耦合振动特性，对分析振动传递机理具有重要的理论价值。

4.2.1 耦合动力学模型

本小节对水下船舶推进轴系-壳体耦合系统动力学模型的建立及求解方法进行介绍。水下船舶的推进轴系是由螺旋桨、轴段（艉轴、中间轴、推力轴）等组成的细长结构，壳体是由外壳、环肋、舱壁等组成的薄壁空腔结构，两者在外部激励下均易产生振动，且推进轴系与壳体之间通过数量众多的轴承相连，壳体与轴系的振动通过轴承互相传递，因此须建立推进轴系-壳体耦合动力学模型以更真实地反映水下船舶的振动特性。在动力学模型建立的过程中，分别采用梁理论和板壳理论建立推进轴系、壳体子结构模型，将轴承简化为弹簧-阻尼-质量系统作为推进轴系与壳体之间的连接结构，通过将轴承力加入轴段、壳段连续条件中建立起推进轴系-壳体耦合系统动力学模型。

1. 壳体振动

圆柱壳的结构如图 4-5 所示，壳体长度为 L_{cy}，半径为 a，将 x、r、θ 定义为柱坐标系中壳体的轴向、径向和周向，u_{cy}、v_{cy}、w_{cy} 分别代表圆柱壳三个方向上的位移。

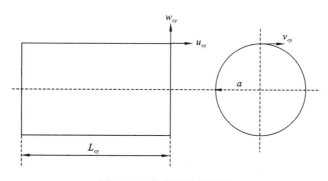

图 4-5　圆柱壳结构示意图

圆柱壳的运动方程由 Flügge 壳体理论可表示为[6]

$$\frac{\partial^2 u_{cy}}{\partial x^2} + \frac{(1-\mu_{cy})}{2R_1^2}(I+\beta^2)\frac{\partial^2 u_{cy}}{\partial \theta^2} + \frac{1+\mu_{cy}}{2R_1}\frac{\partial^2 v_{cy}}{\partial x\partial \theta} + \frac{\mu_{cy}}{R_1}\frac{\partial w_{cy}}{\partial x} - \beta^2 R_1\frac{\partial^3 w_{cy}}{\partial x^3}$$

$$+\beta^2\frac{(1-\mu_{cy})}{2R_1}\frac{\partial^3 w_{cy}}{\partial x\partial \theta^2} - \frac{\gamma}{c_{Lc}^2}\frac{\partial^2 u_{cy}}{\partial t^2} = 0 \tag{4-43}$$

$$\frac{1+\mu_{cy}}{2R_1}\frac{\partial^2 u_{cy}}{\partial x\partial \theta} + \frac{(I-\mu_{cy})}{2}\frac{\partial^2 v_{cy}}{\partial x^2} + \beta^2\left(\frac{3(1-\mu_{cy})}{2}\frac{\partial^2 v_{cy}}{\partial x^2} - \frac{(3-\mu_{cy})}{2}\frac{\partial^3 w_{cy}}{\partial x^2\partial \theta}\right)$$

$$+\frac{1}{R_1^2}\frac{\partial^2 v_{cy}}{\partial \theta^2} + \frac{1}{R_1^2}\frac{\partial w_{cy}}{\partial \theta} - \frac{\gamma}{c_{Lc}^2}\frac{\partial^2 v_{cy}}{\partial t^2} = 0 \tag{4-44}$$

$$-\beta^2\left(R_1^2\frac{\partial^4 w_{cy}}{\partial x^4} + 2\frac{\partial^4 w_{cy}}{\partial x^2\partial \theta^2} + \frac{1}{R_1}\frac{\partial^4 w_{cy}}{\partial \theta^4} - R_1\frac{\partial^3 u_{cy}}{\partial x^3} + \frac{(I-\mu_{cy})}{2R_1}\frac{\partial^3 u_{cy}}{\partial x\partial \theta^2}\right.$$

$$\left. -\frac{(3-\mu_c)}{2}\frac{\partial^3 v_c}{\partial x^2\partial \theta} + \frac{2}{R_1^2}\frac{\partial^2 w_c}{\partial \theta^2}\right) - \frac{\mu_c}{R_1}\frac{\partial v_{cy}}{\partial x} \tag{4-45}$$

$$-\frac{1}{R_1^2}\left[\frac{\partial v_{cy}}{\partial \theta} + w_{cy}(I+\beta^2)\right] - \frac{\gamma}{c_{Lc}^2}\frac{\partial^2 w_{cy}}{\partial t^2} + \frac{p_a}{c_{Lc}^2\rho_{cv}h_{cy}} = 0$$

式中：R_1、ρ_{cy}、h_{cy} 分别为圆柱壳的半径、密度及厚度；$\beta = h_{cy}/\sqrt{12}R_1$ 为壳体无量纲厚度参数；$\gamma = 1 + A_r/b_r h_{cy}$；$A_r$ 和 b_r 分别为环肋的横截面积和沿壳体轴向方向的间距；$c_{Lc} = \sqrt{E_{cy}/\rho_{cy}(1-\mu_{cy}^2)}$ 为纵向波速。

外部流体在圆柱壳表面所产生的压力 p_a 可表示为[7]

$$p_a = \frac{p_c h_c c_{Lc}^2}{2}F_L w_{cy} \tag{4-46}$$

$$F_L = \begin{cases} -\Omega^2\dfrac{R_1}{h_{cy}}\dfrac{p_f}{p_c}\dfrac{H_n(R_1\sqrt{k_f^2-k_n^2})}{R_1\sqrt{k_f^2-k_n^2}\,K_n'(R_1\sqrt{k_f^2-k_n^2})}, & k_f \geqslant \lambda_n \\[3mm] -\Omega^2\dfrac{R_1}{h_{cy}}\dfrac{p_f}{p_c}\dfrac{K_n(R_1\sqrt{k_n^2-k_f^2})}{R_1\sqrt{k_n^2-k_f^2}\,K_n'(R_1\sqrt{k_n^2-k_f^2})}, & k_f < \lambda_n \end{cases} \tag{4-47}$$

式中：k_f 为流体波数；$\Omega = \omega R_1/c_{Lc}$ 为无量纲圆频率；c_f、ρ_f 分别为流体中声速和流体密度；H_n、K_n 分别为 n 阶汉克尔（Hankel）函数和贝塞尔（Bessel）函数；λ_n 为圆柱壳轴向结构波数。

圆柱壳三个方向的位移由波传播法可表示为

$$u_{cy}(x,\theta,t) = \frac{u_{cy}}{w_{cy}}[e^{j\lambda_n^S X}\cos(n\theta) + e^{j\lambda_n^A X}\sin(n\theta)]e^{-j\omega t} \tag{4-48}$$

$$v_{cy}(x,\theta,t) = \frac{v_{cy}}{w_{cy}}[e^{j\lambda_n^S X}\sin(n\theta) + e^{j\lambda_n^A X}\cos(n\theta)]e^{-j\omega t} \tag{4-49}$$

$$w_{cy}(x,\theta,t) = W_{cy}[e^{j\lambda_n^S X}\cos(n\theta) + e^{j\lambda_n^A X}\sin(n\theta)]e^{-j\omega t} \tag{4-50}$$

式中：λ_n^S 和 λ_n^A 分别为对称模态和反对称模态的轴向结构波数。

由三角函数的正交性，圆柱壳位移的对称部分和反对称部分可分别单独求解。将圆柱壳位移的对称部分代入式（4-43）、式（4-44）可得到关于轴向结构波数 λ_n^S 的一个 8

次方程：

$$\psi_8^S (\lambda_n^S)^8 + \psi_6^S (\lambda_n^S)^6 + \psi_4^S (\lambda_n^S)^4 + \psi_2^S (\lambda_n^S)^2 + \psi_0^S = 0 \tag{4-51}$$

通过求解式（4-51）可得到轴向结构波数 λ_n^S 的 8 种形式。对于每一个轴向结构波数，圆柱壳轴向振幅 U_{cy}、周向振幅 V_{cy}、径向振幅 W_{cy} 的关系固定。因此在每一周向波数 n 下，位移函数仅有 8 个未知数，可通过圆柱壳的边界条件和连续条件求得。采用与圆柱壳位移中对称模态相同的求解过程，将反对称部分代入运动方程中即可求解反对称模态对应的位移。

圆锥壳的结构如图 4-6 所示，u_{co}、v_{co}、w_{co} 分别为圆锥壳轴向、径向和周向方向上的位移。圆锥壳的运动方程由 Flügge 壳体理论可表示为[8]

$$L_{11}u_{co} + L_{12}v_{co} + L_{13}w_{co} - \frac{\rho_{co}h_{co}\partial^2 u_{co}}{\partial t^2} = 0 \tag{4-52}$$

$$L_{21}u_{co} + L_{22}v_{co} + L_{23}w_{co} - \frac{\rho_{co}h_{co}\partial^2 v_{co}}{\partial t^2} = 0 \tag{4-53}$$

$$L_{31}u_{co} + L_{32}v_{co} + L_{33}w_{co} - \frac{\rho_{co}h_{co}\partial^2 w_{co}}{\partial t^2} = 0 \tag{4-54}$$

式中：ρ_{co}、h_{co} 分别为圆锥壳的密度和厚度，圆锥壳上的环肋和圆柱壳处理方式类似，等效为壳体厚度的增加，α 为圆锥壳半锥角。圆锥壳三个方向的位移由幂级数法可表示为

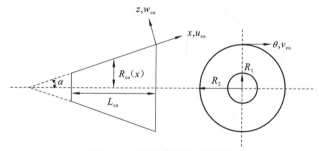

图 4-6　圆锥壳结构示意图

$$u_{co}(x,\theta,t) = \sum_{n=0}^{\infty} \sum_{m=0}^{\infty} [a_m^S x^m \cos(n\theta) + a_m^A x^m \sin(n\theta)] e^{-j\omega t} \tag{4-55}$$

$$v_{co}(x,\theta,t) = \sum_{n=0}^{\infty} \sum_{m=0}^{\infty} [b_m^S x^m \sin(n\theta) + b_m^A x^m \cos(n\theta)] e^{-j\omega t} \tag{4-56}$$

$$w_{co}(x,\theta,t) = \sum_{n=0}^{\infty} \sum_{m=0}^{\infty} [c_m^S x^m \cos(n\theta) + c_m^A x^m \sin(n\theta)] e^{-j\omega t} \tag{4-57}$$

式中：m 代表幂级数的次数；a_m、b_m、c_m 存在如下递推关系：

$$a_{m+2} = \sum_{i=1}^{6} A_{ai}a_{m-5+i} \pm \sum_{i=1}^{4} B_{ai}b_{m-3+i} + \sum_{i=1}^{6} C_{ai}c_{m-3+i}, \quad m \geq 0 \tag{4-58}$$

$$b_{m+2} = \pm \sum_{i=1}^{4} A_{bi}a_{m-3+i} \pm \sum_{i=1}^{6} B_{bi}b_{m-5+i} + \sum_{i=1}^{5} C_{bi}c_{m-6+i}, \quad m \geq 0 \tag{4-59}$$

$$c_{m+4} = \sum_{i=1}^{7} A_{ci}a_{m-4+i} \pm \sum_{i=1}^{4} B_{ci}b_{m-4+i} + \sum_{i=1}^{9} C_{ci}c_{m-3+i}, \quad m \geq 0 \tag{4-60}$$

式中：正号、负号分别适用于圆锥壳的对称模态和反对称模态；A_{ai}、B_{ai}、C_{ai}、A_{bi}、B_{bi}、C_{bi}、A_{ci}、B_{ci}、C_{ci} 的具体表达式可见文献[13]。圆锥壳的位移函数可进一步表示为

$$u_{\mathrm{co}}(x,\theta,t) = \sum_{n=0}^{\infty} [U_{\mathrm{co},n}^S (X_{\mathrm{co},n}^S)^{\mathrm{T}} \cos(n\theta) + U_{\mathrm{co},n}^A (X_{\mathrm{co},n}^A)^{\mathrm{T}} \sin(n\theta)]\mathrm{e}^{-\mathrm{j}\omega t} \qquad (4\text{-}61)$$

$$v_{\mathrm{co}}(x,\theta,t) = \sum_{n=0}^{\infty} [V_{\mathrm{co},n}^S (X_{\mathrm{co},n}^S)^{\mathrm{T}} \cos(n\theta) + V_{\mathrm{co},n}^A (X_{\mathrm{co},n}^A)^{\mathrm{T}} \sin(n\theta)]\mathrm{e}^{-\mathrm{j}\omega t} \qquad (4\text{-}62)$$

$$w_{\mathrm{co}}(x,\theta,t) = \sum_{n=0}^{\infty} [W_{\mathrm{co},n}^S (X_{\mathrm{co},n}^S)^{\mathrm{T}} \cos(n\theta) + W_{\mathrm{co},n}^A (X_{\mathrm{co},n}^A)^{\mathrm{T}} \sin(n\theta)]\mathrm{e}^{-\mathrm{j}\omega t} \qquad (4\text{-}63)$$

式中：$X_{\mathrm{co},n}$ 为 a_m、b_m、c_m 组成的向量；$U_{\mathrm{co},n}$、$V_{\mathrm{co},n}$、$W_{\mathrm{co},n}$ 可通过圆锥壳的边界条件和连续条件求得。

为考虑流体对圆锥壳的作用，将圆锥壳沿轴向切分为若干段，每个锥壳段等效为与该壳段平均半径相等的圆柱壳，作用在等效柱壳上的流体压力即为锥壳段上的流体压力，如图 4-7（a）所示。每个锥壳段的长度为 $L_i \leqslant 2R_{0,i}T/\sin\alpha$，$T$ 为分段步长。当圆锥壳与轴承相连时，同样需要在轴承处将圆锥壳分段以计入轴承力，如图 4-7（b）所示。在进行计入流体效应的分段时，遇到轴承须提前进行分段。

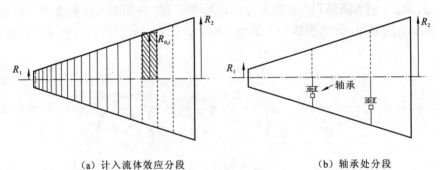

（a）计入流体效应分段　　　　　　　　　（b）轴承处分段

图 4-7　圆锥壳分段

考虑锥壳外部的流体作用后，式（4-57）变换为

$$L_{31}u_{\mathrm{co}} + L_{32}v_{\mathrm{co}} + L_{33}w_{\mathrm{co}} - \frac{\rho_{\mathrm{co}}h_{\mathrm{co}}\partial^2 w_{\mathrm{co}}}{\partial t^2} + \frac{p_a}{\cos a} = 0 \qquad (4\text{-}64)$$

将舱壁简化为有限圆板，u_{p}、w_{p}、v_{p} 分别代表圆板轴向、径向和周向方向上的位移。圆板的振动方程为

$$\nabla^4 w_{\mathrm{p}} - \frac{p_{\mathrm{p}}\omega^2 h_{\mathrm{p}}}{D_{\mathrm{p}}} w_{\mathrm{p}} = 0 \qquad (4\text{-}65)$$

$$\frac{\partial}{\partial r}\left(\frac{\partial u_{\mathrm{p}}}{\partial r} + \frac{u_{\mathrm{p}}}{R_{\mathrm{p}}} + \frac{1}{R_{\mathrm{p}}}\frac{\partial v_{\mathrm{p}}}{\partial \theta}\right) - \frac{(1-u_{\mathrm{p}})}{2R_{\mathrm{p}}}\frac{\partial}{\partial \theta}\left(\frac{\partial v_{\mathrm{p}}}{\partial r} + \frac{v_{\mathrm{p}}}{R_{\mathrm{p}}} - \frac{1}{R_{\mathrm{p}}}\frac{\partial u_{\mathrm{p}}}{\partial \theta}\right) - \frac{1}{c_{Lp}^2}\frac{\partial^2 u_{\mathrm{p}}}{\partial t^2} = 0 \quad (4\text{-}66)$$

$$\frac{1}{R_{\mathrm{p}}}\frac{\partial}{\partial \theta}\left(\frac{\partial u_{\mathrm{p}}}{\partial r} + \frac{u_{\mathrm{p}}}{R_{\mathrm{p}}} + \frac{1}{R_{\mathrm{p}}}\frac{\partial v_{\mathrm{p}}}{\partial \theta}\right) - \frac{(1-u_{\mathrm{p}})}{2}\frac{\partial}{\partial r}\left(\frac{\partial v_{\mathrm{p}}}{\partial r} + \frac{v_{\mathrm{p}}}{R_{\mathrm{p}}} - \frac{1}{R_{\mathrm{p}}}\frac{\partial u_{\mathrm{p}}}{\partial \theta}\right) - \frac{1}{c_{Lp}^2}\frac{\partial^2 v_{\mathrm{p}}}{\partial t^2} = 0 \quad (4\text{-}67)$$

式中：$\nabla^4 = \{\partial^2/\partial r^2 + (1/r)\partial/\partial r + (1/r^2)\partial^2/\partial \theta^2\}^2$；$D_{\mathrm{p}} = E_{\mathrm{p}}h_{\mathrm{p}}^3/(12-\mu_{\mathrm{p}}^2)$；$E_{\mathrm{p}}$、$h_{\mathrm{p}}$、$\mu_{\mathrm{p}}$ 分别为圆板的杨氏模量、密度及泊松比。

圆板三个方向的位移由 Bessel 函数可展开为

$$u_p = \sum_{n=0}^{\infty} \sum_{i=1}^{2} \xi_{pu,n,i}[W_{p,n,i}^S \cos(n\theta) + W_{p,n,i}^A \sin(n\theta)]e^{-j\omega t} \tag{4-68}$$

$$v_p = \sum_{n=0}^{\infty} \sum_{i=1}^{2} \xi_{pv,n,i}[W_{p,n,i}^S \sin(n\theta) + W_{p,n,i}^A \cos(n\theta)]e^{-j\omega t} \tag{4-69}$$

$$w_p = \sum_{n=0}^{\infty} \sum_{i=3}^{4} \xi_{pw,n,i}[W_{p,n,i}^S \cos(n\theta) + W_{p,n,i}^A \sin(n\theta)]e^{-j\omega t} \tag{4-70}$$

式中

$$\zeta_{pu,n,1} = \frac{\partial J_n(k_{pL}r)}{\partial r^w}, \quad \zeta_{pu,n,2} = \frac{nJ_n(k_{pT}r)}{r^{mv}} \tag{4-71}$$

$$\zeta_{pv,n,1} = -\frac{nJ_n(k_{pL}r)}{r^m}, \quad \zeta_{pv,n,2} = -\frac{\partial J_n(k_{pT}r)}{\partial r^m} \tag{4-72}$$

$$\zeta_{pw,n,3} = I_n(k_{pB}r), \quad \zeta_{pw,n,4} = I_n(k_{pB}r) \tag{4-73}$$

式中：圆板的纵波、剪切波及弯曲波波数分别为

$$k_{pB} = (\rho_p \omega^2 h_p / D_p)^{1/4} \tag{4-74}$$

$$k_{pL} = \omega\sqrt{\rho_p(l-\mu_p^2)/E_p} \tag{4-75}$$

$$k_{pT} = \omega\sqrt{2\rho_p(l+\mu_p)/E_p} \tag{4-76}$$

与位移相关的未知因子 $W_{pn,i}^s$ 和 $W_{pn,i}^A$ $(i = 1:4)$ 可由圆板的边界条件和连续条件求得。

在圆柱壳、圆锥壳及圆板位移函数的基础上，可通过相邻子结构间在位移和内力上的连续条件建立具有舱壁的锥-柱组合壳结构。圆锥壳段之间的连续条件为

$$u_{co,i} = u_{co,i+1}, \quad u_{co,i} = u_{co,i+1}, \quad w_{co,i} = w_{co,i+1}, \quad \frac{\partial w_{co,i}}{\partial x} = \frac{\partial w_{co,i+1}}{\partial x} \tag{4-77}$$

$$F_{co,z,i} = F_{co,z,i+1}, \quad F_{co,\theta,i} = F_{co,\theta,i+1}, \quad F_{co,z,i} = F_{co,z,i+1}, \quad M_{co,x,i} = M_{co,x,i+1} \tag{4-78}$$

圆柱壳段之间存在相似的连续条件，此处不再赘述。

对于圆锥壳与圆柱壳之间的连续条件，可通过三角变换将圆锥壳母向、法向方向上的位移和内力转换到柱坐标系下的轴向、径向方向上，从而建立锥-柱组合壳动力学模型：

$$\tilde{u}_{co} = u_{cy}, \quad v_{co} = v_{cy}, \quad \tilde{w}_{co} = w_{cy}, \quad \frac{\partial w_{co}}{\partial x} = \frac{\partial w_{cy}}{\partial x} \tag{4-79}$$

$$\tilde{F}_{co,x} = F_{cy,x}, \quad F_{co,x} = F_{cy,\theta}, \quad \tilde{F}_{co,z} = F_{cy,z}, M_{co,x} = M_{cy,x} \tag{4-80}$$

式中

$$\tilde{\mu}_{co} = u_{co}\cos\alpha - w_{co}\sin\alpha, \quad \tilde{W}_{co} = u_{co}\sin\alpha + w_{co}\cos\alpha \tag{4-81}$$

$$\tilde{F}_{co,x} = F_{co,x}\cos\alpha - F_{co,z}\sin\alpha, \quad \tilde{F}_{co,z} = F_{co,x}\sin\alpha + F_{co,z}\cos\alpha \tag{4-82}$$

当圆锥壳与圆柱壳结合处存在舱壁时，可将圆板各方向的内力和位移加入式（4-79）和式（4-80）中，有

$$\tilde{u}_{co} = w_p = u_{cy}, \quad v_{co} = v_p = v_{cy} \tag{4-83}$$

$$\tilde{w}_{co} = u_p = w_{cy}, \quad \frac{\partial w_{co}}{\partial x} = -\frac{\partial w_p}{\partial x} = \frac{\partial w_{cy}}{\partial x} \tag{4-84}$$

$$\tilde{F}_{co,x} - F_{cy,x} + F_{p,x} = 0, \quad F_{co,\theta} - F_{cy,\theta} + F_{p,\theta} = 0 \tag{4-85}$$

$$\tilde{F}_{co,z} - F_{cy,z} + F_{p,z} = 0, \quad M_{co,x} - M_{cy,x} + M_{p,x} = 0 \tag{4-86}$$

当两段圆柱壳之间存在舱壁时，可通过类似的连续条件建立起圆柱壳-圆板-圆柱壳组合结构。

当圆柱壳、圆锥壳为自由边界条件时，各方向的内力和力矩均为0

$$F_{cy,x} = 0, \quad F_{cy,\theta} = 0, \quad F_{cy,z} = 0, \quad M_{cy,x} = 0 \tag{4-87}$$

$$F_{co,x} = 0, \quad F_{co,\theta} = 0, \quad F_{co,z} = 0, \quad M_{co,x} = 0 \tag{4-88}$$

2. 轴系振动

将船舶推进轴系视为均匀等截面梁，以轴系螺旋桨端作为笛卡儿坐标系的原点 o、沿轴心方向为 x 轴、与 x 轴垂直的方向为 y 轴建立局部坐标系，如图4-8所示。

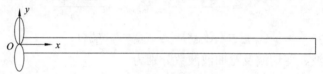

图 4-8　轴系结构示意图

推进轴系横向振动 $w_B(x, t)$ 的动力学方程由欧拉-伯努利（Euler-Bernoulli）理论可表示为[9, 10]

$$E_B I_B \frac{\partial^4 w_{B,i}(x,t)}{\partial x^4} + m_B \frac{\partial^2 w_{B,i}(x,t)}{\partial t^2} = 0 \tag{4-89}$$

式中：E_B 为轴系的弹性模量；m_B 为单位长度质量；A_B 和 I_B 分别为截面积和截面二次矩。

轴系的横向位移 $w_B(x, t)$ 表示为

$$w_B(x,t) = \phi_T(x) q(t) \tag{4-90}$$

式中：$\phi_T(x)$ 为轴系横向振动的模态函数，其通解形式为

$$\phi_T(x) = C_1 \cos(\sigma x) + C_2 \sinh(\sigma x) + C_3 \cosh(\sigma x) + C_4 \sinh(\sigma x) \tag{4-91}$$

式中：$\sigma = \sqrt[4]{m_B \omega^2 / E_B I_B}$；$C_i(i = 1 : 4)$ 为轴系各段的未知常数，可通过轴系横向边界条件及连续条件求得。

推进轴系的纵向振动 $u_B(x, t)$ 可表示为

$$\frac{\partial^2 u_B(x,t)}{\partial t^2} = a^2 \frac{\partial^2 u_B(x,t)}{\partial x^2} \tag{4-92}$$

将轴系的纵向位移 $u_B(x, t)$ 表示为

$$u_B(x,t) = \phi_L(x) q(t) \tag{4-93}$$

式中：$\phi_L(x)$ 为轴系纵向振动的模态函数，其通解形式为

$$\phi_L(x) = D_1 \sin\frac{\omega x}{a} + D_2 \cos\frac{\omega x}{a} \tag{4-94}$$

式中：$D_i(i = 1 : 2)$ 是轴系各段的未知常数，可通过轴系纵向边界条件及连续条件求得。

推进轴系由于轴承的存在而被分为数段，各段之间在位移、转角、弯矩及剪力上存在连续条件：

$$w_{B,i}(l_j,t) = w_{B,i+1}(0,t), \frac{\partial w_{B,i}(l_j,t)}{\partial x} = \frac{\partial w_{B,i+1}(0,t)}{\partial x} \tag{4-95}$$

$$E_B I_B \frac{\partial^2 w_{B,i}(l_i,t)}{\partial x^2} = E_B I_B \frac{\partial^2 w_{B,i+1}(0,t)}{\partial x^2}, \quad E_B I_B \frac{\partial^3 w_{B,i}(l_i,t)}{\partial x^3} = E_B I_B \frac{\partial^3 w_{B,i+1}(0,t)}{\partial x^3} \quad (4\text{-}96)$$

$$u_{Bi}(l_i,t) = u_{Bi+1}(0,t), \quad E_B A_B \frac{\partial u_{Bi}(l_i,t)}{\partial x} = E_B A_B \frac{\partial u_{Bi+1}(0,t)}{\partial x} \quad (4\text{-}97)$$

将螺旋桨视为带有转动惯量 J_p 的集中质量 M_p，则轴系螺旋桨端的边界条件为

$$E_B I_B \frac{\partial^2 w_B(0,t)}{\partial x^2} = -\omega^2 \frac{\partial w_B(0,t)}{\partial x} J_p, \quad E_B I_B \frac{\partial^3 w_B(0,t)}{\partial x^3} = -\omega^2 \partial w_B(0,t) M_p \quad (4\text{-}98)$$

$$E_B A_B \frac{\partial u_B(0,t)}{\partial x} = \omega^2 u_B(0,t) M_p \quad (4\text{-}99)$$

轴系非螺旋桨端视为自由边界条件：

$$E_B I_B \frac{\partial^2 w_B(l,t)}{\partial x^2} = 0, \quad E_B I_B \frac{\partial^3 w_B(l,t)}{\partial x^3} = 0 \quad (4\text{-}100)$$

$$E_B A_B \frac{\partial u_{B,i}(l,t)}{\partial x} = 0 \quad (4\text{-}101)$$

当螺旋桨浸没在水中时，由于桨叶周围水的存在，螺旋桨转动时的有效质量和惯性特性都会发生变化。因此 J_p 和 M_p 为考虑了附连水效应的总质量、总转动惯量。螺旋桨的附连水质量可表示为

$$M_{pw} = \left[\chi \left(1 + 1.66 \frac{H_p}{D_p} \right) + 0.083 \frac{H_p}{D_p} \right] \frac{7.85 - Z_p}{4.85} M_{p0} \quad (4\text{-}102)$$

式中：χ 为取决于盘面比的系数；M_{p0} 为螺旋桨的自重；H_p 为螺旋桨螺距；D_p 为螺旋桨直径；Z_p 为桨叶数。

螺旋桨本身的转动惯量 J_{p0} 可按经验公式进行估算：

$$J_{p0} = M_{p0} (\gamma_p D_p)^2 \quad (4\text{-}103)$$

式中：γ_p 为经验系数，对于整体桨和组合桨，γ_p 分别可取 0.21、0.19。螺旋桨的附连水转动惯量可表示为

$$J_{pw} = 0.02 H_p^2 M_{pw} \quad (4\text{-}104)$$

3. 轴壳耦合条件

船舶推进轴系与壳体在径向方向上主要通过艉轴承、中间轴承和推力轴承相连，采用弹簧-阻尼-质量系统模拟轴承作为推进轴系与壳体之间的连接结构。如将轴承作用力简化为集中力，则将轴承建模为集中式弹簧-阻尼-质量系统；如考虑轴承的周向或轴向跨度，则将轴承建模为分布式弹簧-阻尼-质量系统。分布式弹簧-阻尼-质量系统包含 N 个子单元，均匀分布在 $\theta_b = [\theta_{b1}, \theta_{b2}]$ 的周向范围或 $L_b = [L_{b1}, L_{b2}]$ 的轴向范围内，每个弹簧-阻尼-质量单元的参数为 $k_{b0} = k_b/N$、$c_{b0} = c_b/N$、$m_{b0} = m_b/N$，k_b、c_b、m_b 分别为轴承支撑的总刚度、总阻尼和总质量。

如图 4-9 所示，f_s 和 f_{co} 分别为轴和壳的轴承力分量，w_s 和 $\tilde{w}_{co}$ 分别为轴和壳的横向位移，轴承受力的幅值 F_{b0} 可归因于壳体与轴系之间的径向位移矢量差[11]：

$$F_{b0}^s = -F_{b0}^H = \sum_{n_b=0}^{N} \{ (k_{b0} - \mathrm{j}\omega c_{b0}) w_{B,i} - (k_{b0} - \mathrm{j}\omega c_{b0} - \omega^2 m_{b0}) w_{H,i,n_b} \} \quad (4\text{-}105)$$

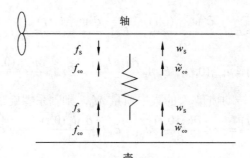

图 4-9 轴承支承系统连接处受力分析图

4. 轴系与壳体激励力

船舶在航行中轴系会受到螺旋桨横向推力的激励作用，壳体也会受到螺旋桨表面力及流体的激励作用。同时壳体与轴系相互运动也会产生轴承力。本小节介绍轴系和壳体上任意位置处受到的激励力。

采用狄拉克（Dirac）函数 δ 将作用在轴系任意点上的力表示为

$$F_e^B(x_0) = F_0\delta(x-x_0)\phi(x) \tag{4-106}$$

式中：F_0 为激励力的幅值。

当激励力作用在壳体上时，同样可采用狄拉克函数表示：

$$F_e^H(x_0,\theta_0) = \frac{1}{r}F_0\delta(x-x_0)\delta(\theta-\theta_0)\mathrm{e}^{-\mathrm{j}\omega t} \tag{4-107}$$

借助三角函数的正交性，可将壳体对称模态和反对称模态受到的激励力分别表示为

$$F_e^{HS}(X,\theta) = \frac{F_0}{2\pi r} + \sum_{n=1}^{\infty}\frac{F_0}{\pi r}\cos(n\theta), \quad F_e^{HA}(X\theta) = \frac{F_0}{2\pi r} + \sum_{n=1}^{\infty}\frac{F_0}{\pi r}\cos(n\theta) \tag{4-108}$$

当外部激励力作用在轴系或壳体端部时，则可将相应的内力边界条件与激励力保持相等：

$$E_B I_B \frac{\partial^3 w(\theta,t)}{\partial x^3} + \omega^2\partial w(\theta,t)m_\mathrm{p} = F_e^B \tag{4-109}$$

$$E_B A_B \frac{\partial u_B(0,t)}{\partial x} - \omega^2 u_B(0,t)M_\mathrm{p} = F_e^B \tag{4-110}$$

$$\tilde{F}_{\mathrm{co},z} = F_e^H \tag{4-111}$$

类似地，当激励作用在壳体中部时，则将激励力加入相邻壳段间的内力连续条件中。

在得到的壳体与轴系之间轴承力幅值的基础上，船舶推进轴系-壳体耦合模型可在轴承处将轴系和壳体分段，并将轴承力相应项加入轴段间及壳段间的连续条件中建立：

$$E_B I_B \frac{\partial^3 w_{s,i}}{\partial x^3} = E_B I_B + \frac{\partial^3 w_{s,i+1}}{\partial x^3} - F_\mathrm{b}^B \tag{4-112}$$

$$E_B A_B \frac{\partial u_{B_i}(l_i,t)}{\partial x} = E_B A_B \frac{\partial u_{B_{i+1}}(0,t)}{\partial x} - F_\mathrm{b}^B \tag{4-113}$$

$$F_{\mathrm{co},x,j} = F_{\mathrm{co},x,j+1} + F_\mathrm{b}^H\sin\alpha, F_{\mathrm{co},z,j} = F_{\mathrm{co},z,j+1} + F_\mathrm{b}^H\cos\alpha \tag{4-114}$$

$$F_{cy,z,j} = F_{cy,z,j+1} + F_\mathrm{b}^H \tag{4-115}$$

5. 轴-壳耦合动力学模型控制方程

在前述推导中，得到了壳体和轴系的位移函数。这些位移函数中还存在一定数量的未知因子，可通过建立轴-壳耦合模型的振动方程对其进行求解[12]：

$$\left(\begin{bmatrix} \boldsymbol{A}^S & 0 & 0 \\ 0 & \boldsymbol{A}^A & 0 \\ 0 & 0 & \boldsymbol{A}^B \end{bmatrix} + \begin{bmatrix} F_b^{SS} & F_b^{AS} & F_b^{BS} \\ F_b^{SA} & F_b^{AA} & F_b^{BA} \\ F_b^{SB} & F_b^{AB} & F_b^{BB} \end{bmatrix} \right) \times \left\{ \begin{matrix} X^S \\ X^A \\ X^B \end{matrix} \right\} = \left\{ \begin{matrix} \boldsymbol{F}_e^S \\ \boldsymbol{F}_e^A \\ \boldsymbol{F}_e^B \end{matrix} \right\} \qquad (4\text{-}116)$$

式中：$\boldsymbol{A}^S$、$\boldsymbol{A}^A$、$\boldsymbol{A}^B$ 分别为壳体对称模态、壳体反对称模态及轴系的连续条件、边界条件组成的矩阵；F_b^{SS}、F_b^{AS}、F_b^{BS}、F_b^{SA}、F_b^{AA}、F_b^{BA}、F_b^{SB}、F_b^{AB}、F_b^{BB} 为轴承对各子结构的作用力，即壳体对称模态、壳体反对称模态、轴系相互之间的耦合项；$\boldsymbol{F}_e^S$、$\boldsymbol{F}_e^A$、$\boldsymbol{F}_e^B$ 为外部激励力向量。通过矩阵运算即可解得振动位移未知因子 X^S、X^A、X^B。将 X^S、X^A、X^B 相应项代回式（4-48）～式（4-50）、式（4-61）～式（4-63）、式（4-68）～式（4-70）、式（4-91）即可求得圆柱壳、圆锥壳、圆板及轴的振动位移。

4.2.2 推进轴系-船体振动与传动特性

1. 计算模型

推进轴系-船体振动的传动特性计算模型如图 4-10 所示。轴、壳体、舱壁、环肋的材料参数均取钢材的理论值：杨氏模量 $2.1 \times 10^{11}\,\text{N/m}^2$，密度 $7800\,\text{kg/m}^3$，泊松比 0.3。为考虑结构阻尼，采用复杨氏模量形式 $E_c = E(1\text{j} - \eta_s)$，其中 $\eta_s = 0.01$。螺旋桨本身质量为 2950 kg，桨叶数为 5，螺距比为 1.36，盘面比为 0.715，螺旋桨直径为 4.5 m。推进轴系与壳体之间通过后艉轴承、前艉轴承、中间轴承和推力轴承相连，轴承的刚度、阻尼、

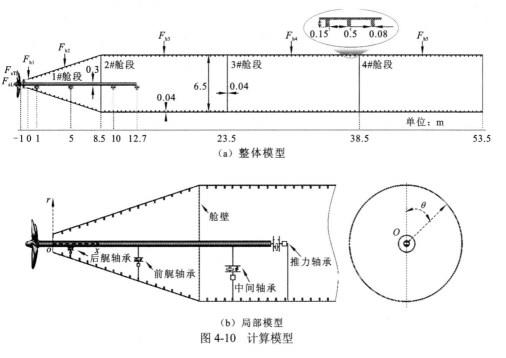

（a）整体模型

（b）局部模型

图 4-10　计算模型

质量分别为 $1 \times 10^7 \text{N/m}$、$2 \times 10^3 \text{N·m/s}$、200 kg。壳体外部流体的密度为 1000kg/m^3，声速为 1500 m/s。如图 4-10（a）所示，三个舱壁将艇体分割为 4 个舱段，考虑用各舱段中部（F_{h2}、F_{h3}、F_{h4}、F_{h5}）受到的激励模拟艇体受到的流体载荷，以及用轴端部（横向 F_{sT}、纵向 F_{sL}）和锥壳端部（F_{h1}）受到的激励模拟螺旋桨在不均匀伴流场中运转作用在轴、壳上的激励力，壳体上的激励力均作用在周向 $\theta = 0°$ 的位置，各激励力的幅值均为 1 N。

2. 轴承结构形式对轴系-壳体耦合特性的影响

轴承简化方案有集中式弹簧-阻尼-质量系统、周向分布式弹簧-阻尼-质量系统、轴向分布式弹簧-阻尼-质量系统。在 4.2.1 小节所建立的船舶推进轴系-壳体耦合系统动力学模型中，采用弹簧-阻尼-质量系统模拟轴承作为轴与壳之间的连接结构，该轴承结构形式对推进轴系-壳体耦合特性的影响，分析如下。

首先将轴承建模为周向分布式弹簧-阻尼-质量系统，进行轴承周向跨度对轴-壳之间耦合特性影响的分析。将周向分布式弹簧-阻尼-质量系统的跨度分别设定为 0°、90°、180°、360° 进行振动响应分析，当周向跨度为 0° 时即为集中式弹簧-阻尼-质量系统。壳端和轴端共同激励作用下轴-壳耦合系统的振动响应如图 4-11 所示，轴承周向跨度变化对壳体振动响应影响较小，但推进轴系的振动响应曲线随着轴承周向跨度变小出现了与壳体共振峰频率相同的波峰，如 16 Hz、48 Hz、74 Hz、84 Hz 处。为进一步分析轴系与壳体之间的振动传递特性，定义力传递率为

$$\text{力传递率} = 20 \times \lg\left(\frac{F_{\text{th}}}{F_0}\right) \tag{4-117}$$

式中：F_{th} 为经由轴承传递到推进轴系或壳体上的力；F_0 为作用在轴或壳体上的激励力。图 4-12 为轴端横向激励 F_{sT} 和壳端激励 F_{h1} 经由前艉轴承的力传递率。首先对比图 4-12（a）和（b）可以发现，轴端激励下的力传递率整体上要大于壳端激励下的力传递率。轴端激励经由轴承的力传递率中，13 Hz 以下及 41 Hz 处的力传递率均大于 0 dB，即在这些频率附近经由推进轴系-轴承传递到壳体的力要大于初始的轴端激励力，这是因为在这些频率附近引发了推进轴系的共振。轴承周向跨度变化对轴端激励下的力传递率影响较小，壳端激励 F_{h1} 下的力传递率随着轴承跨度的变小而逐渐变大，即轴-壳之间耦合作用增强，这也造成图 4-11 中轴承周向跨度较小时轴系振动响应出现了与壳体共振频率相同的波峰。

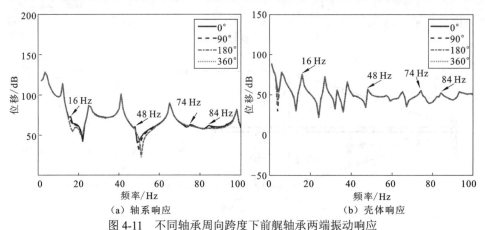

图 4-11　不同轴承周向跨度下前艉轴承两端振动响应

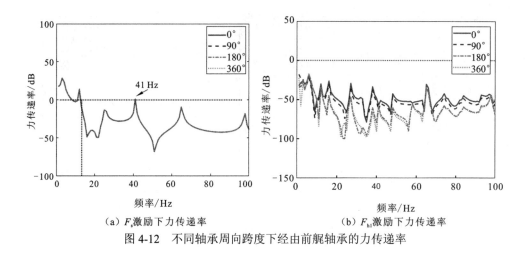

（a）F_{sT}激励下力传递率 （b）F_{h1}激励下力传递率

图 4-12　不同轴承周向跨度下经由前艉轴承的力传递率

　　将轴承建模为轴向分布式弹簧-阻尼-质量系统，进行轴承轴向跨度对轴-壳之间耦合特性影响的分析。轴承的轴向跨度通常位于 $0.75D_B \sim 4D_B$，其中 D_B 为轴的直径。将轴承的轴向跨度分别设定为 $0D_B$、$0.75D_B$、$2.5D_B$ 及 $4D_B$，轴向跨度为 0 时即为集中式弹簧-阻尼-质量系统，绘制轴端和壳端激励共同作用下的振动响应曲线，如图 4-13 所示，可以发现轴承轴向跨度变化对振动响应的影响较小，仅 $70 \sim 90$ Hz 轴的振动响应幅值存在偏差。结合轴端和壳端激励经由前艉轴承的力传递率进行分析，由图 4-14 可以发现，轴承轴向跨度变化对轴端横向激励 F_{sT} 下的力传递率无明显影响，但轴承轴向跨度变化使得壳端激励 F_{h1} 下的力传递率在 70 Hz 以上产生波动，这也造成图 4-13（a）中推进轴系的振动响应曲线在 $70 \sim 90$ Hz 出现了一些幅值很小的波峰。

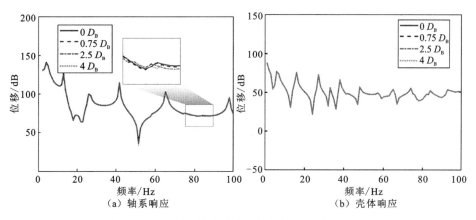

（a）轴系响应 （b）壳体响应

图 4-13　不同轴承轴向跨度下前艉轴承两端振动响应

　　综上所述，轴承周向跨度变化比轴向跨度变化对轴-壳耦合系统动力学特性的影响更大。轴承周向跨度减小会提高壳端激励经由轴承的力传递率，并造成推进轴系振动响应曲线出现与壳体共振频率相近的波峰；而轴承轴向跨度变化对轴-壳系统振动响应的影响较小。在后续分析中将采用周向分布式弹簧-阻尼-质量系统模拟轴承。

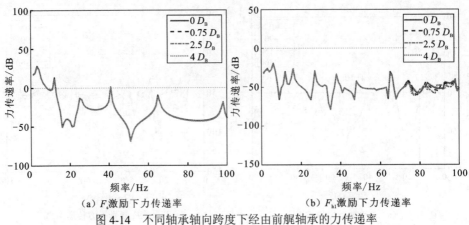

（a）F_s激励下力传递率　　　　　　　　（b）F_{h1}激励下力传递率

图 4-14　不同轴承轴向跨度下经由前舷轴承的力传递率

3. 不同轴承间振动耦合特性对比

本小节对不同轴承间推进轴系与壳体之间的耦合性质进行分析。分别选取后舷轴承、前舷轴承、中间轴承及推力轴承与推进轴系连接点作为轴系振动响应点，选取各轴承与壳体连接处（$\theta=180°$）的位置作为壳体振动响应点。图 4-15～图 4-18 所示为推进轴系、壳体是否耦合时各轴承两端的振动响应结果，当推进轴系与壳体耦合时，在轴端纵向和横向激励下壳体相较轴-壳未耦合时出现了与轴系共振峰频率相近的波峰。同样在

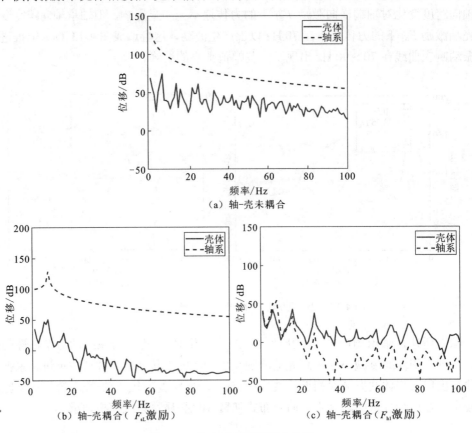

（a）轴-壳未耦合

（b）轴-壳耦合（F_{sL}激励）　　　　　　（c）轴-壳耦合（F_{h1}激励）

图 4-15　推力轴承两端振动响应

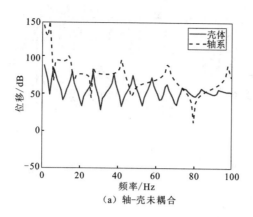

（a）轴-壳未耦合

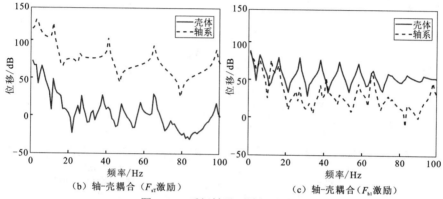

（b）轴-壳耦合（F_{sT}激励）　　　　　　（c）轴-壳耦合（F_{h1}激励）

图 4-16　后艉轴承两端振动响应

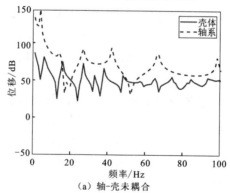

（a）轴-壳未耦合

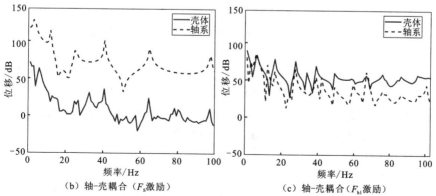

（b）轴-壳耦合（F_s激励）　　　　　　（c）轴-壳耦合（F_{h1}激励）

图 4-17　前艉轴承两端振动响应

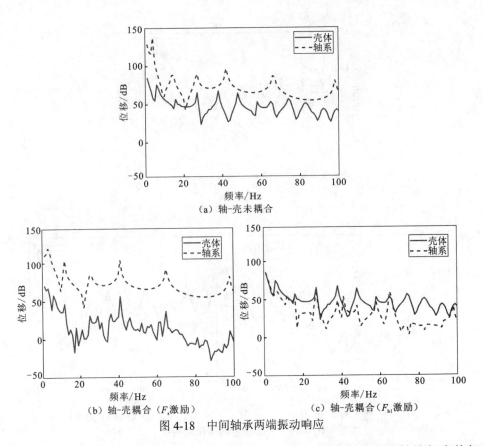

图 4-18 中间轴承两端振动响应

壳端激励下，推进轴系与壳体耦合轴系也出现更多波峰，整体振动变化趋势与壳体相似，特别是在 20 Hz 以下时，轴系与壳体振动响应幅值相当、波峰频率相近。以上说明轴系与壳体之间通过轴承连接存在相互的振动传递作用，这种振动传递在低频段更加明显。对比轴端纵向和横向激励下的轴壳耦合系统振动响应，可以发现轴端横向激励下，轴系振动响应在 0~100 Hz 内有更多的共振峰，这是由轴系横向刚度远小于纵向刚度所致。

同时，在轴-壳耦合的情况下，当激励作用在轴端时，推进轴系的振动响应整体上大于壳的振动响应，而当激励作用在壳端时，壳体的振动响应要更大。这主要是因为在振动的传递过程中，一部分振动能量会被材料吸收掉，一部分在传播到另一子结构时发生反射，导致直接受到外部激励的子结构的振动响应幅值更大。

4.2.3 轴承参数对推进轴系-船体耦合特性的影响

轴承作为船舶推进轴系与壳体之间的连接结构，其各项参数对轴-壳耦合系统的动力学特性有着重要影响。本小节分析轴承刚度、阻尼、质量等参数对推进轴系-船体耦合振动特性的影响，以轴壳耦合系统横向振动为例，振动响应点选取前艉轴承两端与轴系和壳体连接处。所采用的计算模型与 4.2.2 小节相同。

1. 轴承刚度对轴系-壳体耦合特性的影响

将轴承刚度分别设置为 $1×10^6$ N/m、$1×10^7$ N/m、$1×10^8$ N/m 及 $1×10^9$ N/m，分别求解

轴系和壳体的振动响应曲线，如图 4-19 所示。由图可见，当轴承刚度为 $1×10^6$ N/m 和 $1×10^7$ N/m 时，推进轴系振动响应趋势相近；当刚度升高到 $1×10^8$ N/m 时，各阶共振峰频率增大，当轴承刚度继续增大到 $1×10^9$ N/m 时，轴系的振动响应出现了很多与壳体共振峰频率相近的波峰，整体振动响应趋势与壳体接近，即耦合作用增强。轴承刚度变化对壳体振动响应影响较小，不同轴承刚度下壳体的总体振动响应趋势相同，但轴系共振频率略有差异，导致壳体响应出现了一些新波峰，如 18 Hz、42 Hz、56 Hz 处。

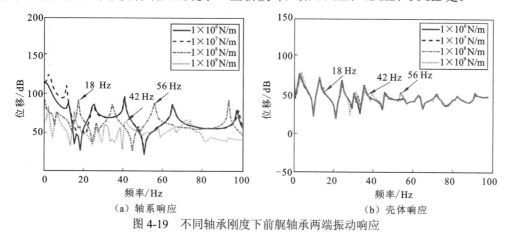

（a）轴系响应　　　　　　　　　　（b）壳体响应

图 4-19　不同轴承刚度下前艉轴承两端振动响应

　　不同轴承刚度下经由轴承的力传递率如图 4-20 所示。可以发现随着轴承刚度的升高，轴端横向激励 F_{sT} 和壳端激励 F_{h1} 经由轴承的力传递率总体上均变大。在轴承刚度较小时轴端激励的力传递率远大于壳端激励的力传递率，但当刚度增大至 $1×10^9$ N/m，两者处于同一数量级。这也解释了当轴端横向激励 F_{sT} 和壳端激励 F_{h1} 大小相当，且轴承刚度较小时，轴系的振动响应基本维持本身振动特性，并未出现与壳体共振频率相近的共振峰，但当轴承刚度较大时，轴与壳之间趋于刚性连接，轴系的振动响应受到壳体的影响变大，两者振动响应曲线的趋势和量级相近。

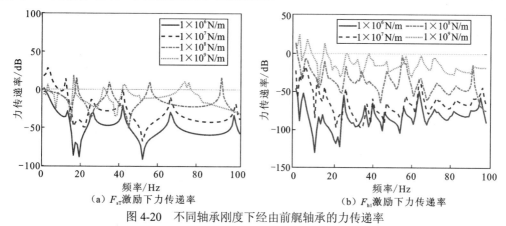

（a）F_{sT} 激励下力传递率　　　　　　　（b）F_{h1} 激励下力传递率

图 4-20　不同轴承刚度下经由前艉轴承的力传递率

2. 轴承阻尼对轴系-壳体耦合特性的影响

　　将轴承阻尼设置为 $2×10^3$ N·m/s、$2×10^4$ N·m/s、$2×10^5$ N·m/s 及 $2×10^6$ N·m/s，不同轴承阻尼下推进轴系和壳体的振动响应如图 4-21 所示。从图中曲线可以发现，轴承阻尼对轴系振动响应有较大的影响，轴承阻尼为 2×10^4 N·m/s 和 2×10^3 N·m/s 的整体振动响应趋势相同，仅各共振峰处的幅值有所减小；当轴承阻尼升高至 2×10^5 N·m/s，共振峰的幅值进一步减小，整条振动响应曲线变得十分平滑；当轴承阻尼继续升高至 2×10^6 N·m/s 时，整体振动响应进一步减小，出现了很多与壳体共振频率相近的波峰。轴承阻尼变化对壳体振动响应的影响较小，不同阻尼下壳体响应趋势相同，仅在部分共振峰、反共振峰处幅值有所差别。

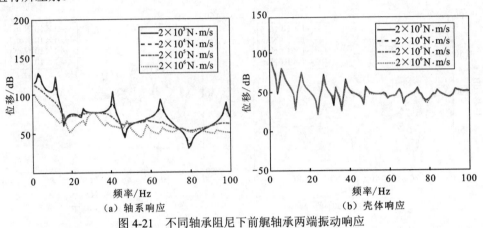

图 4-21　不同轴承阻尼下前艉轴承两端振动响应

图 4-22 所示为不同轴承阻尼下经由轴承的力传递率。首先可以发现轴承阻尼变大会使得轴端横向激励 F_{sT} 下的力传递率逐渐变得平滑，轴承阻尼较大时不再具有轴系本身的频谱特征。而轴承阻尼主要对壳端激励 F_{h1} 下力传递率的整体幅值产生影响，F_{h1} 激励下力传递率随着轴承阻尼变大而增大，不会影响曲线的整体变化趋势。当阻尼升高至 2×10^6 N·m/s 时，轴端横向激励 F_{sT} 和壳端激励 F_{h1} 下的力传递率大小相当，但轴端激励下的力传递率在推进轴系共振频率处变得十分平滑，导致图 4-21（a）中轴承阻尼为 2×10^6 N·m/s 时，推进轴系响应的峰值不再表现为轴系本身的共振频率，振动响应趋势与壳体趋向于一致。

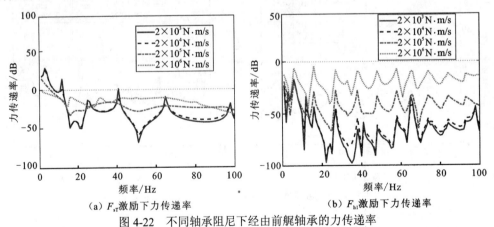

图 4-22　不同轴承阻尼下经由前艉轴承的力传递率

3. 轴承质量对轴系-壳体耦合特性的影响

将轴承质量设置为 100 kg、200 kg、300 kg 及 400 kg，不同轴承质量的轴-壳耦合系统的振动响应如图 4-23 所示，从图中曲线可以发现轴承质量改变对振动响应影响不大，振动响应整体上相同。轴系振动响应曲线在 50 Hz 以上的频段出现了一些与壳体响应共振峰频率相近、幅值较小的波峰，如 58 Hz、84 Hz 处，且这些波峰的幅值随着轴承质量的增加而变大。

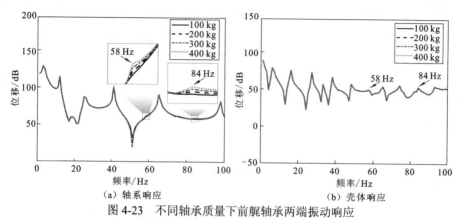

图 4-23　不同轴承质量下前艉轴承两端振动响应

图 4-24 所示为不同轴承质量下经由前艉轴承的力传递率，由图可知，轴承质量对横向激励 F_{sT} 下力传递率的影响很小；而轴承质量改变对壳端激励 F_{h1} 下力传递率有着较大的影响。轴承质量的增加具有提高壳端激励下力传递率的作用，这种作用随着频率的升高而变得显著，这也导致图 4-23（a）中频率较高、轴承质量较大时，轴系响应出现了一些与壳体共振频率相近的波峰。

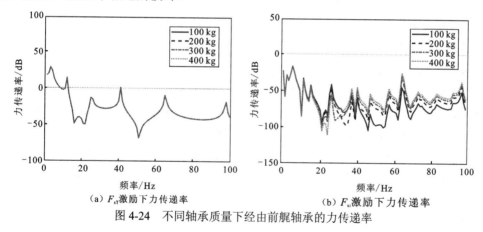

图 4-24　不同轴承质量下经由前艉轴承的力传递率

4.2.4　船体、推进轴系参数对耦合系统动力学特性的影响

研究推进轴系、壳体上各项参数、附属结构等对耦合系统动力学特性的影响时，计算模型与 4.2.2 小节相同。由于轴系/壳体上不同位置的位移响应特性可能存在差异，采用整个轴系/壳体表面上均方振速的形式描述推进轴系和壳体的振动。

1. 轴系参数对耦合系统动力学特性的影响

本小节讨论轴系直径、螺旋桨参数及轴承轴向位置等推进轴系参数对轴-壳耦合系统动力学特性的影响。在振动响应分析中，考虑轴端横向激励 F_{sT} 对轴-壳耦合系统的激励作用。

首先分析轴系直径变化对推进轴系-壳体耦合系统动力学特性的影响。将轴系直径分别设定为 0.3 m、0.4 m、0.5 m 及 0.6 m，绘制推进轴系-壳体耦合系统的振动响应曲线，如图 4-25 所示。由图 4-25（a）可知，随着轴系直径的增加，轴系各阶共振峰逐渐向高频移动，当轴系直径增加至 0.6 m 时，0～100 Hz 频率范围内仅存在两个共振峰。这是因为直径增加导致轴系刚度增大，从而提高了轴系的各阶固有频率。从图 4-25（b）可以看出，由于轴-壳之间的耦合，壳体响应出现了与轴系各阶共振峰频率相同的波峰，并且这些波峰随着轴系直径的增加逐渐向高频移动。

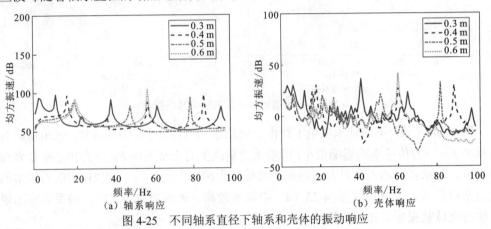

图 4-25　不同轴系直径下轴系和壳体的振动响应

在所建立的动力学模型中，将螺旋桨视为集中质量作为轴系的边界条件，为分析螺旋桨质量 M_p 和转动惯量 J_p 对耦合系统动力学特性的影响，分别设置①$M_p \neq 0$，$J_p \neq 0$；②$M_p \neq 0$，$J_p = 0$；③$M_p = 0$，$J_p \neq 0$；④$M_p = 0$，$J_p = 0$ 共 4 个案例。图 4-26 所示为不同螺旋桨参数下轴系和壳体的振动响应，为方便观察螺旋桨参数变化对轴系共振频率的影响，绘制不同螺旋桨参数下轴系各阶共振峰的频率曲线，如图 4-27 所示。从图中可以发现，4 条曲线同一阶轴系共振峰的频率均保持着案例①<案例②<案例③<案例④的规律，这意味着螺旋桨质量 M_p 和转动惯量 J_p 具有减小轴系各阶共振频率的作用，且螺旋桨质量 M_p 的作用更大，螺旋桨质量 M_p 使得推进轴系的第一阶共振峰出现在 3 Hz 附近，这个频率接近螺旋桨叶频，极易导致推进轴系共振。此外可以发现，当 M_p、J_p 都等于 0 时，推进轴系整体振动响应的幅值最大，同样由于轴-壳之间的耦合作用，在壳体响应中 M_p、J_p 都等于 0 时的振动响应幅值也较大，表明螺旋桨质量和转动惯量还具有减小振动响应幅值的作用。

如 4.2.2 小节中所定义的全局柱坐标系 o-x, r, θ，在轴向 o-x 上远离螺旋桨的方向为正方向。为分析轴承轴向位置变化对轴-壳耦合系统振动特性的影响，分别将后艉轴承、前艉轴承和中间轴承沿 o-x 方向移动-0.5 m、0 m 及 0.5 m，绘制轴系与壳体的振动响应曲线，如图 4-28～图 4-30 所示。首先可以发现，移动轴承位置主要影响了 15 Hz 以下轴系本身共振峰的频率，但移动三个轴承对轴系共振峰频率的影响所表现出的规律并不相同。当后艉轴承向着正方向移动时，一阶共振频率减小，这是因为增加了螺旋桨悬臂长

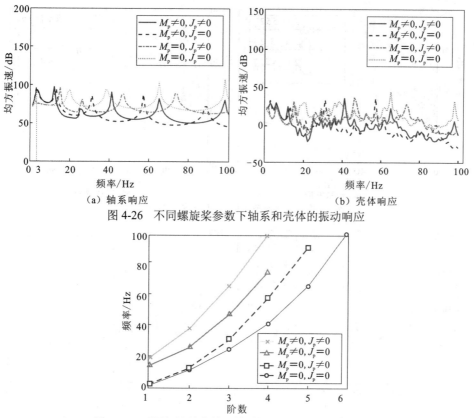

图 4-26　不同螺旋桨参数下轴系和壳体的振动响应

图 4-27　不同螺旋桨参数下轴系振动响应各阶峰值频率

度，从而导致轴系刚度下降。而前艉轴承向着负方向移动 0.5 m 时，轴系一阶共振频率减小，这是因为此时前艉轴承到中间轴承之间轴段的跨度增加至 5.5 m，导致推进轴系整体刚度下降；当后艉轴承向着正方向移动 0.5 m 时，后艉轴承-前艉轴承、前艉轴承-中间轴承之间的跨度均为 4.5 m，轴承跨度适中，从而轴系刚度升高，轴系一阶共振峰向着频率较高的方向移动。当中间轴承逐渐向 $o\text{-}x$ 正方向移动时，可以发现轴系一阶共振峰的频率逐渐变大，这是由于此时中间轴承到轴系自由端悬臂梁的长度逐渐减小，提高了推进轴系的刚度。以上说明在轴承的布置过程中，应尽量减小推进轴系两端悬臂梁的长度，以及避免出现两个轴承之间跨度过大的情况，以提高推进轴系的低阶共振频率。

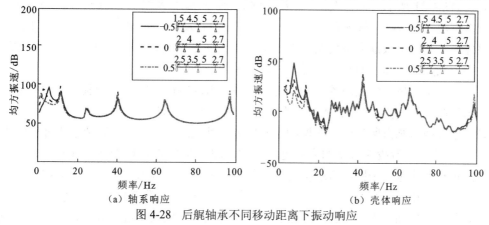

图 4-28　后艉轴承不同移动距离下振动响应

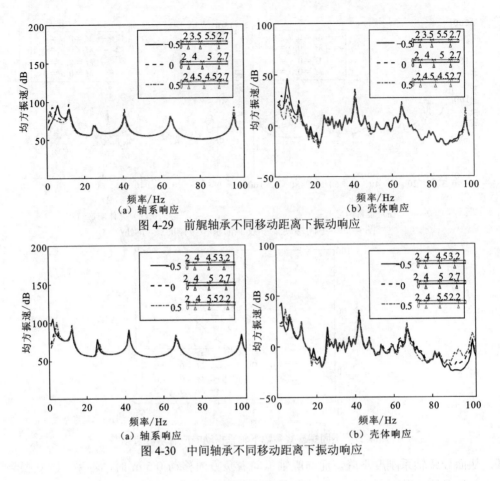

图 4-29　前艉轴承不同移动距离下振动响应

图 4-30　中间轴承不同移动距离下振动响应

2. 壳体参数对耦合系统动力学特性的影响

壳体表面激励力位置、壳体厚度、舱壁布置方案、舱壁数量及环肋对轴-壳耦合系统动力学特性有重要的影响。除单独说明外，仅考虑壳体端部激励 F_{h1} 对轴-壳系统的激励作用。

首先进行壳体上激励力位置和形式对轴-壳系统动力学特性影响的分析。在 4.2.2 小节定义的计算模型中，考虑了壳体上锥壳端部（F_{h1}）及各舱段中部（F_{h2}、F_{h3}、F_{h4}、F_{h5}）的激励。图 4-31 所示为壳体表面 F_{h1}-F_{h5} 激励下轴-壳耦合系统的振动响应。从图 4-31（a）中可以发现，当激励力施加在柱壳上（F_{h3}、F_{h4}、F_{h5}）时，壳体响应出现了更多的峰值，且整体幅值略大于激励力施加在锥壳上（F_{h1}、F_{h2}）的情况；从图 4-31（b）中可以发现，当激励力施加在壳体表面不同位置上时，轴系的振动响应大小相当。

为进一步分析壳体表面各激励力对耦合系统振动响应的影响，绘制了各激励下壳体4 个舱段的均方振速及主要波峰频率处壳体表面的响应云图，如图 4-32～图 4-36 所示。首先可以发现激励力所在舱段的振动响应要大于其他舱段，而除激励位于 1#舱段（F_{h1}、F_{h2}）上之外，1#舱段的振动响应均是最小的，即使在激励位于 2#舱段上时（F_{h3}），1#舱段的振动响应也小于距离激励位置最远的 4#舱段，这是因为振动在由柱壳向锥壳上传递时，壳体半锥角的突变（圆柱壳可视为半锥角为 0°的圆锥壳）导致振动发生了反射，即柱壳段上的振动向锥壳的传递作用较小。结合振动响应云图进行分析，锥壳上的激励

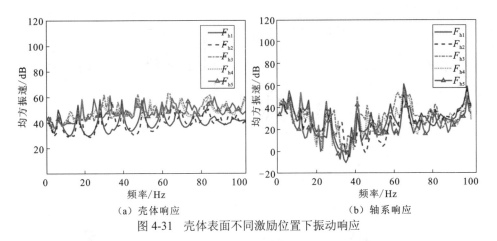

（a）壳体响应 　　　　　　　　　　　（b）轴系响应

图 4-31　壳体表面不同激励位置下振动响应

（F_{h1}、F_{h2}）可引起锥-柱组合壳的整体振动，因此图 4-32（a）和图 4-33（a）中 2#、3#、4#舱段的均方振速大小相当，仅略小于 1#舱段；而柱壳上的激励（F_{h3}、F_{h4}、F_{h5}）所引起的振动受到舱壁的阻隔作用较大，直接受到激励的舱段的振动响应明显大于其他舱段。对各激励主要激起的壳体模态进行分析，锥壳端部的激励（F_{h1}）主要激起了壳体 $n=1$ 阶壳体周向模态，而壳体中部的激励（F_{h2}、F_{h3}、F_{h4}、F_{h5}）激起了 $n=1$ 到 $n=6$ 阶更丰富的模态。

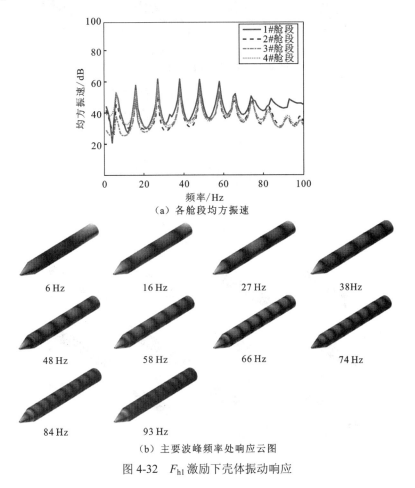

（a）各舱段均方振速

6 Hz　　　　16 Hz　　　　27 Hz　　　　38 Hz

48 Hz　　　　58 Hz　　　　66 Hz　　　　74 Hz

84 Hz　　　　93 Hz

（b）主要波峰频率处响应云图

图 4-32　F_{h1} 激励下壳体振动响应

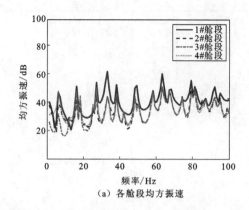

（a）各舱段均方振速

（b）主要波峰频率处响应云图

图 4-33　F_{h2} 激励下壳体振动响应

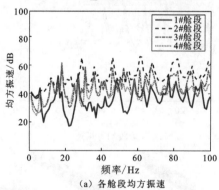

（a）各舱段均方振速

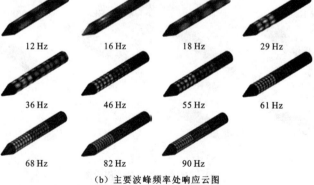

（b）主要波峰频率处响应云图

图 4-34　F_{h3} 激励下壳体振动响应

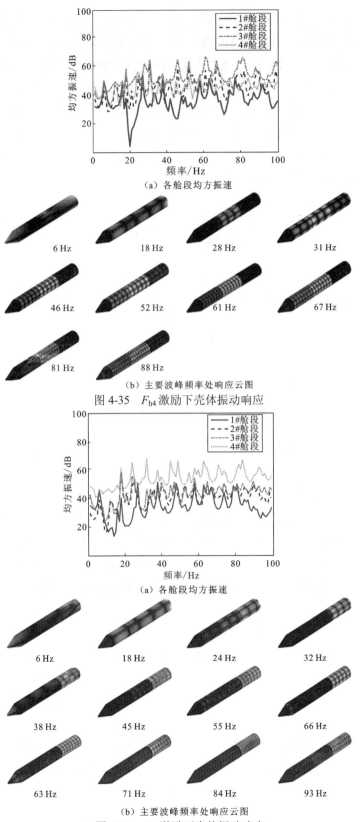

（a）各舱段均方振速

6 Hz 18 Hz 28 Hz 31 Hz

46 Hz 52 Hz 61 Hz 67 Hz

81 Hz 88 Hz

（b）主要波峰频率处响应云图

图 4-35 F_{h4} 激励下壳体振动响应

（a）各舱段均方振速

6 Hz 18 Hz 24 Hz 32 Hz

38 Hz 45 Hz 55 Hz 66 Hz

63 Hz 71 Hz 84 Hz 93 Hz

（b）主要波峰频率处响应云图

图 4-36 F_{h5} 激励下壳体振动响应

为分析壳体厚度对系统动力学特性的影响，将锥-柱组合壳体的厚度设置为 0.02 m、0.04 m、0.06 m 及 0.08 m，绘制轴-壳耦合系统振动响应曲线，如图 4-37 所示。对比图中各响应曲线可以发现，锥-柱组合壳体厚度的增大主要起到了提高壳体系统刚度的作用，使得壳体各阶共振峰向频率较高的方向移动，壳体和轴系响应在 0~100 Hz 波峰的数量均随着壳体厚度的增大而减少。同时壳体厚度增大所导致的质量增加效应随着频率的升高而更加显著，主要体现在抑制了 50 Hz 以上振动响应的幅值，即振动响应幅值随着壳体厚度和频率的增大而逐渐变小。同时由于轴-壳之间的耦合效应，壳体厚度增大时，轴系的整体振动响应幅值也有所减小。

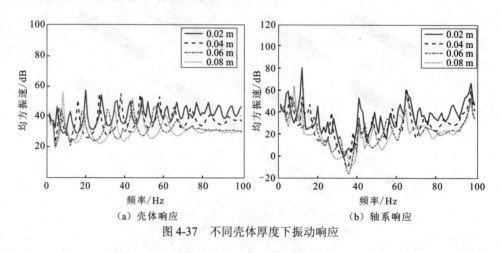

图 4-37　不同壳体厚度下振动响应

初始模型共含有三个舱壁，即锥-柱结合处含有一个舱壁，圆柱壳上沿着轴向均匀布置两个舱壁。为分析壳体上不同位置舱壁对系统振动响应特性的影响，分别设置 4 个方案：①锥-柱结合处、柱壳上均有舱壁；②仅柱壳上有舱壁；③仅锥-柱结合处有舱壁；④无舱壁，来计算壳体表面 F_{h3} 激励下壳体和轴系振动响应，如图 4-38 所示。首先可以发现柱壳上均含有舱壁的两个方案①和②振动响应相近，而柱壳上均不含有舱壁的两个方案③和④振动响应相近，且柱壳上均不含有舱壁的两个方案与另外两个方案相比，壳体振动响应出现了更多的波峰且整体幅值减小；而舱壁布置方案对轴系的振动响应影响不明显。

将图 4-38 中整个壳体表面的均方振速分解到壳体的 4 个舱段进行进一步分析，如图 4-39 所示，同样可以发现柱壳上带有舱壁的两个方案①和②振动响应类似，直接受到激励的 2#舱段的振动响应大于另外三个舱段；而柱壳上不带舱壁的两个方案③和④振动响应类似，柱壳上三个舱段振动响应趋势相近、幅值相当，明显大于 1#舱段的振动响应。表 4-1 中对比了不同舱壁布置方案下同一阶响应峰的振动云图，可以发现柱壳上带有舱壁的方案①和②同一阶响应峰所对应的云图相似，而柱壳上不带舱壁的方案③和④的云图也相似。此外可以发现，除 $n=1$ 阶组合壳整体振动所对应的云图之外，无论锥-柱结合处是否含有舱壁，锥壳段的振动响应均很小。

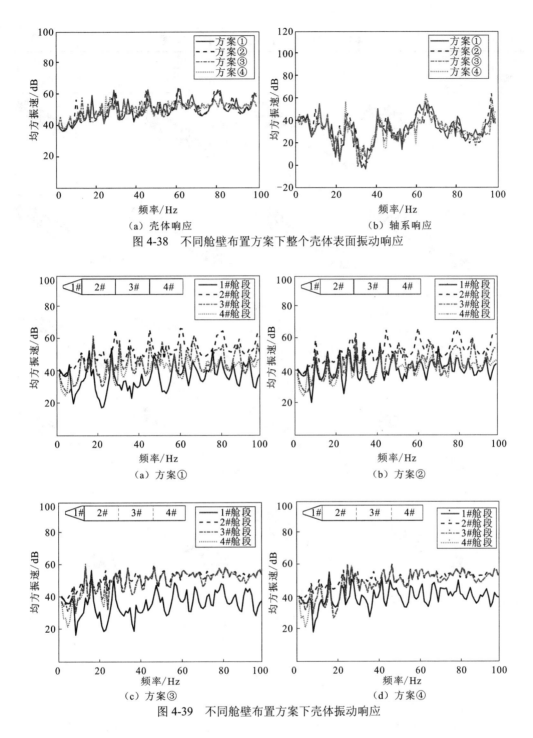

（a）壳体响应

（b）轴系响应

图 4-38　不同舱壁布置方案下整个壳体表面振动响应

（a）方案①

（b）方案②

（c）方案③

（d）方案④

图 4-39　不同舱壁布置方案下壳体振动响应

以上说明，振动沿着壳体传递到舱壁位置时会受到阻隔，与柱壳上的舱壁相比，锥-柱结合处的舱壁对壳体振动响应的影响较小，这是因为锥-柱结合处存在的半锥角的不连续性对振动的传播产生了反射，即锥-柱结合处本身就具有阻隔振动传播的作用，在此处设置舱壁后所提升的振动阻隔效应有限。

表 4-1　不同舱壁布置方案下壳体响应云图

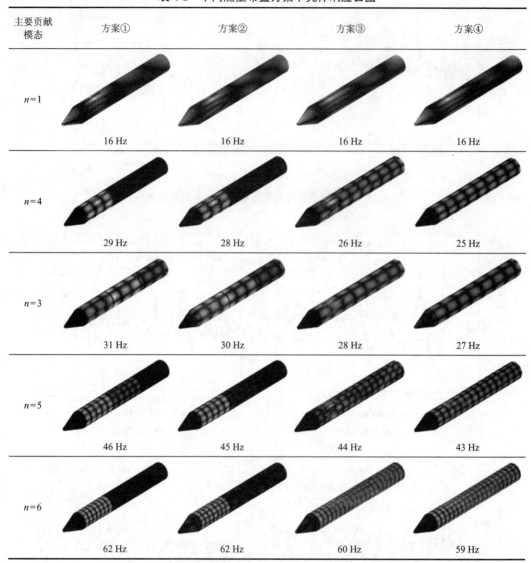

主要贡献模态	方案①	方案②	方案③	方案④
$n=1$	16 Hz	16 Hz	16 Hz	16 Hz
$n=4$	29 Hz	28 Hz	26 Hz	25 Hz
$n=3$	31 Hz	30 Hz	28 Hz	27 Hz
$n=5$	46 Hz	45 Hz	44 Hz	43 Hz
$n=6$	62 Hz	62 Hz	60 Hz	59 Hz

　　为研究舱壁数量对系统振动响应特性的影响，在初始模型的基础上，在柱壳上再分别增加 2 个、4 个舱壁，所有圆柱壳上的舱壁均沿着轴向均匀布置，即对比总舱壁数量为 3 个、5 个及 7 个三种案例，绘制壳体和轴系的均方振速曲线，如图 4-40 所示。从图中可以发现，舱壁数量对小于 40 Hz 频段的影响较小。在大于 40 Hz 的频段，三个案例的响应曲线整体趋势仍然相同，但随着舱壁数量的增加，壳体各阶共振峰以及轴系振动响应中与之相对应的波峰逐渐向频率较高的方向移动。这是由整个壳体系统的刚度随着舱壁数量的增加有所提高而造成的。

　　为分析环肋对轴-壳耦合系统振动响应特性的影响，绘制壳体内部有环肋和无环肋两种情况下的轴-壳耦合系统的均方振速曲线，如图 4-41 所示，可以发现环肋使壳体和轴系位移响应曲线总体幅值减小，同时 0～100 Hz 无环肋时轴-壳耦合系统振动响应表现出了更多的壳体共振峰。

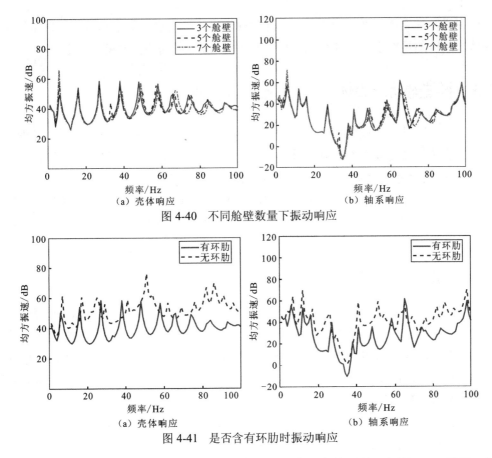

图 4-40 不同舱壁数量下振动响应

（a）壳体响应 （b）轴系响应

图 4-41 是否含有环肋时振动响应

（a）壳体响应 （b）轴系响应

进一步分析是否含有环肋时壳体各阶模态对振动响应的贡献，如图 4-42 所示。在有环肋时，壳体的振动总响应除 33 Hz 处幅值较小的波峰来自 $n=2$ 阶模态的贡献外，其余各阶波峰均来自 $n=1$ 阶模态的贡献；而当壳体无环肋时，$n=2$ 阶模态对壳体总响应起到了更大的贡献，特别是大于 50 Hz 的频段，壳体 $n=2$ 阶振动响应与总响应几乎重合。这是由于当壳体内部含有环肋时，壳体局部的刚度增强，不易出现局部振动，以图 4-42（a）中 38 Hz 处的峰值为例，有环肋时壳体表面的振动表现为 $n=1$ 阶的整体振动；而当壳体内部无环肋时，壳体局部的刚度较小更容易产生局部振动，以图 4-42（b）中 51 Hz 处的峰值为例，无环肋时壳体的振动表现为 $n=2$ 阶锥壳的局部振动。

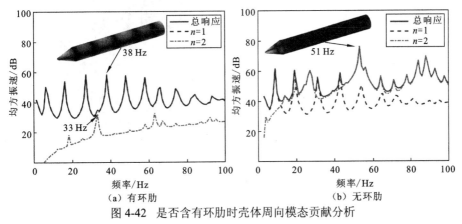

（a）有环肋 （b）无环肋

图 4-42 是否含有环肋时壳体周向模态贡献分析

以上说明，壳体内部环肋的质量增加效应使壳体振动响应幅值减小，同时环肋提高了壳体各舱段的局部刚度，使得壳体更容易表现为 $n=1$ 阶的整体振动形式。

4.2.5 推进轴系-船体耦合系统振动试验

4.2.4 小节采用解析法建立了船舶推进轴系-壳体耦合系统的动力学模型，分析了轴承参数、壳体参数及轴系参数对耦合系统振动特性的影响，由于理论方法均进行了一定程度的简化，所以开展试验验证十分有必要。本小节基于轴-壳组合结构试验模型及加载、测量装置，开展船舶艉部典型结构模态测试和受迫振动试验研究，进行解析算法验证及轴-壳组合结构振动特性分析。受试验条件限制，本小节仅在空气中对轴-壳组合结构进行振动试验。

1. 试验内容

本小节所使用的试验模型如图 4-43 所示，主要由轴和锥柱组合壳组成，轴与壳体之间通过两个径向支撑和一个推力轴承相连，整个试验模型放置于 4 个金属弹簧上以模拟自由边界条件。轴总长度为 0.8 m，被两个径向支撑从上至下分隔为 0.115 m、0.370 m 及 0.315 m 三段，轴直径为 0.03 m。壳体厚度为 0.004 m，锥壳小端直径为 0.3 m，锥壳大端及圆柱壳直径为 0.6 m，锥壳沿轴向长 0.6 m，圆柱壳长 0.7 m。轴与壳之间的支撑结构由加筋板和橡胶圈组成，其中橡胶圈用于模拟径向轴承，如图 4-44 所示。由于试验模型的尺寸较小，低频段波峰较少，将分析频率上限扩大至 200 Hz。

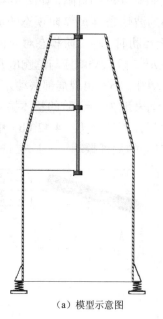

（a）模型示意图

（b）实际模型

图 4-43 轴-壳组合结构试验模型

对于试验结构的模态测试采用锤击法进行，为了尽可能捕获更多的振型，在结构表面选取多个响应点，采用多点激励多点响应的方法。由于试验模型尺寸较小不便于对内部结构进行敲击，仅对壳体部分进行模态测试。沿壳体周向均匀布置 20 个敲击点，轴向均匀布置 14 个敲击点，共计 280 个敲击点，如图 4-45 所示。模态测试的响应点选取图 4-45 中的 40 号、85 号、150 号及 235 号点。

试验模型受迫振动测试的激励点和响应点如图 4-46 所示。激励点选取轴端部（F_1 纵向、F_2 横向）和锥壳端部（F_3）。为重点分析轴与壳体之间的振动传递特性，响应点选取轴承两端与轴（R_1、R_3、R_5）、壳体（R_2、R_4、R_6）连接的位置。

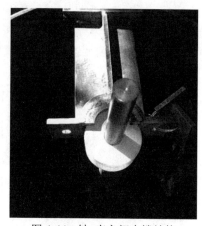

图 4-44　轴-壳之间支撑结构

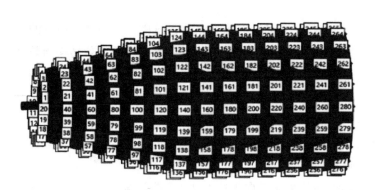

图 4-45　模态测试敲击点分布

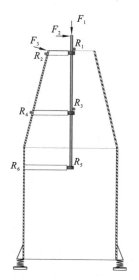

图 4-46　受迫测试激励点
及响应点分布示意图

2. 试验系统及试验设备

试验系统主要由轴-壳组合结构试验模型、计算机、信号采集分析仪、力锤、三向加速度计等组成，如图 4-47 所示。试验中所用到的主要仪器设备的技术参数如下。

安装东华测试开发的 DHDAS 软件平台，用于信号的实时检测、存储。

采用东华测试生产的 DH5922D 型信号采集分析仪。包含 16 个数据采集通道，最高采样速率为 256 kHz，频响范围为 DC-100 kHz。信号采集分析仪用于对力信号和振动信号完成模数转换并进行采集。

采用 B&K 公司生产的 8206-002 型力锤。灵敏度为 2.27 mV/N，量程为 2200 N，最大电压输出为 5 V，搭配橡胶、塑料、铝三种材质的锤头。力锤用于对试验模型施加激励力。

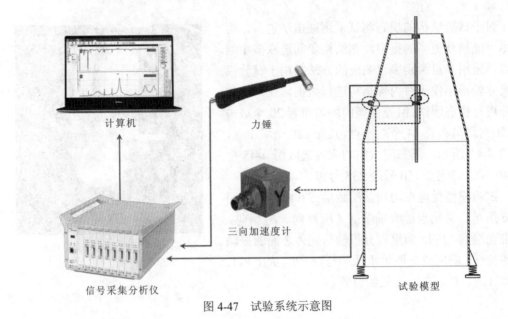

图 4-47　试验系统示意图

三向加速度计采用东华测试生产的 1A314E 型三向压电式加速度传感器，灵敏度为 10 mV/m·s^{-2}，量程为 ±500 m/s^2，频率响应范围为 0.5～7.0 kHz。三向加速度计用于测量多个方向的振动加速度信号。

试验流程为采用力锤作为激励设备敲击轴-壳组合结构试验模型，力锤中内置的力传感器和在线电荷转换器将激励信号转换为电压信号，再由信号采集分析仪转换为数字信号，并传输给计算机。对试验模型振动的测量采用三向加速度传感器，将壳体、轴和轴承支撑上的振动信号转换为电压信号，传输给信号采集分析仪，并在计算机上显示、存储。当进行模态测试时，将三向加速度计布置于壳体表面的 4 个测点上，移动力锤依次敲击壳体表面的 280 个敲击点。进行受迫振动试验时则将三向加速度计布置于壳体和轴的测点上，使用力锤分别在轴端和壳端进行敲击。

试验现场如图 4-48 所示。各测点均采用三向加速度计进行振动采集，为方便后续分析，分别在轴、壳上定义局部坐标系 $o\text{-}x_s, y_s, z_s$ 和 $o\text{-}x_h, y_h, z_h$，如图 4-48 所示。

图 4-48　试验现场

模态试验中固有频率和振型的拟合是基于频响函数（frequency response function，FRF）进行的，同时在受迫振动试验中为消除每次敲击力度不同对试验模型振动响应的影响，受迫振动试验数据的处理以及对比分析也采用频响函数的形式。其中频响函数采用 H_1 的形式进行估计，即响应和激励的互功率谱与激励的自功率谱之比。图 4-49 所示为 F_2 激励下 R_4 点的力和振动信号的采集结果，以及后续的频响函数和相干计算结果。从图中可以看出，力脉冲采集完整、无连击，力谱平坦，时域响应在采集时段内自然衰减至较小值。由于传感器性能限制以及外界环境干扰，小于 50 Hz 低频段的相干和频响的质量差于其他频段。但总体上来说，频响函数曲线光滑、峰值明显，相干整体上接近于 1，仅在频响函数反共振峰处有较大的下坠。以上说明试验设备的选取以及采集过程中采样率、传感器量程、采样时间等参数的设置合理，所采集到的试验数据可靠。

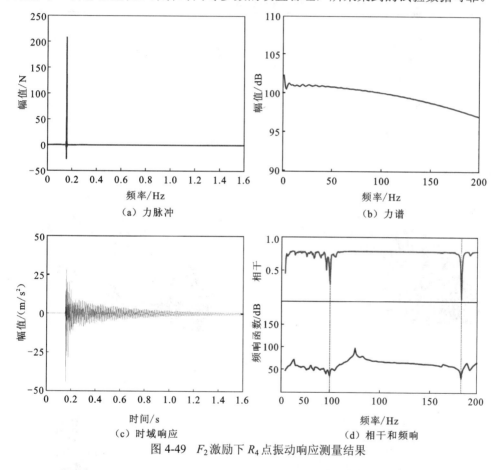

图 4-49　F_2 激励下 R_4 点振动响应测量结果

3. 解析法与试验结果对比分析

为进一步验证所采用的解析法求解轴-壳组合系统振动的精度，采用解析法建立试验模型的理论动力学模型，并将解析法计算结果和试验测得的模态、受迫振动结果进行对比。其中理论模型中结构的材料参数选取钢材的理论值：杨氏模量为 $2.1 \times 10^{11} \, \text{N/m}^2$，密度为 $7800 \, \text{kg/m}^3$，泊松比为 0.3，结构阻尼为 0.01。橡胶轴承的刚度采用 ANSYS 软件中的应变分析进行估算。

表 4-2 为采用解析法计算和模态试验测试获取的固有频率对比，图 4-50～图 4-53 为各阶振型云图的对比。对比发现解析法与试验测试获取的结果仅第一阶固有频率偏差略大，其余各阶固有频率均吻合较好，且各振型云图形状相近。除图 4-49 中所示传感器性能限制、外界环境干扰造成的低频段数据质量略差所导致的第一阶固有频率有较为大的偏差之外，误差还主要包括：试验模型的加工误差、焊缝、底部支撑的连接结构、轴承基座等因素会导致试验模型在质量和刚度与理论模型存在偏差；试验模型底部金属弹簧支撑的刚度偏大，无法较好地模拟自由边界条件；轴承刚度估算引入的误差；实际模型的结构阻尼成因复杂、测试困难，在解析法计算中采用了不随频率和位置变化的常数 $\eta_s=0.01$。

表 4-2　解析法与试验法固有频率对比

| 序号 | 模态类型 | 周向波数 | 固有频率/Hz | | 偏差/% |
			解析法	试验法	
1	圆柱壳模态	2	32.8	29.4	7.6
2	圆锥壳模态	2	75.0	76.2	1.6
3	圆柱壳模态	3	85.0	83.2	2.1
4	圆柱壳模态	4	166.5	164.4	1.5

（a）解析法

（b）试验法

图 4-50　振型 1 云图对比

（a）解析法

（b）试验法

图 4-51　振型 2 云图对比

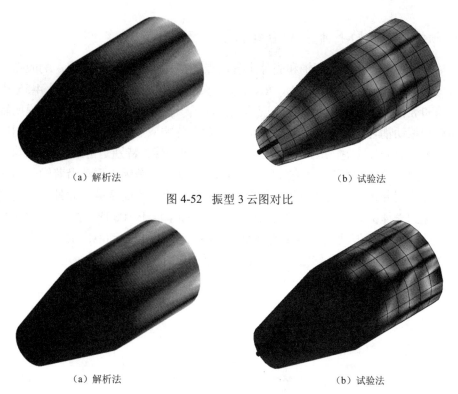

(a) 解析法   (b) 试验法

图 4-52 振型 3 云图对比

(a) 解析法   (b) 试验法

图 4-53 振型 4 云图对比

选取壳端部激励下轴上 R_3 响应点的振动响应进行受迫振动结果对比，将解析法计算结果也换算成加速度导纳形式的频响函数，绘制解析法和试验法的频响函数，如图 4-54 所示，从图中曲线可以发现，解析法计算结果与试验测试结果整体上随频率变化的趋势相同，振动响应量级相当，在试验所测的振动响应曲线主要的共振峰附近，解析法所计算的振动响应曲线也出现明显的波峰。两条振动响应曲线的差异主要体现在解析法计算结果在 0～25 Hz 的低频段响应较小，以及解析法计算结果的波峰数量略少于试验测试结果。

总体来说，在模态测试和受迫振动试验中，两种方法的误差均在可接受的范围之内，试验测试结果能够在一定程度上说明所采用的解析法求解轴-壳组合结构振动的有效性。

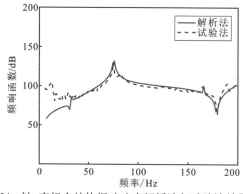

图 4-54 轴-壳组合结构振动响应解析法与试验法结果对比

4. 轴端横向激励下轴-壳组合结构振动特性分析

在轴端横向激励（F_2）下轴和壳体上各测点的振动响应特性分析中，响应点选取径向轴承与轴、壳的连接点（R_1、R_2、R_3、R_4），振动响应方向为横向。从图 4-55 中可以看出，轴和壳体上各响应点的振动响应曲线出现了一些频率相近的共振峰，说明轴与壳体之间存在振动耦合作用。在轴端横向激励下轴上各响应点（R_1、R_3）的振动响应曲线整体幅值均大于壳体（R_2、R_4）各响应点的振动响应曲线，特别是由于轴上 R_1 响应点距离激励 F_2 最近，在所有频段内的振动响应幅值均最大，这是因为振动沿着轴传递并经由轴承支撑传递到壳体，振动能量的一部分会被材料吸收而不断衰减，此外当振动沿着轴承支撑传递到壳体上时一部分振动会发生反射。但频率低于 100 Hz 时，下端轴承两端轴（R_3）和壳体（R_4）的振动响应曲线趋势和幅值均相近，两条振动响应曲线几乎重合，说明轴与壳体之间的振动耦合作用在低频范围内更加显著。

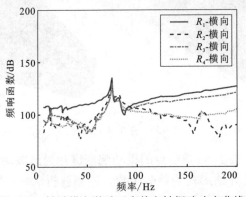

图 4-55　轴端横向激励下壳体和轴振动响应曲线

5. 轴端纵向激励下轴-壳组合结构振动特性分析

在轴端纵向激励（F_1）下轴和壳体上各测点的振动响应特性分析中，响应点选取推力轴承与轴、壳的连接点（R_5、R_6），振动响应方向为纵向。从图 4-56 中可以看出，轴端纵向激励下，轴系的振动响应大于壳体的振动响应，且轴、壳出现了频率相近的共振峰，说明在纵向振动中轴与壳同样存在振动耦合效应。与轴端横向耦合振动相比，纵向振动中的主峰频率较高，这是由轴的纵向刚度大于横向刚度造成的。

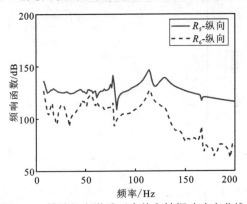

图 4-56　轴端纵向激励下壳体和轴振动响应曲线

6. 壳端激励下轴-壳组合结构振动特性分析

图 4-57 为壳端激励（F_3）下轴和壳体上各测点的振动响应曲线，响应点选取径向轴承与轴、壳的连接点（R_1、R_2、R_3、R_4），振动响应方向为横向。除图 4-57 中出现的壳体和轴共同存在的共振峰外，壳端激励下各响应点的振动响应曲线又出现了更多的频率相近的波峰，说明在壳端激励下轴与壳体同样存在振动耦合作用，且由于壳体本身的共振峰更加密集，轴和壳体的振动响应曲线均会表现出更多的波峰。靠近激励点 F_2 的上端轴承两端（R_1、R_2）的振动响应整体上大于下端轴承两端（R_3、R_4）的振动响应。

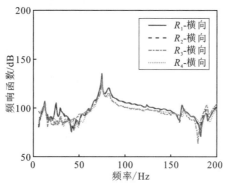

图 4-57　壳端激励下壳体和轴振动响应曲线

参 考 文 献

[1] 严新平, 张聪, 田哲, 等. 船舶轴系性能提升与运行安全[M]. 北京: 科学出版社, 2023.

[2] 王伟, 赖永星, 苗同臣. 振动力学与工程应用[M]. 郑州: 郑州大学出版社, 2008.

[3] Huang Q, Yan X, Wang Y, et al. Numerical modeling and experimental analysis on coupled torsional-longitudinal vibrations of a ship's propeller shaft[J]. Ocean Engineering, 2017, 136: 272-282.

[4] 徐翔. 船舶复杂推进轴系耦合振动理论及试验研究[D]. 武汉: 武汉理工大学, 2012.

[5] 何琳, 帅长庚. 振动理论与工程应用[M]. 北京: 科学出版社, 2015.

[6] Caresta M. Active control of sound radiated by a submarine hull in bending vibration using inertial actuators[J]. Noise and Vibration Worldwide, 2011, 42(7): 12-17.

[7] 张聪. 锥-柱组合壳振动与声辐射特性的半解析法分析[D]. 武汉: 华中科技大学, 2013.

[8] Xie K, Chen M, Li Z. An analytic method for free and forced vibration analysis of stepped conical shells with arbitrary boundary conditions[J]. Thin-Walled Structures, 2017, 111: 126-137.

[9] Zhang C, Tian Z, Yan X. Analytical analysis of the vibration of propulsion shaft under hull deformation excitations[J]. Journal of Vibroengineering, 2016, 18(1): 44-55.

[10] 田哲, 张聪, 严新平, 等. 计入船体变形激励的大型船舶推进轴系振动性能研究[J]. 船舶力学, 2015(11): 1368-1376.

[11] 谢东晨. 轴-锥柱组合壳系统振动耦合特性研究[D]. 武汉: 武汉理工大学, 2020.

[12] 谢坤. 纵向激励下桨-轴-艇耦合模型声振响应半解析计算方法及特性研究[D]. 武汉: 华中科技大学, 2018.

第 5 章

船舶推进轴系振动状态评估与优化方法

　　船舶的大型化导致推进轴系支撑节点和轴段数量增加，长轴系或超长轴系的支撑负荷复杂，传统的静态校中或基于单一工况的轴系振动分析结果存在明显片面性，需要开展轴-轴承系统的摩擦学和动力学系统建模和动态仿真。本章重点阐述推进轴系静、动态校中下推进轴系支撑静动特性与轴系振动特性建模，联合仿真和协同优化方法，采用自主开发软件对参数化建模、状态评估和优化分析过程进行展示。

5.1 基于静态校中的推进轴系振动特性分析

轴系校中主要包含静态校中和动态校中。当前新船轴系校核主要是静态校中，包括直线校中、合理校中、安装状态校中等。其中，直线校中是通过轴承变位调整实现的，但轴承变位、轴段挠曲、不对中等因素不仅影响轴系校中状态，还会影响大型船舶推进轴系振动，尤其是回旋振动。本节以某大型船舶推进轴系为研究对象，应用有限元方法进行静态校中计算，分析轴承变位对推进轴系振动特性的影响。

5.1.1 推进轴系有限元理论

1. 静态校中

推进轴系采用有限元法进行校中，通常将轴段简化为梁单元，如图 5-1 所示，船舶推进轴系平面梁单元长度为 l，弹性模量为 E，截面积为 A，截面惯性矩为 I。

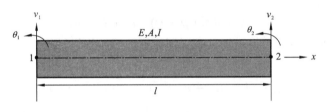

图 5-1　平面梁单元

支撑轴承视为弹簧单元，长度为 L，刚度为 k，$\hat{d}_{1x}$ 和 $\hat{d}_{2x}$ 分别为 1、2 处变形量，$\hat{f}_{1x}$ 和 $\hat{f}_{2x}$ 分别为 1、2 处所受力，如图 5-2 所示。

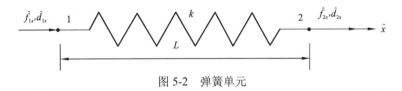

图 5-2　弹簧单元

根据有限元理论形成梁单元和弹簧单元的位移、力形函数，将推进轴系的边界条件代入，即可获得推进轴系总的刚度矩阵和力矩阵：

$$[K][d] = \{F\} \tag{5-1}$$

最后通过最小势能原理即可求得推进轴系在静态负荷下的位移与应力分布。

2. 轴系振动

船舶推进轴系可视作由多段梁等单元组成的连续梁，取其中一单元，如图 5-3 所示。回旋（横向）振动推进轴系轴单元为一维梁单元，左右两端节点编号分别为 i 和 j。

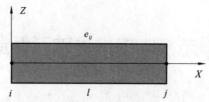

图 5-3 推进轴系轴单元示意图

同样经过推导其单元位移函数，在边界条件基础上得到差值函数表达式。基于梁单元的弹性势能得到刚度矩阵，基于动能推导出质量矩阵。最后利用拉格朗日模型建立船舶推进轴系运动方程：

$$\frac{\mathrm{d}}{\mathrm{d}t}\left(\frac{\partial T}{\partial\{q'_s\}}\right)-\frac{\partial T}{\partial\{q_s\}}+\frac{\partial U}{\partial\{q_s\}}=0 \quad (s=s_1,s_2,\cdots,s_i,\cdots,s_d) \tag{5-2}$$

式中：U 为推进轴系总势能，$U=\sum^n U^e$；T 为推进轴系总动能，$T=\sum^n T^e$；s_i 为推进轴系轴上可动节点编号；d 为推进轴系轴上可动节点总数；n 为推进轴系单元总数。

进而得

$$[M]\{\ddot{q}\}+[K]\{q\}=0 \tag{5-3}$$

设式（5-3）的解为

$$x_i=A_i\sin(pt+\varphi) \quad (i=1,2,\cdots,n) \tag{5-4}$$

假设存在一组特解，当推进轴系偏离平衡位置，船舶推进轴系上各点做同频 p、同相位 φ 但幅值不同的简谐运动，代入式（5-3）得

$$\begin{cases} (K_{11}-m_{11}p^2)A_1+(K_{12}-m_{12}p^2)A_2+\cdots+(K_{1n}-m_{1n}p^2)A_n=0 \\ (K_{21}-m_{21}p^2)A_1+(K_{22}-m_{22}p^2)A_2+\cdots+(K_{2n}-m_{2n}p^2)A_n=0 \\ \qquad\qquad\cdots\cdots \\ (K_{n1}-m_{n1}p^2)A_1+(K_{n2}-m_{n2}p^2)A_2+\cdots+(K_{nn}-m_{nn}p^2)A_n=0 \end{cases} \tag{5-5}$$

用矩阵表示为

$$[K]\{A\}-p^2[M]\{A\}=\{0\} \tag{5-6}$$

可通过式（5-7）求解得到推进轴系自由振动固有频率和相应的振型：

$$[K]\{A\}=p^2[M]\{A\} \tag{5-7}$$

式中：$\{A\}$ 为主振型，p 为固有频率。

5.1.2　算例实现

1. 几何模型及参数

以图 5-4 所示的大型集装箱船推进轴系为本小节的研究对象[1]，其主要组成包括螺旋桨、轴段、轴承、轴连接法兰及其他附件。

图 5-4　推进轴系几何模型

大型船舶推进轴系各个轴段的几何尺寸参数见表 5-1。

表 5-1 推进轴系轴段的几何尺寸参数

部件	长度/mm	外径/mm	内径/mm
艉轴	15 600	975	330
1 号中间轴	12 883	795	0
2 号中间轴	11 003	795	0
3 号中间轴	11 003	795	0
中间轴连接法兰	330	1420	0
最右端轴连接法兰	165	1640	0

大型船舶推进轴系轴段的材料属性参数见表 5-2。

表 5-2 推进轴系轴段的材料属性参数

属性	参数	属性	参数
材料	锻钢	密度/（kg/m³）	7800
泊松比	0.25	抗拉强度/MPa	750
杨氏模量/GPa	207	屈服强度/MPa	600

大型船舶推进轴系支撑轴承的轴向布置位置和轴承长度几何参数见表 5-3。

表 5-3 推进轴系支撑轴承参数表

项目	后艉轴承	前艉轴承	中间轴承 1	中间轴承 2	中间轴承 3
轴向布置位置/mm	4100	11 800	19 600	30 800	42 100
轴承长度/mm	2070	900	1150	1150	1150

大型船舶推进轴系螺旋桨的有关参数见表 5-4，该螺旋桨为 6 叶定距桨，取螺旋桨净质量的 15%～25%作为螺旋桨的附连水质量。

表 5-4 推进轴系螺旋桨参数

项目	参数	项目	参数
转速/（r/min）	104	质量/kg	92 585
直径/mm	8800	质量（附水）/kg	106 467
桨叶数	6	转动惯量/（kg·m²）	363 400
材料	$CuAl_{10}Ni$	转动惯量（附水）/（kg·m²）	494 380

2. 有限元模型

在进行推进轴系建模时以螺旋桨端为轴系坐标原点，自螺旋桨端到主机输出端为轴系坐标轴向正向。为建模方便，本着简化后的模型能代替实际模型的受力和振动特性的简化原则对推进轴系结构进行一定的简化处理。

（1）推进轴系的后艉轴段、中间轴采用六自由度（UX、UY、UZ 平动自由度和 ROTX、

ROTY、ROTZ 转动自由度）的 3D 梁单元 BEAM188 模拟，BEAM188 单元适合用于分析细长的梁结构，不同的轴通过设置不同梁截面及参数表征。

（2）连接法兰弯曲刚度比轴段刚度大得多，将连接法兰计入轴段元件用 BEAM188 梁单元模拟，不同连接段的法兰依据设计参数进行截面修改。

（3）弹簧单元 COMBIN14 具备一维、二维和三维轴向伸缩或扭转的能力，可以实现 x、y、z 方向的平动位移，也可以进行 x、y、z 方向的转动位移。因此，推进轴系支撑轴承简化为 COMBIN14 弹簧单元，一维弹簧单元分布在推进轴系径向，一端与轴相连，另一端全约束模拟与基座相连接。

弹簧单元与轴连接端的节点位置取各轴承的等效支点处，中间轴承和前艉轴承的支点取其中点位置。对于后艉轴承，由于螺旋桨的悬臂作用，轴承支点会向后移动，不同材质的轴承，建模等效支点距离不一：①白合金，$L=(1/7\sim1/3)L_b$；②橡胶，$L=(1/3\sim1/2)L_b$；③铁梨木，$L=(1/4\sim1/3)L_b$。其中，L 为等效支点位置离后艉轴承后端面的距离，L_b 为后艉轴承内衬长度。

（4）螺旋桨依据质量和转动惯量守恒原则简化为 Mass21 集中质量单元，作用在螺旋桨轮毂几何中心，螺旋桨附连水质量按其净质量的一定比例添加到 Mass21 单元上。

简化后的大型船舶推进轴系如图 5-5 所示，为方便描述，对各个轴承进行编号，从螺旋桨开始沿轴系正向各轴承的编号依次为 1#、2#、3#、4#和 5#。

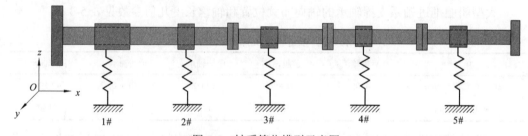

图 5-5　轴系简化模型示意图

表 5-5 为简化后推进轴系各轴承等效的轴承刚度和阻尼系数。

表 5-5　简化后推进轴系各轴承性能参数

项目	后艉轴承	前艉轴承	中间轴承 3	中间轴承 2	中间轴承 1
轴承编号	1#	2#	3#	4#	5#
刚度/（N/m）	9.8×10^8	4.9×10^8	9.8×10^8	9.8×10^8	9.8×10^8
阻尼系数	1×10^3	1×10^3	1×10^3	1×10^3	1×10^3

图 5-6 所示为简化后创建的 ANSYS 有限元模型。取坐标轴 x 方向为轴向，y 方向为垂直方向，z 方向为水平方向，遵循右手定则。

图 5-6　简化后创建的推进轴系有限元模型

3. 仿真结果分析

根据建立的推进轴系有限元模型分别进行直线校中和轴承变位后的合理校中计算，结果如表5-6和表5-7所示。

表5-6　直线校中的轴承负荷

项目	1#	2#	3#	4#	5#
轴承负荷/kN	1840.7	-261.53	508.3	451.91	392.88

表5-7　合理校中的轴承变位和负荷值

项目	1#	2#	3#	4#	5#
轴承变位/mm	-4	5.5	1.8956	-3	2.3415
轴承负荷/kN	1494.5	476.95	136.38	340.63	548.55

计算结果表明，在直线校中状态下，2#轴承是腾空状态，对轴系负荷分配不利。对1#~5#轴承进行垂向变位调整后，2#轴承负荷显著增大，1#轴承负荷明显减小，各轴承间的受力更加均匀。如图5-7所示，后艉轴承负荷由直线校中下的1840.7 kN降至合理校中计算下的1494.5 kN，相比降低了18.81%。由此可见，轴承变位这一因素对轴系校中的影响程度较大。

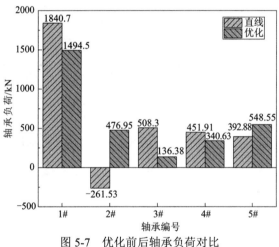

图 5-7　优化前后轴承负荷对比

轴承变位后，推进轴系产生附加外力，引起变形及应力，这些变化进而影响轴系的振动特性。针对前面建立的有限元模型，利用 QR 阻尼法进行模态分析得到直线及合理校中下推进轴系回旋振动的固有频率，结果如表5-8所示。

表5-8　后艉轴承变位前后轴系固有频率

标高/mm	固有频率/Hz		
	一阶	二阶	三阶
+2	6.2727	14.451	17.399
0	5.4511	14.442	17.361

由表 5-8 可以看出，后艉轴承变位后的一阶固有频率提高，这是因为变位工况考虑了重力作用带来的预应力作用，产生了应力刚化效应，但轴承变位对二阶、三阶的影响可以忽略不计。

推进轴系的振动特性分析除了计算固有频率以评估临界转速，还需要考虑不同校中状态以及激励下的振动响应情况。在推进轴系回转振动的计算中，暂不考虑轴承刚度各向异性的情况，即轴系在水平及垂直平面振型相同，因而只需求一个方向的振动响应即可。利用完全法进行谐响应仿真时推进轴系只保留 UY、ROTZ 两个自由度。在螺旋桨节点处施加 Fy、Mz 方向的力和力矩模拟轴系运行时受到的尾部激振力，考虑科里奥利（Coriolis）效应并施加轴向 104 r/min 的转速。为评估轴承变位对轴系振动特性的影响，对轴系中的后艉轴承及中间轴承进行多个轴承变位的比较。

在合理校中推进轴系基础上，就后艉轴承不同变位下的推进轴系振动响应进行谐响应仿真，结果如图 5-8 所示。

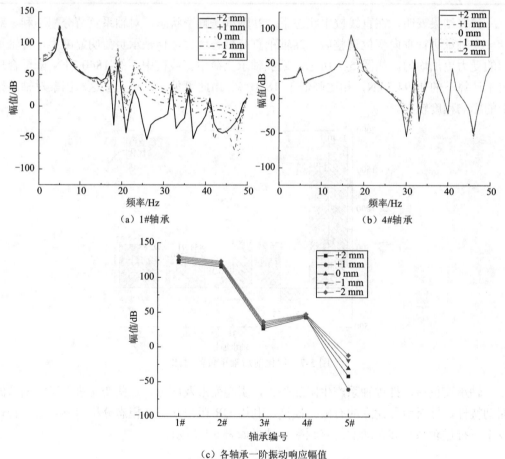

（a）1#轴承   （b）4#轴承

（c）各轴承一阶振动响应幅值

图 5-8　后艉轴承不同变位下轴系振动响应

从图 5-8 可以看出，后艉轴承变位前后的推进轴系的振动响应，在靠近螺旋桨端的1#轴承最大，靠近主机端的5#轴承最小；5#轴承在不同变位工况下的一阶振动响应幅值变化最大，4#轴承变化最小。相比直线校中，各轴承处振动响应轴承向下变位时增大了，而轴承向上变位时振动响应减小了。1#轴承处振动响应表明轴承振动响应变化与变位成正相关。

在实船轴系校中调整时，一般针对中间轴承进行变位，因此，本小节对目标轴系的 3 个中间轴承的 5 种变位组合，如表 5-9 所示，分别进行振动谐响应分析，结果如图 5-9 所示。

表 5-9　中间轴承变位前后轴系固有频率

工况	3#轴承变位/mm	4#轴承变位/mm	5#轴承变位/mm	固有频率/Hz				
				一阶	二阶	三阶	四阶	五阶
#1	1	2	−1	5.4512	15.599	19.473	22.653	26.304
#2	−2	0	−2	5.4512	15.481	18.593	19.973	25.406
#3	−1	−2	1	5.4512	15.599	19.473	22.653	26.304
#4	2	−1	0	5.4512	14.866	19.085	21.498	26.041
#5	0	1	2	5.4511	15.113	19.049	22.466	23.464

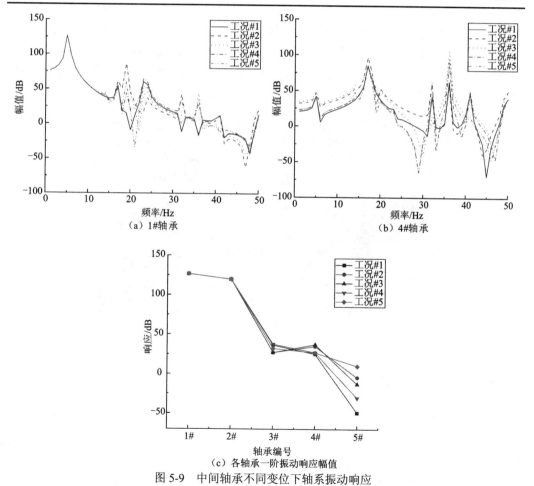

（a）1#轴承　　　　　　（b）4#轴承

（c）各轴承一阶振动响应幅值

图 5-9　中间轴承不同变位下轴系振动响应

由图 5-9 可知，中间轴承小幅度的变位对靠近螺旋桨端的 1#和 2#艉轴承一阶振动响应几乎没有影响，而对变位轴承 3#、4#和 5#一阶振动响应均有明显影响，其中对 5#轴承影响最大。

从艉轴承、中间轴承变位后的振动分析结果可以得出，轴承变位会改变轴系的动力学特性，影响一阶固有频率，且对被调整的振动响应影响较大，在进行振动状态评估时需要考虑合理校中所需要的轴承变位大小，尽量避免过大的变位调整。

4. 振动试验验证

以推进轴系动态特性试验台为试验研究和分析的对象，对不同轴承变位工况下轴系的振动响应进行测量和分析，验证轴承变位与轴系振动的评估分析结论。

1) 振动试验平台

试验台实物如图 5-10 所示，该试验台采用直线对中的布置方式。主要包括变频电机（频率为 50 Hz，额定功率和转速分别为 18.5 kW 和 730 r/min）、曲轴模拟装置、转轴（2 根中间轴和 1 根艉轴）、轴承（2 个中间轴承和 1 个艉轴承）、附件、加载装置及试验台测控系统。远离尾端的中间轴承为 1 号中间轴承，靠近尾端的中间轴承为 2 号中间轴承。变频电机与曲轴连接，将扭矩和力传递到轴系及附件。中间轴由中间轴承支撑，艉轴由艉轴承支撑。靠近尾端的中间轴承通过机架上的轴承套来包裹和固定圆柱滚子轴承，将轴承套通过圆柱销与液压加载系统连接。中间轴承力的加载包括垂直和水平两个方向。类似地，艉轴的后端设置了力加载装置，包括垂直、水平和轴向三个方向。测控系统与变频电机、加载装置和轴系设备等通过电信线路连通，实现信号的监控、反馈和记录等。

图 5-10　推进轴系动态特性试验台

2) 测点布置

通常两轴承间的轴段中点附近回旋振动幅度较大，便于测量，将三对电涡流位移传感器分别布置在曲轴输出端连接法兰和 1 号中间轴承之间轴段、1 号中间轴承和 2 号中间轴承之间轴段、2 号中间轴承和艉轴承间轴段的中点附近，分别对应图 5-11 的 S_1、S_2、S_3 点。电涡流位移传感器通过万向开关式磁力座杠杆支架固定，两个电涡流位移传感器相互垂直且位于同一截面，用于测量推进轴系转动工况下径向振动位移。

单向加速度传感器布置在 1 号中间轴承座和艉轴承座的垂直和水平方向，三向加速度传感器则布置在 2 号中间轴承正下方测量轴承的垂向振动响应，分别对应图 5-11 中 B_1、B_2、B_3。加速度传感器通过磁铁座贴在被测轴承座上，安装时注意将磁铁座底部用卷圆胶带粘贴防止干扰。

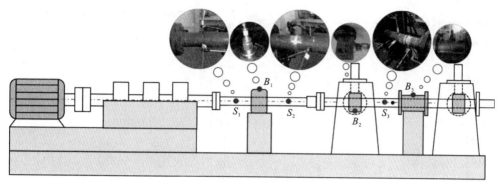

图 5-11　测点布置示意图

光电转速传感器安装在艉轴承和 2 号中间轴承之间的轴段上，对应图 5-11 中靠近 S_3 的黑点，用以测量轴系的实际运行转速。安装时在轴上对应位置贴上反光贴纸，光电转速传感器、贴纸和轴心位于同一条线上。

3）试验工况设计

考虑设备加载范围、运行条件等限制以及仿真工况的需求，2 号中间轴承的变位幅值考虑 1 mm 和 2 mm 两种情况，转速为 100 r/min；1 号中间轴承垂直向上变位为正、向下变位为负，具体试验工况见表 5-10。

表 5-10　轴承不同变位轴系振动响应试验工况

工况编号	变位/mm
1	0
2	+1
3	−1
4	+2
5	−2

4）试验结果及分析

电涡流位移传感器测得轴系 S_1 点在 100 r/min 转速和中间轴承变位工况为 0 mm、±1 mm 和 ±2 mm 的振动响应数据。从图 5-12 可以得出以下结果：①无论是水平方向还是垂直方向的振动响应大小都随 2 号中间轴承垂直方向变位值的增大而升高；②同一方向的振动响应大小在 2 号中间轴承同变位值不同变位方向（上、下）不同；③垂直方向上变位后的轴系振动响应都比原始校中状态下的振动响应大，这些都与仿真分析得出的结论相同。

S_1 点水平方向振动响应从大到小为 0.064 mm（+2 mm）>0.056 mm（+1 mm），垂直方向振动响应从大到小为 0.119 mm（+2 mm）>0.083 mm（−2 mm）>0.081 mm（+1 mm）>0.065 m（−1 mm）> 0.049 mm（0 mm）。

图 5-13 为轴系 S1 点在 2 号中间轴承不同变位后的轴心轨迹图。图 5-13（b）中的轴心轨迹呈椭圆形表明轴系存在轻微的不对中现象，水平方向的振动响应幅值比垂直方向大。图 5-13（a）为 2 号中间轴承垂直向上变位 1 mm 后 S1 点的椭圆轴心轨迹，其形状

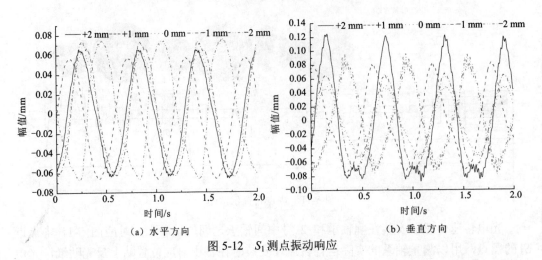

（a）水平方向　　　　　　　　　（b）垂直方向

图 5-12　S_1 测点振动响应

相比图 5-13（b）中更扁了，表明变位后加剧了轴系的不对中。此外垂直方向的振动比水平方向的振动响应幅值更大，对比图 5-13（b）垂直方向也增大了 0.03 mm。图 5-13（c）中的轴心轨迹更接近圆形，相比图 5-13（b）对中效果更好，同时水平和垂直方向的振动响应比图 5-13（b）也增大了。

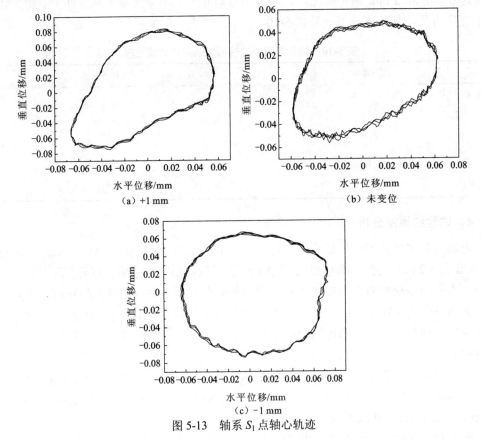

（a）+1 mm　　　　　　　　　（b）未变位

（c）-1 mm

图 5-13　轴系 S_1 点轴心轨迹

　　综上，轴承变位一方面可以改变轴系的校中状况，另一方面也影响了轴系的振动响应，轴系对中效果好时的振动响应不一定是最小的，同时轴系振动响应最小时对中效果也不一定最好。

5.2　基于动态校中的推进轴系支撑系统动特性分析

推进轴系的结构参数不随工作参数变化，但轴系旋转后，轴承与轴之间的摩擦副存在润滑状态的变化，其支撑系统的刚度与阻尼是动态的，因此，进行轴系振动的状态分析需要采用计入支撑系统的动刚度和动阻尼，在此基础上进行各种类型的振动计算。

动态校中更接近轴系实际工作状况，除了考虑轴系作用的静载荷，还考虑了轴承的液膜、船体变形、环境温度等影响的动载荷。在船舶轴系的运转过程中，轴承与转子之间会产生液膜，轴心的位置不断发生变化，轴承反力是动态变化的，其数值将不同于静止时的轴承反力，同时轴承与液膜等形成的弹性支撑系统也在动态变化，因此需要在考虑支撑系统的动特性下进行动态校中，才能获得动态平衡。本节将介绍在轴系动态校中过程中如何进行支撑系统的动特性分析。

5.2.1　动态校中

由于无法确定初始时转子在轴承中的具体位置，所以动态校中选取的初始条件是静态校中得到的轴承支反力，再通过轴承润滑性能计算进行不断迭代达到收敛条件，具体计算流程如图 5-14 所示。

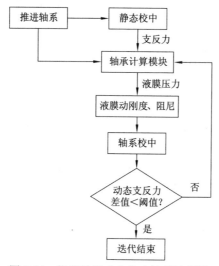

图 5-14　推进轴系动态校中计算流程图

根据目标推进轴系的轴承元件获取轴承特征数据后对每个轴承进行润滑性能计算，得到轴承的液膜力。根据液膜力与载荷相等的原则，即可求出转子的位置，然后根据液膜压力分布计算液膜刚度和阻尼。对轴系每个轴承都进行同样的计算，就可以得到所有滑动轴承的液膜动刚度和动阻尼。得到液膜动刚度之后，在动态校中模型中，用液膜动刚度替换静态校中模型中采用的经验刚度，可以得到这个条件下的轴承支反力。在此基础上，对每一个轴承再次进行液膜计算，反复迭代，直到计算结果满足一定的要求。迭代的终止条件一般要满足如下的评判标准：①相邻两次计算中各轴承反力的差异在许可范围内；②相邻两次计算中轴心位置的差值在许可范围内。

迭代结束后，就可以得到动态平衡下的轴系校中结果，也可以同步得到润滑液膜的动刚度和阻尼系数。

5.2.2 支撑系统动特性

支撑系统的动特性主要体现在轴承润滑液膜的时变行为上，可以用轴承的动特性来表征。推进轴系的轴承一般包括油润滑推力轴承、油润滑中间轴承和水润滑艉轴承，其中，后两者同为径向轴承，它们的润滑模型除了黏度方程不同，其他方程基本相同；推力轴承与径向轴承的模型方程类型相同，主要包括雷诺方程、膜厚方程和润滑性能方程等，但由于结构和坐标系不同，方程形式有所区别。由于这些轴承的润滑模型的方程相似，它们的模型求解算法基本相同，首先对模型进行离散化，然后采用有限差分法进行数值计算，为了提高收敛速度，一般采用超松弛迭代法。

径向轴承性能计算流程如图 5-15 所示。计算采用有限差分法求解轴承流固耦合瞬态动力学模型，首先输入初始状态参数，对轴承内衬表面进行网格划分，采用逐次超松弛迭代法求解稳态雷诺方程，并用辛普森积分法求解液膜的承载力和弯矩。当求解完稳态雷诺方程后，引入平移或倾斜扰动来求解动态雷诺方程，求解得到轴承刚度和阻尼系数。

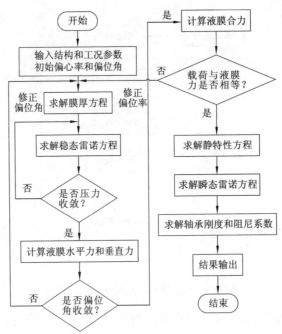

图 5-15　径向轴承性能计算流程图（艉轴承和中间轴承）

推力轴承的计算过程与径向轴承稍有不同，流程如图 5-16 所示。基于设定的轴承结构参数与工况参数，首先输入初始支点膜厚及瓦块倾斜参数。采用有限差分法求解稳态雷诺方程、膜厚方程、能量方程、黏温方程，获得瓦面压力分布。对水膜压力进行积分，可得液膜承载力及瓦块倾斜力矩。判断液膜承载力及瓦块倾斜力矩是否满足收敛条件。

若不收敛，则返回初始循环，修正膜厚及倾斜参数并重新迭代，直至满足收敛条件。一旦收敛，即可根据公式获取轴承润滑性能。在此基础上，引入轴承位移扰动，求解瞬态雷诺方程，得到微小扰动下瓦面压力变化，进而获取轴承动特性参数。

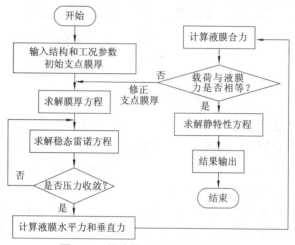

图 5-16　推力轴承性能计算流程图

5.2.3　算例实现

推进轴系模型以武汉理工大学船舶综合性能试验平台为计算对象。该平台主要由地基和机座、减速器、变频电机、推力轴承、轴系及附件、液压动力单元和水润滑单元、加载装置、监测控制单元组成；试验台的变频电机通过扭矩传感器连接到减速机上，减速机后方有高弹联轴器平衡轴向和径向偏差，之后通过推力轴承连接至轴系，轴系包括一根艉轴和两根中间轴，两中间轴之间以法兰连接，艉轴和中间轴间用液压联轴器连接，轴系末端的艉轴由两个艉轴承共同支撑，艉轴承的润滑方式分别为油润滑和水润滑。试验平台轴系如图 5-17 所示。

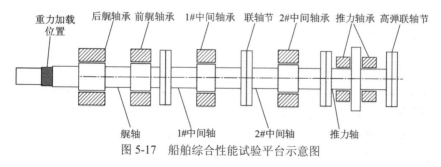

图 5-17　船舶综合性能试验平台示意图

轴系模型为典型的旋转机械多体动力学系统，需要对其物理系统进行数学建模，算例采用 Simulation X 平台对试验轴系建立各个零部件的三维模型[2]，并对几何模型施加运动学约束、驱动约束、力源和外力或外力矩等物理模型要素，形成表达系统力学特性的仿真分析模型，如图 5-18 所示。

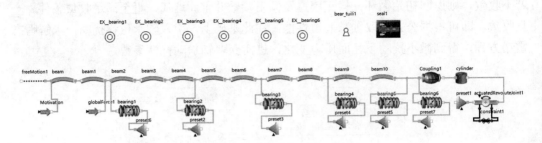

图 5-18 轴系模型图

首先针对该轴系进行静态校中，获得各支撑初始条件下的轴承静态支反力和挠度。将重力加载作集中载荷处理，其施加位置为配重盘长度的中点，集中质量为 300 kg。根据船级社给出的建议[3]，静态直线校中的热态计算过程中取靠近螺旋桨、艉轴架轴承长度的 1/3 处为该轴承的等效支承点。冷态计算过程中取靠近螺旋桨、艉轴架轴承长度的 1/4 处为该轴承的等效支承点。其余支撑处的等效支承点位置取轴承内衬的中心位置。各支撑初始刚度按照经验取值如表 5-11 所示，并设定轴承变位量为 0。

表 5-11 轴承刚度系数

项目	轴承编号					
	1	2	3	4	5	6
轴承刚度系数/（N/m）	1×10^9	2×10^9	2×10^9	2×10^9	2×10^9	2×10^9

按照设定的支撑刚度，基于 Simulation X 仿真环境多体动力学分析，获得轴系静态校中结果，表 5-12 所示。

表 5-12 轴系静态校中

支撑	静态支反力/kN	挠度/mm
水润滑后艉轴承	9.584	−0.008 435
油润滑前艉轴承	2.517	−0.001 155
后中间轴承	4.081	−0.001 734
前中间轴承	2.578	−0.001 300
1#推力径向轴承	0.689	−0.000 958
2#推力径向轴承	0.809	−0.000 350

完成静态校中后，接着进行润滑计算，得到液膜动刚度，替换静态校中时的经验刚度，再基于 Simulation X 求解计算得到这一情况下的轴承支反力。在此基础上，对每一个轴承再次进行液膜计算，反复迭代，直到满足动态校中的收敛条件。如图 5-19 所示，经过 5 次迭代之后，动态支反力的迭代差值已经满足要求，可得到动态平衡下支撑位置最终的支反力，同时输出平衡条件下的各支撑系统的动刚度和动阻尼。

表 5-13 表明动态校中平衡件下各支撑处动阻尼以及动刚度与经验刚度之间存在差异。在动态校中平衡条件下，水滑轴承液膜刚度升高，而各油润滑轴承处的动态液膜刚度均有一定程度下降。

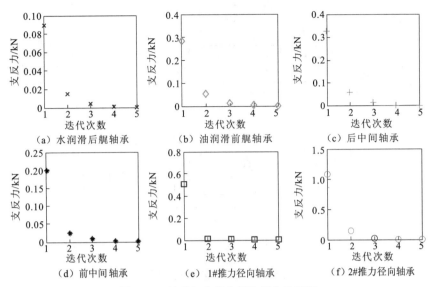

图 5-19 轴系各支撑位置迭代收敛情况

表 5-13 轴承性能计算结果

支撑	动阻尼/[N/(m/s)]	动刚度/(N/m)	经验刚度/(N/m)
水润滑后舷轴承	3.21×10^7	7.83×10^8	1.00×10^9
油润滑前舷轴承	7.86×10^6	2.29×10^7	2.00×10^9
后中间轴承	4.22×10^7	1.22×10^8	2.00×10^9
前中间轴承	3.97×10^7	8.37×10^7	2.00×10^9
1#推力径向轴承	2.19×10^7	6.49×10^7	2.00×10^9
2#推力径向轴承	2.22×10^7	6.73×10^7	2.00×10^9

5.3 推进轴系振动状态评估与优化

轴系设计阶段需要在校中与稳定性分析后再进行振动校核与评估,如果振动水平较高,则需要对设计参数进行优化分析,设计满足规范要求。

5.3.1 振动状态评估原理

振动状态评估以当前各种规范拟定的要求为衡准,具体流程如图 5-20 所示。

根据建立的推进轴系模型进行校中和润滑性能计算后,将得到的支撑系统动特性参数代入轴系振动计算中,将计算结果中的关键参数如临界转速、振动响应等与规范、标准形成的评估准则进行对比分析,评估此轴系在当前结构、工况参数下的振动状态是否满足要求,如果判断为危险状态,则需要进行优化,对轴系参数进行调整。

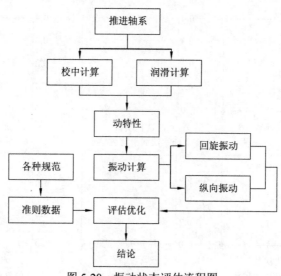

图 5-20　振动状态评估流程图

振动状态评估准则如下。

（1）轴系回旋振动评估。根据相关船舶规范的规定，在额定转速的 0.6～1.2 倍范围内避免出现一次临界转速，在额定转速的 0.8～1.0 倍范围内避免出现叶片次临界转速。

（2）轴系纵向振动评估。针对齿轮传动的推进轴系，《舰艇轴系通用规范》（GJB 2626—1996）给出相应要求。纵向振动应在首船上或轴系设备更改的后续船上进行测试，纵向振动振幅不得大于表 5-14 所示的规定。

表 5-14　《舰艇轴系通用规范》（GJB 2626—1996）的纵振要求

频率范围/Hz	幅值/mm
4～15	0.76±0.15
16～25	0.51±0.10
26～33	0.25±0.05
34～40	0.13±0.03
41～50	$0.077^{0}_{-0.025}$

5.3.2　振动优化方法

推进轴系动力学模型较为复杂，计算工作量较大，传统的优化方案难以得到优化结果。本小节采用响应面法原理，提出推进轴系振动优化方法。其基本思路是首先利用试验设计（design of experiment，DOE）获得设计点表；然后利用响应面分析法建立多参数相互关系数学模型，最后绘制出响应曲面和等高线图，完成目标优化，获取最优解集合。

1. DOE 法

DOE 的主要功能是从轴系元件的基础信息中选择优化参数，根据对应的计算流程选择优化目标，利用 MATLAB 软件编写程序代码，找出代表性的优化参数试验点。

DOE 的基本方法如表 5-15 所示。可以进行响应面法的试验设计有多种，但最常用的是 Box-Behnken 设计（BBD）和中心组合设计（central composite design，CCD）。

表 5-15　DOE 试验设计的基本方法

DOE 种类	适用因子数	主要目的	作用	效果
筛选设计 Placket-Burman	>6	选别重要因子	区分主效果	
部分因子设计 2k 2 水平裂区	4~10	选别重要因子	主效果与部分交互作用	
全因子设计 2k 多水平	1~5	因子与 Y 的关系	所有主效果与交互作用 （线性效果）	低 ↑ 现在工序知识状态 高 ↓
混料设计 单纯质点 单纯各点 极端顶点	2~10 2~20 2~10	组分与 Y 的关系	组分/工艺条件的优化	
田口设计	2~13	寻找因子的最佳条件组合	设计或工序参数优化	
响应曲面设计 中心复合 Box-Behnken	2~3	设定因子的最佳条件	反应变量的预测模型 （曲线效果）	

中心组合设计表是在两水平析因设计的立方点基础上加上轴向点和中心点构成的，CCD 法每个因素取 5 个水平，以（0，±1，±α）编码，0 为中心点，为轴向点对应的极值（$\alpha=2k/4$，k 为因素数）。试验设计中试验点分为中心点、立方点和轴向点，如图 5-21 所示。

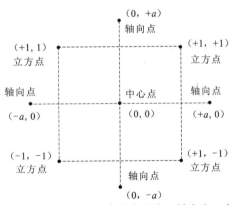

图 5-21　中心组合设计表中的立方点、轴向点、中心点

立方点，又称立方体点、角点，即 2 水平对应的"-1"和"+1"点。各点坐标皆为 +1 或 -1，在 k 个因素的情况下，共有 $2k$ 个立方点；轴向点，又称星号点，分布在轴向上。除一个坐标为 +a 或 -a 外，其余坐标皆为 0，在 k 个因素的情况下，共有 $2k$ 个轴向点；中心点，即设计中心，表示在图 5-21 上，坐标皆为 0。

设计表由以下三个部分组成。

（1）2k 或 2k×(1/2)析因设计；

（2）极值点。由于两水平析因设计只能用作线性考察，须再加上第二部分极值点才适用于非线性拟合。如果以坐标表示，极值点在相应坐标轴上的位置称为轴点（axial point）或星点（star point），表示为(±α, 0, …, 0),(0, ±α, …, 0), …, (0, 0, …, ±α)。

（3）一定数量的中心点重复试验。中心点的个数与 CCD 设计的特殊性质如正交（orthogonal）或均一精密（uniform precision）有关。

以三因素(X_1, X_2, X_3)为例，说明 CCD 星点设计的原理步骤。首先，X_1、X_2、X_3都是有范围的且连续的变量；通过经验，确定各因素的上水平、下水平，求出各因素的零水平，零水平为上下水平的平均数、各因素的标准差Δ=(上水平−下水平)/2；将各因素的值标准化，以代码的形式编排，上水平为 1，下水平为−1，零水平为 0；标准化确定极值，引入 r 值，r=F×1/4，F 为析因设计部分试验次数（五因素以上时，r=1/2×F×1/4）。

当优化设计变量（因素），试验数确定后，获得各组优化目标对应性能参数数据（响应值），最终整理得到CCD试验设计点表。

2. 响应面法

响应面法（response surface methodology，RSM）最早是由数学家 Box 和 Wilson 提出来的。这是一种试验条件寻优的方法，适用于解决非线性数据处理的相关问题。它囊括了试验设计、建模、检验模型的合适性、寻求最佳组合条件等众多试验和统计技术；通过拟合试验指标（因变量）与多个试验因素（自变量）间的回归关系和响应曲面、等高线的绘制、可方便地求出相应于各因素水平的响应值。在各因素水平的响应值的基础上，可以找出预测的响应最优值及相应的试验条件（包含模型参数）。

利用响应面分析法，从试验设计得到的设计点表经 MATLAB 软件相关程序代码运行，分析提供的数据所构建的模型是否真实地拟合了实际情况，对相应参数进行优化并绘制出响应曲面和等高线图，得到最佳优化参数数值，获取最优解集合。然后将优化结果反馈到轴系校中、部件性能计算、轴系振动计算三个计算部分，从而完成目标优化。

响应面分析主要采用的是非线性拟合的方法，以得到回归方程。最为常用的拟合方法是多项式法，简单因素关系可以采用一次多项式，含有交互作用的可以采用二次多项式，更为复杂的因素间相互作用可以使用三次或更高次数的多项式，一般使用的是二次多项式。根据得到的拟合方程，可采用绘制出响应面图的方法获得最优值；也可采用方程求解的方法，获得最优值。另外，使用一些数据处理软件，可以方便地得到最优化结果。

在实际应用中，可根据工程经验确定多项式响应面模型的形式，通常在设计变量的某个范围内采用低阶多项式近似，如用线性函数或二阶模型来拟合。一阶与二阶多项式近似模型的基函数分别为

$$\begin{cases} Y_1 = \beta_0 + \sum_{i=1}^{k} \beta_i x_i \\ Y_2 = \beta_0 + \sum_{i=1}^{k} \beta_i x_i + \sum_{i=1}^{k} \beta_{ii} x_i + \sum_{i=1,i<j}^{k} \beta_{ij} x_i x_j \end{cases} \tag{5-8}$$

式中：β为未知系数；k为设计变量的数量；Y为预测响应值；β_0、β_i、β_{ii}分别为偏移项、线性偏移和二阶偏移系数；β_{ij}为交互作用系数。

5.3.3 算例实现

为更直观地验证振动评估和优化效果，以某实船轴系为算例，利用作者团队自主研发的推进轴系分析评估与优化软件 ShaftAI 4.5 开展仿真分析。如图 5-22 所示，该软件采用参数化建模、热流固耦合建模仿真、智能优化算法等方法，包括推进轴系设计模块、轴系性能计算模块、轴系性能分析与评估模块、轴系性能优化分析模块、仿真数据与试验数据对比等，其中轴系性能计算模块包括校中计算、振动计算、轴承润滑计算。该软件计算功能强、人机交互性能好，已在多个单位推广应用。目前，正在利用该软件与数字孪生方法结合，开展船舶推进轴系数字孪生技术和平台研发。

图 5-22 推进轴系分析评估与优化软件主界面

利用该软件开展推进轴系参数化建模，包含螺旋桨轴、艉轴、中间轴、推力轴、有艉轴架轴承、前后艉管轴承、中间轴承及推力轴承等。模型如图 5-23 所示。

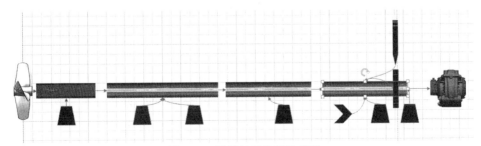

图 5-23 推进轴系数字化模型

1. 回旋振动评估与优化

首先将轴系数据建模产生的应用于轴系回旋振动计算的节点表导入轴系回旋振动计算模块。轴系校中计算完成后，根据轴承支反力计算水润滑艉轴承和中间轴承的动特性，再将校中后的轴承支撑位置、轴承刚度等计算结果代入回旋振动模型中；最后利用传递矩阵法进行回旋振动计算。

回旋振动计算的主要结果包括设定分析区间内的固有频率和振型，所建立的轴系回旋振动计算结果如图5-24所示。

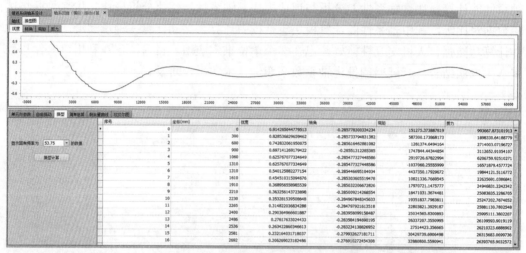

图 5-24 轴系回旋振动计算结果图

计算后，如果有不满足临界转速规则的结果，则在图表中进行提示，可以根据这些不满足要求的提示进行相应的轴系参数调整。如图5-25所示，该轴系当前布置状态下第三阶的倍叶片次临界转速落入了危险范围，此时就需要对其进行轴系布置的优化。

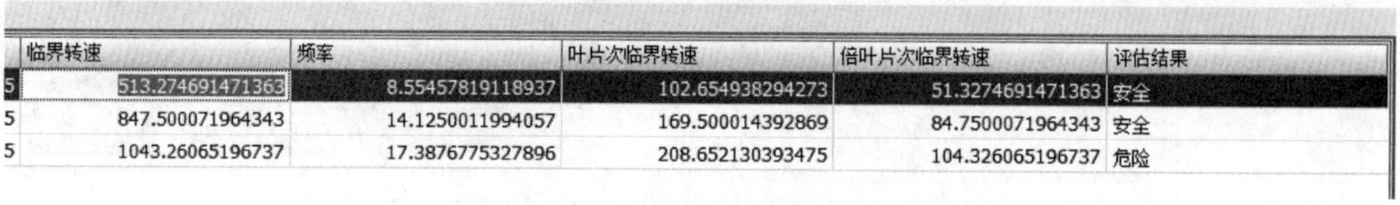

临界转速	频率	叶片次临界转速	倍叶片次临界转速	评估结果
5	513.274691471363	8.55457819118937	102.654938294273	51.3274691471363	安全
5	847.500071964343	14.1250011994057	169.500014392869	84.7500071964343	安全
5	1043.26065196737	17.3876775327896	208.652130393475	104.326065196737	危险

图 5-25 轴系回旋振动评估结果图

对回旋振动影响较大的设计参数主要就是轴系各支撑的位置和刚度，因此，可供优化的参数就是支撑的坐标和刚度，而其优化的目标就是各临界转速不落入转速禁区，如图5-26所示。优化参数选择艉轴承和1#中间轴承的坐标位置及艉轴承的刚度，按照DOE的试验点设计原则，优化模块生成了15个设计点，并根据参数的选择范围设置了对应的参数值。按照响应面优化的原则，针对15个设计点都进行计算后按照优化目标进行寻优。

如图5-27所示，第一个设计点的一阶固有频率对应的临界转速是离转速禁区最远的，因此标记出最优结果。

选择	轴承...	轴承名称	左偏移(mm)	基准坐标(mm)	右偏移(mm)	轴起始坐标(mm)	轴结束坐标(mm)
☑	1	艉轴承	50	3342.6	50	2230	15730
☐	2	艉轴承	0	12996	0	2230	15730
☐	3	艉轴承	0	21696	0	15730	29030
☑	4	1#中间轴承	20	31051	20	29030	35630
☐	5	2#中间轴承	0	38500	0	35900	44400
☐	6	3#中间轴承	0	47001	0	44400	54795
☐	7	1#推力径向轴承	0	55757	0	54795	56877
☐	8	2#推力径向轴承	0	56667	0	54795	56877

计算点	1 #轴承刚度	艉轴承坐标	1#中间轴承坐标	一阶固有频率寻优	完成	寻优结果
1	500000000	3342.6	31051		未开始	
2	0	3342.6	31051		未开始	
3	100000000	3342.6	31051		未开始	
4	50000000	3292.6	31051		未开始	
5	50000000	3392.6	31051		未开始	
6	50000000	3342.6	31031		未开始	
7	50000000	3342.6	31071		未开始	
8	50000000	3342.6	31051		未开始	
9	20269948.8643121	3312.86994886431	31039.1079795457		未开始	
10	20269948.8643121	3312.86994886431	31062.8920204543		未开始	
11	20269948.8643121	3372.33005113569	31039.1079795457		未开始	
12	20269948.8643121	3372.33005113569	31062.8920204543		未开始	
13	79730051.1356879	3312.86994886431	31039.1079795457		未开始	
14	79730051.1356879	3312.86994886431	31062.8920204543		未开始	

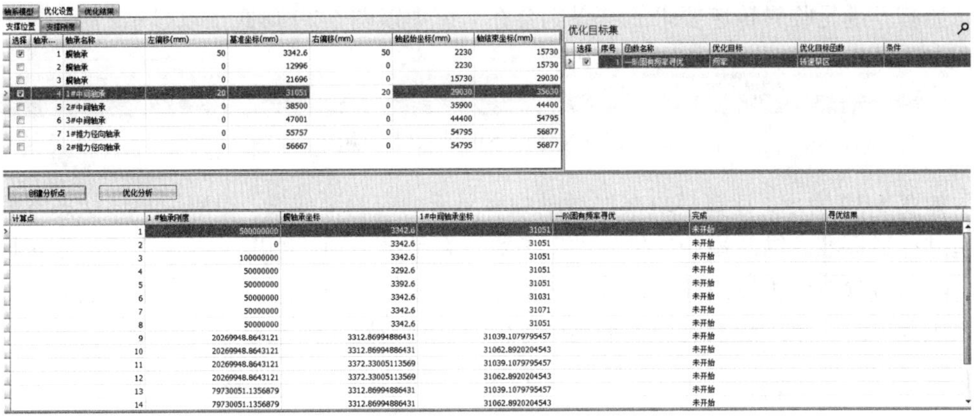

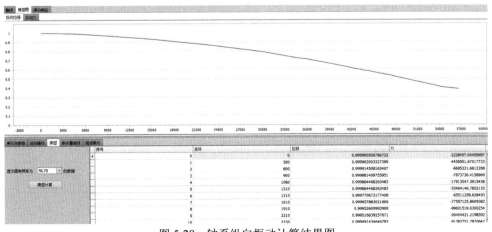

图 5-26　轴系回旋振动优化过程图

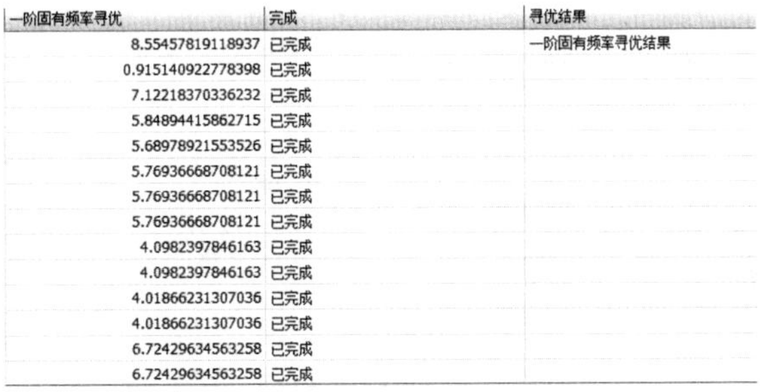

一阶固有频率寻优	完成	寻优结果
8.55457819118937	已完成	一阶固有频率寻优结果
0.915140922778398	已完成	
7.12218370336232	已完成	
5.84894415862715	已完成	
5.68978921553526	已完成	
5.76936668708121	已完成	
5.76936668708121	已完成	
5.76936668708121	已完成	
4.0982397846163	已完成	
4.0982397846163	已完成	
4.01866231307036	已完成	
4.01866231307036	已完成	
6.72429634563258	已完成	
6.72429634563258	已完成	

图 5-27　轴系回旋振动优化结果图

2. 纵向振动评估与优化

将数字化模型按照集总参数模型进行简化，将首端的状态向量表示出来，并且找到各元件之间状态向量的关系。通过传递矩阵（左乘）的形式将每一个矢量元件的状态矢量表示出来，最后进行传递矩阵法纵向振动计算。过程中需要计入推力轴承润滑计算得到的动特性参数。

纵向振动计算主要获得目标轴系的自由振动和受迫振动的分析结果。算例轴承的纵向振动自由振动计算结果如图 5-28 所示。

序号	坐标	位移	力
0	0	0.999990500786732	-2228497.00405697
1	300	0.999962003327399	-4456951.67017733
2	600	0.999914508163407	-6685321.6612288
3	900	0.999881409755951	-7873736.4158969
4	1060	0.999864468263483	-17913547.3915458
5	1310	0.999864468263483	-53464146.7852135
6	1310	0.999770672177408	-65511258.628493
7	1610	0.999657882021665	-77557125.8609382
8	1910	0.99952609993909	-89601519.6300254
9	2210	0.999516639257671	-90404421.2198592
10	2230	0.999491434646783	-91382751.7870642

图 5-28　轴系纵向振动计算结果图

如有不满足临界转速要求的结果则会在系统中以图 5-29 形式予以显示。

角频率	临界转速	频率	叶片次临界转速	倍叶片次临界转速	评估结果
1	78.75	752.007106109205	12.5334517684868	150.401421221841	75.2007106109205	安全

图 5-29　螺旋桨激励下的轴系纵向响应结果图

如图 5-30 所示，计算模块根据激励频率显示响应的警戒线，提醒用户该状态下的幅值超过评估标准。纵向振动优化的敏感参数主要是推力轴承刚度，而优化目标则包括：①一阶固有频率寻优按照评估条目来选择远离转速较远的优化参数；②激励响应寻优则按照规范下的叶频激励来进行最小响应寻优。优化设置如图 5-31 所示。

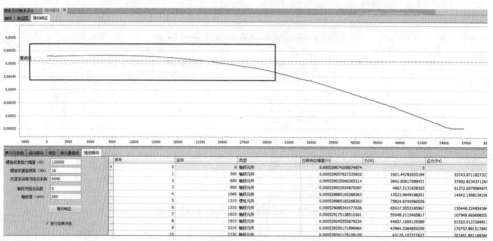

图 5-30　轴系纵向响应警戒线图

图 5-31　轴系纵向振动优化设置图

由于只有一个优化参数，试验设计生成 5 个试验点。优化模块根据轴系建模状态，自动导入推力轴承的优化参数值进行一阶固有频率寻优，再次进行轴系纵向振动计算，根据优化设置找到组合集中的最优解，轴系纵向振动优化求解结果如图 5-32 所示。

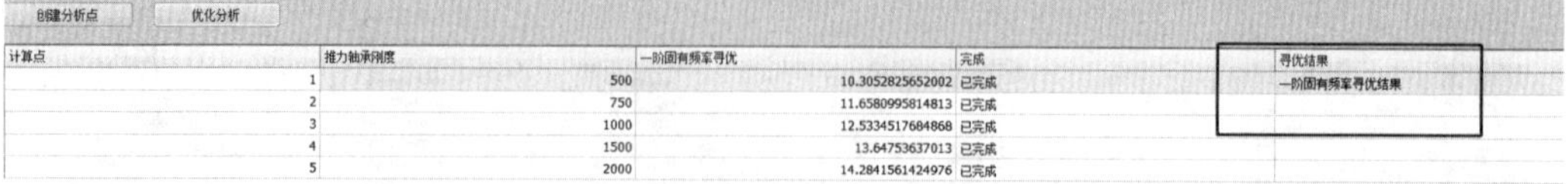

计算点	推力轴承刚度	一阶固有频率寻优	完成	寻优结果
1	500	10.3052825652002	已完成	一阶固有频率寻优结果
2	750	11.6580995814813	已完成	
3	1000	12.5334517684868	已完成	
4	1500	13.64753637013	已完成	
5	2000	14.2841561424976	已完成	

图 5-32　轴系纵向振动优化求解结果

总体来说，本章所介绍的算法与软件实现，是通过轴系建模、轴系校中、润滑性能计算、纵向振动和回旋振动的计算、评估与优化，得到一个较为理想的推进轴系设计方案，完成船舶推进轴系的振动状态评估和优化，为实现轴系设计全过程的计算、评估与优化打下基础。

参 考 文 献

[1] 李昌平. 不同校中状态下大型船舶推进轴系振动特性研究[D]. 武汉: 武汉理工大学, 2023.

[2] 朱杰峰. 船舶推进轴系功率传递效率仿真及试验研究[D]. 武汉: 武汉理工大学, 2022.

[3] 费国标, 金勇, 陈新梅. 红外枪瞄减振系统优化设计[J]. 红外与激光工程, 2020, 49(201): 137-142.

第 **6** 章

基于微结构的推进轴系振动和噪声被动控制技术

近年来，仿生设计、多孔结构、超材料等技术被认为是提高设备宽频带减振降噪能力的有效方法。本章将对几种推进轴系振动控制中应用的复杂微结构设计技术进行介绍，阐述其设计方法、仿真分析和试验验证，并给出几种应用案例。

6.1 刚柔异质与微结构耦合的水润滑轴承仿生减振设计

6.1.1 仿生对象与设计思想

自然界中的生物经历环境的变化，已经进化出具有优越力学性能的表层结构。许多研究者也纷纷尝试从生物材料的结构、样貌等方面获取灵感，进行仿生学研究，以解决现有材料所存在的短板。螳螂虾、甲虫、龙虾等生物结构具有强度高、质量轻的特点，可以为结构材料提供设计思路[1]。相较于单一结构的复合材料，仿生复合材料具有更好的力学性能。这与生物结构密切相关，典型结构主要有层级结构[2]、螺旋结构[3]、梯度结构[4]、层状结构[5]、孔隙结构。这些结构使生物材料具有优越的特性：①优异的机械特性，微结构的存在使生物复合材料力学性能强于各组分材料；②能够兼具多种性能，利用生物结构仿生设计实现强度、韧性的共存。

节肢动物甲壳是一类被广泛研究的复合生物材料，经过亿万年的进化，虾钳和蟹钳都具备了超强的抗冲击能力，其多尺度下的结构如图 6-1[6]所示。

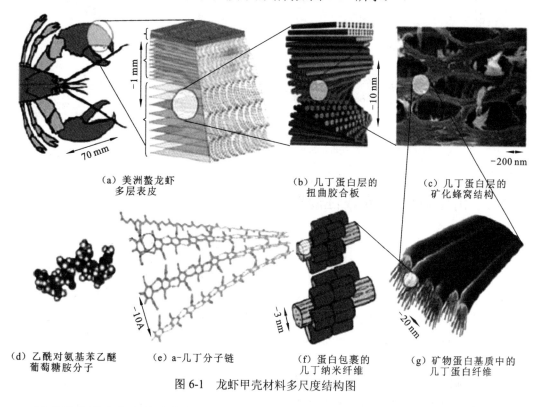

（a）美洲螯龙虾　　　　　　（b）几丁蛋白层的　　　　　（c）几丁蛋白层的
　　多层表皮　　　　　　　　　扭曲胶合板　　　　　　　　矿化蜂窝结构

（d）乙酰对氨基苯乙醚　　（e）a-几丁分子链　　　　（f）蛋白包裹的　　　　（g）矿物蛋白基质中的
　　葡萄糖胺分子　　　　　　　　　　　　　　　　　　几丁纳米纤维　　　　　　几丁蛋白纤维

图 6-1 龙虾甲壳材料多尺度结构图

甲壳从外到内密度依次降低，形成了一种功能梯度材料，如图 6-1（a）所示，如某龙虾甲壳的刚度由外表皮的 9 GPa 降低至内表皮的 4 GPa（轴系水润滑轴承的刚度一般处于 $10^8 \sim 10^9$ Pa 量级），而强度则从 270 MPa 减低至 50 MPa（常用水润滑轴承材料强度：某橡胶轴承，14.6 MPa；某高分子复合材料轴承，163 MPa）。显微尺度继续放大，材料本体是一种典型的布利冈结构，如图6-1（b）所示，这种逐层扭转的层合板不仅能够为表皮平面提供良好的支撑，在受到冲击时还可以充分耗散能量。在微米级尺度下，相互连通的纤维围绕在孔洞周围，形成类蜂巢微结构，有效地降低了材料密度。继续放大微结构的纤维体，可看到刚性的矿化纤维与柔性的有机小管相互耦合组成了精妙的层级结构，提高了甲壳的综合力学、抗冲击性能，如图6-1（d）～（g）所示。

完全实现龙虾壳材料的复现仍存在很大困难，因此，需要针对水润滑轴承材料的性能要求对龙虾材料结构进行简化。如图6-2所示，仿生结构模型包含层状的在径向和轴向呈梯度分布的孔隙结构，不同层级的螺旋角度不同，整体连续，形成仿布利冈扭转结构特征。结构本体由螺旋结构的刚性材料与柔性基体材料融合而成，通过仿布利冈的螺旋结构与梯度分布，实现新型减振降噪水润滑轴承材料仿生设计思路。

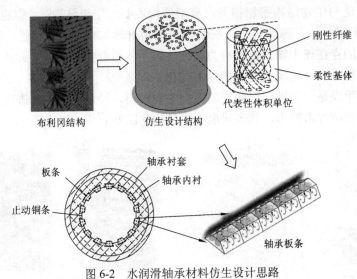

图6-2　水润滑轴承材料仿生设计思路

6.1.2　仿生微结构承载性能仿真

1. 仿真模型

对于复杂微结构材料，国际上普遍采用代表性体积单元进行性能仿真分析。将分布于蛋白质基体中纤维的排列方向设计为与材料表面垂直，并将横向纤维层螺旋状层合板结构简化为竖向数根层级螺旋纤维并围合成圆形，纤维及周边基体选取为一个代表性体积单元（representative volume element，RVE），并假设为规则黏结形状。多个RVE相围合形成周期性细观结构。仿真分析模型主要侧重于以下两个方面。

（1）刚性增强纤维的螺旋角度设计。龙虾外表皮层的几丁质纤维层的螺旋角比内表皮层纤维层的螺旋角更小，这种结构能更加有效地抵抗外部压缩载荷。为分析增强纤维在不同螺旋角度设计下的力学性能差异，可进行定角度和角度梯度变化等纤维排列，为优化设计提供基础。

（2）轻质材料设计。通过控制RVE的排列方式控制孔隙尺寸，减小材料密度，达到轻质目的。

在 RVE 中，以条状螺旋纤维的排列方式形成仿布利冈结构，这种结构不仅会形成周期性的弹性模量变化阻挡裂纹扩展从而使韧性增强，也能够为材料平面提供良性支撑。RVE 间相切分布形成孔洞，形成类蜂巢微结构，有效地降低了材料密度。这种结构提高了仿生材料的综合力学性能，且获得轻质、高强、高韧的性能，而这正是水润滑轴承复合材料减振降噪所需要的特性。对于设计的仿生材料的综合性能仿真分析，可通过对 RVE 的局部应力、应变力学特性和结构特点的分析来认识复合材料整体的力学特性和变形机制。

2. 力学分析理论基础

宏观力学分析方法将增强相纤维和柔性基体视为一体，不考虑两者间的作用关系，只将复合材料的平均力学性能代表材料强度等特性。这种方法存在不能对材料的变形及破坏损伤进行有效预测的局限性。复合材料的变形与破坏不仅与宏观破坏有关，也与微观破坏密切相关。宏观力学分析方法不考虑复合材料中的微细观特征，因此不能完全地反映复合材料的变形机制，难以对复合材料结构进行深入的损伤与破坏分析。

细观力学分析方法是通过建立复合材料的宏观属性与细观参数间的定量关系，即基于组成材料的物理性能和相互作用方式，在理论上建立起能够表示复合材料整体物理性能参数的方法或者表达式，将增强相纤维和基体视为性质各异的均质材料并作为代表性体积单元。基于纤维的体积分数、分布方式、基体性能以及两者间的作用关系，对材料宏观力学属性进行预测，为研究其变形机制提供依据[7]。

细观强度理论注重两种材料的复合效应，复合材料复合效应属于平均化思想，即将复合材料力学性质视为所组成的材料性能的线性叠加。复合材料复合效应主要分为两类：混合效应和协同效应。

混合效应与刚度有关，只能预测复合材料弹性变形范围内的力学代表性能，不能应用于界面脱黏情况。有效模量理论是混合定律的主要理论来源，该定律典型力学模型是代表性体积单元。混合定律应满足以下要求：①增强相纤维与基体间结合良好，两者应变等值；②增强相纤维的均匀分布，强度等值。

基于混合定律，复合材料弹性模量可表示为

$$E_c = E_f V_f + E_m (1 - V_f) \qquad (6-1)$$

式中：E_c 为复合材料的弹性模量；E_f 为纤维的弹性模量；E_m 为基体的弹性模量；V_f 为纤维的体积分数。

复合材料的强度表达式为

$$\sigma_c = \sigma_f V_f + \sigma_m (1 - V_f) \qquad (6-2)$$

式中：σ_c 为复合材料的强度；σ_f 为纤维的强度；σ_m 为基体的强度。

纤维的体积分数可表示为

$$V_f = n \cdot \pi \cdot r^2 \cdot \frac{1}{2} \cdot \sqrt{L^2 + (\pi d)^2} \qquad (6-3)$$

式中：n 为纤维数量；r 为纤维半径；L 为纤维螺距；d 为螺旋圆直径。

微结构体积可表示为

$$V = \pi \cdot r^2 \cdot h \qquad (6-4)$$

式中：h 为代表性体积单元高度。

刚性纤维材料占比可表示为

$$E_c = \frac{\sigma_c}{\varepsilon} = \frac{P \cdot L}{F \cdot \Delta L} \tag{6-5}$$

结合具体参数，即可计算复合材料理论上的弹性模量和强度。

协同效应注重组成材料的各自特性，如叠层效应、工艺差异等。复合材料强度与破坏的代表性力学模型主要有 Cox 提出的剪切滞后模型，该模型可应用于研究分析复合材料在压缩载荷下，内部纤维发生断裂后，材料应力分布变化情况。纤维断裂所导致的应力重分布会使断裂纤维附近的纤维和基体产生应力集中现象，这不仅影响复合材料的破坏形式，也会决定复合材料的最大强度。剪切滞后模型假设纤维和基体黏合良好且界面厚度可忽略不计，纤维和基体均为弹性变形。这一模型可描述当载荷作用于基体上并通过两种材料的界面将应力传递到高强度、高模量的纤维上的这一过程，该模型在研究复合材料应力传递中应用广泛。复合材料在压缩载荷作用下，应力是通过基体与增强相间的界面间的剪切应力传递。对于本小节的仿生微结构 RVE，可将螺旋纤维拉直，复合材料简化后的剪滞模型如图 6-3 所示。

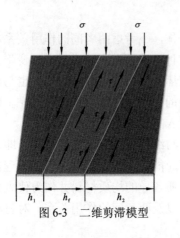

图 6-3　二维剪滞模型

根据剪滞理论，RVE 两种材料界面处存在切应力 τ，其中 $h_m = \dfrac{h_1 + h_2}{2}$，应力载荷 σ 与界面切应力 τ 满足平衡方程：

$$2bh_m\bar{\sigma}_f + bh_f\bar{\sigma}_f = 2bh_m\sigma \tag{6-6}$$

$$2\tau bdx + bh_f d\bar{\sigma}_f = 0 \tag{6-7}$$

整理后得

$$\bar{\sigma}_m = \sigma - \frac{h_f}{h_m}\bar{\sigma}_f \tag{6-8}$$

$$\tau = -\frac{h_f}{2}\frac{d\bar{\sigma}_f}{dx} \tag{6-9}$$

式中：$\bar{\sigma}_m$ 为基体相横截面上的平均正应力；$\bar{\sigma}_f$ 为增强相横截面上的平均正应力；σ 为外应力载荷；τ 为界面切应力；h_m 为增强相厚度；b 为基体相和增强相宽度。

基体与增强相在单轴压缩受力状态下的本构方程为

$$\sigma_m = E_m \frac{du_m}{dx}, \quad \sigma_f = E_f \frac{du_f}{dx} \tag{6-10}$$

式中：σ_m 为基体相上横截面某一点的正应力；σ_f 为增强相横截面某一点的正应力；E_m 为基体相的弹性模量；E_f 为增强相的弹性模量；u_m 为基体横截面上某一点沿 x 方向的位移量；u_f 为增强相横截面上某一点沿 x 方向的位移量。

材料界面两侧在压缩过程中会产生相对滑动，相对位移 δ 可表示为

$$\delta = u_m - u_f \tag{6-11}$$

式中：δ 为基体与增强相横截面上某一点沿 x 方向的相对位移。

代表性体积单元中，基体与增强相的厚度远小于其长度，故可以假设 σ_m、σ_f、u_m、u_f、δ 在横截面上的变化幅度很小，因此可使用横截面上的平均值 $\bar{\sigma}_m$、$\bar{\sigma}_f$、$\bar{\sigma}$，代入式（6-10）和式（6-11）可得

$$\bar{\sigma}_m = E_m \frac{d\bar{u}_m}{dx}, \quad \bar{\sigma}_f = E_f \frac{d\bar{u}_f}{dx} \tag{6-12}$$

$$\bar{\delta} = \bar{u}_m - \bar{u}_f \tag{6-13}$$

式（6-13）两边对 x 求导可得

$$\frac{d\bar{\delta}}{dx} = \frac{d\bar{u}_m}{dx} - \frac{d\bar{u}_f}{dx} \tag{6-14}$$

将式（6-12）代入式（6-14）得

$$\frac{d\bar{\delta}}{dx} = \frac{\bar{\sigma}_m}{E_m} - \frac{\bar{\sigma}_f}{E_f} \tag{6-15}$$

将式（6-8）代入式（6-15）可得

$$\frac{d\bar{\delta}}{dx} = \frac{\sigma}{E_m} - \left(\frac{h_f}{2h_m E_m} + \frac{1}{E_f} \right) \bar{\sigma}_f \tag{6-16}$$

式（6-16）两边对 x 求导可得

$$\frac{d^2\bar{\delta}}{dx^2} = -\left(\frac{h_f}{2h_m E_m} + \frac{1}{E_f} \right) \frac{d\bar{\sigma}_f}{dx} \tag{6-17}$$

联立式（6-9）及式（6-17）可得

$$\frac{d^2\bar{\delta}}{dx^2} = \left(\frac{1}{h_m E_m} + \frac{2}{E_f h_f} \right) \tau \tag{6-18}$$

本小节在复合材料细观力学分析的复合效应基础上，由混合效应引出代表性体积单元概念，由协同效应引出剪滞模型并简化出二维剪滞模型，为后续的仿真分析奠定理论基础。

3. 仿真分析过程与结果

单元体在承载时，柔性基体的纤维束中大部分载荷由纤维承受，柔性基体使得应力较均匀地分配给所有纤维，原因是柔性基体使所有的纤维经受同样的应变，应力通过剪切过程传递，这就要求刚性纤维和柔性基体间有较高的胶接强度，同时要求柔性基体本身也具有较高的剪切强度和模量。综合考虑材料特性及价格因素，选用丁腈橡胶作为水润滑轴承复合材料的柔性基体，刚性纤维部分选择弹性模量较大的碳纤维，如表6-1所示。

表 6-1　复合材料参数

复合材料	弹性模量/MPa	泊松比
碳纤维	2.1×10^5	0.307
丁腈橡胶	6.1	0.49

刚性纤维的螺旋角分别设计为 0°、10°、20°、30°、40°、50°，RVE 的上方为承载端，对上表面进行载荷施加，模拟受到轴的压载，而下方为非承载端，对下表面进行固定约束，模拟轴承外壳固定。对 RVE 进行力学性能分析采用静力学仿真分析模块，同等条件下，各种螺旋角度下的变形及应力分布结果如表6-2所示。

表 6-2 各种螺旋角设计的变形及应力分布结果

螺旋角/(°)	柔性基体		刚性纤维	
	变形/mm	应力/MPa	变形/mm	应力/MPa
无	1.5652 最大值 1.3913 1.2174 1.0435 0.869 58 0.695 67 0.521 75 0.347 83 0.173 92 0 最小值	2.7905 最大值 2.4843 2.1781 1.8719 1.5657 1.2595 0.953 35 0.647 16 0.340 98 0.034 79 最小值		
0	0.5924 最大值 0.526 57 0.460 75 0.394 93 0.329 11 0.263 29 0.197 47 0.131 64 0.065 822 0 最小值	4.5671 最大值 4.0597 3.5522 3.0448 2.5374 2.03 1.5225 1.0151 0.5077 0.000 279 15 最小值	0.059 247 最大值 0.052 664 0.046 081 0.039 498 0.032 915 0.026 332 0.019 749 0.013 166 0.006 583 0 最小值	189.95 最大值 168.96 147.97 126.98 105.99 84.999 64.009 43.019 22.029 1.0398 最小值
10	0.595 84 最大值 0.529 64 0.463 43 0.397 23 0.331 02 0.264 82 0.198 61 0.132 41 0.066 205 0 最小值	4.0579 最大值 3.6071 3.1562 2.7053 2.2545 1.8036 1.3527 0.901 84 0.450 97 9.8812×10^{-5} 最小值	0.074 414 最大值 0.066 146 0.057 878 0.049 609 0.041 341 0.033 073 0.024 805 0.016 536 0.008 268 2 0 最小值	252.48 最大值 224.58 196.67 168.76 140.86 112.95 85.045 57.139 29.233 1.3269 最小值
20	0.612 22 最大值 0.5442 0.476 17 0.408 15 0.340 12 0.2721 0.204 07 0.136 05 0.068 025 0 最小值	4.0067 最大值 3.5617 3.1167 2.6717 2.2267 1.7817 1.3367 0.891 66 0.446 66 0.001 661 1 最小值	0.108 31 最大值 0.096 272 0.084 238 0.072 204 0.060 17 0.048 136 0.036 102 0.024 068 0.012 034 0 最小值	373.25 最大值 331.97 290.7 249.42 208.15 166.87 125.6 84.324 43.049 1.7743 最小值

螺旋角/(°)	柔性基体		刚性纤维	
	变形/mm	应力/MPa	变形/mm	应力/MPa
30	0.637 33 最大值 0.566 51 0.4957 0.424 89 0.354 07 0.283 26 0.212 44 0.141 63 0.070 814 0 最小值	3.8198 最大值 3.3955 2.9712 2.5469 2.1225 1.6982 1.2739 0.849 53 0.4252 0.000 865 07 最小值	0.149 84 最大值 0.133 19 0.116 54 0.099 892 0.083 244 0.066 595 0.049 946 0.033 297 0.016 649 0 最小值	468.3 最大值 416.44 364.58 312.71 260.85 208.99 157.12 105.26 53.397 1.5333 最小值
40	0.659 51 最大值 0.586 23 0.512 95 0.439 67 0.366 39 0.293 12 0.219 84 0.146 56 0.073 279 0 最小值	3.7889 最大值 3.368 2.9471 2.5262 2.1053 1.6844 1.2635 0.842 59 0.421 68 0.000 782 77 最小值	0.187 82 最大值 0.166 95 0.146 08 0.125 21 0.104 34 0.083 476 0.062 607 0.041 738 0.020 869 0 最小值	432.43 最大值 384.62 336.81 288.99 241.18 193.37 145.56 97.746 49.934 2.1224 最小值
50	0.6553 最大值 0.582 49 0.509 67 0.436 86 0.364 05 0.291 24 0.218 43 0.145 62 0.072 811 0 最小值	3.4802 最大值 3.0937 2.7071 2.3205 1.9339 1.5474 1.1608 0.774 23 0.387 66 0.001 093 2 最小值	0.208 93 最大值 0.185 71 0.1625 0.139 28 0.116 07 0.0928 56 0.069 642 0.046 428 0.023 214 0 最小值	412.41 最大值 366.98 321.55 276.11 230.68 185.25 139.82 94.385 48.952 3.52 最小值

从仿真分析结果可以看出，与单纯的柔性基体材料相比，添加碳纤维后复合材料的承载能力得到了很大的提高，同时抗压性能也得到了改善，材料的整体力学性能也得到了改善。

随着螺旋角的增大，基体和纤维的变形均缓慢增大，但基体的应力逐渐减小，纤维的应力先增大后减小。当螺旋角为 30° 时，得到最大应力值。因此，当螺旋角为 30° 时可以提供更高的抗压强度。

6.1.3 仿生微结构性能试验验证

1. 试样及设备

RVE 之间的孔隙分布是仿生结构的另一个重要参数。在对仿生结构螺旋角分析的基础上，采用三维成型技术制备两种不同孔隙分布模式的样品，并从仿真分析结果中选择较好的角度，如图 6-4 所示，使用万能试验机进行压缩力学试验分析样品的力学性能。根据仿真和试验的综合结果，可以得到较好的仿生结构参数设计。

(a) 三单元组合　　(b) 四单元组合

图 6-4　压缩测试样品

三单元组合是由 3 个体积单元组成，单元之间的孔隙较小，而四单元组合是由 4 个体积单元组成，单元之间的孔隙较大。根据 3D 打印的可供材料库，RVE 的刚性纤维材料选择尼龙玻璃纤维，强度为 3500 MPa，直径为 1 mm。柔性基体材料选择丁腈橡胶，强度为 5 MPa。

在压缩试验中，将试样置于万能试验机压板的中心位置，压板平整光滑，压板与试样表面平行，处于刚接触状态，如图 6-5 所示。沿着模型的轴向，即纤维延伸的方向，以恒定速率（通常为 2 mm/min）压缩，将模型破坏或将其高度降低到预定值，最后，根据试验结果来分析两种样品的变形状态。

(a) 万能试验机　　　　　　　　　　(b) 压载部分

图 6-5　压缩测试设备

2. 压缩应力–应变曲线

为了解试样的压缩强度，分析其大压缩载荷下的变形机制，在试验过程中，对试样进行持续加载直至模型损坏并用摄像机拍摄试样变形过程，记录试样在准静态轴向压缩过程中的应力值、应变值并绘制应力-应变曲线。

由图 6-6 可知，两种排列方式的试验结果曲线整体都呈现指数增长。曲线可大致分为两个阶段，即大变形阶段、小变形阶段。在大变形阶段，试样在刚开始受压时，发生了较大位移变形量，这是由于基体横截面积大于刚性纤维且存在加工误差，表现为承载面稍微内凹，使基体先承受载荷，且试样内存在孔洞，孔隙被压缩，该阶段为试样的主要变形阶段；小变形阶段，该阶段应力的增量大于应变增量，曲线与指数函数类似，此时基体和刚性纤维共同承受载荷，其中刚性纤维承受主要载荷，该阶段后期与仿真结果中应力-应变趋势大致一致。

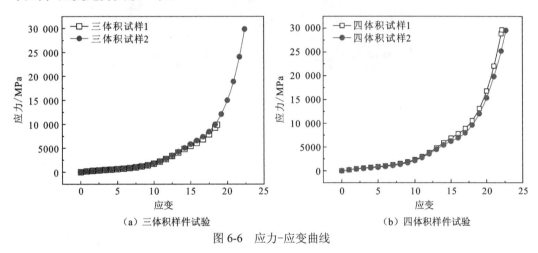

（a）三体积样件试验 （b）四体积样件试验

图 6-6 应力-应变曲线

两个试样的压缩变形规律基本一致，随着应变量的增加，应力也逐渐增大。由于试样中存在孔隙，试样呈现出的宏观弹性模量比较小，随着压缩应力的增大，材料会变得更加密实而密度变大，试样会进入应力快速增大阶段，故此时试样的弹性模量迅速增大。当试样的横截面越来越大，但实际应力不随压缩载荷的增加而增大，因此得不到强度极限，其抗压能力会逐渐增强，应力-应变曲线持续上升，试样不会发生破坏，除基体外表面会发生开裂，在卸载后试样能恢复到原先的高度，这可以说明设计的水润滑轴承材料抗压强度优良。

根据《纤维增强塑料压缩性能试验方法》（GB/T 1448—2005）压缩计算方法，压缩强度和弹性模量的计算公式为

$$\sigma_c = \frac{P}{F} \tag{6-19}$$

$$E_c = \frac{\sigma_c}{\varepsilon} = \frac{P \cdot L}{F \cdot \Delta L} \tag{6-20}$$

式中：σ_c 为压缩应力；P 为最大载荷；F 为试样横截面积；ε 为应变；L 为压缩前的高度；ΔL 为试样的变形量。压缩强度和弹性模量计算结果见表 6-3。

表 6-3　压缩强度和弹性模量计算结果

类别	受载/N	截面积/mm²	压缩应力/MPa	变形量/mm	弹性模量/MPa
三单元体	29 847	0.307	35.9	23.5	0.038
四单元体	29 591	0.49	28.0	23.0	0.050

3. 破坏形式

高度压缩到 90%后，将样品卸载。两种试样在弹性恢复后的状态如图 6-7 所示。

（a）三单元体　　　　　　　　　　　（b）四单元体

图 6-7　破坏状态

两个样品上端均有明显的压痕，侧面比较完整。卸载后，三单元体中间保持微凸呈鼓形，四单元体呈扭转形式。这是因为四单元体的孔隙大于三单元体，所以单元体之间的位移空间较大。整个机体在承受高载荷后，在刚性纤维的引导下，会产生不可恢复的变形。

试样经过压缩后，都出现硬化现象。破坏模式主要为剪切破坏，纤维屈曲使其与周围基体分离。当载荷进一步增大时，纤维扭曲并挤压基体，导致复合材料内部出现裂纹。随着载荷的增大，裂纹开始由内向外迅速扩展，直至基体材料表面出现裂纹。为了进一步分析两种结构模式的压缩变形状态，对试样进行切割并观察其内部形貌，剖面照片如图 6-8 所示。

（a）三单元体　　　　　　　　　　　　　　（b）四单元体

图 6-8　试样剖面照片

通过观察内部形貌，可以发现三单元体的内部元素仍然稳定，内摩擦和剪切变形均小于四单元体。相反，四单元体的内部纤维已经变形，出现裂纹和毛刺，刚性纤维已经断裂。这种情况说明单元体之间的孔隙不宜过大，过大的孔隙对仿生结构的稳定性影响较大。

6.2 增材制造超结构减振技术

6.2.1 超结构设计与制备

普通类桁架式结构是近几年研究最广泛的三维点阵结构[8]，一般的普通类桁架结构通常都是由直杆型结构组成，这些直杆通过周期性排列可以形成直杆型点阵结构，由于组成结构的单胞不同，可以形成不同的直杆型点阵结构，例如体心立方（body-centered cubic，BCC）、面心立方（face-centered cubic，FCC）、四面体等结构。通过对几何参数的调控可以形成不同的几何特征，从而控制其力学性能，进而实现功能多元化。其中直杆型点阵结构可以通过许多三维建模软件来设计。图 6-9 所示为 BCC 点阵结构。对点阵结构来讲，体积分数（volume fraction，VF）是一个重要的设计参数。体积分数为材料的实际体积 V_r 与结构整体体积 V_0 之比，与体积分数相对的是孔隙率 p，即结构的孔洞体积 V_1 与材料整体总体积 V_0 之比，而体积分数与孔隙率之和为 1，即

$$VF = \frac{V_r}{V_0} = 1 - \frac{V_1}{V_0} \tag{6-21}$$

图 6-9 BCC 单胞模型

通过控制其杆径从而得到不同体积分数的点阵结构。

三周期极小曲面（I-graph-wrapped package，IWP）结构由 MSLattice 软件生成。IWP 单胞由以下数学公式生成：

$$F(x,y,z,t) = 2\left[\cos\left(2\pi\frac{x}{L}\right)\cos\left(2\pi\frac{y}{L}\right) + \cos\left(2\pi\frac{y}{L}\right)\cos\left(2\pi\frac{z}{L}\right) + \cos\left(2\pi\frac{z}{L}\right)\cos\left(2\pi\frac{x}{L}\right)\right]$$
$$-\left[\cos\left(4\pi\frac{x}{L}\right) + \cos\left(4\pi\frac{y}{L}\right) + \cos\left(4\pi\frac{z}{L}\right)\right] - t \tag{6-22}$$

式中：L 为单胞尺寸；参数 t 控制体积分数。

本小节设计的点阵结构尺寸为 60 mm×60 mm×40 mm，上下面板厚度均为 1 mm。所选尺寸可包含三种类型的单胞尺寸：5 mm、10 mm 和 20 mm。小于 5 mm 的单胞尺寸并不实用，因为点阵结构密度变得非常大，会降低点阵结构轻质的优势。图 6-10 所示为

每种单胞尺寸制备了三种不同体积分数10%、15%和20%的样品。所有样品的总数为18个。为了方便区分结构，例如单胞尺寸为5 mm，体积分数为10%的结构命名为5-10%，即前一个数字代表尺寸大小，后一个数字代表体积分数。

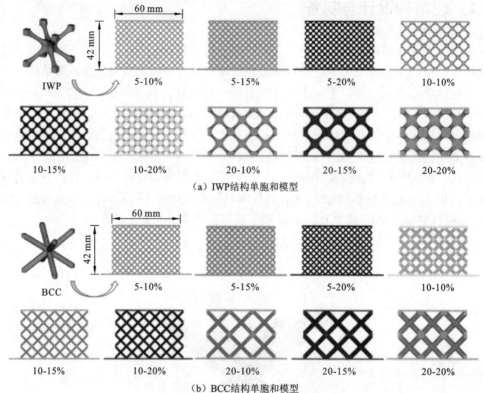

（a）IWP结构单胞和模型

（b）BCC结构单胞和模型

图 6-10　IWP 和 BCC 点阵结构

针对模型的制备，传统方法比较困难，但随着 3D 打印技术的兴起与成熟，加工结构复杂、形式多变的零件已经变得可实现，并且拥有很好的性能。选择性激光熔化（selective laser melting，SLM）技术是常用的金属打印技术之一，模型切片后通过激光逐层熔化金属粉末制备零件。图 6-11 为 SLM 设备示意图。工作缸系统下移一层切片厚度后，铺粉系统右移把粉末推到工作腔，多余的粉末被推到回收缸，铺粉系统返回，同时送粉缸系统上升，激光经过振镜进行扫描，熔化金属粉末后工作缸系统下移一个切片厚度，往复循环直到完成整个零件打印[9]。本试验所用的 SLM 成型设备为广州雷佳增材制造有限公司自主研发设计的 DiMetal-100H 型号打印机（图 6-12），其模型最大成型尺寸为100 mm×100 mm×100 mm。使用 Magics 软件制备点阵结构模型并切片，设置切片厚度为 0.03 mm 以保证结构成型后样品表面光滑与精确。将切片文件通过 U 盘导入 SLM 设备，设置激光扫描策略为无轮廓输出以及扫描方式为正交扫描，即打印过程中激光扫描角度会与前一层相差 90°。由于结构上下面板的存在，为了保证无支撑条件下良好的成型质量，将结构旋转 90° 再进行打印，如图 6-13 所示。打印具体参数为：激光功率 170 W，舱口间距 0.07 mm，扫描速度 900 mm/s，层厚 30 μm。在打印过程中，用高纯度氩气冲洗打印室，使氧气体积分数低于 0.1%，以减少打印过程中材料的氧化。打印前进行铺粉，粉末为 316L 粉末，其理论密度为 7900 kg/m^3，杨氏模量为 $2.1×10^5$ MPa，泊松比为 0.3。

图 6-13（a）显示了从基底切割并用酒精清洗后的点阵结构，图 6-13（b）显示了线切割放电加工前的部分 BCC 和 IWP 样品。

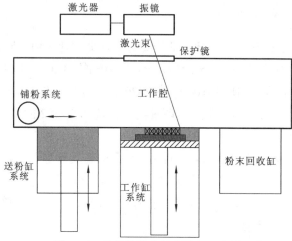

图 6-11　选择性激光熔化设备示意图

图 6-12　DiMetal-100H 型号打印机

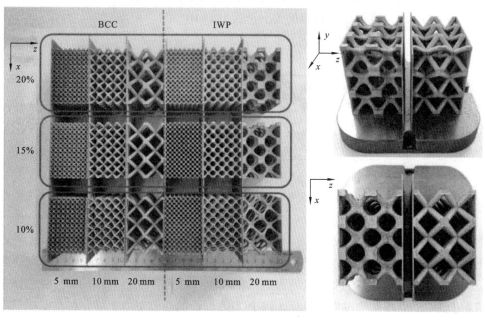

（a）从基板切割后的点阵结构　　　　　　（b）线切割放电加工前的BCC和IWP样品

图 6-13　打印的 IWP 和 BCC 样品

6.2.2　超结构承载性能验证

1. 应力分布仿真分析

为了分析对 BCC 结构进行优化后的应力分布，即对比 IWP 结构，本小节借助有限元分析的方法，以单胞大小为 5 mm、体积分数为 10%的 BCC 和 IWP 结构为例来探究结构优化对应力分布的影响，使用 ABAQUS 2020 软件进行点阵结构应力分布的分析。

为了保证计算的精度和计算效率，两种结构都选择 2×2×2 的单胞排列方式进行模型建立和分析。具体步骤如下。

由于模型为三角面片模型（STL 文件），需要 STL 文件导入 Hypermesh 2020 软件进行二维网格修复，在修复的二维模型基础上进行三维网格划分以获得四节点四面体实体单元，此四面体实体单元的每个节点自由度为 6。此后，将四面体单元导出为 inp 文件，准备进行下一步的有限元模拟。

定义的材料属性是模拟结果的重要影响因素，为了获取准确有效的材料力学性能参数，对 SLM 制造的 316L 标准试样进行拉伸试验。具体参数为：弹性模量 210 GPa，泊松比 0.3，起始屈服强度 558 MPa[10]。

有限元模拟过程中的边界条件是根据实际条件确定的，如图 6-14 所示。两块大于点阵结构模型上下表面面积刚体圆板以模拟单轴压缩试验设备的上下压头，同时，两块刚体圆板分别与点阵结构模型的上下表面接触。两者接触类型均为面接触，其中，切向接触属性定义为惩罚接触，摩擦系数为 0.1，法向接触属性定义为硬接触。底板的 6 个自由度均受到约束，顶板被施加与单轴压缩试验一致的方向，位移 2%应变（处于弹性线性阶段）。在进行网格收敛性分析后，综合考虑计算的精度与效率，本小节选定的网格尺寸为 0.1 mm×0.1 mm，将最小时间增量大小设置为 $1×10^{-7}$ s。

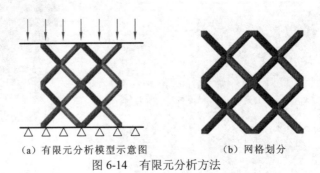

（a）有限元分析模型示意图　　　（b）网格划分

图 6-14　有限元分析方法

如图 6-15 所示，在体积分数为 10%的 IWP 和 BCC 点阵结构模型中，在节点附近支柱相交的地方有最高水平的应力。支柱之间的尖锐连接是导致 BCC 点阵结构节点处应力集中的主要原因。这些应力集中会导致裂纹的发生。对于 IWP 点阵结构，其应力分布模式相对于 BCC 点阵结构发生了变化。IWP 点阵结构的应力集中主要分布在支柱上靠近节点的位置，并在节点四周分布，降低了 BCC 点阵结构在节点位置的应力集中水平。

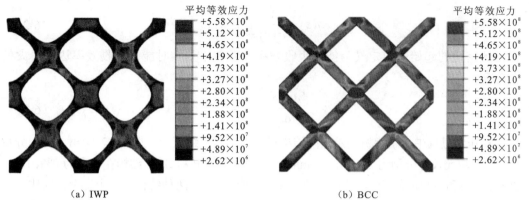

平均等效应力
+5.58×10^8
+5.12×10^8
+4.65×10^8
+4.19×10^8
+3.73×10^8
+3.27×10^8
+2.80×10^8
+2.34×10^8
+1.88×10^8
+1.41×10^8
+9.52×10^7
+4.89×10^7
+2.62×10^6

（a）IWP

平均等效应力
+5.58×10^8
+5.12×10^8
+4.65×10^8
+4.19×10^8
+3.73×10^8
+3.27×10^8
+2.80×10^8
+2.34×10^8
+1.88×10^8
+1.41×10^8
+9.52×10^7
+4.89×10^7
+2.62×10^6

（b）BCC

图 6-15　IWP 及 BCC 点阵结构的应力分布图

2. 压缩试验分析

由于试验样品为增材制造所得，结构为完全对称结构，且各向异性差别不大，主要研究点阵结构隔振器在 Z 方向的承载与振动特性，故采用单轴压缩试验，在电子机械试验机上进行，如图 6-16 所示。底板固定，顶板以 0.04 mm/s 的恒定速度沿构建方向（Z 轴方向）向下移动，使整个结构的应变率达到 0.1%，符合《金属机械试验—延性测试—多孔和多孔金属的压缩试验》（ISO 13314：2011）标准[11]。为了确保样品获得足够的变形，体积分数为 10%的样品的最大压力设定为 100 kN，体积分数为 15%和20%的样品的最大压力设定为 200 kN。

图 6-16　单轴压缩试验设备

根据应力-应变曲线，可以计算出这些样品的杨氏模量 E_{cel}、能量吸收 E、致密化起始应变 ε_{cd}、最大屈服应力 σ_s、单位体积能量吸收 W_v。平台应力 σ_{pl} 为 20%～50% 应变时的平均应力。

根据载荷-位移曲线下的面积可以得出能量吸收量为

$$E(s) = \int_0^s F(s)\mathrm{d}s \tag{6-23}$$

式中：$F(s)$ 为一定位移 s 时的载荷。

比能量吸收是指单位质量所吸收的能量：

$$\mathrm{SEA}(s) = \frac{E}{m} = \frac{\int_0^s F(s)\mathrm{d}s}{m} \tag{6-24}$$

单位体积能量吸收可通过对压缩应力-应变曲线进行积分来获得，其定义为

$$W_v = \int_0^\varepsilon \sigma(\varepsilon)\mathrm{d}\varepsilon \tag{6-25}$$

式中：W_v 为单位体积的能量吸收；ε 为应变；σ 为压应力。

能量吸收效率的定义是，在一定应变下吸收的能量与相应应力的比率，可表示为

$$\eta(\varepsilon) = \frac{1}{\sigma(\varepsilon)} \int_0^\sigma \sigma(\varepsilon) \mathrm{d}\varepsilon \qquad (6\text{-}26)$$

致密化的起始应力定义为能量吸收效率曲线斜率为零时能量吸收效率达到最大值的应变：

$$\left. \frac{\mathrm{d}\eta(\varepsilon)}{\mathrm{d}\varepsilon} \right|_{\varepsilon=\varepsilon_{\mathrm{cd}}} = 0 \qquad (6\text{-}27)$$

在压缩过程中，用相机记录点阵结构样品的详细压缩行为。图 6-17 给出了体积分数为 10%，单元尺寸分别为 20 mm、10 mm 和 5 mm 的 IWP 和 BCC 结构在应变为 0%、15%、30%、45% 和 60% 时的变形行为。从图 6-17 中可以看出，两种结构的整个变形行为比较相似，中层首先开始变形，其次是上层和底层。与中间层相比，上层和下层处于有界状态，边界与板相连，而中间层处于自由状态，因此变形从最中间层开始并向四周扩展。但两种结构的变形位置不同，IWP 结构首先从杆的最细的部分开始变形（图 6-17 中箭头），IWP 和 BCC 结构的最大区别在于 IWP 结构加强了节点，因此 BCC 结构的变形位置从节点开始。还可以发现，所有样品都没有明显的断裂行为，这表明 316L 不锈钢具有极佳的韧性。

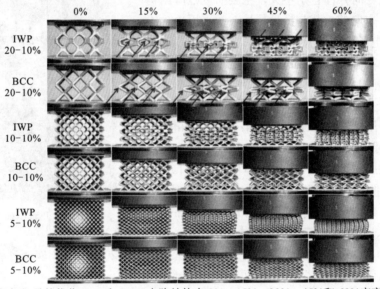

图 6-17　相机记录的优化 IWP 和 BCC 点阵结构在 0%、15%、30%、45% 和 60% 应变下的变形

图 6-18 中 IWP 和 BCC 结构的应力-应变曲线显示压缩过程存在三个阶段。第一阶段为线性弹性阶段，应变主要由结构的弹性变形引起；第二阶段为平台阶段，可以计算出平台应力；第三阶段为致密阶段，应力随着变形的增加而迅速上升。单胞尺寸为 5 mm 时，图 6-18 显示的曲线更为平滑，没有明显的峰值。但当单胞尺寸为 20 mm 时，两种结构的应力-应变曲线都出现了明显的波动，而且这种波动随着单胞尺寸的增大而增大。这主要是因为大尺寸结构的单胞数量减少，杆变形后对结构承载性能的瞬态影响更大。此外，大单胞结构的杆较长，杆变形需要较长的行程。在压缩过程中，变形逐渐增大，直到变形影响结构的上下相邻层，此时相邻层也开始逐渐变形。比较两种结构的应力-应变曲线发现，IWP 结构的应力-应变曲线较为平滑，而 BCC 结构的应力-应变曲线波动较大，这表明 IWP 结构具有更好的力学性能，受力更均匀。

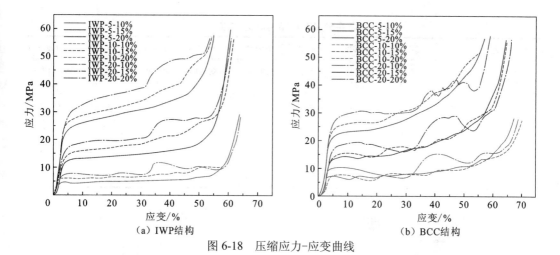

（a）IWP结构　　　　　　（b）BCC结构

图 6-18　压缩应力-应变曲线

当斜杆结构受压时，Z 方向上的位移分量为[12]

$$\delta_Z = \frac{FL^3 \cos\theta}{12E_s I} \qquad (6\text{-}28)$$

式中：F 为施加在单胞结构上的力；L 为杆的有效变形长度；θ 为杆的倾斜角；I 为杆的惯性矩；E_s 为基体材料的杨氏模量。

表 6-4 和表 6-5 总结了 IWP 和 BCC 结构的关键力学性能参数。一般来说，两种结构的 E_{cel}、W_v 和 σ_{pl} 都随着单胞尺寸和体积分数的增大而增大。从表 6-4 和表 6-5 中的数据还可以看出，致密化起始应变 ε_{cd} 与体积分数成反比，与单胞尺寸成正比，但 IWP 结构略小于 BCC 结构。此外，与单胞尺寸的变化相比，σ_s 对体积分数的变化更为敏感。此外，随着体积分数或单胞尺寸的增大，IWP 的杨氏模量大于 BCC 结构，在单胞尺寸和体积分数较大的情况下，其优势更为明显。主要原因是 IWP 的有效变形杆长度 L' 远小于 BCC[$L'<L$，有效变形杆长度如图 6-19（a）和（b）所示]，导致 IWP 结构强度增加。因此，在一定的力 F 作用下，IWP 结构 Z 方向的变形小于 BCC 结构[根据式（6-28）]，杨氏模量大于 BCC 结构。然而，对于 5 mm 的单胞尺寸，当体积分数较小时，结构杆较细，而 IWP 结构杆为锥形设计，中间部分更细[最细的杆厚度仅为 0.52 mm，如图 6-19（c）所示]，容易断裂。此外，当单胞尺寸较小时，IWP 结构塌陷得更为严重（图 6-20），因此当结构杆受力时，结构杆最薄的部分会首先断裂变形[断裂位置如图 6-19（c）所示]，因此当单元尺寸为 5 mm 时，IWP 的杨氏模量小于 BCC 的杨氏模量。

表 6-4　IWP 结构的力学性能

力学性能	5-10%	5-15%	5-20%	10-10%	10-15%	10-20%	20-10%	20-15%	20-20%
E_{cel} /MPa	319.93± 0.43	524.59± 1.14	815.11± 0.98	394.75± 0.75	626.99± 1.30	1043.72± 1.63	500.46± 0.84	777.04± 1.51	1055.56± 2.01
ε_{cd}/%	52.98	49.36	47.28	56.82	55.48	51.81	57.85	53.95	52.21
σ_s/MPa	3.58	9.47	17.94	4.63	11.63	18.56	5.62	13.03	22.81
W_v/（MJ/m³）	270.66	610.01	1340.97	408.99	1040.50	1720.65	490.06	1152.99	1984.60
σ_{pl}/MPa	5.26	14.89	30.76	7.05	14.91	34.46	8.86	22.03	40.48

表 6-5　BCC 结构的力学性能

力学性能	5-10%	5-15%	5-20%	10-10%	10-15%	10-20%	20-10%	20-15%	20-20%
E_{cel}/MPa	421.53± 0.92	528.22± 1.95	777.91± 1.21	362.98± 0.53	513.58± 1.14	889.67± 1.02	498.29± 1.60	691.18± 2.16	949.17± 1.37
ε_{cd}/%	58.06	55.01	52.66	63.10	58.12	55.09	62.37	59.92	55.14
σ_s/MPa	5.58	7.93	12.15	5.33	9.30	16.71	6.93	13.56	19.93
W_v/（MJ/m³）	478.46	913.20	1460.34	530.91	1044.04	1726.62	678.91	1205.55	1737.55
σ_{pl}/MPa	7.74	16.41	28.15	7.77	17.29	31.16	9.00	18.86	31.63

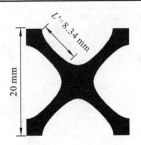

（a）体积分数为 10%、单元尺寸为 20 mm 的 IWP 结构

（b）体积分数为 10%、单元尺寸为 20 mm 的 BCC 结构

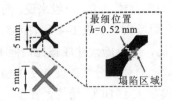

（c）体积分数为 10%、单元尺寸为 5 mm 的 IWP 和 BCC 结构

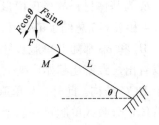

（d）受力分析图

图 6-19　受力示意图

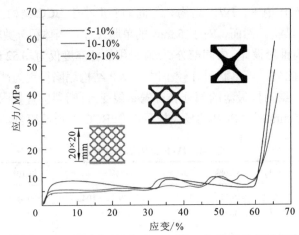

图 6-20　体积分数为 10%，尺寸为 2 cm×2 cm×2 cm 的 IWP 结构的压缩应力-应变曲线

如图 6-20 所示，点阵结构的力学响应与单胞尺寸成正比，表 6-4 表明 IWP 结构的杨氏模量随着单胞尺寸的增大而增大。相反，Yang 等[13, 14]研究了单胞尺寸为 3.5 mm、4.5 mm 和 5.5 mm 的螺旋二十四面体结构和 Schwartz 金刚石梯度多孔结构，结果表明杨

氏模量和屈服强度随着单胞尺寸的增大而减小，主要原因是单胞不完整，破碎单胞中的非支撑杆对结构没有刚度贡献。在样品整体尺寸不变的情况下，单胞越小，结构外部破损单胞占整个结构中所有单胞的比例就越低，因此小单胞结构具有更好的力学性能。此外，在压缩晶格结构时，结构内部单胞的变形受到周围单胞的限制，内部和外部单胞的边界条件并不相同。

为了进一步研究单胞尺寸对结构机械性能的影响，打印整体尺寸为 2 cm、体积分数为10%、单胞尺寸分别为 5 mm、10 mm 和 20 mm 的样品。对于 20 mm 的单胞，结构整体只有一个单胞。图 6-20 所示为尺寸为 2 cm×2 cm×2 cm、体积分数为 10%的 IWP 点阵结构的应力-应变曲线。由图可知，力学性能与单胞尺寸成正比，这与图 6-18 中的趋势一致，说明 Yang 等[13, 14]提到的断裂理论并不适用于本试验打印的结构，主要原因是结构单胞的跨度为 5~20 mm 不等，单胞尺寸跨度大，且在压缩过程中不存在断裂行为。特别是只有一个 20 mm 单胞的结构表现出更好的力学性能，这也表明单胞内外边界条件的不同对结构的力学响应几乎没有影响。此外，结构的顶板和底板的存在限制了结构的变形行为，这使得结构底部在压缩过程中难以变形，这也是结果与 Yang 等[13, 14]不同的原因之一。

为了讨论另一个原因，以 IWP 结构为例。打印过程中结构坍塌如图 6-21 所示。由于打印过程中结构下部没有支撑，所以会出现塌陷现象，如图 6-21 塌陷区域所示。在相同体积分数下，5 mm 的单胞体积更小，因此与大单胞结构（如单胞尺寸为 20 mm）相比，它具有更细的结构杆。当发生塌陷现象时，使实际起承重作用的结构杆变细（不包括塌陷区域的部分），塌陷部分占结构杆厚度的比例较大，因此塌陷对其力学性能影响很大。对于单胞尺寸为 20 mm 的结构，其结构杆比小单胞的结构杆粗得多，即使发生塌陷，对结构的影响也很小。因此，大单胞结构具有较好的力学性能。

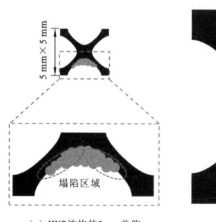

（a）IWP结构的5 mm单胞　　　　（b）IWP结构的20 mm单胞

图 6-21　塌陷现象示意图

3. 能量吸收能力

为了评估点阵结构的能量吸收性能，研究了不同体积分数和单胞尺寸的结构的能量吸收和效率，如图 6-22（a）和（b）所示。当应变小于线性弹性状态的 10%时，点阵结构的能量吸收效率是线性的，不同尺寸和体积分数的样品没有明显差异。当达到 σ_s 时，能量吸收效率出现差异。能量吸收效率曲线在 20%~40% 的应变范围内出现波动，与应力-应变曲线的平台状态相对应。IWP 和 BCC 结构在单胞尺寸为 20 mm、体积分数为 10% 时都具有最大的能量吸收效率，尤其是 IWP 结构的最大能量吸收效率超过了 50%。如图 6-22（c）和（e）所示，比吸收能均随单胞尺寸和体积分数的增大而单调升高，但在体积分数为 20% 时，IWP 结构的比吸收能大于 BCC 结构，这表明在较大体积分数时引入极小曲面有利于提高能量吸收能力。图 6-22（d）和（f）的能量吸收能力也显示出类似的特征，表 6-4 和表 6-5 表明，当体积分数较小时，低平台应力限制了样品的能量吸收，IWP 结构具有更好的抗变形能力（图 6-18），因此随着结构体积分数和单胞尺寸的增大，它也表现出更稳定的能量吸收能力。

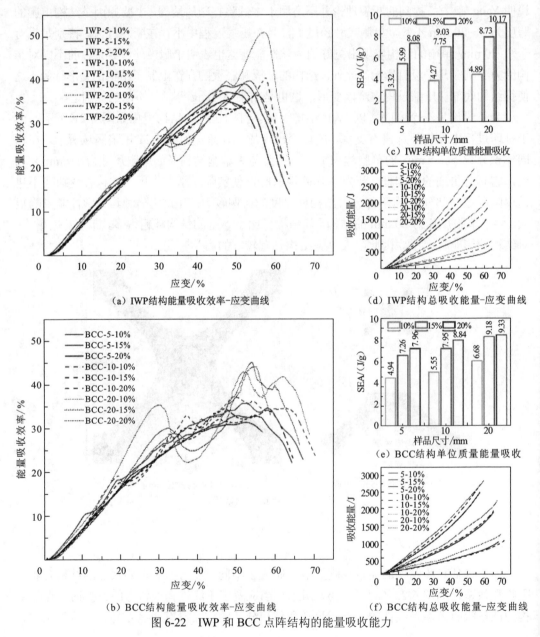

（a）IWP结构能量吸收效率-应变曲线

（b）BCC结构能量吸收效率-应变曲线

（c）IWP结构单位质量能量吸收

（d）IWP结构总吸收能量-应变曲线

（e）BCC结构单位质量能量吸收

（f）BCC结构总吸收能量-应变曲线

图 6-22　IWP 和 BCC 点阵结构的能量吸收能力

6.2.3 超结构隔振性能验证

对于点阵结构，可在其底部施加简谐激励，通过测量底部激励侧的输入响应和另一侧的输出响应来评估隔振性能。隔振性能通常可以用位移传递率、力传递率和加速度传递率来表示。如图 6-23（a）所示，本小节测量加速度响应，以测量结构的输入响应 A_0 和输出响应 A_1，其中 A_1 表示振动响应点的加速度振幅，A_0 表示激励端或源端的加速度振幅。定义振级落差 T，可用下式表示：

$$T = 20 \cdot \lg(A_1 / A_0) \tag{6-29}$$

当 $A_1/A_0<1$ 时即代表输出端响应小于输入端响应，当 $T<0$ 时，结构会产生隔振效果。

对每种结构进行频率响应分析时，还对两种结构的阻尼比进行了测试。结构阻尼比 ξ 可表示为

$$\xi = \frac{1}{2} \frac{f_{max} - f_{min}}{f_0} \tag{6-30}$$

式中：f_0 为谐振频率；f_{min} 和 f_{max} 分别为半功率振幅为 $\frac{Y_{max}}{\sqrt{2}}$ 时的频率，如图 6-23（b）所示。

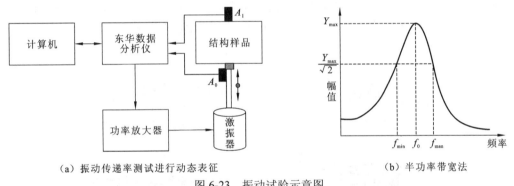

（a）振动传递率测试进行动态表征　　　　（b）半功率带宽法

图 6-23　振动试验示意图

为研究 BCC 和 IWP 结构的隔振性能，使用如图 6-24 所示的试验装置进行动态振动测试。样品底部由一组固定装置固定，作为约束边界条件。动态信号分析仪输入 $0\sim5000\,\text{Hz}$ 的正弦激励信号，通过功率放大器（HEAS-50）传输到激励器（HEV-50），并通过力传感器（3A105）施加到试样底部。加速度信号由加速度传感器（1A116E）测量，并传输到计算机进行处理。处理数据后，根据式（6-29）计算出振级落差 T。

1. 频率特征仿真分析

将设计的模型导入仿真软件，定义材料属性为 316L 不锈钢，密度为 $7900\,\text{kg/m}^3$，杨氏模量为 $2.1\times10^5\,\text{MPa}$，泊松比为 0.3，并将结构下表面的两侧面板定义为约束状态。激励力设置在结构底部，大小为 $1\,\text{N}$，频率扫描范围为 $0\sim5000\,\text{Hz}$ 和 $0\sim7000\,\text{Hz}$，步长设置为 $10\,\text{Hz}$。最后，自动对结构进行四面体网格划分，以确保网格大小合适且收敛性良好。使用特征频率模块计算结构的固有频率。提取结构上下表面的加速度响应，并将其带入式（6-29）计算振级落差 T。

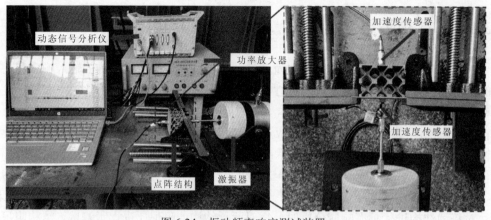

图 6-24　振动频率响应测试装置

从固有频率的模拟中提取了 IWP 和 BCC 结构的一阶和二阶模态，由于不同体积分数的点阵结构具有相似性，两种结构均选取比较有代表性的样品，以体积分数为 10%、单胞尺寸为 20 mm 的点阵结构为例。IWP 和 BCC 两种结构的一阶固有频率分别为 2494.1 Hz 和 2168.6 Hz，振动模态如图 6-25 和图 6-26 所示。可以看出，IWP 和 BCC 结构都是基于体心立方的结构特征，因此在模态方面也表现出相似的特征。一阶模态为扭转模式，表现为沿 Y 轴方向的扭转，而二阶模态则表现为平面内方向的弯曲。

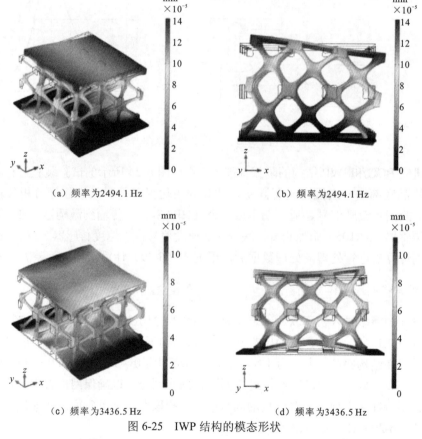

（a）频率为2494.1 Hz　　　　　　　　　（b）频率为2494.1 Hz

（c）频率为3436.5 Hz　　　　　　　　　（d）频率为3436.5 Hz

图 6-25　IWP 结构的模态形状

（a）和（b）为一阶模态形状；（c）和（d）为二阶模态形状

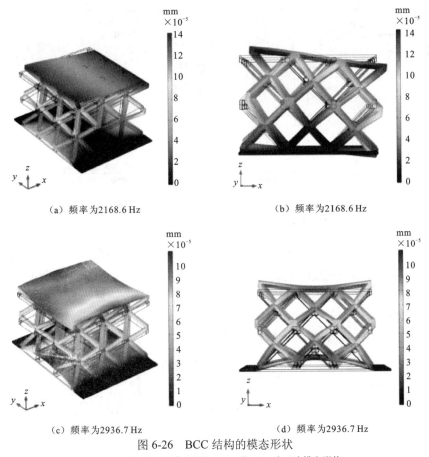

（a）频率为2168.6 Hz

（b）频率为2168.6 Hz

（c）频率为2936.7 Hz

（d）频率为2936.7 Hz

图 6-26　BCC 结构的模态形状

（a）和（b）为一阶模态形状；（c）和（d）为二阶模态形状

为了进行隔振仿真分析，将样品的底面两侧固定约束，以模拟振动台激励条件下的振动响应。同时，作为试验的补充，对样品结构的底面进行全固定约束并施加加速度激励，以模拟振动台激励条件下的振动响应。

从图 6-27（a）中可以看出，IWP 和 BCC 结构在 0～1000 Hz 都表现出隔振效果，在频率较低时隔振效果较好，频率越高隔振效果越差，这主要是因为高频隔振效果受到结构刚度的影响。隔振带隙分别产生于 3400 Hz 和 3000 Hz 附近。IWP 结构因刚度较高而具有较高的共振频率。在图 6-27（b）中，虽然两种结构在 0～1000 Hz 的隔振效果并不明显，但可以清楚地观察到 IWP 结构的共振幅度低于 BCC 结构，而且在 6000 Hz 附近的隔振效果更好，这也表明 IWP 结构具有更好的隔振性能。

2. 频率响应试验分析

图 6-28 显示了单胞尺寸为 20mm 的 IWP 和 BCC 结构的正弦扫频响应曲线，体积分数分别为 10%、15% 和 20%。随着体积分数的升高，IWP 结构的一阶固有频率从 2600 Hz 升高到 3212.5 Hz，BCC 结构的一阶固有频率从 2243.75 Hz 升高到 2781.25 Hz，10% 体积分数的 IWP 和 BCC 点阵结构的一阶固有频率与仿真的 2494.1 Hz 和 2168.6 Hz 基本相符。图 6-21 显示了从 FRF 图中提取的不同体积分数和单胞尺寸样品的固有频率。明显看出单胞尺寸对固有频率有影响，当单胞尺寸较大时，点阵结构的固有频率最低。而随

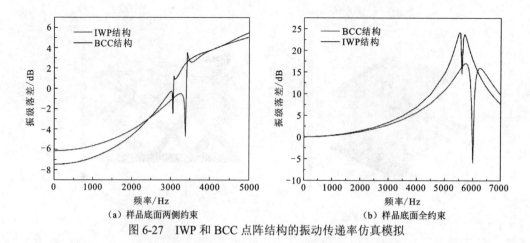

| (a) 样品底面两侧约束 | (b) 样品底面全约束 |

图 6-27　IWP 和 BCC 点阵结构的振动传递率仿真模拟

着结构体积分数的升高，结构的一阶固有频率也逐渐升高。众所周知，这是由样品刚度升高所致。固有频率与刚度成正比，与质量成反比。然而，随着体积分数的升高，点阵结构的质量也会升高，但与质量相比，刚度分量占主要部分，从而导致固有频率升高。因此，可以通过改变体积分数和单胞尺寸来改善点阵结构的振动动态特性，从而调节固有频率的偏移，避开机械设备的共振频率范围。

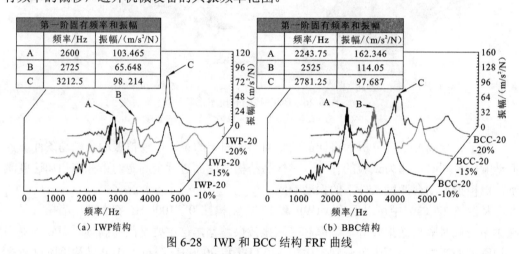

| (a) IWP结构 | (b) BBC结构 |

图 6-28　IWP 和 BCC 结构 FRF 曲线

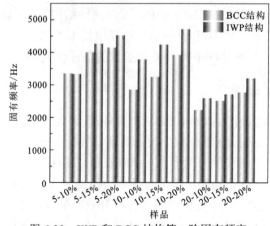

图 6-29　IWP 和 BCC 结构第一阶固有频率

根据图 6-28 中的频率响应曲线和阻尼比计算式（6-30），可以得到不同体积分数和不同单胞尺寸结构的一阶固有频率和阻尼比。表 6-6 和表 6-7 所示分别为 IWP 和 BCC 结构的共振振幅和阻尼比的计算结果。

表 6-6　IWP 结构的共振振幅和阻尼比

项目	5-10%	5-15%	5-20%	10-10%	10-15%	10-20%	20-10%	20-15%	20-20%
振幅	275.687	85.728	44.007	244.361	71.826	79.568	103.465	62.648	98.214
阻尼比	0.0234	0.0514	0.0676	0.0238	0.0545	0.0385	0.0840	0.0321	0.0213

表 6-7　BCC 结构的共振振幅和阻尼比

项目	5-10%	5-15%	5-20%	10-10%	10-15%	10-20%	20-10%	20-15%	20-20%
振幅	320.768	114.881	60.227	175.311	81.958	42.259	162.346	114.050	97.687
阻尼比	0.0187	0.0360	0.0587	0.0196	0.0538	0.0557	0.0279	0.0291	0.0338

图 6-30（a）～（c）显示了 IWP 点阵结构的共振幅值和阻尼比。当单胞尺寸为 5 mm 时，共振振幅随体积分数的升高而减小，阻尼比也与体积分数成正比。当单胞尺寸为 10 mm 时，随着体积分数的升高，阻尼比呈现先增大后减小的趋势。当单胞尺寸为 20 mm 时，阻尼比与体积分数成反比，尤其是当体积分数为 10%时，阻尼比最大，达到 0.0840。

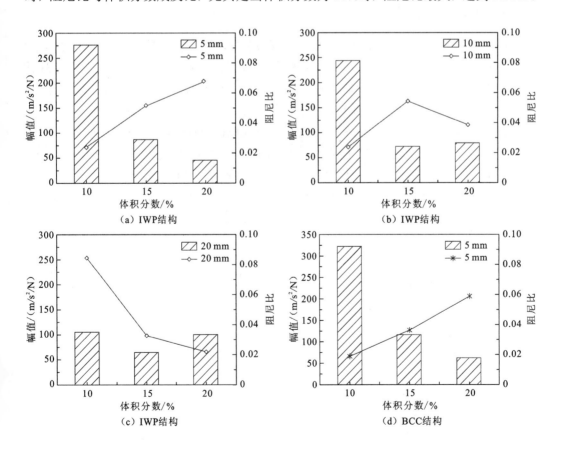

（a）IWP结构　　　　　　（b）IWP结构

（c）IWP结构　　　　　　（d）BCC结构

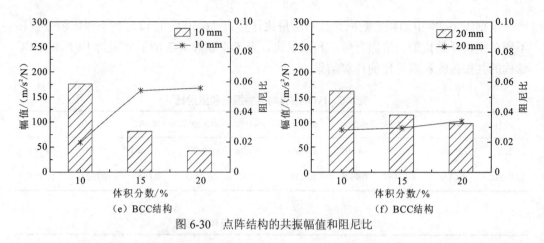

（e）BCC结构 　　　　　　　　　（f）BCC结构

图 6-30　点阵结构的共振幅值和阻尼比

　　BCC 结构样品的共振幅值和阻尼比如图 6-30（d）～（f）所示，当单胞尺寸分别为 5 mm、10 mm 和 20 mm 时，随着体积分数从 10%升高到 20%，BCC 结构的共振振幅由高到低变化，阻尼比逐渐增大，表明共振振幅与阻尼比密切相关，阻尼比越大，共振振幅越低，而且随着结构体积分数的升高，阻尼比逐渐增大。IWP 和 BCC 结构表现出的规律性有些不同，这可能是由样品印刷过程中的缺陷或者 IWP 和 BCC 结构不完全相同造成的。此外，将单胞尺寸从 5 mm 升高到 20 mm 时，BCC 和 IWP 结构在体积分数为 10%时显示出最高的共振峰，这主要是因为在体积分数为 10%时阻尼比相对较小。

3. 隔振性能分析

　　如图 6-31 和图 6-32 所示，在振动传递测试过程中，每个结构测量三次，取平均值绘制振级落差曲线。IWP 结构的不同单胞尺寸和体积分数在 0～600 Hz 的隔振效果如图 6-31 阴影部分所示。比较每种结构的隔振效果，在频率接近 300 Hz 和 400 Hz 时产生的隔振效果更好。随着体积分数和单胞尺寸的变化，隔振频带略有移动。如图 6-31 所示，随着体积分数的升高或单胞尺寸的变小，隔振峰值和隔振起始频率略微向右移动，这表明点阵结构的隔振效果与体积分数和单胞尺寸密切相关。比较 9 个样品结构的隔振效果，当单胞尺寸为 5 mm 和 10 mm 时，振动衰减为 10～15 dB。尤其是当单胞尺寸为 20 mm、体积分数为 10%时，隔振效果最好，振动衰减可达到约 17.5 dB［图 6-31（c）］，隔振频带为 250～450 Hz。

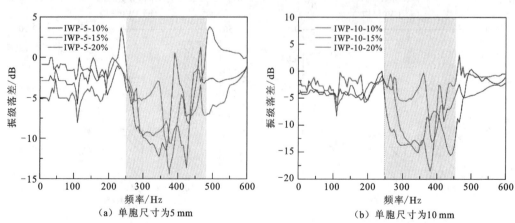

（a）单胞尺寸为 5 mm 　　　　　　　（b）单胞尺寸为 10 mm

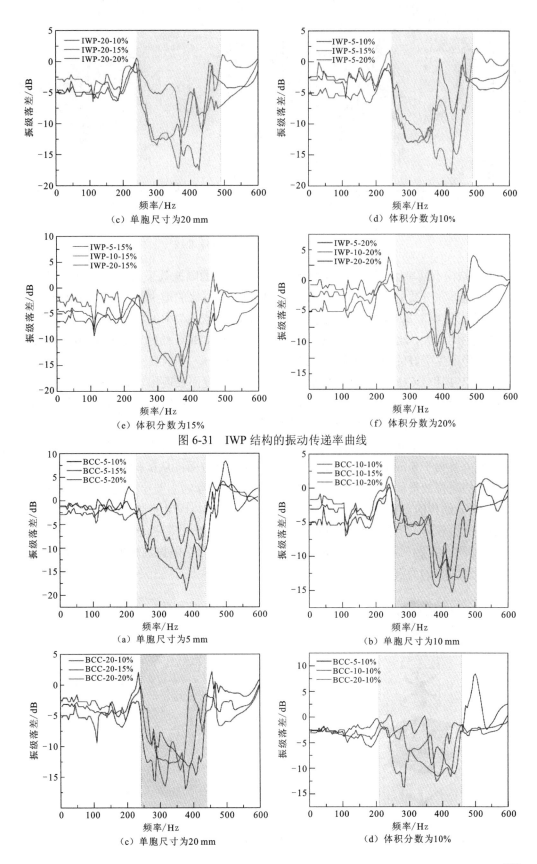

（c）单胞尺寸为20 mm

（d）体积分数为10%

（e）体积分数为15%

（f）体积分数为20%

图 6-31　IWP 结构的振动传递率曲线

（a）单胞尺寸为5 mm

（b）单胞尺寸为10 mm

（c）单胞尺寸为20 mm

（d）体积分数为10%

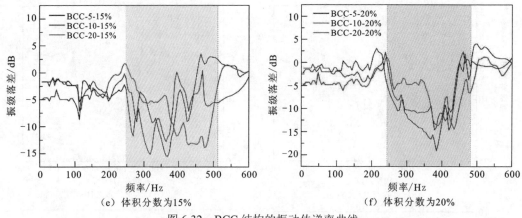

（e）体积分数为15%   （f）体积分数为20%

图 6-32　BCC 结构的振动传递率曲线

BCC 结构不同单胞尺寸和体积分数在 0～600 Hz 的隔振效果如图 6-32 所示，振动衰减的峰值随体积分数的升高而增大，这主要是由于阻尼比的增大，尤其是当单胞尺寸为 5 mm、体积分数为 20%时，减振幅度接近 20 dB。与表 6-7 中的数据相比，可以明显看出结构阻尼比最大。此外，不同体积分数和单胞尺寸的 BCC 结构在 300 Hz 和 400 Hz 频段附近也能产生更好的隔振效果。

比较 IWP 和 BCC 结构，IWP 结构因其较高的刚度而表现出较高的固有频率，而对于单胞尺寸为 20 mm 的点阵结构，IWP 和 BCC 结构因其较低的刚度而具有较小的固有频率。当单胞尺寸变大时，隔振带左移有利于低频隔振。

总体来说，在承载方面，IWP 结构具有明显的优势，而且当单胞尺寸为 20 mm 时，其承载能力要强于 5 mm 和 10 mm 结构。在隔振性能方面，从试验结果可以看出，IWP 点阵结构的隔振效果优于 BCC 点阵结构。造成这一现象的主要原因是 IWP 点阵结构的支杆与 BCC 结构的支杆不同，从图 6-33 中可以观察到，IWP 点阵结构最中间的支杆厚度最小，两侧较厚，当振动从大截面积向小截面积传递时，阻抗增大，能耗增加，这与 Li 等[15]的研究结果一致。因此，在满足承载要求的前提下，隔振选择单胞尺寸为 20 mm、体积分数为 10%的 IWP 结构为最优选择。

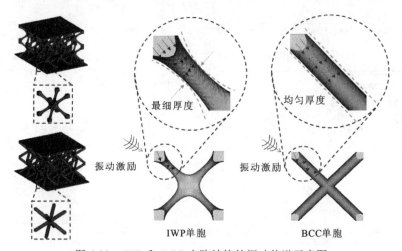

图 6-33　IWP 和 BCC 点阵结构的振动传递示意图

6.3 超结构轴承支撑下轴系振动控制

面向船舶推进系统的减振降噪技术需求，水润滑轴承振动控制须兼顾减振范围、减振效果及可靠性等问题。国内外开展了大量关于水润滑轴承振动控制方法的研究，主要采用结构优化、材料改性和阻尼增强等方法，均取得一定的控制效果[16-19]。然而水润滑轴承减振降噪需求仍然存在，须进一步丰富水润滑轴承减振降噪理论内涵。声学超材料（acoustic metamaterial，AM）是一种人工设计的周期性结构，具有负质量密度和负弹性模量等优点，被广泛应用于振动控制领域的研究[20-22]。声学超材料可在长波极限下反演得到相应的有效弹性参数，获得宽频弹性波禁带，具有宽带、高效、可靠的优点，在水润滑轴承振动控制领域具有广阔的研究与应用前景。

6.3.1 基于声学超结构的艉轴承结构设计

图 6-34（a）所示为某缩比尺寸下水润滑轴承基本结构，水润滑轴承由内衬、外衬、轴承壳组成。考虑轴承承载性能，水润滑轴承分析模型可简化为图 6-34（b）所示结构，其中：D_1、D_2、D_3 分别为轴承内衬、外衬和轴承壳体相较于轴承底面的标高；R 为轴承半径，即总标高 $D=R+D_1+D_2+D_3$；L 为轴承长度。超材料支撑结构是由多个局域共振型声子晶体组成，单胞结构是由包覆层包裹的柱状散射体填充到基体中组成，如图 6-34（c）所示。为简单起见，所有材料都被认为是线弹性且各向同性的，其结构物性参数如表 6-8 所示。

（a）传统水润滑轴承结构
1-内衬, 2-外衬, 3-轴承壳, 4-衬套, 5-轴承基座

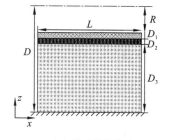

（b）轴承简化模型

（c）声学超结构基本结构
1-基体, 2-散射体, 3-包覆层

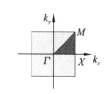

（d）正方晶格的布里渊区

图 6-34　轴承结构方案

表 6-8　结构物性参数

名称	材料	弹性模量 E/MPa	密度/（kg/m³）	泊松比
内衬	改性聚酰胺	3000	1200	0.4
包覆层	硅橡胶	0.137	1300	0.47
散射体	钢	210 000	7780	0.3
基体	树脂	2500	1130	0.45

将图 6-34（c）所示的超材料支撑结构应用到水润滑轴承上的 3 种改进方式为：①将轴承内衬替换成超材料；②在内衬与外衬之间附加超材料；③在外衬与轴承壳之间附加超材料。

简化模型如图 6-35 所示，右斜线部分代表超材料结构。保证轴承标高、内衬厚度和外衬厚度不变，设置超材料结构的厚度为 D_0，轴承壳体厚度是可以调节的。基于优化设计后的轴承减振与承载能力，对 3 种改进方式进行优选，在优选结果上进行超材料结构设计优化并评估超材料轴承结构的性能。

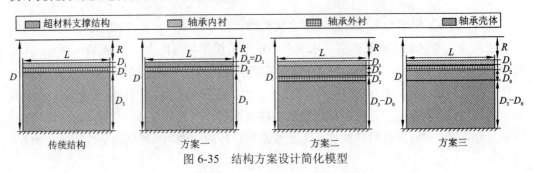

图 6-35　结构方案设计简化模型

在此基础上，分别对图 6-34（c）单胞结构的减振性能与图 6-35 模型方案的承载能力进行分析，并对结构设计方案进行优选。

1. 单胞带隙

在各向同性、线弹性异质系统中，纳维（Navier）运动控制方程为

$$\rho \ddot{u}(r,t) = \rho f(r,t) + (\lambda + \mu)\nabla\nabla \cdot u(r,t) + \mu\nabla^2 u(r,t) \tag{6-31}$$

式中：$u(r, t)$为位移波函数，是位置坐标 r 和时间 t 的函数，在直角坐标系中有与 r 对应的 x、y、z 方向分量；$f(r, t)$为体积力；ρ为密度；λ和μ为拉梅（Lamé）常数；∇为哈密顿（Hamilton）微分算符。

对于无限晶胞结构中的波传播，应用弗洛凯-布洛赫（Floquet-Bloch）周期性条件，式（6-31）的解为

$$u(r,t) = u_k(r)\mathrm{e}^{i(k,r-wt)} \tag{6-32}$$

式中：$u_k(r)$为位移调制函数；k 为横扫布里渊区 Γ-X 方向的波数，如图 6-34（d）所示。通过改变第一布里渊区中的 k 值并通过有限元软件 COMSOL 求解特征值问题，即可获得色散关系及本征模式。

计算结构参数与能带参数的映射关系，揭示单胞结构对带隙的调控机制，如图 6-36

所示。由图 6-36（a）可知，随着晶格常数 a 的增大，单胞第一带隙向低频移动，但带隙宽度也随之减小，表明更大的晶格尺寸具有更低的禁带。由图 6-36（b）可知，随着散射体的填充比增大，单胞带隙的起始频率基本变化较小，截止频率显著增大，带宽变大，表明散射体填充比的增大对扩宽带宽起促进作用[23]。由图 6-36（c）可知，随着包覆层的填充比增大，带隙向低频移动，但带宽随之减小，表明包覆层填充比增大对低频振动控制起促进作用。综上，对于低频宽频的带隙设计，应在较大的晶格常数基础上提高包覆层的填充比。

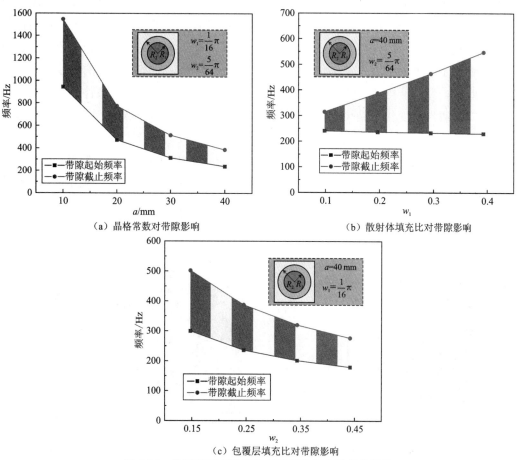

（a）晶格常数对带隙影响　　　　　　（b）散射体填充比对带隙影响

（c）包覆层填充比对带隙影响

图 6-36　单因素下声子晶体带隙随结构参数变化规律

2. 承载性能

结构承载能力通常采用静刚度判定，其定义如式（6-33）所示。静刚度越大，结构承载能力越强，即在相同的载荷下结构变形量越小则具有更好的承载性能。

$$K = \frac{F}{x} \tag{6-33}$$

式中：F 为作用在结构的载荷；x 为结构在载荷 F 作用下的最大变形。

基于图 6-35 设计的结构方案对结构承载能力进行仿真。为简便计算，超结构的等效材料参数近似等于基体材料参数。仿照某船水润滑轴承尺寸，模型结构参数如表 6-9 所示。

参数名称	轴承间隙（C）	D_1	D_2	D_3	L
参数值	0.5	20	20	135	150

表 6-9　模型结构参数　　　　　　　　　　　　　　（单位：mm）

图 6-37 为结构承载性能仿真。在定比压 0.2 MPa 的静载荷下，传统结构的最大变形为 2 μm。当 $D_0=20$ mm 时，三种超材料舵轴承设计方案的最大变形均大于传统结构，分别增加了 28.35%、35.85% 和 33.55%，表明三种方案均会在一定程度上降低轴承的承载性能。对于方案一，由于超材料支撑结构的弹性模量相较于基体材料更低，将内衬替换成超材料结构，承载性能会有一定的下降，对于方案二与方案三，附加了超材料支撑结构，相当于刚度的并联，结构总体的承载性能随之下降，方案二下降的幅度比方案一更大。此外，分别计算超材料支撑结构厚度 D_0 为 30 mm 和 40 mm 的条件下，方案二与方案三的承载性能变化。结果表明，随着超材料支撑结构的厚度增加，两种方案的最大变形均有一定的提升，且方案二的变形仍大于方案三的最大变形，故方案二的承载性能低于方案三的承载性能。此外，对比厚度 $D_0=20$ mm 与 40 mm，方案二与方案三的最大变形分别增加了 29.46% 和 22.58%。综上所述，在相同厚度的超材料支撑结构下，舵轴承支撑方案承载性能从大到小排序为：方案一>方案二>方案三。

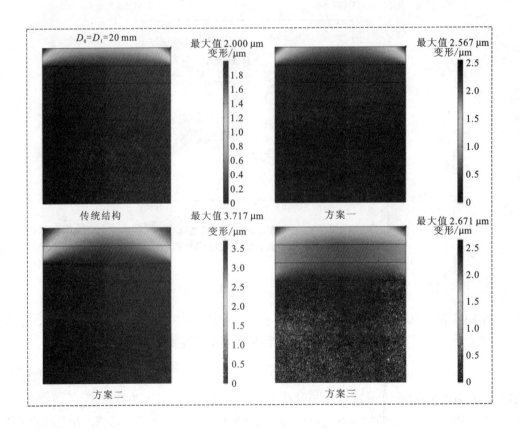

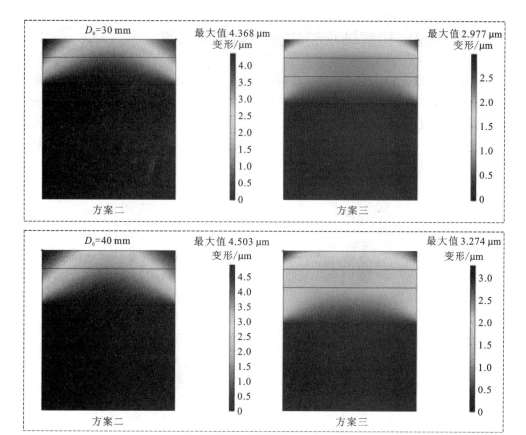

图 6-37 承载性能计算

3. 方案优选

基于结构振动与承载性能计算，表 6-10 给出了三种结构方案的振动性能与承载性能的对比，其中"†"代表对性能指标的评估，该符号数量越多，代表方案所对应性能越好。总体来看，方案三的结构在具有良好的承载性能的同时还有优异的振动性能。相较于方案一，尽管方案一的结构有较好的承载性能，但方案一的设计将超材料支撑结构替换轴承内衬，由前文的分析可知，要获得低频宽带以及振动性能优异的超材料支撑结构，其单胞结构需具备较大的晶格尺寸，并需沿振动传递方向进行阵列布置。受内衬厚度的限制，方案一支撑结构可设计性低，其振动性能低于方案三。此外，也需要对基体材料的耐磨与自润滑特性重复设计，提高了设计的复杂性。方案二与方案三的结构均具有良好的振动性能，但方案二结构的承载性能要低于方案三。

表 6-10　三种方案性能对比

指标	传统轴承	方案一	方案二	方案三
振动性能	†††	††††	††††††	††††††
承载性能	†††	††††	†	††

6.3.2 声学超结构艉轴承结构设计与性能仿真

在结构方案设计的基础上，设计超材料结构如图 6-38（a）所示。考虑艉轴承的承载性能，将超材料支撑结构的底部称为承载区，其结构尺寸参数如图 6-38（b）所示。超材料支撑结构是由多个单元进行阵列得到的，其结构如图 6-38（c）所示。受轴承尺寸的限制，超材料将支撑结构单元分别命名为结构 A、结构 B 与结构 C，物性参数与表 6-8 一致，结构尺寸如表 6-11 所示。

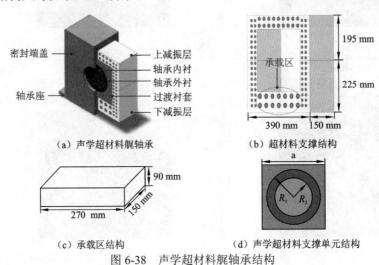

（a）声学超材料艉轴承 （b）超材料支撑结构

（c）承载区结构 （d）声学超材料支撑单元结构

图 6-38　声学超材料艉轴承结构

表 6-11　支撑单元结构参数

结构名称	晶格常数 a/mm	包覆层半径 R_1/mm	散射体半径 R_2/mm
结构 A	40	10.5	8.5
结构 B	30	8	6.5
结构 C	20	6.5	5

为探究所设计的超材料支撑结构的性能，分别对上述 3 种单胞带隙有限元进行计算。图 6-39 为 3 种超材料支撑单元的频散曲线。可知，结构 A、结构 B 和结构 C 分别在 414.7～617.4 Hz、547.6～825.8 Hz 和 622.4～1044 Hz 频率范围内获得了弹性波禁带，频率范围内弹性波的传递被抑制。

基于图 6-38（a）所示的艉轴承结构，开展艉轴承的性能仿真，主要包括轴承振动性能与承载性能。其中艉轴承振动性能主要通过对其约束模态与谐响应进行计算，艉轴承的承载性能为在静载荷 0.2 MPa 下轴承的应力与应变。通过有限元软件 COMSOL 分别对轴承的约束模态、谐响应和应力应变进行计算。在有限元计算过程中，将轴承的底部设置为固定约束，约束模态计算轴承底部固定约束下的前 8 阶模态，谐响应计算时对轴承内衬底部竖直向下施加幅值为 0.2 MPa 的谐波激励，应力应变计算时对轴承内衬底部竖直向下施加幅值为 0.2 MPa 的恒定激励。对超材料支撑结构采用扫掠网格剖分，最大单元尺寸为 5 mm，对其余部分采用自适应四面体网格剖分，最大网格单元尺寸为 46.4 mm，艉轴承整体单元数为 627 647 个。艉轴承有限元仿真边界条件和网格剖分如图 6-40 所示。

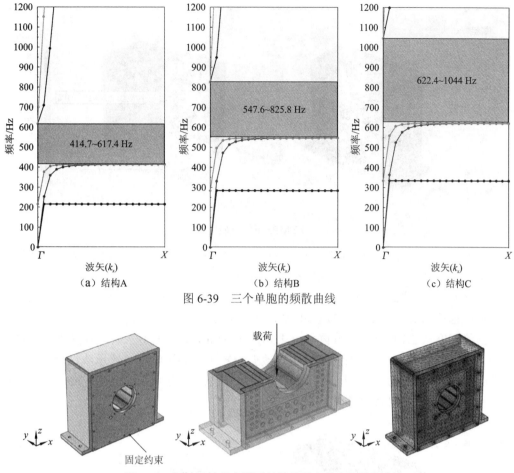

（a）结构A　　　　　　　（b）结构B　　　　　　　（c）结构C

图 6-39　三个单胞的频散曲线

图 6-40　舻轴承性能有限元计算边界条件与网格剖分

图 6-41 为两个舻轴承在 0.2 MPa 的静载荷下的应力分布云图。可知，两个轴承在静载荷下的应力分布基本一致，最大应力均体现在施加静载荷下部。对于传统轴承，最大应力在轴承内衬与轴承外衬的结合处，大小为 0.418 MPa，对于超材料舻轴承，最大应力在轴承过渡衬套与下超材料支撑结构结合处，大小为 0.690 MPa，超材料舻轴承相较于传统轴承在相同静载荷下，应力增幅为 65.07%。

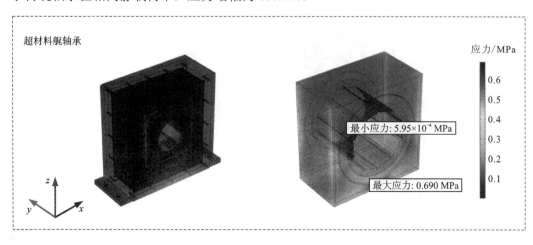

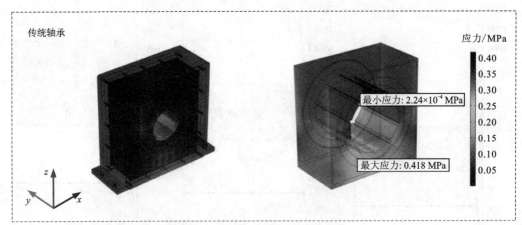

图 6-41　0.2 MPa 下轴承应力分布云图

　　图 6-42 为两个舾轴承在 0.2 MPa 的静载荷下的应变分布云图。可知，两个轴承在静载荷下的应变分布基本一致，其中轴承内衬的变形最显著。提取轴承内衬的应变分布可知，两个轴承内衬的最大应变集中在内衬的底部板条上，传统轴承的最大应变为 2.14 μm，超材料舾轴承的最大应变为 2.27 μm，增加了 6.07%。计算两个轴承的静刚度，超材料舾轴承的静刚度从 2.10×10^{9} N/m 降低至 1.98×10^{9} N/m，静刚度保持在一个量级，下降了 5.71%。表明超材料舾轴承对轴承静刚度改变量较小，不影响轴承的承载性能。此外，轴承的静载荷下的最大应变为 2.27 μm，远小于轴承的单边间隙（$C=0.5$ mm），不影响舾轴承与轴承的安装和轴系校中。

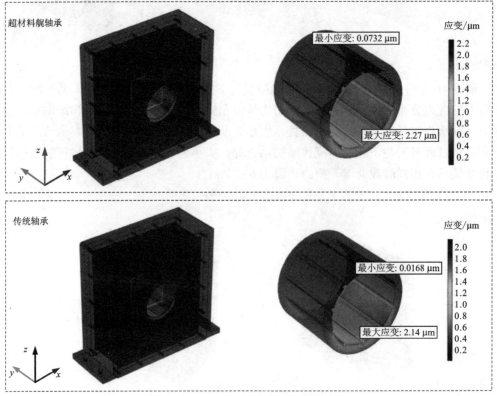

图 6-42　0.2 MPa 下轴承应变分布云图

表 6-12 所示为超材料艉轴承与传统轴承的前 8 阶模态图，可知超材料艉轴承的前 8 阶模态均远小于传统轴承的前 8 阶模态，超材料艉轴承的前 8 阶模态相差不大，这是由超材料艉轴承的高对称性与整体结构刚度质量分布导致的，体现在超材料支撑结构单元的位移。艉轴承在正常工作条件下，轴的转速为 450 r/min 对应的频率为 7.5 Hz，轴的转频及其倍频远小于轴承的固有频率，不会引起共振。

表 6-12　超材料艉轴承与传统轴承前 8 阶约束模态对比　　　　（单位：Hz）

类别	1 阶	2 阶	3 阶	5 阶	6 阶	7 阶	8 阶
超材料艉轴承	193.55	193.57	193.59	193.62	193.64	199.98	199.98
传统轴承	607.29	931.69	1096.5	2500.1	2878.8	3219.2	3266.2

图 6-43 为两个艉轴承前 3 阶约束模态的振型图，黑色箭头代表整体结构的运动趋势。可知，超材料艉轴承在前 3 阶固有频率处的最大相对位移均在不同超材料支撑结构单元处。这是由超材料艉轴承极强的对称性，且超材料支撑单元的刚度相较于其他部件的刚度差距较大所导致的。传统艉轴承前 3 阶模态分别代表艉轴承沿 y 方向平动、沿 x 方向平动和绕 z 轴旋转。

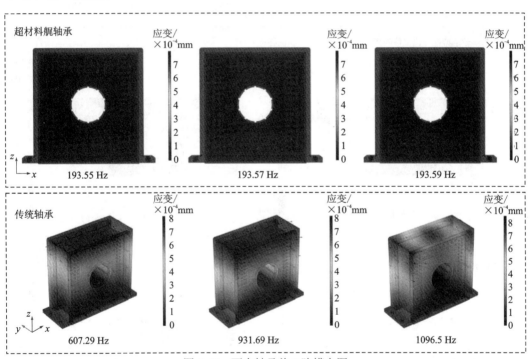

图 6-43　两个轴承前 3 阶模态图

在模态分析的基础上对轴承进行谐响应分析，设置激振频率为 5～1000 Hz，扫频步长为 5 Hz。图 6-44 为 0.2 MPa 谐波激励下两个轴承的顶部平均位移响应。可知，传统轴承在 570 Hz 和 830 Hz 处存在两个峰值，且超材料艉轴承相较于传统轴承在峰值处的位移响应具有明显的衰减。提取峰值频率处轴承顶部的位移响应分布可知，在 570 Hz 处，两个轴承顶部的位移趋势基本一致，均沿 y 轴负方向移动，但超材料艉轴承的平均位移

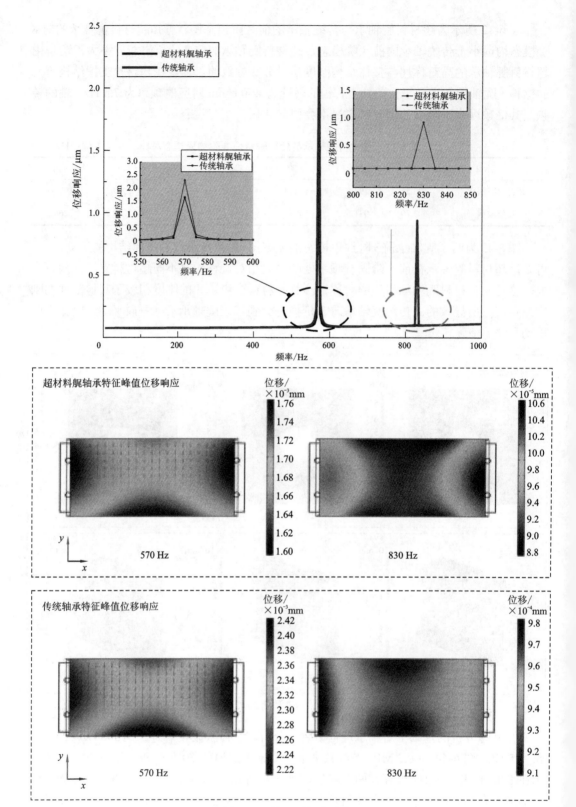

图 6-44 轴承顶部谐响应

幅值小于传统轴承，降低了 27.89%；在 830 Hz 处，传统轴承顶部以沿 x 轴的负方向平动为主，超材料舣轴承以沿 z 轴的负方向平动为主，位移响应幅值降低了 89.29%，表明超材料支撑结构显著地降低了轴承的 x 方向位移，实现了该频率处弹性波的抑制。

图 6-45 所示为 0.2 MPa 谐波激励下两个轴承的侧部平均位移响应。可知，传统轴承在 570 Hz 和 830 Hz 处存在两个峰值，且超材料舣轴承相较于传统轴承在峰值处的位移响应具有明显的衰减。提取峰值频率处轴承顶部的位移响应分布可知，在 570 Hz 处，两个轴承侧部的位移趋势基本一致，均沿 y 轴负方向移动，但超材料舣轴承的平均位移幅值小于传统轴承，降低了 28.93%；在 830 Hz 处，传统轴承侧部位移主要呈现沿 x 轴的负方向运动，超材料舣轴承的位移主要呈现沿 z 轴的负方向运动，平均位移响应幅值降低了 88.74%，表明超材料支撑结构显著降低了轴承的 x 方向位移，实现了该频率处弹性波的抑制。

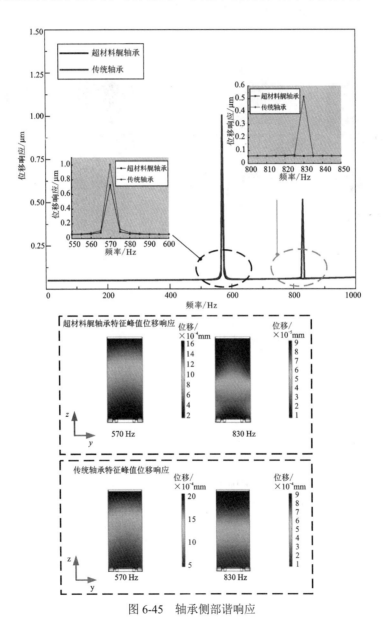

图 6-45　轴承侧部谐响应

由图 6-44 与图 6-45 可知，轴承在 1000 Hz 以内的谐波激励下，其整体位移响应存在两个峰值，分别对应频率 570 Hz 与 830 Hz。图 6-46 为超材料艉轴承与传统轴承在峰值频率处的应力分布云图。可知，在峰值频率的激励下，两个轴承的应力分布基本一致，最大应力均集中在轴承过渡衬套处。当激振频率为 570 Hz 时，相比于传统轴承，超材料艉轴承的最大应力从 1.16 MPa 降低至 1.07 MPa，最大应力下降了 7.76%；当激振频率为 830 Hz 时，相比于传统轴承，超材料艉轴承的最大应力从 1.06 MPa 降低至 0.97 MPa，最大应力下降了 8.49%，表明超材料艉轴承在谐波激励下能降低轴承的最大应力，最大应力均远小于超材料艉轴承与传统轴承材料的屈服应力。此外，对比轴承在静载荷下的应力分布（图 6-46）可知，相对于静载荷，570 Hz 谐波激励下超材料艉轴承与传统轴承的最大应力分别提升了 55.07%和 175.51%；830 Hz 谐波激励下超材料艉轴承与传统轴承的最大应力分别提升了 40.58%和 135.59%。

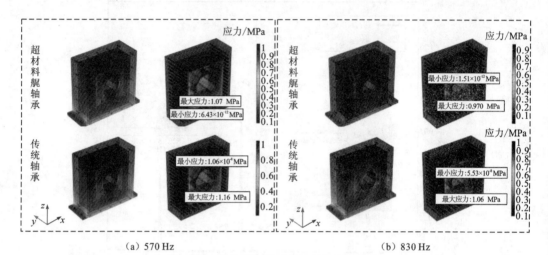

(a) 570 Hz　　　　　　　　　　　　　　(b) 830 Hz

图 6-46　峰值频率处两个轴承的应力分布

6.3.3　声学超结构轴承振动性能试验

1. 试验台与试验轴承

基于实船轴系和设计的声学超结构艉轴承结构，搭建了一套声学超结构艉轴承振动试验台，台架实物如图 6-47 所示，主要由驱动模块、传动部件、润滑模块和试验模块组成。试验台由变频电机驱动，电机的额定功率为 5.5 kW，最高转速为 965 r/min，通过 ABB 变频器调节转速。台架的传动部件由三个转轴、一个滚动轴承、一个扭矩仪和试验轴承组成。扭矩仪紧邻电机，采集并监测转速数据。试验模块为声学超结构水润滑轴承，内径为 ϕ150 mm，长径比为 1。在试验轴承水平方向与竖直方向布置加速度传感器用于测量轴承运行过程中的振动数据，利用丹麦的 Brüel & Kjær 振动测试系统进行试验数据采集，采集数据包括动态激振力、转速、扭矩信号、试验轴承和支撑轴承基座的振动加速度信号。

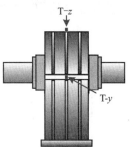

图 6-47　声学超结构艉轴承振动试验台

2. 试验结果

开展不同转速下的声学超结构艉轴承振动性能试验，分别对两个轴承开展自激励响应试验，即通过改变轴承的转速来改变台架对艉轴承的激励，采集轴承竖直方向（T-z）与水平方向（T-y）的振动数据。振动试验工况如表 6-13 所示。

表 6-13　艉轴承振动试验工况

工况参数	数值
轴颈转速/（r/min）	40、80、120、160、200、240、280、320、360、400

具体的试验步骤如下。

步骤 1：开启润滑系统，向试验轴承供水，保持供水流量为 12 L/min。

步骤 2：开始轴承磨合试验。将试验台转速依次调节至 200 r/min、160 r/min、120 r/min、80 r/min。每种工况持续 30 min，连续运行 2 h。

步骤 3：依次调节转速至 40 r/min、80 r/min、120 r/min、160 r/min、200 r/min、240 r/min、280 r/min、320 r/min、360 r/min、400 r/min，分别运转 5 min，待试验台架振动信号稳定后，记录试验轴承的振动数据。

步骤 4：重复三次步骤 3。

步骤 5：更换另一个轴承，重复步骤 3 和步骤 4。

试验结束后对试验数据进行分析，分析不同转速下试验轴承的振动变化规律，评估超材料艉轴承的振动性能。

为准确评判艉轴承的振动性能，以时域信号的均方根值作为艉轴承振动的性能指标，其定义如下：

$$a_{\text{rms}} = \sqrt{\frac{1}{N}\sum_{n=1}^{N}a^2(n)} \qquad (6\text{-}34)$$

式中：N 为样本点的个数，等于采样频率的倒数；$a(n)$ 为各时间点的加速度。

图 6-48 为不同转速下超材料轴承的时域响应曲线。可知，当转速从 80 r/min 升高到 400 r/min 时，轴承的水平方向与竖直方向的加速度的均方根值分别从 0.0221 m/s^2 和 0.0251 m/s^2 升高至 0.0853 m/s^2 和 0.1035 m/s^2，分别增长了 2.86 倍和 3.12 倍。这可能是由转速增大，艉轴受到的不平衡激励力增大引起的。此外，在相同转速下，轴承竖直方向的加速度的均方根值相较于水平方向的加速度均方根值更大，表明轴承竖直方向振动更加剧烈。

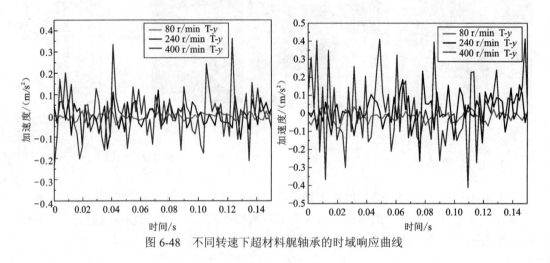

图 6-48　不同转速下超材料艉轴承的时域响应曲线

不同转速下两个轴承的时域数据如图 6-49 所示。轴承的水平与垂向加速度实测值在 0 上下摆动，基本无异常情况，表明艉轴承运行状态稳定，当转速从 80 r/min 升高到 400 r/min 时，超材料艉轴承与传统轴承在两个方向的加速度响应均有一定的上升，表明转速的提升会增强两个轴承的振动。

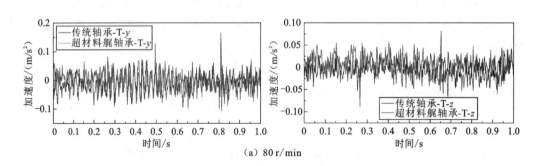

（a）80 r/min

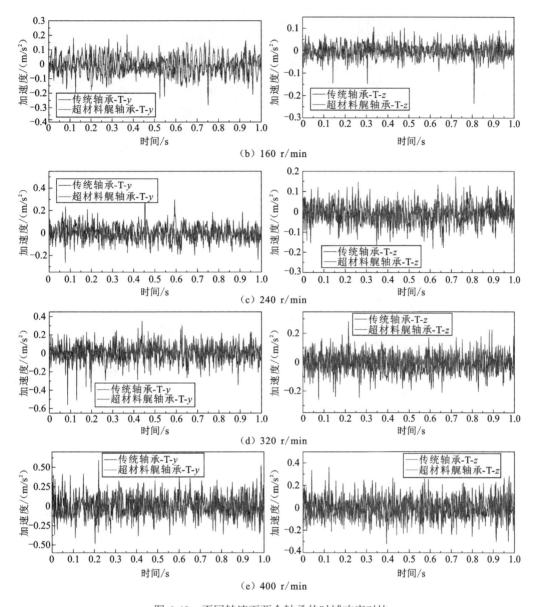

图 6-49 不同转速下两个轴承的时域响应对比

相同转速下，依据式（6-34）计算出的超材料艉轴承的加速度均方根值与传统轴承均方根值之间的关系如图 6-50 所示。图中柱状图所示为超材料艉轴承相较于传统轴承在同转速下的振动衰减。可知，随着转速的提升，超材料艉轴承的加速度均方根值相较于传统轴承加速度均方根值整体上更低，表明超材料艉轴承具有更好的减振性能。随着转速的上升，超材料艉轴承相较于传统轴承的水平与竖直方向的振动衰减呈现先增大后减小的趋势，在 240 r/min 时达到最大，超材料艉轴承相对于传统轴承的水平方向与竖直方向的振动衰减能力分别提升了 26.29% 和 34.50%，表明超材料艉轴承在中高转速的振动性能比低转速下的振动性能更加优异。

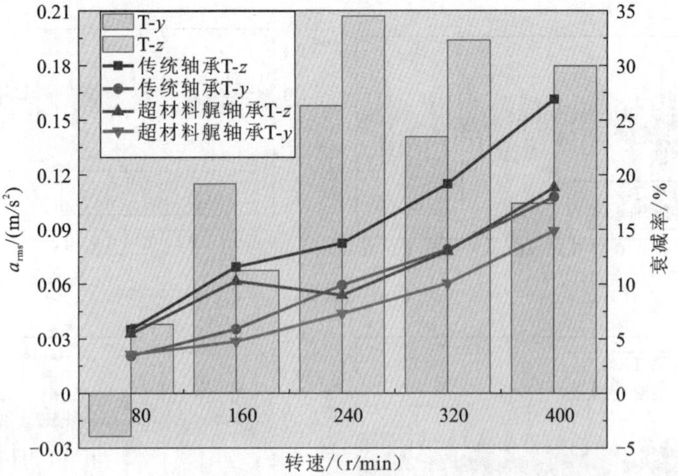

图 6-50　同转速下两个轴承的加速度均方根值对比

在时域分析的基础上，对时域信号进行傅里叶变换转化为频域信号，不同转速下两个轴承的频域数据如图 6-51 所示。当转速为 80 r/min 时，两个轴承的水平方向和竖直方向波峰主要集中在 100 Hz 以内的低频区域，此时超材料艉轴承两个方向上的峰值与传统轴承的峰值差距较小。随着转速的增大，传统轴承与超材料艉轴承的水平方向频谱图出现了 300～500 Hz 和 600～900 Hz 两个峰群，竖直方向的频谱图出现了 300～500 Hz 和 600～800 Hz 两个峰群。相比于传统轴承，超材料艉轴承水平方向的振动随着转速的提升，峰群的峰值均有一定的下降，其中在 240 r/min 时对 890 Hz 左右的振动衰减明显，最大衰减率为 75.44%；超材料艉轴承在竖直方向的振动随着转速的提升，峰群的峰值均有下降，其中在 360 r/min 时对 366 Hz 左右的振动衰减明显，最大衰减率为 94.90%。此外，超材料艉轴承水平方向 800～1000 Hz 的振动具有明显的振动衰减，这与左右两侧的超材料支撑结构的带隙范围基本一致，竖直方向 300～700 Hz 的振动具有显著的衰减，相较于超材料顶部与底部支撑结构单元的带隙，其带隙范围更加低频，这可能是由橡胶结构的阻尼特性导致的。

综上所述，超材料艉轴承相比于传统轴承，其减振频率范围与超材料支撑单元的带隙范围基本一致，表明声学超材料艉轴承方案仿真的准确性。同时，超材料艉轴承具有较好的减振性能。文献[24]将超结构板应用于船壳，实现 400 Hz 以内超结构板辐射声功率衰减 20～30 dB。文献[25]对水下机器人进行振动控制研究，提出了一种准零刚度超结构，可在 3.2～60 Hz 超低频范围内降低振动。因此，超结构在船舶低频减振降噪领域具有显著优势，将其应用于船舶推进轴系横向低频振动控制中具有巨大潜力。

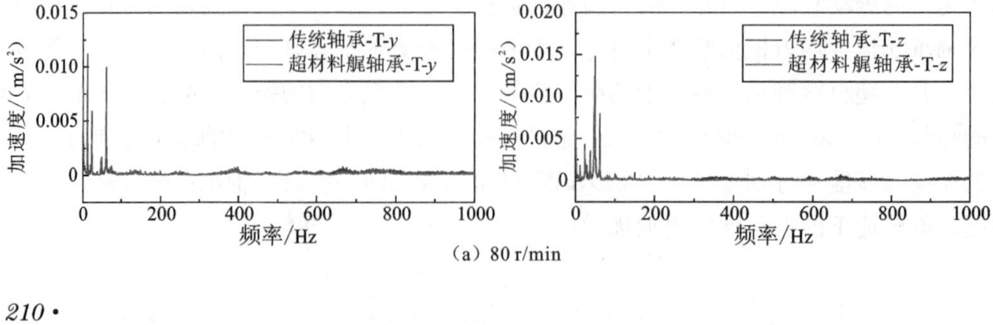

（a）80 r/min

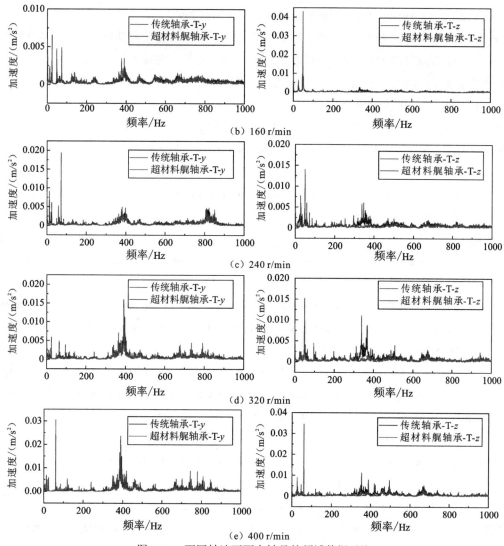

图 6-51　不同转速下两个轴承的频域数据对比

参 考 文 献

[1] 秦汉林. 仿生层合结构纤维复合材料的机械性能研究[D]. 长春: 吉林大学, 2020.

[2] Jonathan K A, Olena R, Gary L G, et al. Spider silks and their applications[J]. Trends in Biotechnology, 2008, 26(5): 244-251.

[3] Lenau T, Barfoed M. Colours and metallic sheen in beetle shells: A biomimetic search for material structuring principles causing light interference[J]. Advanced Engineering Materials, 2008, 10(4): 299-314.

[4] Chen P Y, Schirer J, Simpson A, et al. Predation versus protection: Fish teeth and scales evaluated by nanoindentation[J]. Journal of Materials Research, 2012, 27(1): 100-112.

[5] Menig R, Meyers M H, Meyers M A, et al. Quasi-static and dynamic mechanical response of haliotis

rufescens(abalone) shells[J]. Acta Materialia, 2000, 48(9): 2383-2398.

[6] 赵彻. 异质材料与微结构耦合仿生设计及其 3D 打印[D]. 长春: 吉林大学, 2017.

[7] 刘坤. 二维 C/SiC 复合材料弹性性能预测及失效研究[D]. 大连: 大连理工大学, 2021.

[8] 肖李军, 李实, 冯根柱, 等. 增材制造三维微点阵材料力学性能表征与细观优化设计研究进展[J]. 固体力学学报, 2023, 44(6): 718-754.

[9] 杨磊. 增材制造三周期极小曲面点阵结构的力学性能研究[D]. 武汉: 华中科技大学, 2020.

[10] Heid W, Qin S , Beese A M. Multiaxial plasticity and fracture behavior of stainless steel 316L by laser powder bed fusion: Experiments and computational modeling[J]. Acta Materialia, 2020, 199: 578-592.

[11] ISO. Mechanical testing of metals-ductility testing-compression test for porous and cellular metals(BS ISO 13314-2011)[S]. 2012-01-31.

[12] Yang L, Yan C Z, Fan H Y, et al. Investigation on the orientation dependence of elastic response in Gyroid cellular structures[J]. Journal of the Mechanical Behavior of Biomedical Materials, 2019, 90: 73-85.

[13] Yang L, Yan C, Han C, et al. Mechanical response of a triply periodic minimal surface cellular structures manufactured by selective laser melting(Article)[J]. International Journal of Mechanical Sciences, 2018, 148: 149-157.

[14] Yang L, Han C, Wu H, et al. Insights into unit cell size effect on mechanical responses and energy absorption capability of titanium graded porous structures manufactured by laser powder bed fusion [J]. Journal of the Mechanical Behavior of Biomedical Materials, 2020, 109: 103843.

[15] Li S, Yang J S, Yang F, et al. Fabrication and vibration isolation capacity of multilayer gradient metallic lattice sandwich panels[J]. Mechanical Systems and Signal Processing, 2022, 180: 109417.

[16] Li S, Dong C, Yuan C, et al. Effects of TiO_2 nano-particles on wear-resistance and vibration-reduction properties of a polymer for water-lubricated bearing[J]. Wear, 2023, 522: 204713.

[17] Zhang L, Dong C, Yuan C, et al. Frictional vibration behaviors of a new piezo-damping composite under water-lubricated friction[J]. Wear, 2023, 522: 204842.

[18] Jin Y, Lu J, Ouyang W, et al. Vibration reduction performance of damping-enhanced water-lubricated bearing using fluid-saturated perforated slabs[J]. Chinese Journal of Mechanical Engineering, 2020, 33(1): 1-10.

[19] Ouyang W, Yan Q, Kuang J, et al. Simulation and experimental investigations on water-lubricated squeeze film damping stern bearing[J]. Journal of the Brazilian Society of Mechanical Sciences and Engineering, 2021, 43(1): 1-13.

[20] Liu J, Guo H, Wang T. A review of acoustic metamaterials and phononic crystals[J]. Crystals, 2020, 10(4): 305.

[21] Ouakka S, Gueddida A, Pennec Y, et al. Efficient mitigation of railway induced vibrations using seismic metamaterials[J]. Engineering Structures, 2023, 284: 115767.

[22] Wang D, Zhao J, Ma Q, et al. Uncertainty analysis of quasi-zero stiffness metastructure for vibration isolation performance[J]. Frontiers in Physics, 2022, 10: 2296-424X.

[23] 欧阳武, 刘祺霖, 陈浩东, 等. 低频宽带多级超材料径向减振轴承系统: CN202310275699. 1[P]. 2023-07-14.

[24] Wang T, Chen M X, Dong W K, et al. Low-frequency sound and vibration reduction of a metamaterial plate submerged in water[J]. European Journal of Mechanics-A-Solids, 2022, 96: 104764.

[25] Liu J, Wang Y H, Yang S Q, et al. Customized quasi-zero-stiffness metamaterials for ultra-low frequency broadband vibration isolation[J]. International Journal of Mechanical Sciences, 2024, 269: 108958.

第 7 章

基于颗粒阻尼的推进轴系纵向振动控制技术

推进轴系纵向振动除造成传动齿轮、曲轴故障及推力轴承损伤外，还会将激振力传递给船体，使船体产生振动和辐射低频噪声，显著地影响船舶的声隐性能[1]。因此，轴系纵振抑制一直是船舶振动控制中的热点问题。颗粒阻尼减振技术是一种被动减振技术[2]，对原系统结构改变较少，具有结构简单、减振频带宽等优点，被广泛应用于土木工程、航空航天和机械工业中[3]。本章介绍基于颗粒阻尼的推进轴系纵向振动控制技术，通过分析柔性约束的颗粒与颗粒、颗粒与振动系统间的相互作用过程、耗能机制，阐述颗粒阻尼的纵振抑制机理及对纵振的抑制效果。

7.1 颗粒阻尼仿真与测试方法

7.1.1 颗粒特性与阻尼特性

颗粒物质是指粒径大于 1 μm 的离散体系，是大量相互联系、相互作用的离散固体颗粒所构成的复杂体系。当颗粒受到外激励时产生受迫运动，颗粒间会出现较大的碰撞和摩擦，碰撞力和摩擦力做功使颗粒体运动产生能耗。颗粒特性和阻尼特性是研究颗粒介质行为和能量耗散的重要参数。颗粒特性主要包括以下几个方面。

(1) 大小：颗粒体系中颗粒的尺寸大小，可以用平均粒径或粒度分布来描述。

(2) 形状：颗粒的形状可以是球形、碎片状、细长形等。颗粒的形状对颗粒间的接触、碰撞、堆积等行为具有影响。

(3) 组成：颗粒体系可以由不同材质的颗粒组成，如沙子、土壤、颗粒混合物等。

(4) 摩擦系数：颗粒间的摩擦力大小取决于颗粒表面特性和颗粒间的相互作用。

(5) 弹性：颗粒体系中的颗粒可能具有一定的弹性，在接触和碰撞时其弹性会影响颗粒之间的能量传递和阻尼行为。

阻尼是指耗损振动能量的能力，即将机械振动和声音振动能量转变成热能或其他可以耗散能量的能力。从宏观上看，颗粒介质的阻尼减振机理与能量的耗损、转换、传输密切相关。

从机理上分析，颗粒阻尼的产生主要包括颗粒的材料阻尼、碰撞阻尼、摩擦阻尼三部分。

(1) 材料阻尼：颗粒介质材料主要有金属颗粒和非金属颗粒两大类。金属颗粒在微观上因剪切应力的作用出现分子、晶界间的位错运动、塑性滑移等，导致能耗产生阻尼。非金属颗粒多采用橡胶或塑料等高分子聚合物制作，在外力作用下长分子链会产生拉伸、扭曲，当发生永久性变形时会耗损能量产生阻尼。

(2) 碰撞阻尼：系统振动时，颗粒体系中的颗粒也随之运动，产生颗粒与腔体、颗粒与颗粒之间的碰撞。在碰撞过程中，碰撞变形可分为塑性变形和弹性恢复两阶段，其能量损耗等于塑性变形阶段接触力做功与弹性恢复阶段接触力做功的差值。不同碰撞变形阶段的能耗不同，完全弹性碰撞阶段没有能量损失，完全塑性碰撞过程中的能量完全损失，弹塑性变形则出现部分能量损失。

(3) 摩擦阻尼：颗粒体系中的颗粒在碰撞过程中，接触面间由于法向力的作用，颗粒间的相对运动会产生摩擦能耗，通常用库仑摩擦模型来描述。颗粒间的摩擦能耗取决于颗粒的材料性能、接触面的法向力、相对速度等诸多因素。

颗粒的阻尼特性主要表征为以下几个方面。

(1) 阻尼系数。颗粒的阻尼系数描述了颗粒间相互作用时的能量损失程度。较大的阻尼系数表示颗粒的耗散能量较多，能够有效减缓颗粒体系的振动。

(2) 阻尼比。阻尼比为颗粒阻尼系数与颗粒的临界阻尼系数的比值。较大的阻尼比表示颗粒介质具有较强的能量耗散特性。

（3）阻尼函数。阻尼函数表征颗粒阻尼系数随时间变化的关系。常见的阻尼函数有线性阻尼函数、非线性阻尼函数等。

研究颗粒特性和阻尼特性，可以通过试验测试和数值模拟来获取相关的参数和结果。试验测试可以使用试验装置和测量设备来获取颗粒体系的动态行为和力学特性。数值模拟可以构建颗粒仿真模型，利用数值方法求解颗粒间的静、动力学行为，并计算相关的阻尼参数。

7.1.2 颗粒阻尼仿真计算方法

在颗粒阻尼的分析与计算中，由美国学者 Cundall 提出的离散单元法（discrete element method）应用得最为广泛[4]。离散单元法是一种颗粒离散体物料分析方法，其基本原理就是在建立颗粒数学模型时，将不连续体分离成刚性单元的集合，并使得各单元能满足运动方程要求，在此基础上应用时间步迭代法求解。迭代过程中在每一时间步内确定各单元的力与位移及实时位置，据此跟踪各单元的微观运动及宏观运动规律，得到不连续体的整体运动形态。

应用离散单元法时，先建立颗粒数学模型，并定义颗粒的物理机械性能，如结构尺寸、恢复系数和阻尼系数等，以及颗粒与腔体、颗粒与颗粒间的接触模型参数。通过求解颗粒体系中每个颗粒的运动方程，获得特定时刻下的颗粒运动特征（位移、速度和加速度等），并根据颗粒间的接触力学参数来表征整个系统的动力学特性。

在进行颗粒体间碰撞过程仿真分析时，一般选用赫兹（Hertz）接触模型，如图 7-1 所示。图中：F_n^d、F_n^h 分别为接触面的法向黏性阻尼力和赫兹力；k_n、β_n 分别为接触面的法向刚度系数和法向阻尼系数；g_c 为两颗粒间间隙；F_s^d、F_s^h 分别为接触面的切向黏性阻尼力和剪切力；k_s、β_s 分别为接触面的切向刚度系数和切向阻尼系数；μ 为摩擦因数。

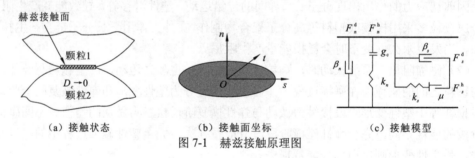

(a) 接触状态　　　　　　(b) 接触面坐标　　　　　　(c) 接触模型

图 7-1　赫兹接触原理图

根据赫兹模型的力-位移定律，颗粒间的接触力和接触面上力矩分别为[5]

$$F_c = F^h + F^d, \quad M_c = 0 \tag{7-1}$$

式中：F^h 为非线性赫兹力；F^d 为黏性阻尼力。两者均能分解成接触面的法向与切向分量：

$$F^h = -F_n^h \hat{n}_c + F_s^h, \quad F^d = -F_n^d \hat{n}_c + F_s^d \tag{7-2}$$

计算过程中的相关变量如下。

1. 赫兹法向力

赫兹法向力与接触面系数、接触间隙等有关，其表达式为

$$F_n^h = \begin{cases} -h_n \, | g_c |^{\alpha_n}, & g_c < 0 \\ 0, & \text{其他} \end{cases} \qquad (7\text{-}3)$$

式中：α_n 为指数，默认值取 1.5；h_n 为接触面系数，取决于接触颗粒的几何参数和力学性能，计算公式为

$$h_n = \frac{2G\sqrt{2\bar{R}}}{3(1-v)} \qquad (7\text{-}4)$$

式中：G、v、$\bar{R}$ 分别为有效的剪切模量、泊松比和接触半径。有效的剪切模量和泊松比可直接赋值或根据接触颗粒的属性得到。有效接触半径 $\bar{R}$ 通过接触颗粒表面的半径（平面的半径为∞）来计算：

$$\frac{1}{\bar{R}} = \frac{1}{2}\left(\frac{1}{R_1} + \frac{1}{R_2}\right) \qquad (7\text{-}5)$$

2. 赫兹剪切力

赫兹剪切力计算公式为

$$F_s^* = (F_s^h)_0 + k_s \Delta\delta_s \qquad (7\text{-}6)$$

式中：$(F_s^h)_0$ 为时间步零点时的赫兹剪切力；$\Delta\delta_s$ 为相对剪切增量；k_s 为初始切向剪切刚度，它取决于当前法向力：

$$k_s = \frac{2(1-v)}{2-v}\alpha_h h_n (F_n^h)^{\frac{(\alpha_h - 1)}{\alpha_h}} \qquad (7\text{-}7)$$

$(F_n^h)_0$ 的数值与缩放模式 M_s 有关：

$$(F_s^h)_0 = \begin{cases} \dfrac{k_s}{(k_s)_0}(F_s^h)_0, & M_s = 1 \text{且} F_n^h < (F_s^h)_0 \\ (F_n^h)_0, & \text{其他} \end{cases} \qquad (7\text{-}8)$$

式中：$(F_n^h)_0$、$(F_s^h)_0$、$(k_s)_0$ 分别为在时间步零点时计算的法向力、剪切力和切向剪切刚度。

3. 法向阻尼力

法向阻尼力与颗粒阻尼器行为模式 M_d 有关：

$$F_n^d = \begin{cases} F^*, & M_d = \{0,2\} \,(\text{全法向}) \\ \min\{F^*, -F_n^l\}, & M_d = \{1,3\} \,(\text{无方向拉伸}) \end{cases} \qquad (7\text{-}9)$$

$$F^* = (2\beta_s\sqrt{m_c k_n}) \, | g_c |^{\alpha_d} \dot{\delta}_n$$
$$k_n = \alpha_h h_n \delta_n^{h-l}$$
$$m_c = \begin{cases} \dfrac{m_1 m_2}{m_1 + m_2}, & \text{球－球} \\ m_1, & \text{球－墙} \end{cases} \qquad (7\text{-}10)$$

式中：k_n 为法向刚度；m_1、m_2 为接触颗粒质量；α_d、α_h 为无量纲指数；δ_n、$\dot{\delta}_n$ 分别为接触变形和相对法线平移速度。

4. 阻尼剪切力

阻尼剪切力与颗粒阻尼器行为模式 M_d 有关：

$$F_s^\mathrm{d} = \begin{cases} (2\beta_s\sqrt{m_c k_s})\,|\,g_c\,|^{\alpha_d}\,\dot{\delta}_s, & s = 否或\ M_\mathrm{d} = \{0,1\}\ （全剪切） \\ 0, & s = 是且\ M_\mathrm{d} = \{2,3\}\ （滑动） \end{cases} \tag{7-11}$$

式中：$\dot{\delta}_s$ 为相对剪切平移速度。

赫兹模型定义了应变功、滑动功、阻尼功三个能量分区。其中应变功为储存在等效弹簧中的能量；滑动功为颗粒间摩擦滑动所消耗的总能量；阻尼功为颗粒阻尼器耗散的总能量。在接触模型中各能量的表达式为

应变功：

$$E_k = \frac{\alpha_\mathrm{h}}{\alpha_\mathrm{h}+1}\left(\frac{(F_n^\mathrm{h})^2}{k_n}\right) + \frac{1}{2}\frac{F_s^{\mathrm{h}2}}{k_s} \tag{7-12}$$

滑动功：

$$E_\mu = E_\mu - \frac{1}{2}((F_s^\mathrm{h})_0 + F_s^\mathrm{h}) \cdot \Delta\delta_s^\mu$$

$$\Delta\delta_s^\mu = \Delta\delta_s - \Delta\delta_s^k = \Delta\delta_s - \left(\frac{F_s^\mathrm{h} - (F_s^\mathrm{h})_0}{k_s}\right) \tag{7-13}$$

阻尼功：

$$E_\beta = E_\beta - F^\mathrm{d} \cdot (\dot{\delta}\Delta t) \tag{7-14}$$

式中：δ 为相对平移速度，$\delta = \delta_n + \delta_s$。

7.1.3 颗粒阻尼比测试方法

1. 颗粒阻尼比经验计算公式

颗粒阻尼比直接测试有一定困难，在理论分析的基础上及一定的试验条件下，可以采用间接方法测量不同材料颗粒的恢复系数，并通过相应的经验计算公式[6]来获得。

颗粒阻尼中的法向阻尼系数 c_n、切向阻尼系数 c_t 与恢复系数 e 耦合在一起的经验计算公式为

$$c_n = -\frac{2\ln e}{\sqrt{\pi^2 + \ln e}}\sqrt{mk_n}\ ;\quad c_t = -\frac{2\ln e}{\sqrt{\pi^2 + \ln e}}\sqrt{mk_t} \tag{7-15}$$

颗粒的临界法向阻尼系数 c_n^c 和临界切向阻尼系数 c_t^c 分别为

$$c_n^c = 2\sqrt{mk_n}\ ;\quad c_t^c = 2\sqrt{mk_t} \tag{7-16}$$

式中：法向弹性系数 k_n 和切向弹性系数 k_t 由赫兹接触理论确定：

$$k_n = \frac{4}{3}\left(\frac{1-v_i^2}{E_i} + \frac{1-v_j^2}{E_j}\right)^{-1}\left(\frac{1}{R_i} + \frac{1}{R_j}\right)^{\frac{1}{2}} \tag{7-17}$$

$$k_t = 8\alpha^{\frac{1}{2}}\left(\frac{1-v_i^2}{G_i} + \frac{1-v_j^2}{G_j}\right)^{-1}\left(\frac{1}{R_i} + \frac{1}{R_j}\right)^{\frac{1}{2}}$$

式中：E 和 v 分别为接触颗粒的弹性模量和泊松比；R 为颗粒半径；α 为接触过程的法向重叠量；下标 i 和 j 分别代表发生接触的接触颗粒 i 和 j；G 可以表示为

$$G = 2G^*(2-v); \quad v = \frac{4G^* - E^*}{2G^* - E^*} \tag{7-18}$$

E_i 和 E_j 取值为等效弹性模量 E^*，G^* 为等效剪切模量，有

$$E^* = \left(\frac{1-v_i}{2G_i} + \frac{1-v_j}{2G_j} \right)^{-1}; \quad G^* = \left(\frac{2-v_i}{G_i} + \frac{2-v_j}{G_j} \right)^{-1} \tag{7-19}$$

阻尼比 ξ 为阻尼系数与临界阻尼系数之比，法向和切向的阻尼比分别为

$$\xi_n = \frac{c_n}{c_n^c}; \quad \xi_t = \frac{c_t}{c_t^c} \tag{7-20}$$

如上所述，通过测量颗粒的恢复系数，即可按照相应的理论计算公式获得颗粒阻尼比。

2. 颗粒恢复系数

由于颗粒与腔体墙面、颗粒与颗粒的碰撞时间短促，碰撞时物体的速度发生突变，物体碰撞开始时的接触力从零迅速增大，碰撞结束时又重新变为零，变化过程十分复杂。针对这种碰撞问题，一般用冲量来度量碰撞作用。由于碰撞产生的接触力 $F(t)$ 的冲量称为碰撞冲量，可表示为

$$\int_{t_1}^{t_2} F(t)\mathrm{d}t = mv_2 - mv_1 \tag{7-21}$$

式中：m 为颗粒或腔体重量；v_1 和 v_2 分别为碰撞前后的运动速度；t_1 和 t_2 分别为碰撞开始时间和结束时间。

两颗粒在碰撞历程中，其恢复和压缩两阶段的碰撞冲量比值为恢复系数 e，它表征颗粒形变的恢复水平：

$$e = \frac{I_2}{I_1} = \frac{\int_{t_m}^{t_2} F_2(t)\mathrm{d}t}{\int_{t_1}^{t_m} F_1(t)\mathrm{d}t} = \frac{m_1 v_{12} - m_1 v_m}{m_1 v_m - m_1 v_{11}} = -\frac{m_2 v_{22} - m_2 v_m}{m_2 v_m - m_2 v_{21}} \tag{7-22}$$

式中：I_1、F_1 分别为颗粒发生碰撞压缩变形时的冲量和接触力；I_2、F_2 分别为颗粒发生碰撞恢复变形时的冲量和接触力；t_m 为两颗粒的碰撞变形从压缩状态转变为恢复状态的瞬时时间；m_1、m_2 分别为两碰撞颗粒的质量；v_{i1}、v_{i2} 分别为 i 颗粒碰撞前后的速度，$i=1$，2；v_m 为在压缩和恢复过程转变瞬间，两颗粒接触处的相同速度。

根据牛顿假定，将恢复系数 e 定义为两颗粒脱离接触与开始接触在两颗粒接触点公共法线方向上的瞬时相对速度的比值。假定两颗粒接触处的相同速度 $v_m = 0$，恢复系数 e 可表示为

$$e = \left| \frac{u}{v} \right| = \left| \frac{u_{n2} - u_{n1}}{v_{n2} - v_{n1}} \right| = \sqrt{\frac{h_1}{h_0}} \tag{7-23}$$

式中：u_{n2}、v_{n2} 分别为两颗粒碰撞后的速度沿接触面的法向投影；u_{n1}、v_{n1} 分别为两颗粒碰撞前的速度沿接触面的法向投影；h_1、h_0 分别为两颗粒碰撞后的相对弹跳高度和碰撞前初始相对高度。

恢复系数 e 的大小（$0 \leqslant e \leqslant 1$）一般主要与相互碰撞的颗粒材料有关，而与相互碰撞颗粒的尺寸及速度无关。根据前述理论推导，通过测试两颗粒碰撞前后势能变化状况即可得出恢复系数。

颗粒恢复系数测试装置由测试台架、标尺、颗粒球、高速摄像机和装有运动图像分析软件的计算机等组成，如图 7-2 所示。

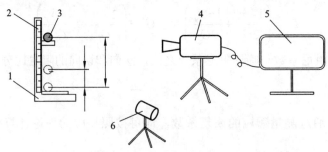

图 7-2　恢复系数测试原理图

1-测试台架；2-标尺；3-颗粒球；4-高速摄像机；5-计算机；6-光源

测试台架上安装有高度标尺，用于标记颗粒球做自由落体运动的初始高度，空间高度（包括颗粒球在各时刻瞬时所在的空间高度和弹跳高度）的测量采用高速摄像机来实现。

将颗粒球置于测试支架某一确定的高度上（图 7-3），用小木棍轻轻推动颗粒球，使其做自由落体运动，同时采用高速摄像机拍摄颗粒球自由降落、与刚性底座碰撞和回弹的全过程，如图 7-3 所示。

图 7-3　某颗粒球自由落体运动全过程

根据高速摄像机图像解析出颗粒球的运动轨迹，图 7-4 为某颗粒球的位移和速度变化曲线。从图中获取颗粒球碰撞前后的 h_0 和 h_1，代入式（7-23）即可获得该颗粒球的恢复系数。

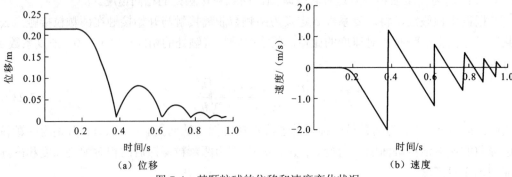

（a）位移　　　　　　　　　　　　（b）速度

图 7-4　某颗粒球的位移和速度变化状况

7.2　基于能耗的颗粒阻尼减振设计

基于能耗的颗粒阻尼减振是一种通过附加颗粒介质的能量耗散来实现减振效果的方法。它利用颗粒体系的内部结构和材料特性，吸收和耗散外输能量，从而减小结构或装置的振动幅度和能量传递。颗粒阻尼减振设计一般需要考虑的要素如下。

（1）颗粒模式。一般在结构件中采用颗粒填料模式，在空腔内部或周围添加颗粒填料。通过颗粒之间的摩擦耗散和颗粒的弹塑性变形来吸收和消散振动能量，从而减小振动幅度。在管路流道中一般引入颗粒流动来实现减振。颗粒流动时产生的摩擦和碰撞会耗散能量，从而降低振动的扩散。

（2）颗粒材料。颗粒材料主要分为金属、非金属以及复合材料三类：金属主要采用的是钢、铜等；非金属主要有橡胶、陶瓷、玻璃等；复合材料指的是金属与非金属的结合材料，如橡胶包钢等，这些颗粒大多以球形颗粒作为填料。还有学者研究采用砂石[7]、砾石及冰块[8]等天然不规则颗粒材料作为填料，其碰撞、摩擦状态更为复杂。

7.2.1　仿真模型

考虑颗粒阻尼器放置的位置为船舶轴系空心轴段内，设计的颗粒阻尼器的结构为圆柱形结构。该结构可通过颗粒流计仿真软件建立空心的圆柱形离散元模型，由空心圆柱体和圆柱体内的颗粒组成，在腔体转动和纵向激励振动作用下，颗粒会在腔体的筒体壁面和左右墙面产生碰撞阻尼和摩擦阻尼，可消耗腔体的部分振动能量，产生抑制腔体振动的作用[9]。

图 7-5 所示为某轴系的颗粒阻尼器结构，腔体由筒体和左、右墙面组成，三者材料均为普通钢。腔体的内径 D 为 120 mm，左、右墙面距离（腔体轴向长度）$L=45$ mm；腔体内堆积有一定数量球半径 $R_S=5$ mm 的橡胶包钢颗粒。颗粒与颗粒、颗粒与腔体壁面之间的接触均设定为赫兹接触。

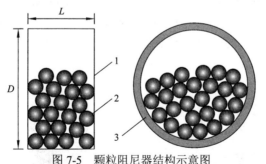

图 7-5　颗粒阻尼器结构示意图

1-墙面；2-填充颗粒；3-圆柱形筒壁

腔体和颗粒的材料物理参数如表 7-1 所示。

表 7-1 腔体及颗粒材料物理参数

材料	密度/（kg/m³）	剪切模量/MPa	泊松比	法向阻尼比
筒体、左右墙面	7850	7.923×10⁴	0.30	0.1270
橡胶包钢颗粒	3156	3.03	0.49	0.1653

注：颗粒密度是基于颗粒球半径 $R_S=5$ mm，根据其实际质量和体积来计算的等效密度

颗粒间的相互作用参数及颗粒与钢墙面间的相互作用参数分别如表 7-2 和表 7-3 所示。

表 7-2 颗粒与颗粒间相互作用参数

材料	恢复系数	静摩擦系数	法向刚度/（N/mm）	阻尼系数	法向阻尼比
普通钢	0.6689	0.20	8706.6	0.3817	0.1270
橡胶包钢	0.5907	0.50	0.2671	0.4827	0.1653

注：恢复系数、静摩擦系数、阻尼系数、阻尼比等参数均为相同材料间的相互作用数据

表 7-3 颗粒与钢墙面间的相互作用参数

材料-材料	恢复系数	静摩擦系数	阻尼系数	阻尼比
橡胶包钢-钢	0.6286	0.50	0.4336	0.1462

注：不同材质的 m_1 和 m_2 两物体的共同恢复系数计算公式为 $e_{12共}=\sqrt{e_{1共}e_{2共}}$ [10]

7.2.2 模型验证

1. 边界条件设置

船舶轴系在运转的过程中，由于螺旋桨在非均匀伴流场中会产生纵向激励力，船舶轴系会产生纵向振动，所以在仿真时既要模拟船舶轴系的旋转，又要模拟船舶轴系受激励下的纵向振动。

在仿真软件中赋予颗粒阻尼器在 yz 平面的转速 n 来模拟船舶轴系的旋转，如图 7-6（a）所示，赋予颗粒阻尼器轴向（x 方向）周期性简谐振动来模拟船舶轴系轴向受激励下的纵向振动，如图 7-6（b）所示，简谐振动设置为 $x=A_0\sin(\omega t-\varphi)$，其中频率 $f=\omega/2\pi$，振幅幅值为 A_0，轴向速度变化设置为 $\dot{x}=\omega A\cos(\omega t-\pi/2)$，保证颗粒阻尼器轴向的初始速度（即 $t=0$ 时）为 0 m/s，如图 7-7 所示。

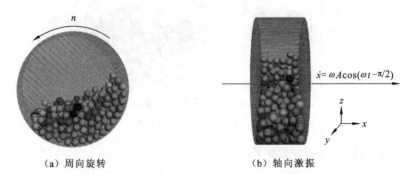

（a）周向旋转　　　　　　　　　（b）轴向激振

图 7-6 颗粒阻尼器运动及激励力示意图

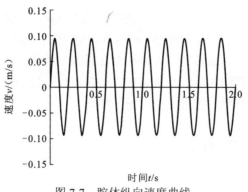

图 7-7　腔体纵向速度曲线

2. 仿真分析结果

　　腔体中的颗粒运动状态一般有三种形式：左右（纵向）滚动或滑行运动、抛落运动、周向滚动或滑行运动与抛落运动并存。颗粒在腔体中运动状态、速度矢量，以及颗粒间接触力大小主要通过颗粒在 yz 平面（腔体的横截面）的变化状况来描述，如图 7-8 所示。

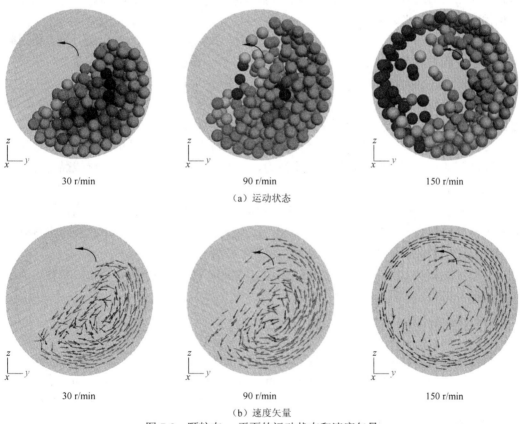

（a）运动状态

（b）速度矢量

图 7-8　颗粒在 yz 平面的运动状态和速度矢量

　　图 7-8 所示为设定条件下的颗粒体系在 30 r/min、90 r/min、150 r/min 转速下，运行 1 s 后的颗粒运动状态。转速较低时，腔体内颗粒并未出现明显的颗粒飞行阶段，基本处于集聚状态，尤其中、低层颗粒更为明显，但观察其速度矢量图可发现，颗粒速度仍呈

一定规律性，表层颗粒速度趋于一致，在颗粒群最上方做滑动或滚动运动。低速阶段的耗能主要表现为颗粒之间的碰撞和摩擦。转速升高到 150 r/min 时，部分外层颗粒已完全贴附在筒体壁面上与筒体一起转动，颗粒排列比较规则、整齐，速度方向与腔体转动方向高度一致，而内层颗粒的抛落运动现象明显，速度方向较为混乱，颗粒分布松散。该阶段的耗能主要为颗粒与壁面的碰撞与摩擦耗能。

7.2.3 颗粒耗能影响因素

颗粒耗能是指在颗粒介质中发生的能量耗散过程。影响颗粒耗能的因素很多，主要因素如下。

（1）颗粒特性。颗粒的材料特性和物理性质直接影响颗粒的耗能特性。例如，颗粒介质的硬度、弹性模量、摩擦系数等会影响颗粒之间的碰撞和摩擦耗能。颗粒的形状和尺寸也会影响颗粒之间的接触面积和接触方式，从而影响其能耗特性。

（2）颗粒间相互作用。颗粒间相互作用是颗粒耗能的主要机制之一。摩擦力、碰撞力和颗粒之间的挤压力都会导致能量耗散。颗粒间相互作用的强度和方式受到颗粒密度、堆积状态和应力水平的影响。

（3）外界作用载荷。外界作用载荷是指作用在颗粒介质上的力或应变。外界作用载荷的大小、载荷的频率和载荷的方向都会影响颗粒的耗能特性。较大的载荷会产生较大的应力和应变，从而增加颗粒间的摩擦和碰撞耗散。

（4）环境条件。温度、湿度和压力等环境条件也会对颗粒的能耗性能产生影响。温度的变化可以改变颗粒介质的硬度和弹性，从而影响颗粒间的摩擦和碰撞。

（5）界面润滑和润湿性。颗粒界面的润滑和润湿性会影响颗粒的摩擦特性和接触行为。润滑剂的使用可以减小颗粒间的摩擦力，从而降低耗能。相反，干燥或黏附界面会增加颗粒间的摩擦和能量耗散。

（6）颗粒排列和堆积状态。颗粒的排列和堆积状态对颗粒的能耗能力有着重要影响。紧密堆积的颗粒会增加颗粒间的接触面积，从而提高能耗率。而疏松堆积和随机排列会导致较小的接触面积和接触方式，从而降低颗粒的能耗。

针对上述影响因素，具体讨论腔体转速、激励频率、激励振幅、颗粒的粒径、质量填充比等参数对颗粒耗能的影响规律。

1. 腔体转速

设置粒径为 5 mm、颗粒质量填充比为 5%、激励频率为 5 Hz、激振振幅为 3 mm，分别在不同的腔体转速（30 r/min、60 r/min、90 r/min、120 r/min、150 r/min）下进行颗粒能耗仿真计算，通过统计仿真时间内结构的能量耗散值，研究腔体转速对颗粒能量耗散的影响规律。

由图 7-9 可知，碰撞能耗和摩擦能耗均随着腔体转速的上升先增大至峰值后开始减小。在上升阶段，碰撞能耗上升幅度略大于摩擦能耗；过峰值转速后，颗粒开始做抛落运动，这减少了颗粒间的接触机会，摩擦能耗呈现出下降趋势，颗粒间的碰撞也因此减少，但抛落运动中颗粒间以及颗粒对筒体的撞击强度增大，故碰撞能耗仍呈现上升趋势，但趋势相对减弱；在腔体转速超过某临界值后，颗粒群出现贴合圆筒面的情况，此时外层颗粒群贴合墙面，只有内层颗粒做抛落运动，颗粒间、颗粒与墙面间的碰撞急剧减少，故碰撞能耗开始呈现出下降趋势。

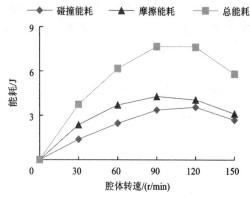

图 7-9　不同腔体转速对能耗的影响

2. 激励频率

设置粒径为 5 mm、颗粒质量填充比为 5%、激振振幅为 3 mm、腔体转速为 90 r/min，分别在不同的激励频率（3 Hz、4 Hz、5 Hz、10 Hz、20 Hz、40 Hz）下进行颗粒能耗仿真计算，通过统计仿真时间内结构的能量耗散值，研究激励频率对颗粒能量耗散的影响规律。

由图 7-10 可知，当纵向激励频率低于某临界值时，激励频率对颗粒群与墙面、筒体壁面的碰撞次数的影响有限，因此对颗粒的碰撞和摩擦能耗影响不大。但随着纵向激励频率的增大，颗粒与墙面、筒体壁面的碰撞次数急剧增加，摩擦加剧，因此，碰撞和摩擦的耗能增加，且增幅较大。由此可见，在低频率下，纵向激励频率对颗粒的碰撞能耗和摩擦能耗的影响较小；在高频率下，纵向激励频率对颗粒的碰撞能耗和摩擦能耗的影响较大，且碰撞能耗在总能耗中的比重超过摩擦能耗。

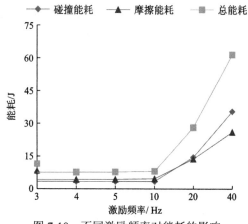

图 7-10　不同激励频率对能耗的影响

3. 激励振幅

设置粒径为 5 mm、颗粒质量填充比为 5%、激励频率为 5 Hz、转速为 90 r/min，分别在不同的激励振幅（1.5 mm、2.0 mm、2.5 mm、3.0 mm、3.5 mm）下进行颗粒能耗仿真计算，通过统计仿真时间内结构的能量耗散值，研究激励振幅对颗粒能量耗散的影响规律。

由图 7-11 可知，激励幅值对系统的碰撞能耗和摩擦能耗影响较小，振幅的增大会加长颗粒群在纵向上的滑移距离，但由于抛落运动的存在，与圆筒壁面接触的颗粒在纵向上的滑移距离增加得极为有限，故系统摩擦能耗呈微弱上升趋势。

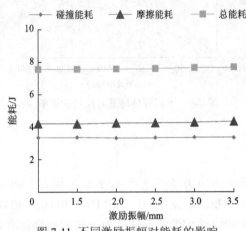

图 7-11 不同激励振幅对能耗的影响

4. 颗粒粒径

设置颗粒质量填充比为 5%、激励频率为 5 Hz、激励幅值为 3 mm、转速为 90 r/min，分别在不同颗粒半径（5 mm、6 mm、7 mm、8 mm、9 mm）下进行颗粒能耗仿真计算，通过统计仿真时间内结构的能量耗散值，研究颗粒粒径对颗粒能量耗散的影响规律。

由图 7-12 可知，系统能耗随着颗粒粒径的增大出现轻微幅度的下降。随着颗粒半径的增大，颗粒质量增加，碰撞力和摩擦力及其相应的碰撞能耗和摩擦能耗也随之增大，但在相同质量填充比的情况下，颗粒粒径越大，腔体内颗粒数量就越少，颗粒间、颗粒

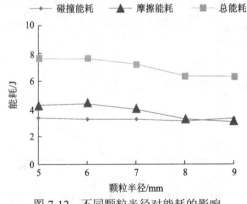

图 7-12 不同颗粒半径对能耗的影响

与壁面间的碰撞次数也会随之减少，碰撞能耗和摩擦能耗也随之减少。由此可见，随着颗粒粒径的改变，系统的碰撞能耗和摩擦能耗出现了一定的波动。

5. 质量填充比

设置粒径为 5 mm、激励频率为 5 Hz、激励幅值为 3 mm、转速为 90 r/min，分别在不同颗粒质量填充比（2.5%、5%、7.5%、10%）下进行颗粒能耗仿真计算，通过统计仿真时间内结构的能量耗散值，研究颗粒质量填充比对颗粒能量耗散的影响规律。

由图 7-13 可知，碰撞能耗和摩擦能耗均在质量填充比的临界值（5%）达到最大值，随后开始呈下降趋势。当质量填充比较小时，颗粒数量较少，故颗粒间、颗粒与墙面发生的碰撞和摩擦接触机会较少，随着质量填充比上升，颗粒数量增加，但颗粒间的空间减小，颗粒间的接触次数减少，同时由于空间减小，颗粒间的碰撞强度降低，且这些现象随着质量填充比的上升显现得更明显，所以系统的碰撞能耗和摩擦能耗均呈下降趋势，且下降趋势越来越大。

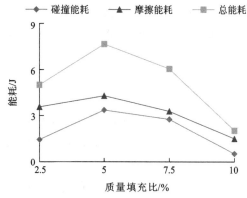

图 7-13　不同质量填充比对能耗的影响

综上所述，颗粒阻尼系统的转速、颗粒粒径、颗粒质量填充比在不同的工况下对能耗产生了较明显影响，所以这三个影响因素对纵向振动抑制有着较大的影响。而激励频率和激励振幅对颗粒阻尼器的能耗影响较小，因此对纵向振动抑制的影响较小。

7.2.4　颗粒阻尼减振优化

颗粒阻尼减振是一种通过颗粒介质的能量耗散来实现减振效果的方法。设计和优化颗粒阻尼减振系统时，可以采取以下措施。

（1）材料选择优化：选择合适的颗粒材料，考虑颗粒的硬度、弹性模量、摩擦系数等物理特性，以及其能耗能力。部分高分子材料、橡胶颗粒等具有较好的能量吸收和耗散特性，可作为优化的选择。

（2）颗粒尺寸和形状优化：通过优化颗粒的尺寸和形状，可改变颗粒间的接触面积和接触方式，从而影响颗粒的能耗特性。较大的颗粒尺寸和复杂的颗粒形状可以增加颗粒之间的接触面积和接触方式，从而提高摩擦和能量耗散效果。

（3）场景模拟和仿真优化：通过计算机仿真和模拟分析，可以优化颗粒阻尼减振系统的设计。仿真模拟可以帮助预测颗粒介质在不同工况下的能耗情况，并通过调整参数来实现最佳减振效果。

（4）结构设计优化：设计合理的颗粒填充结构或流动系统，以最大化颗粒介质的能量吸收和耗散，从而实现减振效果。优化结构设计涉及颗粒填充的部位、颗粒排列方式、颗粒尺寸比例等方面的考量。

（5）试验验证与调整：通过试验验证所设计的颗粒阻尼减振系统的效果，并根据试验数据进行系统参数的调整和优化，从而使系统达到最佳的减振效果。

（6）多种减振机制的综合利用：在优化设计时，可以考虑利用颗粒的能量耗散机制与其他减振机制（如弹簧阻尼、液体阻尼）相结合，实现多种减振机制的综合利用。

综合考虑颗粒材料的性能、结构设计的合理性、仿真优化和实验验证，可以对颗粒阻尼减振系统进行全面的优化设计，以实现最佳的减振效果。值得注意的是，优化设计需要综合考虑应用领域的特点和实际工程要求，进行充分的需求分析和系统性能评估。

基于前述建立的颗粒阻尼器离散元模型，为优化颗粒阻尼器减振性能，本小节介绍一种采用响应面分析（response surface methodology，RSM）的方法[11]对颗粒阻尼器结构参数进行寻优，优化分析的具体过程如下。

1. 优化目标

考虑颗粒阻尼器要应用于船舶轴系上，在设计阻尼器满足减振效果的同时要兼顾轴系的附加质量，因此在优化设计的过程中围绕颗粒阻尼器纵向振动减振效果，兼顾颗粒阻尼器的附加质量，设定以下两个优化目标。

（1）颗粒阻尼器耗能最大化。船舶轴系颗粒耗能体现颗粒阻尼器对船舶轴系减振效果的影响，以颗粒阻尼器耗能最大化为主要优化目标，即整个过程中颗粒阻尼器总耗能 y_1 最大，此为优化目标 1。根据优化目标 1，定义如下优化目标函数：

$$f_1(x) = \max(y_1) \tag{7-24}$$

式中：y_1 为总耗能。

（2）系统附加质量最小。近年来船舶轴系朝着轻量化设计的方向发展，考虑轴系本身质量的增加会影响其固有频率，为了保证颗粒阻尼器附加质量对轴系影响较小，设定系统阻尼器附加质量 y_2 最小为优化目标 2。根据优化目标 2，定义如下优化目标函数：

$$f_2(x) = \min(y_2) \tag{7-25}$$

式中：y_2 为阻尼器附加总质量。

2. 优化变量

颗粒阻尼器减振效果受多种因素影响，包括颗粒阻尼器相关结构参数（如颗粒粒径、颗粒质量填充比）及安装颗粒阻尼器的轴系的工况因素（如轴系转速、螺旋桨激励）等。因此，在优化设计过程中选取颗粒粒径、颗粒质量填充比、转速作为设计变量，具体数值见表 7-4。

表 7-4　设计变量参数数值范围

界限	粒径/mm	质量填充比/%	转速/（r/min）	激励频率/Hz	振幅/mm
水平 1	3	30	50	4	3
水平 2	4	40	100	6	4
水平 3	5	50	150	8	5

3. 响应面模型

参数取值范围定为 3 mm≤粒径（A）≤5 mm、0.3≤颗粒质量填充比（B）≤0.5、50 r/min≤轴系的转速（C）≤150 r/min。根据响应面分析中的中心组合法生成 17 个试验设计点，通过离散元仿真计算出每一组参数对应的耗能，得到的结果见表 7-5。

表 7-5　CCD 仿真试验数据

序号	A/mm	B	C/（r/min）	耗散能量/J	附加质量/kg
1	3	0.4	50	10.2904	1.16
2	3	0.5	100	11.8104	1.45
3	3	0.3	100	10.108	0.87
4	3	0.4	150	9.6824	1.16
5	4	0.3	150	9.8496	0.864
6	4	0.5	50	10.6552	1.44
7	4	0.4	100	12.5096	1.152
8	4	0.4	100	12.6008	1.152
9	4	0.4	100	12.5248	1.152
10	4	0.3	50	10.4728	0.864
11	4	0.4	100	12.2056	1.152
12	4	0.5	150	7.8736	1.44
13	4	0.4	100	12.1144	1.152
14	5	0.3	100	9.6976	0.855
15	5	0.5	100	11.2632	1.425
16	5	0.4	50	10.8224	1.14
17	5	0.4	150	8.8616	1.14

通过响应面试验获得目标函数和显著因素的关联式，耗散能量的数学模型式为

$$
\begin{aligned}
H = {}& -27.506\,68 + 6.536\,76A + 88.9086B + 0.194\,644C \\
& - 0.342AB - 0.006\,764AC - 0.107\,92BC \\
& - 0.734\,92A^2 - 93.632B^2 - 0.000\,697C^2
\end{aligned}
\tag{7-26}
$$

附加质量的数学表达式为

$$
M = -0.031 + 0.016A + 2.9775B - 0.025AB - 0.002A^2 \tag{7-27}
$$

对耗散能量与附加质量对应的响应面模型进行方差分析，结果如表 7-6 所示。

表 7-6　优化目标响应面分析

耗散能量	数值	附加质量	数值
相关系数 R^2	0.88	相关系数 R^2	0.99
模型 P 值	<0.05	模型 P 值	<0.001
信噪比	6.94	信噪比	2905.16

其中，P 值在方差分析中用来评估模型对优化目标的影响的显著性，优化目标耗散能量的 P 值小于 0.05，说明回归模型达到了显著水平，可以满足后续优化的要求；优化目标附加质量的 P 值小于 0.001，说明回归模型达到了高度显著水平，可以满足后续优化的要求；相关系数 R^2 表示总的判定系数，计算结果分别为 0.88、0.99，均高于 0.8，说明响应面方程拟合程度高，可以满足后续优化的要求。信噪比一般大于 4，该模型中得到的数值分别为 6.94 和 2905.16，说明拟合结果符合要求。

4. 响应面优化结果

利用响应面寻优算法，以颗粒阻尼器耗散能量取最大值、颗粒阻尼器附加质量取最小值为预测目标。在三种参数之间寻找最优解，最优组合为：粒径 3.94 mm、质量填充比 38.68%、转速 88.19 r/min。表 7-7 显示了响应面最优方案和仿真结果的对比，发现优化结果对颗粒阻尼器耗能有较好的契合度。

表 7-7　优化结果对比

响应	优化结果	仿真验证	误差
耗能	13.49	14.92	5.29%

7.3　颗粒阻尼减振试验

颗粒阻尼减振试验是评估和验证颗粒阻尼减振系统性能的重要步骤。通过试验验证，可以评估颗粒阻尼减振系统的减振效果、能耗性能和稳定性，并进一步优化设计和改进系统。此外，试验结果还可以用于与模拟仿真结果进行比较和验证，提高颗粒阻尼减振系统设计的可靠性和精确性。

7.3.1　试验装置

颗粒阻尼减振试验装置主要由变频电机、联轴器、转速-扭矩仪、振动传感器、颗粒阻尼器及测试系统组成。颗粒阻尼减振试验装置具有旋转运动和纵向运动功能，能完成相关试验参数的采集和处理工作。颗粒阻尼减振试验装置如图 7-14 所示。

颗粒阻尼试验装置可模拟船舶推进轴系的纵向振动，通过激振器控制输出电流，提供激励频率与振幅，从而激励颗粒阻尼器产生不同的频率与振幅的纵向振动；弹簧模拟船舶推进轴系的刚度，使得轴系纵向振动快速恢复；其他如深沟球滚动轴承和直线轴承等装置附件，可实现左轴和右轴的旋转运动和轴向运动。

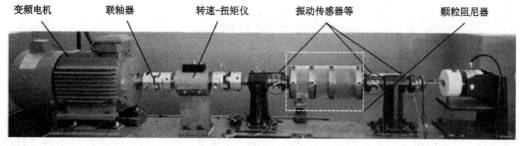

（a）实物图

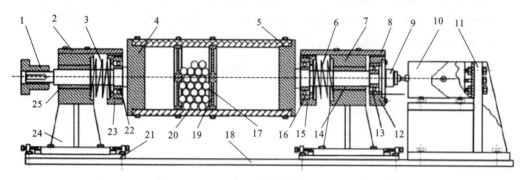

（b）组成示意图

图 7-14　颗粒阻尼减振试验装置

1-联轴器；2-左连接板；3、6-弹簧；4-左轴；5-右轴；7、24-直线轴承座；8-右连接板；9-力传感器；10-激振器；

11-激振器支架；12-滚动轴承座；13、16、22-滚动轴承；14、25-直线轴承；15、23-滚动轴承座；17-颗粒；

18-底板；19-隔板；20-圆筒；21-底座

7.3.2　纵向振动抑制效果分析

对纵向振动抑制效果进行分析时，可以考虑以下几个方面。

（1）振动幅值的减小：纵向振动抑制的主要目标之一是减小振动幅值，即减少系统在垂向上的振动运动。通过有效的抑制措施，振动幅值可以显著降低，从而提升系统的稳定性和舒适性。

（2）频率响应的改善：纵向振动抑制旨在降低或消除系统在特定频率范围内的振动响应。通过优化系统的设计或利用振动抑制设备，可以改善系统的频率响应曲线，使其更加平缓和稳定。

（3）能量耗散的增加：纵向振动抑制的关键是通过适当的机制或设备提高系统的能量耗散能力。较高的能量耗散能力可以有效地将振动能量转化为热能，并减小振动的能量传递和累积，从而降低系统的振动幅值和响应。

（4）振动衰减时间的减少：纵向振动抑制的另一个指标是振动衰减的时间。通过有效的振动抑制措施，可以缩短系统的振动衰减时间，使系统尽快恢复到平衡状态，减少振动的持续时间和影响。

颗粒阻尼减振试验是在简谐激励力作用下进行的。在试验中，将在测点 3 处得到的有颗粒阻尼和无颗粒阻尼的频域图进行分析，对比两者在相同试验条件下的纵向振动加速度变化情况，使用无量纲减振比 λ 作为指标参数，用于评价颗粒阻尼的抑振效果。

$$\lambda = \frac{A_0 - A_1}{A_0} \times 100\% \qquad (7\text{-}28)$$

式中：A_0 为空腔时系统最大纵向振动加速度；A_1 为填充颗粒后系统最大纵向振动加速度。

若减振比 λ 为正值，表明系统具有抑振效果，λ 越大抑振效果越明显；若 λ 为负值，则表明系统没有抑振效果。

颗粒阻尼减振试验包括颗粒粒径、质量填充比、激励频率与激励振幅的影响试验 4 项内容。设定标准工况：①颗粒粒径 $R_S = 5$ mm；②质量填充比 5%；③激励频率 $f = 5$ Hz；④激励振幅 $A = 3$ mm；⑤电机转速 n 分别为 30 r/min、60 r/min、90 r/min、120 r/min、150 r/min。基于标准工况，每次试验讨论单一因素下的不同参数，测量系统的轴向振动状态和颗粒运动状态。试验设计如表 7-8 所示。

表 7-8　颗粒阻尼减振试验设计

序号	试验名称	讨论参数
1	颗粒粒径影响试验	颗粒粒径/mm：5、6、7、8、9
2	质量填充比影响试验	质量填充比/%：2.5、5、7.5、10
3	激励频率影响试验	激励频率/Hz：3、4、5、10
4	激励振幅影响试验	激励振幅/mm：±1.5、±2、±2.5、±3、±3.5

1. 颗粒粒径

在标准工况下，探究颗粒粒径 R_S 分别为 5 mm、6 mm、7 mm、8 mm、9 mm 对系统抑振的影响规律。其中 R_S 分别为 5 mm、8 mm、9 mm 的系统振动状况如图 7-15 所示。

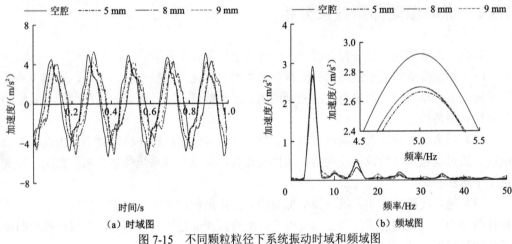

图 7-15　不同颗粒粒径下系统振动时域和频域图

由图 7-15（a）可知，填充不同粒径的颗粒后颗粒阻尼在 0~1 s 时间内的振动加速度均有一定程度的减小，且振动加速度的变化曲线有一定的相位差；填充不同粒径的颗粒后加速度幅值较空腔也均有所降低，粒径为 5 mm 时的加速度幅值要小于粒径为 8 mm 和 9 mm 时，说明颗粒阻尼对纵向振动均有抑制作用。在不同转速下，各粒径的系统减振比如图 7-16 所示。

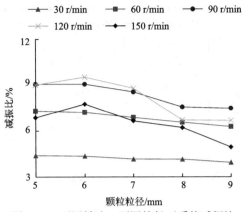

图 7-16　不同转速、不同粒径下系统减振比

由图 7-16 可知，填充不同粒径颗粒后的系统均显现明显的抑振效果，但在不同粒径下系统减振比波动较小，这一点在低转速（$n=50$ r/min、80 r/min）下表现得尤为明显。在转速 $n \geqslant 120$ r/min 下，减振比波动幅度相对增大，先呈现小幅上升，在 $R_S = 6$ mm 处达到峰值后，随着粒径的增大而减小。整体而言，颗粒粒径的变化对系统减振比的影响在高转速时较大，在低转速时较小。

2. 质量填充比

在标准工况下，探究颗粒质量填充比分别为 2.5%、5%、7.5%、10%对系统减振比的影响规律，其中转速 90 r/min 时不同质量填充比的时域和频域图如图 7-17 所示。

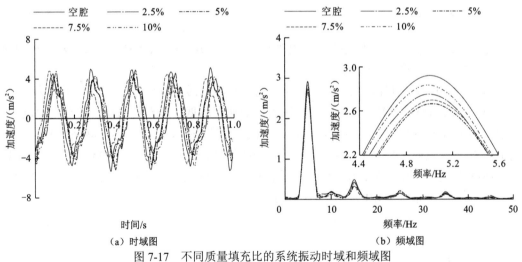

（a）时域图　　　　　　　　　　（b）频域图

图 7-17　不同质量填充比的系统振动时域和频域图

由图 7-17（a）可知，填充不同质量填充比的颗粒后的振动加速度幅值较空腔的振动加速度幅值均下降，这说明所选质量填充比下的颗粒阻尼对纵向振动均有抑制作用。由图 7-17（b）可知，质量填充比为 5%时的加速度幅值要小于其他质量填充比下的加速度幅值，因此当电机转速为 90 r/min 时，在质量填充比为 5%时取得当前最优减振比。不同质量填充比影响试验的减振比如图 7-18 所示。

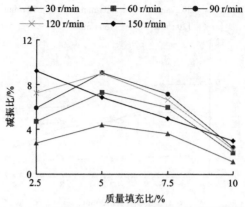

图 7-18 不同转速、不同质量填充比的系统减振比

由图 7-18 可知,在上述试验条件下,颗粒质量填充比对系统的减振效果有显著影响。随颗粒质量填充比升高,系统惯性力及颗粒与腔体、颗粒与颗粒间的撞击和摩擦强度增大,颗粒阻尼增加,振动能耗变大,系统的减振比也随之提高。但当颗粒质量填充比超过一定范围时,颗粒系统的减振比会下降,其主要原因是随着颗粒质量填充比的升高(如达到 10%),颗粒的质量与颗粒数量也增加,腔体底层的颗粒所受的压力增大,颗粒与颗粒间的间隙减小,颗粒移动受限,阻尼增加有限,导致振动能耗减少,减振比有所下降。高转速工况下,质量填充比较小的系统减振比较高,这是因为该系统的颗粒数量较少,在运动过程中不会出现颗粒依附在圆筒壁面的情况,这样增加了颗粒间和颗粒与壁面间的碰撞与摩擦,使得系统能耗较高、减振比较大。

3. 激励频率

在标准工况下,探究不同的激励频率 f 分别为 3 Hz、4 Hz、5 Hz、10 Hz 对系统加速度的影响规律,如图 7-19 所示。

由图 7-19(a)可知,当其他条件不变时,在不同激励频率作用下,有颗粒系统在 f 分别为 3 Hz、4 Hz、5 Hz、10 Hz 主频附近的加速度均低于无颗粒系统,并存在相位差。由图 7-19(b)可知,受旋转影响,砂石颗粒的运动碰撞更明显,运动状态更复杂,频域图中出现次波峰,但填充颗粒之后的加速度峰值均出现不同程度的降低且均出现在其激励频率附近,这说明各个激励频率下的颗粒阻尼对纵向振动均有抑制作用。不同转速、不同激励频率下系统减振比如图 7-20 所示。

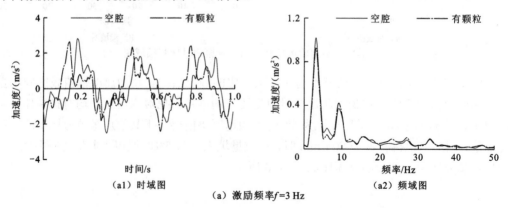

（a1）时域图　　　　　　　　　　（a2）频域图

（a）激励频率 f=3 Hz

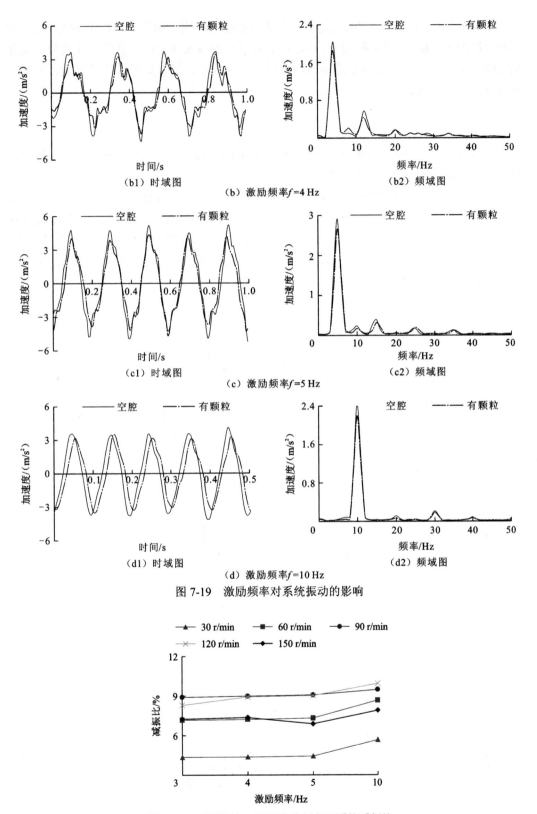

（b1）时域图 （b2）频域图

（b）激励频率f=4 Hz

（c1）时域图 （c2）频域图

（c）激励频率f=5 Hz

（d1）时域图 （d2）频域图

（d）激励频率f=10 Hz

图 7-19　激励频率对系统振动的影响

图 7-20　不同转速、不同激励频率下系统减振比

由图 7-20 可知，在不同的转速下，有颗粒系统的加速度均低于无颗粒系统，有较明显的抑振效果。随着激励频率的升高，有颗粒系统的减振比呈现上升的变化趋势，变化幅度较小。适当增大激励频率能提高颗粒群的运动速度，提升颗粒的碰撞强度，使得阻尼效应表现得更明显。

4. 激励振幅

在标准工况下，探究不同激励振幅 A 分别为 1.5 mm、2 mm、2.5 mm、3 mm、3.5 mm 对系统振幅的影响规律，如图 7-21 所示。

由图 7-21 中的时域图可知，在其他条件不变的情况下，激励振幅不同时，有颗粒系统在激励振幅为 1.5 mm、2 mm、2.5 mm、3 mm、3.5 mm 时的振动加速度均低于无颗粒系统，并存在相位差。由图 7-21 中的频域图可知，振动加速度的最大值均出现在 5 Hz 左右，而且不同激励振幅下的振动加速度辅助降低程度不同。不同转速、不同激励振幅下的减振比如图 7-22 所示。

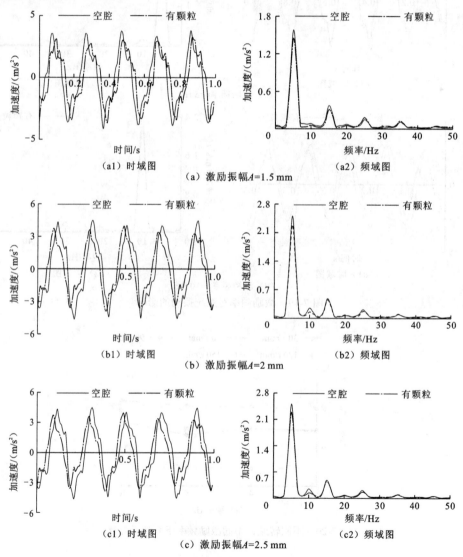

（a1）时域图　　（a2）频域图
（a）激励振幅 A=1.5 mm

（b1）时域图　　（b2）频域图
（b）激励振幅 A=2 mm

（c1）时域图　　（c2）频域图
（c）激励振幅 A=2.5 mm

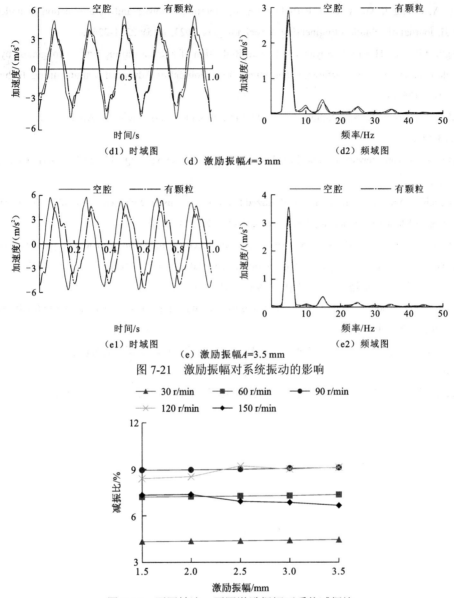

（d1）时域图 　　　　　　　　　（d2）频域图

（d）激励振幅 $A=3$ mm

（e1）时域图 　　　　　　　　　（e2）频域图

（e）激励振幅 $A=3.5$ mm

图 7-21　激励振幅对系统振动的影响

图 7-22　不同转速、不同激励振幅下系统减振比

　　由图 7-22 可知，不同激励振幅对有颗粒系统均有抑振效果，在激励振幅逐渐增大时，系统减振比波动较小，在转速 $n=30$ r/min、60 r/min、90 r/min 条件下，减振比曲线接近为一条直线；在转速为 120 r/min 和 150 r/min 条件下，减振比曲线在激励振幅 $A=2.5$ mm 的减振比有轻微波动，但低转速的减振比变化趋势相反。由此可见，在不同转速下，颗粒粒径的变化对系统减振比无显著的影响作用。

参 考 文 献

[1] Zou D, Zhang J, Liu G, et al. Study on characteristics of propeller exciting force induced by axial vibration of propulsion shafting: Theoretical analysis[J]. Ocean Engineering, 2020, 202: 106942.

[2] Zhang Y, Cheng J, Xu W, et al. Particle damping vibration absorber and its application in underwater ship[J]. Journal of Vibration Engineering & Technologies, 2023, 11(5): 2231-2248.

[3] de Aguiar H C G, Hassui A, Suyama D I, et al. Reduction of internal turning surface roughness by using particle damping aided by airflow[J]. The International Journal of Advanced Manufacturing Technology, 2020, 106: 125-131.

[4] Cundall P A. Computer Simulations of Dense Sphere Assemblies[J]. Studies in Applied Mechanics, 1988, 20: 113-123.

[5] Mindlin R D, Deresiewicz H. Elastic spheres in contact under varying oblique forces[J]. 1953, 20(3): 327-344.

[6] Kawaguchi S. Numerical simulation of fluidized bed using the discrete element method[J]. Transactions of the Journal of Marine Science and Engineering, 1992, 58(551): 79-83.

[7] Vu-Quoc L, Zhang X, Lesburg L. A normal force-displacement model for contacting spheres accounting for plastic deformation: force-driven formulation[J]. Journal of Applied Mechanics, 2000, 67(2): 363-371.

[8] 岳志恒. 砂石颗粒阻尼器的纵振抑制仿真及试验研究[D]. 武汉: 武汉理工大学, 2022.

[9] Eidevåg T, Thomson E S, Sollén S, et al. Collisional damping of spherical ice particles[J]. Powder Technology, 2021, 383: 318-327.

[10] 杨俊. 基于多腔体多颗粒阻尼的水下航行器轴系纵振抑制机理及试验研究[D]. 武汉: 武汉理工大学, 2020.

[11] 邓天扬. 基于橡胶包钢颗粒阻尼的舰船轴系纵振抑制研究[D]. 武汉: 武汉理工大学, 2020.

第 8 章

基于挤压磁流体的推进轴系横向振动智能控制技术

在推进轴系振动传递路径中设置减振单元是抑制振动传递的重要手段。推进轴系的支撑系统是振动传递路径的第一节点。研究表明，水润滑艉轴承是推进轴系横向振动的最重要的传递路径之一。因此，本章以水润滑艉轴承节点为对象，开展轴系横向振动半主动控制研究，为不同工况下轴系时变振动控制提供新方案。

8.1 轴系横向振动智能控制系统设计

8.1.1 总体方案设计

水下航行器的结构通常可以划分为 6 个区域，如图 8-1 所示，其中推进轴系是影响水下航行器隐蔽性和机动性的重要因素。水下航行器的推进轴系一般包括螺旋桨、传动轴、艉轴承、中间轴承、止推轴承。推进系统在服役时不仅受到螺旋桨在尾部伴流场产生的脉动力的影响，还受到主机运转产生的激励力的影响，这些激励力导致推进系统运行过程中不可避免的产生横向振动，通过轴承等支撑部件传递至船体，进而诱发船体结构振动，引起水下低频结构噪声[1]。

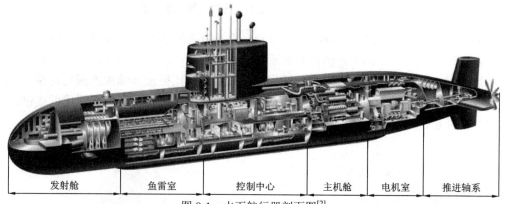

| 发射舱 | 鱼雷室 | 控制中心 | 主机舱 | 电机室 | 推进轴系 |

图 8-1　水下航行器剖面图[2]

支撑轴承作为轴系振动传递的第一链路元件，在艉轴承衬套中引入挤压磁流体阻尼结构，基于轴承壳体上的振动信号，利用电磁铁产生不同的电流对挤压磁流体阻尼结构的阻尼进行半主动控制，以达到控制轴系横向振动的效果。轴系横向振动半主动控制系统的布置方案有两种：方案一是在每个支撑轴承中布置挤压磁流体阻尼结构，对每个轴承的振动进行针对性控制；方案二是在推进轴系横向振动程度最严重的轴承处布置挤压磁流体阻尼结构，结合推进轴系中多个支撑轴承的振动信号对目标轴承的横向振动进行控制，如图 8-2 所示。艉轴承是推进轴系中受螺旋桨偏载最严重的支撑部件[3]，极易产生偏磨、异常振动等故障，因此建议在艉轴承处布置挤压磁流体阻尼结构。方案一的轴系横向振动控制效果优于方案二，但其设备使用成本较高。因此，后续的试验中采用方案二进行系统减振效果的验证。

8.1.2 挤压磁流体阻尼支撑结构设计

将整体式挤压油膜阻尼技术应用至水润滑轴承，并利用磁流变液替代阻尼结构中的阻尼液，构成挤压磁流变阻尼轴承来进行轴系振动智能控制。挤压磁流变阻尼轴承由内衬、外衬、轴承外壳和电磁铁等构成，如图 8-3 所示。轴承外衬的下侧和左右两侧布置

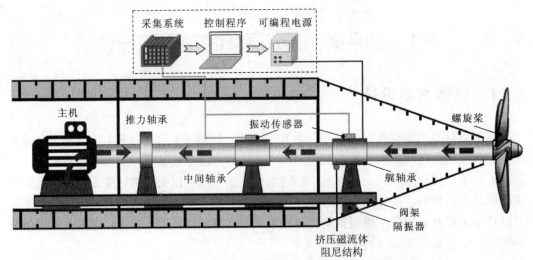

图 8-2 轴系横向振动智能控制系统布置方案

S 形间隙通孔型的整体式挤压油膜阻尼结构[4]，将磁流变液填充于其中并在两端安装垫片和盖板进行密封。在轴承外侧对应布置与轴承长度相同的三个电磁铁。智能控制系统通过可编程电源控制电磁铁产生的磁场强度，以实现挤压磁流体轴承的振动抑制作用。电磁铁主要由外壳、线圈架、漆包线圈和密封环氧树脂组成。外壳材料采用低碳钢，线圈材料为纯铜，具有良好的散热性、绝缘性和导电性。

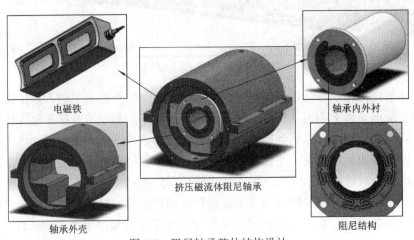

图 8-3 阻尼轴承整体结构设计

　　阻尼结构作为轴承振动抑制的作用机构，其参数设置对减振性能有十分重要的影响，Ouyang 等[4]曾指出双 S 形阻尼结构具有良好的减振效果。因此，本小节采用双 S 形阻尼结构，其结构及参数设置如图 8-4 所示。挤压油膜阻尼器兼具稳定性高、结构简洁、减振效果出色和成本低廉等特点，广泛应用于旋转机械中，同时国内外学者在理论和试验上对传统挤压油膜阻尼器及其改进型进行了深入的研究[5]。此外，参考课题组的试验轴承结构特征，制订整体式挤压油膜阻尼轴承的结构参数，如表 8-1 所示，后续仿真及试验将依据此开展。

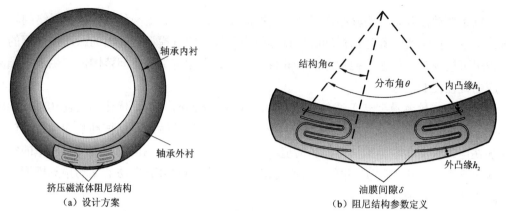

图 8-4 挤压油膜阻尼轴承结构示意图

表 8-1 整体式挤压油膜阻尼结构参数

参数	数值	单位
轴承内径	50.0	mm
轴承长度	200.0	mm
油膜间隙 δ	0.4	mm
分布角 θ	50.0	(°)
结构角 α	21.0	(°)
内凸缘高度 h_1	2.0	mm
外凸缘高度 h_2	2.5	mm

8.1.3 轴系横向振动控制模型

基于挤压磁流体轴承构建的轴系横向振动智能控制系统的工作原理如图 8-5 所示，其本质是对轴承进行半主动控制，其控制步骤可分为 4 步：①采集振动、转速、激励等轴系实时运行状态信息并传输至控制器；②通过分析状态数据，控制器迭代计算得到该运行状态下最优控制电压；③通过可编程电源将电压控制值传输至电磁铁以调节磁场输出；④通过改变磁流变液所处的磁场强度，可以实现不同振动能量削减效果。

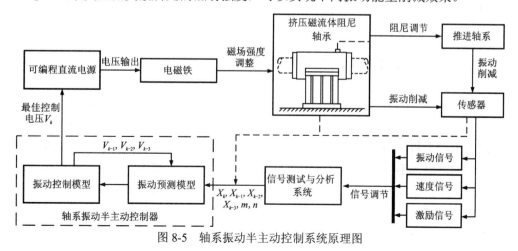

图 8-5 轴系振动半主动控制系统原理图

轴系振动控制系统的核心在于半主动控制器的设计，提出一种基于神经网络的轴系振动半主动控制器，其包括振动响应预测模型和振动控制模型。提出的振动控制器的运行逻辑可被视为一种迭代搜索方法，其目的是找到在预定义的时间范围内产生最小预测响应的最佳控制信号。

振动响应预测模型基于遗传算法（genetic algorithm，GA）优化的反向传播（back propagation，BP）神经网络算法（GA-BP 算法），模型的输入包括振动响应的过去值、施加在电磁铁上命令电压信号的当前值和过去值，输出振动响应的当前值，模型的输入和输出可表示为式（8-1）。此外，可通过建立多个基于 GA-BP 算法的振动预测模型来预测未来多个步长的振动响应。

$$X_k = NN[\{X_{k-1}, X_{k-2}, \cdots, X_{k-c}, V_k, \cdots, V_{k-c-1}, m, n\}] \tag{8-1}$$

式中：k 为当前时间步长；$X_{k-1}, X_{k-2}, \cdots, X_{k-c}$ 为前 c 个步长的振动响应值；$V_k, \cdots, V_{k-c}$ 为当前和前 $c-1$ 个工况的控制电压；m 为当前转速；n 为当前激励频率。

在振动控制模型方面，通过振动预测响应模型，可得到不同控制电压对应的当前步长的振动响应。然而，确定最优控制电压需要明确单一量化指标来确定最小振动响应。以包含 n_p 个振动预测模型和 n_t 个振动测点的轴系振动半主动控制器为例，定义振动控制的性能指数 P_j，P_j 最小时的控制电压为当前的控制电压进行输出，如式（8-2）所示。

$$P_j = \frac{\sum_{i=1}^{n_p} \sqrt{\frac{1}{n_t}\left[\sum_{m=1}^{n_t}(X_{m,k+i}^j)^2\right] W_i}}{\sum_{i=1}^{n_p} W_i} \tag{8-2}$$

式中：m 为测点编号；i 为步长编号；j 为控制电压编号；W_i 为通过振动响应预测模型得到的未来振动响应的权重。假设当前时间步长的振动响应权重 $w_1 = 1$，未来的振动响应权重按式（8-3）进行计算：

$$W_{i+1} = W_i - \frac{i}{n_p + i} \tag{8-3}$$

8.2 挤压磁流体阻尼支撑建模与仿真

8.2.1 挤压磁流体阻尼支撑动力学模型

挤压磁流体阻尼为轴承振动抑制的作用机构，其参数设置对减振性能有十分重要的影响，Younan 等[6]提出了一种考虑润滑剂中气泡影响的挤压油膜阻尼器模型，深入分析了气泡对阻尼力和减振效果的影响。Shen 等[7]搭建了柔性转子试验台，研究了液压控制挤压油膜阻尼器在不同供油压力下的减振效果。Gerbet 等[8]模拟转子的真实运行状态，开展了全尺寸试验，对整体式挤压油膜阻尼器行为进行了全面评估，验证了整体式挤压油膜阻尼器对转子振动响应的优化效果。目前磁流变阻尼器已经在多个领域成功应用[9]，具有广阔的发展前景。

挤压磁流变阻尼轴承可等效为一个二自由度弹簧质量系统，其综合动力学特性由水膜动特性与阻尼结构动特性构成，如图 8-6 所示。图中：f 为外界激励力；m_1 与 m_2 分别为转轴和阻尼轴承的质量；c_1 和 k_1 分别为轴承水膜承载界面的阻尼和刚度；c_2 和 k_2 分别为在轴承内部开设的阻尼结构的阻尼和刚度；k_b 为轴承综合刚度；c_b 为轴承综合阻尼；y_1 和 y_2 分别为转轴和轴承的振动位移。阻尼结构内的油膜刚度相比于结构刚度几乎可以忽略，因此 k_2 采用阻尼轴承结构的静刚度，将在 8.2.2 小节中详细讨论。

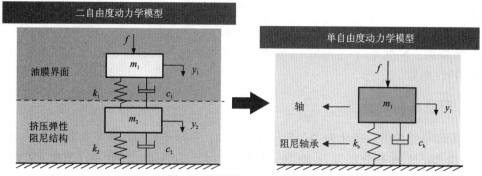

图 8-6　阻尼轴承动力学模型

1. 水膜动特性

对于水润滑径向轴承，通常采用径向动特性系数来表示轴承水膜动力学性能，分别为 4 个刚度系数和 4 个阻尼系数。在位移和速度扰动下的轴颈水平和垂直方向的液膜力可表示为

$$\begin{cases} F_x = F_x(x, y, \dot{x}, \dot{y}) \\ F_y = F_y(x, y, \dot{x}, \dot{y}) \end{cases} \tag{8-4}$$

当轴颈处于平衡位置时轴承水平和垂直方向的水膜压力可表示为

$$\begin{cases} F_{x0} = F_x(x_0, y_0, 0, 0) \\ F_{y0} = F_y(x_0, y_0, 0, 0) \end{cases} \tag{8-5}$$

式中：F_{x0}、F_{y0} 为平衡位置水膜压力分布。

当轴承受到小扰动时，对水膜力的函数平衡位置附近进行泰勒级数展开，忽略高阶项，水膜力与扰动的线性关系可表示为

$$\begin{Bmatrix} F_x \\ F_y \end{Bmatrix} = \begin{Bmatrix} F_{x0} \\ F_{y0} \end{Bmatrix} + \begin{bmatrix} \left(\dfrac{\partial F_x}{\partial x}\right)_0 & \left(\dfrac{\partial F_x}{\partial y}\right)_0 \\ \left(\dfrac{\partial F_y}{\partial x}\right)_0 & \left(\dfrac{\partial F_y}{\partial y}\right)_0 \end{bmatrix} \begin{Bmatrix} \Delta x \\ \Delta y \end{Bmatrix} + \begin{bmatrix} \left(\dfrac{\partial F_x}{\partial x}\right)_0 & \left(\dfrac{\partial F_x}{\partial y}\right)_0 \\ \left(\dfrac{\partial F_y}{\partial x}\right)_0 & \left(\dfrac{\partial F_y}{\partial y}\right)_0 \end{bmatrix} \begin{Bmatrix} \Delta \dot{x} \\ \Delta \dot{y} \end{Bmatrix} \tag{8-6}$$

式中：下标 0 表示在平衡位置处求导。

由水膜刚度和阻尼的定义可知，水膜刚度和阻尼分别为式（8-7）和式（8-8），采用差分法对轴承径向刚度和阻尼进行求解：

$$K = \begin{bmatrix} k_{xx} & k_{xy} \\ k_{yx} & k_{yy} \end{bmatrix} = \begin{bmatrix} \left(\dfrac{\partial F_x}{\partial x}\right)_0 & \left(\dfrac{\partial F_x}{\partial y}\right)_0 \\ \left(\dfrac{\partial F_y}{\partial x}\right)_0 & \left(\dfrac{\partial F_y}{\partial y}\right)_0 \end{bmatrix} \tag{8-7}$$

$$C = \begin{bmatrix} c_{xx} & c_{xy} \\ c_{yx} & c_{yy} \end{bmatrix} = \begin{bmatrix} \left(\dfrac{\partial F_x}{\partial \dot{x}}\right)_0 & \left(\dfrac{\partial F_x}{\partial \dot{y}}\right)_0 \\ \left(\dfrac{\partial F_y}{\partial \dot{x}}\right)_0 & \left(\dfrac{\partial F_y}{\partial \dot{y}}\right)_0 \end{bmatrix} \tag{8-8}$$

式中：水膜的主刚度 k_{yy} 和主阻尼 c_{yy} 分别作为水膜承载界面的 k_1 和 c_1 代入轴承系统计算综合动特性系数。

2. 阻尼结构动特性

S 形阻尼结构可以简化为多个单层板的叠加，单层平板挤压模型如图 8-7 所示。两板间隙为 $2h$，长和宽分别为 $2a$ 和 $2b$。阻尼结构无环向流动，因此可以忽略 y 方向流体运动，仅考虑 z 方向的挤压速度 v_0 和 x 方向的流体运动速度 v_x，在磁场与挤压力作用下平板间磁流变液被分割成屈服区和未屈服区两部分，图中 $2x_0$ 为未屈服区与屈服区边界区域的宽度。

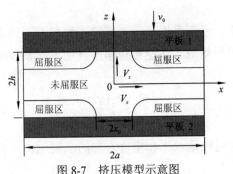

图 8-7　挤压模型示意图

整体挤压油膜阻尼结构动力学模型主要由本构方程、控制方程和定解条件三部分组成。在磁场作用下，磁流变液本构模型可表示为

$$\tau_{xz} = \begin{cases} \eta_0 \gamma, & |\tau_{xz}| < \tau_1 \\ \mathrm{sgn}(\gamma)\tau_0 + \eta\gamma, & |\tau_{xz}| \geqslant \tau_1 \end{cases} \tag{8-9}$$

式中：τ_{xz} 为剪切应力；τ_1 为动态屈服应力，τ_0 为静态屈服应力，二者存在如下关系式：$\tau_0 = (\eta_0 - \eta)\tau_1 / \eta_0$。

控制方程主要由运动方程和连续性方程组成。式（8-10）为运动方程，剪切应力 τ_{xz} 在 z 方向的偏微分等于压力 p 在 x 方向的梯度；式（8-11）为连续性方程，当平板靠近时，两侧溢出的流体和被挤压的流体体积相等。

$$-\frac{\mathrm{d}p}{\mathrm{d}x} + \frac{\partial \tau_{xz}}{\partial z} = 0 \tag{8-10}$$

$$\int_0^h 4bv_x d_z = 4bxv_0 \Rightarrow \int_0^h v_x d_z = xv_0 \tag{8-11}$$

流体力学中的动量方程需要定解条件来求解，对应模型中的边界条件。采用纳维（Navier）边界滑移条件分析边界滑移速度：

$$
\begin{cases}
v_x = \beta \tau_{xz}, & v_z = -v_0, & z = h \\
v_x = \beta \tau_{xz}, & v_z = v_0, & z = -h
\end{cases}
\tag{8-12}
$$

式中：β 为滑移系数。当 β 趋近于无穷大时表示充分润滑；当 β 为 0 时表示忽略滑移作用。

通过求解上述模型得到屈服区与非屈服区压力梯度分布：

$$
\frac{dp}{dx} =
\begin{cases}
\dfrac{-3v_0\eta_0}{h^3 + 3\beta\eta_0 h^2} x, & |x| \leqslant x_0 \\[3mm]
\dfrac{-3v_0\eta}{h^3 + 3\beta\eta h^2} x - \dfrac{3\tau_0}{2h + 6\beta\eta}, & |x| > x_0
\end{cases}
\tag{8-13}
$$

将各部分压力梯度积分可得总挤压力为

$$
F = 4b\left(\int_0^{x_0} p\,dx + \int_{x_0}^a p\,dx\right) = \frac{4v_0\eta_0 b}{3\beta\eta_0 h^2 + h^3} x_0^3 + \frac{4v_0\eta b}{3\beta\eta h^2 + h^3}(a^3 - x_0^3)
$$
$$
+ \frac{6\tau_0 b}{h + 3\eta\beta}(a^2 - x_0^2) + 4abp_a
\tag{8-14}
$$

式中：$x_0 = \dfrac{h^2 + 3\beta\eta_0 h}{3v_0(\eta_0 - \eta)}\tau_0$。

简化模型条件，忽略流体与平板边界的滑移效应并且忽略边界压强的影响（$P_a = 0$，$\beta = 0$），式（8-14）可简化为

$$
F = \frac{4v_0\eta_0 b}{h^3} x_0^3 + \frac{4v_0\eta b}{h^3}(a^3 - x_0^3) + \frac{6\tau_0 b}{h}(a^2 - x_0^2)
\tag{8-15}
$$

该阻尼力对应阻尼值如式（8-16）所示。

$$
c_2 = \frac{dF}{dv_0} = \frac{4\eta_0 b}{h^3} x_0^3 + \frac{4\eta b}{h^3}(a^3 - x_0^3) + \frac{6\tau_0 ba^2}{h} + \frac{8\tau_0^3 bh^3}{3(\eta_0 - \eta)^2 v_0^3}
\tag{8-16}
$$

3. 挤压磁流变轴承综合动特性

为了求解挤压磁流体支撑系统的综合动特性，图 8-6 中的二自由度轴承系统的动力学模型如式（8-17）所示：

$$
\begin{cases}
m_1\ddot{y}_1 + c_1\dot{y}_1 - c_1\dot{y}_2 + k_1 y_1 - k_1 y_2 = f(t) \\
m_2\ddot{y}_2 - c_1\dot{y}_1 + (c_1 + c_2)\dot{y}_2 - k_1 y_1 + (k_1 + k_2)y_2 = 0
\end{cases}
\tag{8-17}
$$

式中：$f(t)$ 为施加在系统上的谐波激励；$f(t) = Fe^{i\omega t}$，F 为谐波激励幅值；ω 为激励频率。

对式（8-17）进行求解，可得到挤压磁流体支撑的位移响应为

$$
Y = F\sqrt{\frac{a^2 + b^2}{g^2 + h^2}}
\tag{8-18}
$$

$$
\begin{cases}
a = k_1 + k_2 - m_2\omega^2 \\
b = (c_1 + c_2)\omega \\
g = (k_1 - m_1\omega^2)(k_2 - m_2\omega^2) - (k_1 m_1 + c_1 c_2)\omega^2 \\
h = [(k_1 - m_1\omega^2)c_2 - (k_2 - m_2\omega^2 - m_1\omega^2)c_1]\omega
\end{cases}
\tag{8-19}
$$

将二自由度系统简化为由综合刚度 k_b 和综合阻尼 c_b 描述的单自由度系统，其单自由

度轴承等效动特性模型可表示为

$$m_1\ddot{y} + c_b\dot{y} + k_b y = f(t) \tag{8-20}$$

对式（8-20）进行傅里叶变化，得

$$(k_b - m_1\omega^2 + j\omega c_b)Y(\omega) = F(\omega) \tag{8-21}$$

本小节使用位移阻抗法识别动态特性系数，位移阻抗为

$$\boldsymbol{Z} = \frac{F(\omega)}{Y(\omega)} = \frac{F}{Y}[\cos(0-\varphi)+j\sin(0-\varphi)] \tag{8-22}$$

结合式（8-18）～式（8-22），得到阻尼轴承的综合动态特性系数：

$$\begin{cases} k_b = \mathrm{Re}(\boldsymbol{Z})+\omega^2 m_1 = \sqrt{\dfrac{g^2+h^2}{a^2+b^2}}\cos\varphi+\omega^2 m_1 \\[4mm] c_b = \dfrac{\mathrm{Im}(\boldsymbol{Z})}{\omega} = \dfrac{\sqrt{\dfrac{g^2+h^2}{a^2+b^2}}\sin(-\varphi)}{\omega} \end{cases} \tag{8-23}$$

式中：φ 为激励力与位移响应的相位差。

8.2.2 挤压磁流体阻尼支撑静特性分析

本小节提出 5 种双 S 形阻尼结构的布置方案，其中方案一为传统阻尼结构方案，其余 4 种方案是在方案一基础上优化得到的，主要是通过增加油膜间隙长度来扩大有效挤压面积并削弱结构刚度，以达到提高挤压效应的目的。分别建立对应的三维模型，导入有限元软件进行力学仿真分析。对外衬外表面施加固定约束，对内表面分别施加两种形式的载荷，分别为沿内衬表面均布的 0.1 MPa 压力以及对内衬下表面施加的 5000 N 竖直向下压力。对比原方案与 4 种优化方案在载荷作用下的变形效果，如表 8-2 所示。

由表 8-2 可知，5 种方案中方案一在载荷作用下形变量最小，其 S 形结构所形成的 6 层间隙中最外层内衬的间隙形变量约为最内层间隙的 1/4，通过内表面形变量计算轴承刚度约为 1×10^{11} N/m，与结构钢相近。说明原阻尼结构油膜挤压效果微弱，是振动控制效果不足的重要原因。载荷比压为均匀的 0.1 MPa 时，4 种优化方案形变量均在同一量级，其中方案二的挤压范围最大。载荷为竖直向下的 5000 N 时，方案三的形变量最小，方案二的形变量最大，其量级约为 10^{-5} m，通过内表面形变量计算轴承刚度约为 3×10^8 N/m，同时方案二也具有最大的挤压范围。综上所述，方案二具有最优的油膜挤压效果，同时保持有较大的静刚度来维持承载能力，因此以该方案为最终的阻尼轴承设计方案。

此外，基于方案二分析有阻尼结构与无阻尼结构对挤压磁流体支撑静刚度的影响，两种模型结构如图 8-8 所示。仿真中的约束条件如下：轴承内外衬、轴承壳和电磁铁之间无相对移动，各结构接触面定义为绑定（bonded）接触。用扫频法对模型进行网格划分。对轴承下表面施加固定约束，对轴段施加方向竖直向下的重力来模拟运行中的载荷，轴段形状参数不变，通过改变轴段密度调整施加载荷大小。计算各载荷下轴颈中线变形量的平均值作为变形量，分析静刚度值随载荷的变化规律，载荷施加范围为 0～20 000 N，步长为 2500 N。

表 8-2　各阻尼结构方案有限元仿真结果

方案	阻尼结构形状	载荷 0.1 MPa	载荷 5000 N

方案	阻尼结构形状	载荷 0.1 MPa	载荷 5000 N
方案四 刚度 5×10⁹		E:副本传统结构 总变形2 类型:总变形 单位: mm 3.3036×10^{-5} 最大 2.9365×10^{-5} 2.5695×10^{-5} 2.2024×10^{-5} 1.8353×10^{-5} 1.4683×10^{-5} 1.1012×10^{-5} 7.3413×10^{-6} 3.6707×10^{-6} 0 最小	E:副本传统结构 总变形2 类型:总变形 单位: mm 1.2994×10^{-3} 最大 1.1497×10^{-3} 1.006×10^{-3} 8.626×10^{-4} 7.1855×10^{-4} 5.7484×10^{-4} 4.3113×10^{-4} 2.8742×10^{-4} 1.4371×10^{-4} 0 最小
方案五 刚度 8×10⁹		F:改1.6 总变形2 类型:总变形 单位: mm 8.2615×10^{-4} 最大 7.3435×10^{-4} 6.4256×10^{-4} 5.5077×10^{-4} 4.5897×10^{-4} 3.6718×10^{-4} 2.7538×10^{-4} 1.8359×10^{-4} 9.1794×10^{-5} 0 最小	F:改1.6 总变形2 类型:总变形 单位: mm 1.34×10^{-3} 最大 1.1911×10^{-3} 1.0423×10^{-3} 8.9336×10^{-4} 7.4447×10^{-4} 5.9557×10^{-4} 4.4668×10^{-4} 2.9779×10^{-4} 1.4889×10^{-4} 0 最小

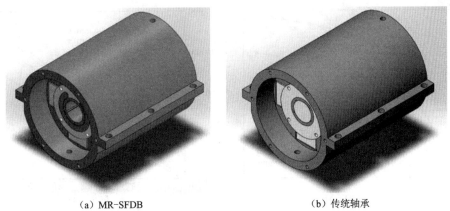

（a）MR-SFDB   （b）传统轴承

图 8-8   轴承三维模型

图 8-9 所示为两种结构轴承的静刚度变化曲线，由图可知，随载荷增加轴承静刚度有略微增大。有无阻尼结构轴承静刚度范围分别为 $5.25 \times 10^9 \sim 5.33 \times 10^9$ N/m 与 $8.67 \times 10^9 \sim 8.79 \times 10^9$ N/m，标准差分别为 0.0319 与 0.0375，可将轴承静刚度视为稳定不变。有阻尼结构轴承相对于无阻尼结构轴承的静刚度削减量约为 39%，阻尼结构对轴承静刚度影响较小，同时两轴承静刚度量级皆为 10^9 N/m，满足承载性能需求。此外，挤压磁流变阻尼结构的刚度 k_2 采用结构静刚度的平均值 5.29×10^9 N/m 进行轴承综合动特性计算。

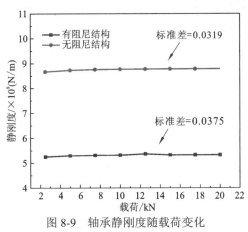

图 8-9   轴承静刚度随载荷变化

8.2.3   挤压磁流体阻尼支撑动特性仿真

利用推导的挤压磁流变阻尼结构动力学模型对阻尼结构所能提供的阻尼和阻尼力进行仿真分析。阻尼结构为对称的双 S 形，可将其简化为 12 层阻尼液平板的效果叠加。假设振动传递时各层平板挤压运动速度保持一致，根据所选磁流变液在磁场下的黏度变化范围和试验常规挤压速度进行计算。结构阻尼与阻尼力的变化规律如图 8-10 所示。

由图 8-10 可知，保持其他条件一定，在外磁场作用下磁流变液可变化的黏度区间内，挤压阻尼与阻尼力均随着黏度升高而升高，二者随转速的变化规律相反。如图 8-10（a）所示，随着挤压速度升高阻尼呈增大趋势，低黏度下各挤压速度所对应的阻尼差别较大，随着黏度升高增幅减缓并逐渐趋于稳定，阻尼结构所能提供阻尼值量级为 $10^7 \sim 10^9$ N·s/m，

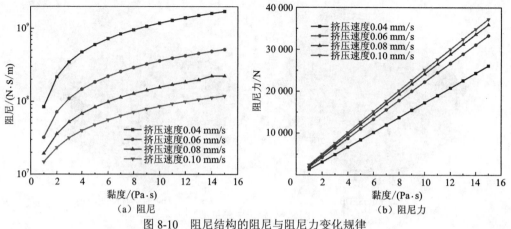

(a) 阻尼   (b) 阻尼力

图 8-10   阻尼结构的阻尼与阻尼力变化规律

该数值可以满足减振需求。如图 8-10（b）所示，阻尼力随黏度的升高呈线性增长趋势；随着挤压速度升高阻尼力减小，挤压速度由 0.04 mm/s 升高至 0.1 mm/s 的过程中阻尼力降幅逐渐增大，说明振动情况对阻尼结构的阻尼力会产生显著影响。总体来看，磁流体黏度在 10～15 Pa·s 时有较显著的减振效果。

图 8-11 所示为轴承综合动特性随转速和黏度的变化曲线。由图可知，轴承综合刚度与综合阻尼整体随磁流体黏度的升高而增大，随转速的升高而减小，这是由于转速升高后轴承逐步趋近于动压润滑，轴颈上浮，膜厚增加，水膜刚度与阻尼均会下降。500 r/min 转速下综合刚度出现随黏度先减小后增大的现象。低黏度下综合阻尼增幅较大并随黏度的升高逐渐趋于平稳。

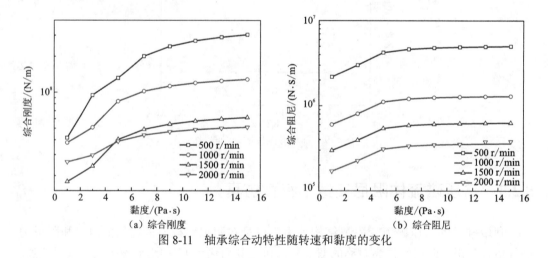

(a) 综合刚度   (b) 综合阻尼

图 8-11   轴承综合动特性随转速和黏度的变化

图 8-12 所示为轴承综合动特性随激励频率和黏度的变化曲线。由图可知，磁流体处于较高黏度时轴承综合刚度与综合阻尼随磁流体黏度升高而增大，随激励频率的升高而减小。激励频率大于 100 Hz 后刚度和阻尼曲线在高黏度下近似重合，说明当阻尼结构处于较高的磁场环境中，高频载荷的频率变化对轴承动特性无明显影响。

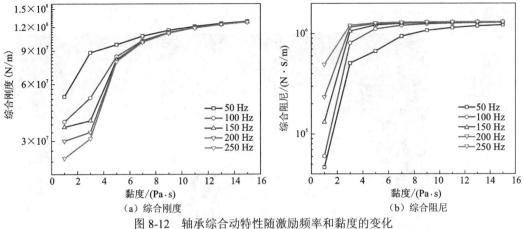

图 8-12　轴承综合动特性随激励频率和黏度的变化

（a）综合刚度　　　　　　　　　　（b）综合阻尼

8.2.4　挤压磁流体阻尼支撑磁路设计

根据 8.2.2 小节的动特性仿真结果可知，若要实现较好的减振效果，磁流体黏度需要达到 10～15 Pa·s，参照磁流体特性曲线，此时需要施加约 13 mT 的磁感应强度。为获得更广范围的磁流体黏度控制效果，选定 20 mT 为最大施加磁场强度目标，即电磁铁输出磁感应强度设计范围为 0～20 mT。本小节采用 MRF-350 型中密度磁流体，其零场黏度为 0.35～0.4 Pa·s。在磁感应强度设计范围下，其黏度变化范围为 0.35～26.55 Pa·s，可以实现较宽范围的磁流体黏度控制。

根据上述磁感应强度设计目标，并综合考虑尺寸结构限制，确定电磁铁的结构和嵌入三个电磁铁的组合结构的三维模型，如图 8-13 所示。其中，电磁铁主要由外壳、线圈架、漆包线圈和密封环氧树脂组成。外壳材料采用低碳钢，线圈材料为纯铜，具有良好的散热性、绝缘性和导电性。电磁铁额定电压为 24 V 直流电，额定功率为 40 W。

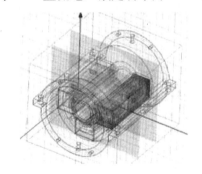

（a）单个电磁铁结构　　　　　　　（b）三个电磁铁组合结构

图 8-13　电磁铁结构简图

使用 Maxwell 仿真软件分析电磁铁组中 3 个电磁铁间的影响程度以及电磁铁组对轴承磁场的耦合作用关系，验证电磁铁设计方案的可行性。仿真得到的磁场标量云图与矢量云图如图 8-14 所示。可知，电磁铁内磁场强度高于轴承其他区域并显著高于轴承外部；阻尼结构区域电磁感应强度依然可以达到约 20 mT，表明外衬材料对磁场影响较弱，满足设计需求；各电磁铁磁场交界处磁场较小，各电磁铁附近磁场分布沿中心对称，其标量云图和矢量云图分布规律皆与单个磁铁保持一致，说明各电磁铁之间相对独立，无明显相互作用。

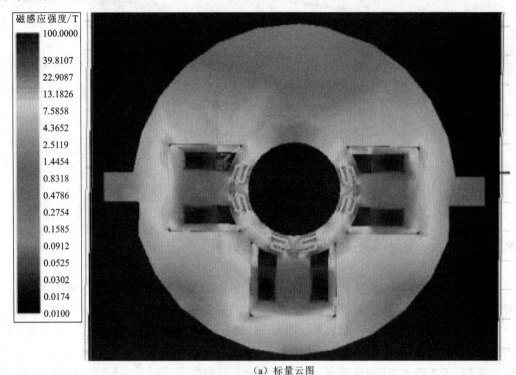

（a）标量云图

（b）矢量云图

图 8-14 整体结构磁场仿真

8.3　基于挤压磁流体的轴系横向振动系统构建与试验

8.3.1　试验台与试验轴承

根据图 8-2 所示的轴系横向振动半主动控制方案，建造了一套考虑螺旋桨偏载和外界激励的推进系统横向振动试验台，台架实物如图 8-15 所示，该试验台设计全长 2740 mm，中心高 247.6 mm，主要由 5 个模块组成，分别为驱动模块、传动模块、加载模块、润滑模块和试验模块[10]。试验台由变频电机驱动，电机的额定功率为 5.5 kW，最高转速为 965 r/min，通过 ABB 变频器调节转速。台架的传动部件由 4 个转轴、一个滚动轴承、一个扭矩仪和试验轴承组成。扭矩仪紧邻电机，采集扭矩和转速数据。轴系尾端通过安装配重盘提供静载荷以模拟螺旋桨的影响，轴系中部利用激振器提供垂直方向动态加载力，用于模拟船舶推进系统受到的波浪冲击、水流水深等外界因素的影响。

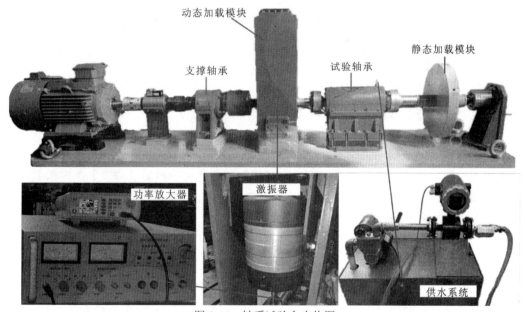

图 8-15　轴系试验台实物图

试验模块内为带有挤压磁流体的水润滑轴承，其采用图 8-16 所示挤压油膜阻尼结构布置方案，采用表 8-2 所示的挤压油膜阻尼结构参数，轴承实物如图 8-16（a）所示。试验轴承长度为 190 mm，内径为 $\phi50$ mm，轴承座两端采用骨架密封。轴承内布置有电磁铁并与外接电源相连以提供磁场，电磁铁皆做有防水处理，如图 8-16（b）所示。此外，利用丹麦的 Brüel & Kjær 振动测试系统进行试验数据采集，采集数据包括动态激振力信号、转速、扭矩信号、试验轴承和支撑轴承基座的振动加速度信号。

（a）挤压磁流体轴承

（b）轴承装配图

图 8-16　试验轴承实物图

8.3.2　传感器布置及数据采集方案

在试验轴承和支撑轴承基座布置加速度传感器用于测量轴系运行过程中的振动数据，由于试验轴承体积与长径比较大，在试验轴承布置的传感器数量多于支撑轴承，轴承测点布置方案如图 8-17 所示。

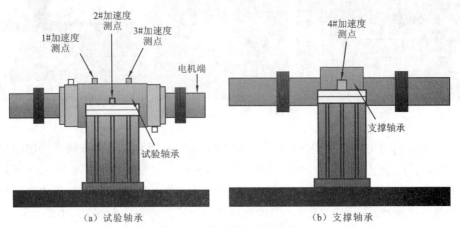

（a）试验轴承　　　　　　　　　　　　　（b）支撑轴承

图 8-17　轴承测点布置方案

利用图 8-17 所示轴系试验台架采集轴系横向振动数据用于神经网络模型训练，采集工况如表 8-3 所示，改变轴颈转速和激振频率以模拟实船运行工况，每个运行工况都从 0 V 开始调节电磁铁电压，每隔 2 V 测量一组数据，共采集 273 个工况的试验数据，每组数据记录

5 s。提取加速度信号的均方根作为振动响应指标，选择振动周期作为时间步长对数据进行分割，处理后共获得 25 025 组数据，依次计算各时间步长均方根值得到振动响应数据。

表 8-3 轴系横向振动测量试验工况

工况参数	数值	工况数量
轴颈转速/（r/min）	80、100、120、140、160、180、200	7
激振频率/Hz	0、15、20	3
电磁铁施加电压/V	0、2、4、…、24	13
总计	—	273

8.3.3 轴系横向振动智能控制模型构建

将图 8-17 所示的 4 个振动加速度传感器连接到东华公司 DH5922D 动态信号测试分析系统，分析系统将信号传输至轴系振动半主动控制器，该控制器由基于 GA-BP 算法的振动响应预测模型及振动控制模型组成。

挤压磁流变阻尼器与半主动减振策略有很好的匹配性，目前已在多个领域实际应用，例如：半主动悬架减振系统可以显著优化车身振动与车轮载荷，提升汽车行驶的平稳性和舒适性[11, 12]；在运输工具搭载物体上施加半主动减振装置可以有效提升机动性与安全性[13, 14]。因此设计针对挤压磁流体阻尼结构的半主动控制策略对优化系统运行状态和提高使用性能具有重要意义。

本小节使用的轴系振动半主动控制器运行流程如图 8-18 所示，包括 3 个振动响应预测模型，用来预测未来 3 个步长的振动响应数据。每个 GA-BP 神经网络为 22×4 的多维输入和多维输出模型，神经网络输入、输出信息如表 8-4 所示。神经网络输入参数包括：4 个测点过去 4 个步长的振动响应数据，共 16 个参数；当前及过去 3 个步长的电压数据，共 4 个参数；以及当前转速 m 和激励频率 n。输出参数为当前 4 个传感器的振动响应值。

表 8-4 神经网络输入、输出信息

神经网络	参数表示
模型 1	$\{X_{1,k}, X_{2,k}, X_{3,k}, X_{4,k}\} = NN[\{X_{1,k-1}, X_{1,k-2}, X_{1,k-3}, X_{1,k-4}, \cdots, X_{4,k-4}, V_k, \cdots, V_{k-3}, m, n\}$
模型 2	$\{X_{1,k}, X_{2,k}, X_{3,k}, X_{4,k}\} = NN[\{X_{1,k-2}, X_{1,k-3}, X_{1,k-4}, X_{1,k-5}, \cdots, X_{4,k-5}, V_k, \cdots, V_{k-3}, m, n\}$
模型 3	$\{X_{1,k}, X_{2,k}, X_{3,k}, X_{4,k}\} = NN[\{X_{1,k-3}, X_{1,k-4}, X_{1,k-5}, X_{1,k-6}, \cdots, X_{4,k-6}, V_k, \cdots, V_{k-3}, m, n\}$

需要说明的是，本小节采用的神经网络为单隐层结构，隐含层节点数为 47，学习速率为 0.01，选择均方根误差为神经网络的期望误差指标，最大迭代次数为 1000 次，期望误差为 0.0001，最大失败次数为 6 次，选用 tan-sigmoid 型函数作为激励函数，训练集与测试集按 8：2 比例划分样本。遗传算法需要初始化参数如下：根选取交叉概率为 0.8；变异概率为 0.01；选择遗传算法的最大迭代次数为 30；根据本小节神经网络复杂程度选取 70 作为初始化种群个数。

采用 Labview 进行控制器的用户界面设计，并使控制器能够与设备、程序之间实现交互控制，其包括振动控制模块、数据采集记录模块和输出调节模块。振动控制模块调用 Matlab 程序进行计算实时最优控制电压，并可实时监测轴系振动信号；输出调节模块

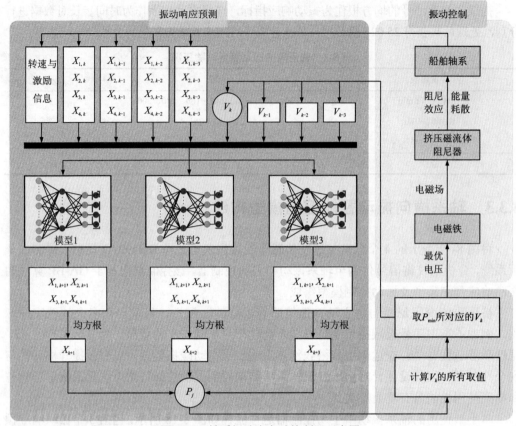

图 8-18　轴系振动半主动控制器示意图

与振动控制模块相连接，控制可编程电源输出至控制器所计算的实时最优值，本小节采用 ITECH 公司的 IT6800A/B 系列单输出可编程直流电源供应器；数据采集模块用于采集加速度、激振力信号，并可自动生成 Excel 格式的数据报表。

8.3.4　轴系横向振动智能控制系统验证

为验证轴系横向振动半主动控制系统的减振能力，开展不同转速和激振频率下的系统验证试验，试验工况如表 8-5 所示。

表 8-5　轴系横向振动控制试验工况

工况参数	数值
轴颈转速/（r/min）	80、100、120、140、160、180、200
激振频率/Hz	0、15、20

选取两轴承最靠近激振器的 3#和 4#振动测点进行减振前后时域响应曲线对比，如图 8-19 所示，可知 15 Hz 的动态激励作用下轴承振动响应呈周期性变化，两测点加速度数值范围分别在 $\pm 1.5\ \text{m/s}^2$ 和 $\pm 4\ \text{m/s}^2$ 范围内。减振系统开启后，最高波峰明显降低，振动波动范围减小，在 $\pm 1\ \text{m/s}^2$ 和 $\pm 2\ \text{m/s}^2$ 范围内，说明控制系统对轴系各轴承均能起到良好的减振效果。

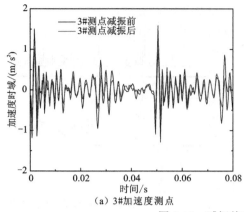

（a）3#加速度测点

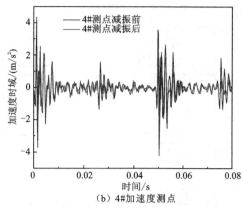

（b）4#加速度测点

图 8-19　减振前后时域响应曲线对比

不同激振频率下减振前后频域数据如图 8-20 所示。无激振工况波峰主要位于转频的倍频且杂峰较多，信噪比相对较差，激振后激振频率的高倍频处出现多个波峰，其峰值远大于转频倍频处。1#～3#测点峰值分布规律一致，主要集中在 100～700 Hz，4#测点在激振前波峰主要处于 400～500 Hz，激振后位于 500 Hz 以上。可以看出，激振频率越大的工况峰值削减量越大，对于试验轴承，无激振工况减振范围主要在 200 Hz 附近，最大削减率为 56.9%；有激振工况在 400～1000 Hz 的激振频率倍频波峰均有明显削减，最大削减率达 49.7%。对于支撑轴承，激振前减振范围为 170～450 Hz，最大削减率为 65.6%；激振后在 500～1800 Hz 的主要波峰均有明显削减，最大削减率达 59.8%。

插入损失参数是评价和衡量减振结构降噪性能的关键指标，可通过式（8-24）计算[15]：

$$IL = 20lg\left|\frac{\ddot{X}'}{\ddot{X}}\right| \tag{8-24}$$

式中：IL 为插入损失；$\ddot{X}$ 为减振作用前总振级；$\ddot{X}'$ 为减振作用后总振级。

计算转速 140 r/min 工况下各测点插入损失参数，如图 8-21 所示。4 个测点在 20 Hz 激励下的插入损失明显大于其余激励，最大为 4.31 dB。无激振工况下，磁流变液阻尼作用会增加扰动，使 1#、3#、4#测点总振级升高，插入损失为负值。总的来说，振动控制系统在高激振频率的工况下效果更为明显。

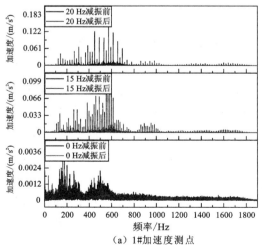

（a）1#加速度测点

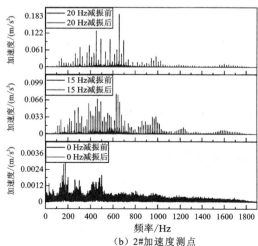

（b）2#加速度测点

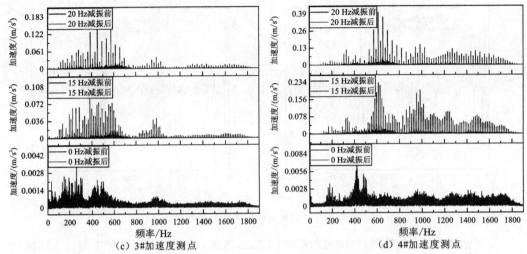

（c）3#加速度测点　　　　　　　　　　　（d）4#加速度测点

图 8-20　不同激振频率下减振前后频域数据对比

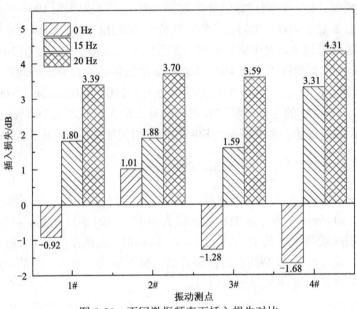

图 8-21　不同激振频率下插入损失对比

　　不同转速下减振前后频域数据如图 8-22 所示，固定激振频率为 15 Hz。对于试验轴承，140 r/min 与 200 r/min 工况下频域分布相似，转速为 80 r/min 时在 850～1150 Hz 峰值上升，这与摩擦振动特征一致，是由低转速下水膜没有完全形成，轴颈与轴承内衬发生粗糙接触导致的。控制系统开启后，高转速下振动削减区域主要位于 600 Hz 附近，低转速下除该范围外，对 1000 Hz 附近的振动削减更为显著，说明挤压磁流变阻尼结构能够有效抑制由摩擦激励产生的振动噪声。对于支撑轴承，在高频处幅值削减效果较好，同时转速越低减振效果越明显，80 r/min 工况下对 1500 Hz 以上的振动几乎完全抑制。

　　计算转速激振 15 Hz 工况下各测点插入损失参数，如图 8-23 所示。4#测点插入损失整体大于其余测点，4 个测点均在 80 r/min 时的插入损失最大，最大值为 5.07 dB。说明振动控制系统在低转速的工况下效果更为明显。

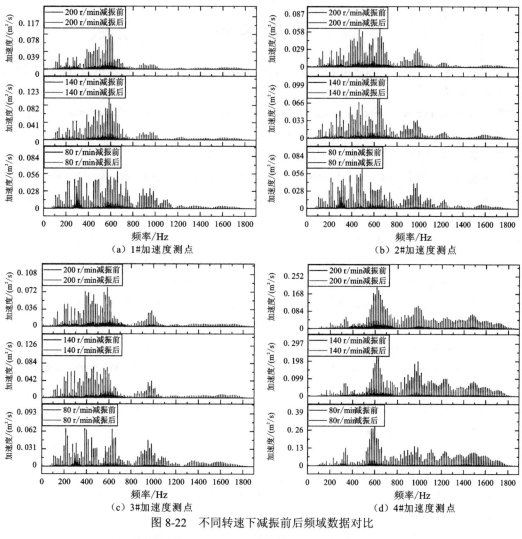

（a）1#加速度测点　　　　　　　　（b）2#加速度测点

（c）3#加速度测点　　　　　　　　（d）4#加速度测点

图 8-22　不同转速下减振前后频域数据对比

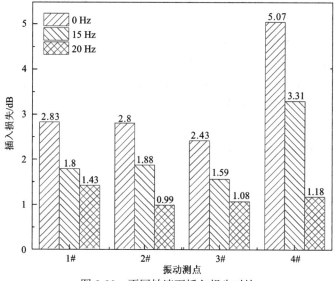

图 8-23　不同转速下插入损失对比

参 考 文 献

[1] 谢溪凌, 董广明, 林枫, 等. 船舶动力与传动装置振动控制技术发展研究[J]. 中国工程科学, 2022, 24(6): 193-202.

[2] Richard Gimblett. Victoria-class Submarines(2023)[EB/OL]. https: //www. thecanadianencyclo-pedia. ca/en/article/victoria-class-submarines, 2024-01-24.

[3] 陈之炎. 船舶推进轴系振动[M]. 上海: 上海交通大学出版社, 1987.

[4] Ouyang W, Yan Q, Kuang J, et al. Simulation and experimental investigations on water-lubricated squeeze film damping stern bearing[J]. Journal of the Brazilian Society of Mechanical Sciences and Engineering, 2021, 43: 1-13.

[5] 王继燕, 赵玉成, 徐慧, SFD 转子系统动力响应分析[J]. 煤矿机械, 2012, 33(4): 98-101.

[6] Younan A A, Cao J, Dimond T W, et al. Nonlinear analysis of squeeze film damper with entrained air in rotordynamic systems[J]. Tribology Transactions, 2010, 54(1): 132-144.

[7] Shen Y, Wang X, Zhang J, et al. Study on vibration damping characteristics of controllable squeeze film damper[C]//Journal of Physics: Conference Series. IOP Publishing, 2019, 1168(2): 022097.

[8] Gerbet M, Catanzaro M, Alban T, et al. Rotordynamic evaluation of full scale rotor on tilting pad bearings with integral squeeze film dampers[C]//Turbo Expo: Power for Land, Sea, and Air. American Society of Mechanical Engineers, 2012, 44724: 83-91.

[9] 沈轶钒, 王小静, 张瑾, 等. 基于可控挤压油膜阻尼器的滑动轴承-转子系统减振特性研究[J]. 工业控制计算机, 2019, 32(2): 58-60.

[10] 闫琦隆. 基于挤压磁流体的水润滑阻尼轴承动力学特性仿真与试验研究[D]. 武汉: 武汉理工大学, 2022.

[11] Nicola C, Mariacristina S, Antonio O, et al. Experimental assessment of a skyhook semiactive strategy for seismic vibration control of a steel structure[J]. Shock and Vibration, 2018, 6460259: 1-12.

[12] Tsen H E, Hedrick J K. Semi-active control laws: Optimal and sub-optimal[J]. Vehicle System Dynamics, 1994, 23: 545-569.

[13] Jansen L M, Dyke S J. Semiactive control strategies for MR dampers: Comparative study[J]. Journal of Engineering Mechanics, 2000, 126(8): 795-803.

[14] Tat S F, Erik A J. Semiactive control for a distributed mass damper system[J]. Structural Control and Health Monitoring, 2017, 24(4): 1-13.

[15] 纪德权, 胡志宽, 周庆云, 等. 激励力变化对挠性接管插入损失测试结果影响分析[C]. 第十八届船舶水下噪声学术讨论会论文集, 2021: 732-743.

第 9 章

基于电磁力的推进轴系横向振动主动控制技术

随着服役工况变化，推进轴承横向振动线谱的幅值和频率具有时变性。而且，推进轴承与船体之间存在多个轴承支撑，横向振动传递路径复杂，传统的单个节点振动被动控制方法的功能较为单一，往往存在部分节点振动降低，但其他部位振动不降反增的现象。主动控制方法对中低频线谱振动有较好的控制效果，灵活性和可调性高。近年来，越来越多学者研究推进轴系横向振动控制方法。本章重点阐述基于电磁力的推进轴系横向振动单通道和多通道主动控制技术的研究进展，为推进轴系横向振动的抑制提供路径。

9.1　主动控制系统

推进轴系振动主动控制系统一般由传感器、控制系统和执行器（作动器）三个部分组成[1]。控制系统包含硬件和软件两部分，控制硬件是实现振动主动控制的物理设备和系统，软件主要指运行算法的具体执行程序。传感器即信号拾取系统，是指对参考信号（含干扰信号）进行采集，通常包括振动传感器、转速传感器等。执行器即主动执行机构，是指产生控制力的力源。以上三个部分构成整个振动主动控制系统，三者及其与被控系统之间的关系如图 9-1 所示，即信号拾取系统测量得到被控系统的振动信息，并将参考信号输入控制系统中，经过控制模型和策略的认知，输出用于驱动执行器所需的指令，执行器将其转换为控制力施加给被控系统，从而实现振动主动控制。本节重点阐述推进轴系横向振动电磁力主动控制方法，包括作动器设计、单通道主动控制设计、双通道主动控制方案设计和试验验证。

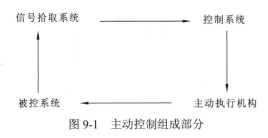

图 9-1　主动控制组成部分

9.2　电磁作动器原理与设计分析

电磁作动器作为主动控制系统的执行机构，负责将控制器传输的控制信号转换为控制力施加给被控对象，其输出与被控点频率相同但方向相反的力（或力矩）对被控点的振动进行抵消或消除。

9.2.1　工作原理与基本结构

电磁作动器主动控制的执行机构，其机制是改变作用于作动器的输入信号而改变对控制对象施加的力的大小。电磁作动器是通过对内部励磁线圈输入电压信号来产生电磁力，衔铁在电磁力与弹簧弹力的共同作用下进行运动。通过控制输入电信号的大小，改变电磁作动器内部励磁线圈在磁场中生成的电磁激振力的大小，从而改变整体的运动状态。

电磁作动器磁路结构如图 9-2 所示，主要包括永磁体，线圈，上、中、下衔铁（导磁体）和导磁外壁。中间衔铁将两块同极相对的永磁体分隔开，上、下永磁体等效于电路中的电源（磁路中称为磁源），磁路磁力线分别从永磁体发出，经上（下）衔铁、上（下）

线圈、导磁外壁、中间线圈、中间衔铁、回到各自磁源，磁路回线如图 9-2 中带箭头的虚线所示。上、中、下衔铁和永磁体被固定为一整体，称为动子，是电磁作动器输出力的惯性质量部分。上、下线圈通入同方向交流电，中间线圈反向缠绕，其电流方向与上、下线圈电流方向相反。由左手定则可知，上、中、下线圈受到同一方向的电磁力（安培力），同时中间动子会受到同样大小的反作用力，改变交流电的频率及大小，可改变中间动子往复运动的频率和幅值。

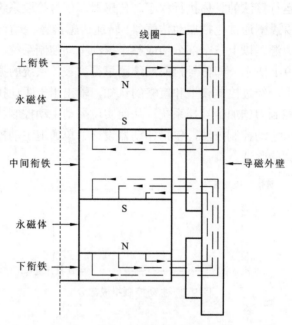

图 9-2　电磁作动器磁路右半部分剖视图

N 和 S 分别为永磁体的北极和南极，后同

9.2.2　选型设计

采用 Ansoft Maxwell 仿真软件对磁路结构进行优化。首先对电磁作动器磁路结构进行初步选型、选材，然后研究磁路结构尺寸变化对线圈处磁感应强度的影响，之后结合多组线圈处较大磁感应强度下的结构尺寸进行电磁力的仿真优化，以此确定最佳的磁路结构，并在此基础上完成电磁作动器的电磁力设计。电磁作动器设计指标为：总质量小于 8 kg，输出力大于 200 N。

1. 磁路方案设计选型

根据电磁作动器的工作原理，综合考虑电磁作动器的各项设计指标，对电磁作动器的磁路设计提出要求：①漏磁较小；②线圈所处空间的磁场分布均匀；③气隙处磁感应强度大；④磁路重量小。根据永磁体、导磁体和气隙的不同组合方式，设计 4 种不同的圆柱对称型磁路方案，如图 9-3 所示，除永磁体外其他未标记的材料均为导磁材料。

利用电磁有限元软件 Ansoft Maxwell 对磁路进行分析，磁力线仿真结果如图 9-4 所示。

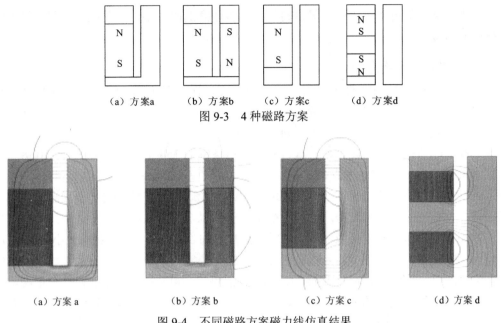

（a）方案a　　　（b）方案b　　　（c）方案c　　　（d）方案d

图 9-3　4 种磁路方案

（a）方案 a　　　　　（b）方案 b　　　　　（c）方案 c　　　　　（d）方案 d

图 9-4　不同磁路方案磁力线仿真结果

从图 9-4 可知，方案 a 漏磁最少，其次是方案 c、方案 d，方案 b 漏磁最多。从线圈可布置长度上看，方案 c、方案 d 可放置线圈最长。

4 种磁路方案气隙中心处沿轴向长度上磁感应强度的变化曲线如图 9-5 所示，整体上磁感应强度由大到小依次是：方案 d、方案 b、方案 a、方案 c。因此，方案 d 具有漏磁较小、气隙磁感应强度大、可布置线圈位置长等特点，后续将主要针对方案 d 开展作动器方案研究。

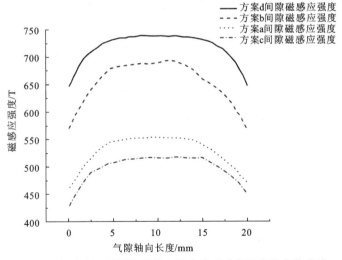

图 9-5　气隙中心处沿气隙轴向长度上磁感应强度的变化曲线

2. 磁体材料的选取

永磁体和导磁体是电磁作动器中最重要的材料，其性能好坏直接影响线圈处磁感应强度及线圈受到的安培力大小。永磁材料应具备较高的磁能积，而导磁材料在磁路中作用类似于电路中的电阻，因此，导磁材料应具备较高的磁导率，以此减小磁阻、增大线圈磁感应强度。

1）永磁材料选取

永磁材料通常是指经磁化后去除外部磁场仍能保持较强磁性的材料，又称硬磁材料。目前市场上常见的永磁材料分为铝镍钴系永磁合金、铁铬钴系永磁合金、永磁铁氧体、稀土永磁材料。相较而言稀土材料性能俱佳，在剩磁、磁感矫顽力、磁能积方面的性能远高于其他种类的永磁材料，其磁能积可达碳钢的 150 倍、铁氧体的 8～10 倍和铝镍钴永磁材料的 3～5 倍，缺点是在温度、化学稳定性等方面表现较差。但近年来针对稀土永磁材料在生产工艺、化学成分方面的改进，学者研制出多种适用于不同温度的稀土永磁体，使其应用范围也变得广泛。考虑稀土材料以上优点且成本相对适中，本小节采用钕铁硼永磁体作为永磁磁源，永磁材料性能参数如表 9-1 所示。其剩磁大小为 1.42 T；矫顽力 H_{cj} 又称内禀矫顽力，是抵抗退磁能力的重要参数，内禀矫顽力越大，永磁体的工作温度 T_w 也越高，N52M 不退磁的最高工作温度为 100 ℃；最大磁能积是衡量磁体单位体积所储存能量大小的参数；磁感矫顽力 H_{cb} 是指磁性材料在磁化达到饱和后，要使其磁感应强度降到零所需的反向磁场强度。

表 9-1　N52M 号钕铁硼的性能参数

型号	磁感应强度（最小值）/T	矫顽力（最小值）/ (kA/m)	矫顽力（最大值）/ (kA/m)	最大磁能积/ (kJ/m³)	工作温度/℃
N52M	1661.2	4047.6	6434.0	11 206.8	18 366.0

2）导磁材料选取

软磁材料是指具有较低的磁感矫顽力和较高磁导率的材料。软磁材料具备磁化容易和去除外加磁场后退磁容易的特性，因此软磁材料能够对外界磁场的变化快速做出反应。为减小磁路磁阻，软磁材料应该具有初始磁导率高、磁感矫顽力低、饱和磁感应强度高等特点。考虑以上特性，选用性能参数优良的电工纯铁 DT4C 作为磁路中的软磁材料，其磁感矫顽力小于 32 A/m，最大磁导率大于 0.0151 H/m，DT4C 的 B-H 磁化曲线如图 9-6 所示。

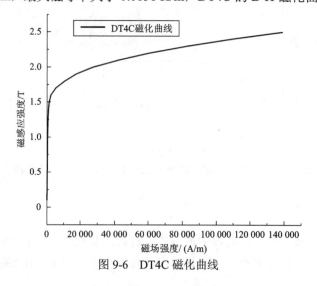

图 9-6　DT4C 磁化曲线

3. 作动器磁路仿真及优化

1）磁路初步仿真分析

针对上述确定的电磁作动器基本方案，对其进行结构优化，并分析结构尺寸对线圈处磁感应强度及电磁力的影响规律。通电线圈在磁场中受到的安培力为

$$F = NBIl \tag{9-1}$$

式中：F 为线圈所受安培力（电磁力）；N 为线圈总匝数；B 为线圈处的磁感应强度；I 为线圈中电流大小；l 为单匝线圈长度。

由式（9-1）可知，当磁感应强度 B 一定时，增大线圈电流、增加线圈匝数或者延长单匝线圈的长度能够增大电磁力。若增大线圈电流，其电阻的热效应会以电流的平方形式增长。一方面金属电阻会随温度的升高而增大，继续恶化产热；另一方面，永磁体长期工作在高温环境中，将会出现退磁等严重影响永磁体性能的现象。若增加线圈匝数，在轴向布置长度有限的条件下，会增大所布置线圈的径向厚度，使磁路气隙扩大。由气隙磁感应强度理论计算公式可知，气隙磁感应强度随气隙体积的增大而减小，同时因线圈增加，产热也会升高。若延长单匝线圈的长度，在质量指标限制下，永磁体外径增大，其他磁路尺寸会因此缩减，有可能影响气隙磁感应强度。因此磁路结构设计要综合考虑以上各项参数，并分析出最佳电磁力时电磁作动器的尺寸结构。

考虑电磁作动器总质量小于 8 kg，初步设定磁路部分总质量为 6 kg 左右，剩余质量预留给线圈及其他辅助结构。假定磁路初始模型尺寸：两块永磁体内径 5 mm，外径 40 mm，厚度 20 mm；动子部分的衔铁内外径和永磁体一样，上、下衔铁厚度 12 mm，中间衔铁厚度 26 mm，气隙 10 mm，线圈宽度 6 mm；导磁外壁内径 50 mm，外径 60 mm，高度 104 mm；磁路总质量 6.2 kg。

仿真模型按实际尺寸建立，对于电磁作动器中其他辅助执行机构：连接杆、螺母、端盖等零件将采用不导磁的铝合金材料，因此无须考虑其影响。磁路仿真模型如图 9-7 所示，在磁路质量近似一定的条件下，通过改变模型尺寸，研究线圈处磁感应强度及电磁力的变化规律。

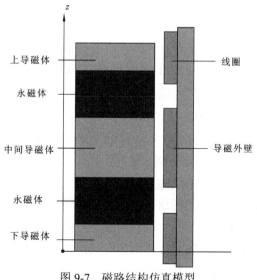

图 9-7 磁路结构仿真模型

鉴于模型是圆柱形的对称模型，以圆柱坐标系 ZX 平面建模，计算流程：①建立二维模型；②选择瞬态场求解；③设置永磁体和导磁体等材料；④设置气球边界条件；⑤电流激励；⑥网格剖分；⑦求解器设置。仿真结果如图 9-8 所示，图中设置的线圈电流为零。

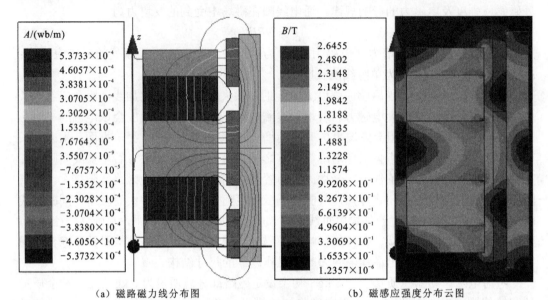

（a）磁路磁力线分布图　　　　　　　　（b）磁感应强度分布云图

图 9-8　初始结构仿真结果

如图 9-8（a）所示，永磁体内侧存在一定程度的漏磁，其余磁力线从磁源发出，经导磁体和线圈回到永磁体，无明显漏磁现象；从图 9-8（b）中可看出，最大磁感应强度出现在中间衔铁的上、下端角处，其余部分的导磁体磁感应强度基本在 1 T 左右，远没达到电工纯铁 DT4C 的饱和磁感应强度。虽磁路磁阻小，磁体磁能的利用率较高，但导磁体的利用率较低，磁路质量没有充分利用，线圈处的磁感应强度也较低，最大数值在 0.6 T 左右。因此，通过改进磁路尺寸，磁路中线圈处磁感应强度和软磁材料利用率均存在提高的可能性。

电磁作动器工作时，交流电场会在周围产生交变的磁场，有可能影响现有永磁体磁场的分布。因此，需要研究通电线圈对永磁体磁场分布的影响。初步假设下列参数：线圈中电流幅值为 2.8 A，线圈处的平均磁感应强度为 0.78 T，由设计要求可知，20～300 Hz 振动频率下，电磁作动器输出力要大于 200 N。因此，在忽略共振影响的条件下，假定所需电磁力为 300 N（预留一定输出力），线圈平均内径为 47 mm，所需线圈匝数为 516 匝。设置相关激励和匝数，仿真结果如图 9-9 所示。

由图 9-9（a）可知，瞬态场中线圈通恒定电流时气隙中心轴向方向上的磁感应强度和不通电时气隙中心轴向方向上的磁感应强度两条曲线基本吻合，说明通恒定电流对气隙磁感应强度基本没有影响。由图 9-9（b）可知，气隙任意一点的磁感应强度整体幅值变化在 2 mT 左右，表明交变电流对气隙磁感应强度无明显影响。上述研究验证了直流和交流电场产生的磁场对永磁体磁场无影响。

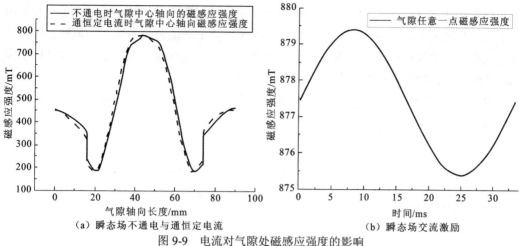

| （a）瞬态场不通电与通恒定电流 | （b）瞬态场交流激励 |

图 9-9　电流对气隙处磁感应强度的影响

2）磁路结构优化分析

电磁作动器主动控制力来源于通电线圈在磁场中受到的安培力。因此，分析气隙处磁感应强度时，只需考虑气隙中线圈处的磁感应强度。由于线圈处磁感应强度是不均匀分布的，使用平均磁感应强度代表线圈处的磁感应强度，下文提到线圈处磁感应强度没有特殊说明均代表线圈处的平均磁感应强度。线圈平均磁感应强度可以根据磁场的高斯定理求解，通过 Ansoft Maxwell 的场计算器求解线圈处的总磁通，总磁通与线圈面积的比值即为线圈处的平均磁感应强度。

磁路尺寸优化仿真试验方案：在保持磁路质量近似恒定的条件下，研究气隙宽度、导磁外壁厚度与永磁体外径、永磁体内径与外径、导磁外壁厚度和永磁体厚度、中间衔铁厚度与永磁体厚度、上/下衔铁厚度与永磁体厚度 6 方面因素对线圈处磁感应强度的影响。

（1）气隙宽度。以初始模型结构为基础尺寸，气隙宽度由 10 mm 逐渐减至 7 mm，线圈处磁感应强度变化趋势如图 9-10 所示。

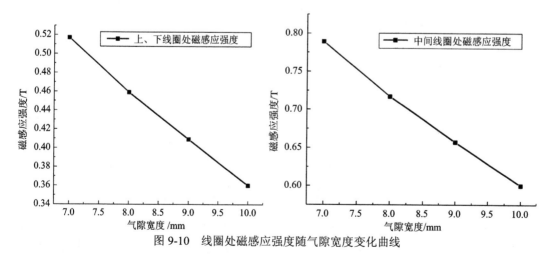

图 9-10　线圈处磁感应强度随气隙宽度变化曲线

由图 9-10 可知，上、中、下线圈处磁感应强度随气隙宽度的减小而增大，主要原因在于气隙宽度越小，气隙体积越小，由气隙磁感应强度理论公式可知，气隙磁感应强度会随气隙体积的减小而增大。考虑需求的电磁力较大，线圈匝数相对较多，并且动子和线圈之间需存在间隙。因此，初步设定间隙宽度为 8 mm。

（2）导磁外壁厚度与永磁体外径。近似保持磁路质量不变，减小导磁外壁厚度，增大永磁体外径，仿真分析上、中、下线圈磁感应强度的变化规律，具体磁路结构尺寸变化如表 9-2 所示。

表 9-2　磁路结构尺寸参数"方案 1"

永磁体外径/mm	间隙宽度/mm	外壁厚度/mm	磁路质量/kg
40	8	10.0	6.11
41	8	9.0	6.09
42	8	8.5	6.17
43	8	7.5	6.09
44	8	7.0	6.17
45	8	6.0	6.09
46	8	5.5	6.17
47	8	5.0	6.25

仿真结果如图 9-11 所示，上、下线圈磁感应强度由 0.459 T 升高至约 0.480 T，中间线圈磁感应强度从 0.717 T 增大至最大 0.763 T，总体趋势均为：随着永磁体外径的增大，磁感应强度逐渐升高，但其增量逐渐变小甚至开始下降。其原因在于左侧永磁体体积增大，可利用的磁能增大，磁场增强，但随着导磁外壁的持续减小，单位面积下通过的磁通增大，导磁外壁磁感应强度逐渐升高，而从电工纯铁的 B-H 曲线可知，当电工纯铁内的磁感应强度达到 1.8 T 后，电工纯铁内部磁阻急剧增大，导致线圈处磁感应强度增长缓慢甚至开始降低。

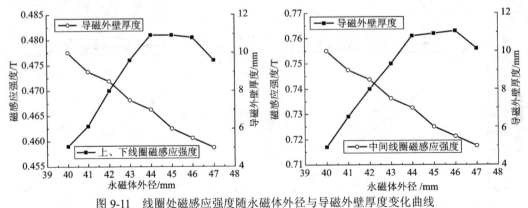

图 9-11　线圈处磁感应强度随永磁体外径与导磁外壁厚度变化曲线

导磁外壁为 5 mm、永磁体外径为 47 mm 时的磁路磁感应强度仿真云图如图 9-12 所示，导磁外壁最大磁感应强度在 2.15 T 左右，其磁阻早已进入快速增长的区间。因此，减小导磁外壁厚度，增大永磁体外径时，导磁外壁厚度要适中，避免降低线圈处的磁感应强度。

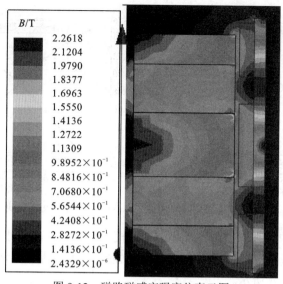

图 9-12 磁路磁感应强度仿真云图

（3）永磁体内径与外径。根据上述分析，为避免导磁外壁磁阻急剧增大，同时导磁外壁过厚，软磁材料利用率低，初步确定外壁厚度为 7.5 mm。仍旧保持磁路质量近似一定，分析增大永磁体内径及增大永磁体外径对线圈磁感应强度的影响。具体尺寸参数变化如表 9-3 所示。

表 9-3 磁路结构尺寸参数"方案 2"

永磁体内径/mm	永磁体外径/mm	间隙宽度/mm	磁路质量/kg
5	43	8	6.09
10	44	8	6.16
14	45	8	6.18
18	46	8	6.14
21	47	8	6.12
23	48	8	6.18
26	49	8	6.11
28	50	8	6.13

线圈磁感应强度随永磁体内径、外径的变化曲线如图 9-13 所示，在磁路质量保持近似一定的条件下，同时增大永磁体内径、外径会使线圈磁感应强度快速下降。说明在质量一定的条件下，永磁体内径对线圈磁感应强度的影响大于外径。主要原因：①永磁体内径增大，内径侧漏磁量增加；②永磁体外径增大，导致导磁外壁内径增大，而导磁外壁厚度不变，导磁外壁所占质量增大，在磁路质量近似恒定的条件下，永磁体质量（体积）减小，导致线圈处磁感应强度减小。可知，永磁体内径越小、外径越大，线圈处磁感应强度越大。

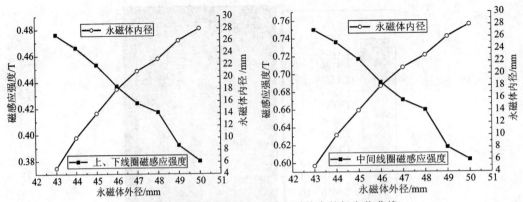

图 9-13　线圈处磁感应强度随永磁体内外径变化曲线

（4）导磁外壁厚度与永磁体厚度。以初始模型结构为基础尺寸，将气隙宽度调整为 8mm，研究导磁外壁厚度和永磁体厚度对线圈处磁感应强度影响，保持总质量近似不变，磁路尺寸变化如表 9-4 所示。

表 9-4　磁路结构尺寸参数"方案 3"

永磁体外径/mm	外壁厚度/mm	永磁体厚度/mm	磁路质量/kg
40	43	8	6.09
40	44	8	6.16
40	45	8	6.18
40	46	8	6.14
40	47	8	6.12
40	48	8	6.18

线圈处磁感应强度随导磁外壁厚度与永磁体厚度变化趋势如图 9-14 所示，可知，增大永磁体厚度并减小导磁外壁厚度时，线圈处磁感应强度会随之增强。随着导磁外壁厚度减小，其磁阻逐渐增大，当导磁外壁为 5 mm 时，其磁感应强度最大值为 2.3 T，基本达到饱和，此时磁路磁阻极大。因此，线圈处磁感应强度在后期开始下降。

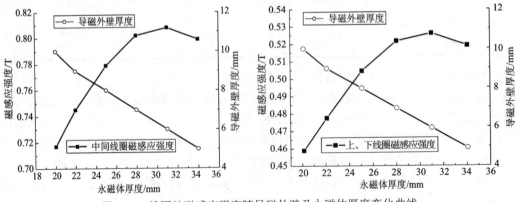

图 9-14　线圈处磁感应强度随导磁外壁及永磁体厚度变化曲线

对比图 9-11 与图 9-14，图 9-14 中线圈平均磁感应强度比图 9-11 中的增速及数值均要大，可以得出如下结论：保持磁路质量近似一定，减小导磁外壁厚度、增大永磁体厚度对线圈磁感应强度的影响大于增大永磁体外径对线圈磁感应强度的影响。可能原因如下：①经计算，在初始尺寸结构下，永磁体质量为 1.48 kg，增大永磁体厚度，磁路中永磁体最大质量为 2.52 kg，而增大永磁体外径，永磁体最大质量为 1.97 kg，因此，增大永磁体厚度使其体积增加得更多；②永磁体的退磁系数随永磁体厚度的增大而增大，随永磁体外径的增大而减小，由计算可知，此时模型结构的退磁系数均小于 1，当退磁系数越接近 1 时，永磁体工作点的磁能积越大。因此，图 9-14 比图 9-11 中线圈处的磁感应强度均要高。但电磁力不仅与线圈处磁感应强度的大小有关，也与线圈单匝长度有关，永磁体外径增大，单匝线圈长度越长，输出的电磁力会增大。因此，并不能直接确定优势结构，仍需综合分析。

（5）永磁体厚度与中间导磁体厚度。依据上述分析，增大永磁体厚度优于增大永磁体外径对气隙磁感应强度的影响，增大永磁体内径同时增大永磁体外径会降低线圈处的磁感应强度，表明永磁体内径不宜过大，永磁体外径过小会使单匝线圈长度变短，匝数增加。因此，不再分析减小永磁体外径、增大永磁体厚度和增大永磁体内径、增大永磁体厚度对线圈磁感应强度的影响。因此，确定永磁体内径为 5 mm，气隙厚度为 8 mm，导磁外壁厚度定为 7 mm，分析减小中间导磁体厚度、增大永磁体厚度对线圈磁感应强度的影响，磁路尺寸变化如表 9-5 所示。

表 9-5　磁路结构尺寸参数"方案 4"

永磁体外径/mm	永磁体厚度/mm	磁路质量/kg	中间导磁体厚度/mm
40	28	6.17	26
40	29	6.17	24
40	30	6.17	22
40	31	6.16	20
40	32	6.16	18
40	33	6.16	16
40	34	6.15	14
40	35	6.15	12
40	36	6.15	10

中间导磁体与永磁体厚度对线圈磁感应强度的影响规律如图 9-15 所示。由图可知，随着中间导磁体厚度的减小，上、中、下线圈处磁感应强度先增大后减小。主要原因是永磁体厚度增大，磁路磁能增大，线圈处磁感应强度增大，但随着中间导磁体厚度继续减小，其磁阻急剧增大，线圈处磁感应强度开始下降。中间导磁体厚度为 10 mm 时磁感应强度分布云图如图 9-16 所示，中间导磁体磁感应强度在 2.3 T 左右，接近饱和，此时磁路磁阻极大，故线圈处磁感应强度出现下降的现象。

（6）上/下导磁体厚度与永磁体厚度。以初始模型结构为基础尺寸，气隙宽度设定为 8 mm，永磁体内径为 5 mm、外径为 40 mm，导磁外壁厚度为 7 mm，中间导磁体厚度为 26 mm，上、下导磁体的厚度从 12 mm 逐步减小至 6 mm，永磁体厚度由 28 mm 增大至 34 mm，其余磁路尺寸保持不变。

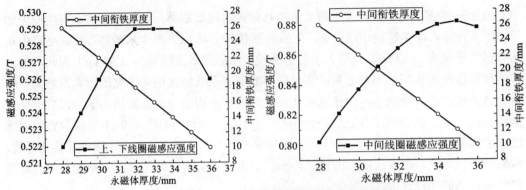

图 9-15 线圈处磁感应强度随中间衔铁和永磁体外径的变化曲线

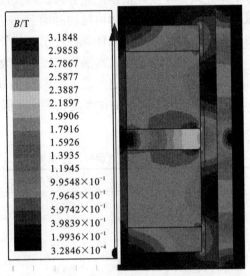

图 9-16 中间导磁体厚度为 10 mm 时磁路磁感应强度云图

永磁体厚度与上、下导磁体厚度对线圈处磁感应强度的影响如图 9-17 所示。上、中、下线圈处的磁感应强度均有升高。原因在于上、下端导磁体厚度减小，磁通量增大，上、下线圈处磁感应强度增大，且上、下磁通会经中间导磁体回到永磁体，使中间线圈处磁感应强度也增大。随着上、下导磁体厚度减小，导磁体磁阻急剧增大，导致线圈处磁感应强度增长缓慢。

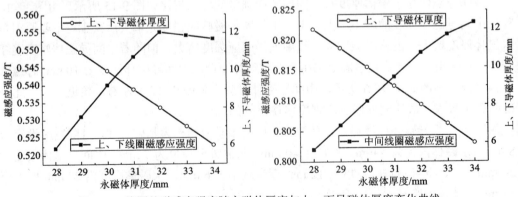

图 9-17 线圈处磁感应强度随永磁体厚度与上、下导磁体厚度变化曲线

理论分析中，软磁材料总是被当作无磁性的物质，但实际中去除外加磁场后软磁材料仍会存在微弱的磁性。去除外加磁场后存在微弱剩磁，主要是由自身的矫顽力决定的。软磁材料磁感矫顽力越大，去除外加磁场后剩磁越大。当线圈与导磁外壁不接触并相隔0.05 mm的间隙时，导磁外壁受到的轴向电磁力变化曲线如图9-18所示，最大电磁力为5.5 N左右。因此，通过计算的线圈平均磁感应强度是永磁体和软磁材料被磁化后自身产生微弱磁场的叠加。为减小仿真电磁力与实际试验电磁力的误差，后续对线圈和导磁外壁设定为一整体进行电磁力分析。

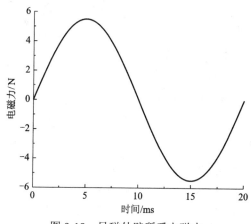

图9-18 导磁外壁所受电磁力

根据上述仿真结果，在磁路质量基本保持不变的条件下，对线圈处磁感应强度的研究可形成如下结论：①适量减小导磁外壁厚度，增大永磁体厚度或永磁体外径均会增大线圈处磁感应强度，且增大永磁体厚度比增大永磁体外径对线圈处磁感应强度影响更大；②减小上、中、下导磁体厚度，增大永磁体厚度会增大线圈处磁感应强度；③永磁体内径过大对线圈磁感应强度有不利影响。综上所述，增大线圈处磁感应强度主要措施为增大永磁体厚度和增大永磁体外径，增大永磁体厚度比增大永磁体外径对线圈磁感应强度影响大，但增大永磁体外径会使单匝线圈长度变长，有利于增大电磁力，因此需分析永磁体厚度和永磁体外径对电磁力的影响规律。

3）电磁力仿真

依据上述的研究与总结，确定导磁外壁厚度为7 mm，气隙宽度为8 mm，永磁体内径为5 mm，且经分析发现上、下及中间线圈最大磁感应强度分别出现在图9-17与图9-15中，当中间导磁体厚度为14～20 mm时，中间线圈磁感应强度较大，其数值为0.852～0.880 T，当中间导磁体厚度小于14 mm时，导磁体磁阻急剧增大，中间线圈磁感应强度下降。当上、下导磁体厚度为6～10 mm时，上、下线圈平均磁感应强度较大。为分析最优电磁力，依次设定4组中间导磁体厚度为14 mm、16 mm、18 mm、20 mm，5组上、下导磁体厚度为6 mm、7 mm、8 mm、9 mm、10 mm，研究永磁体厚度与永磁体外径对电磁力的影响。

对磁路电磁力进行仿真分析，中间导磁体厚度分别为14 mm、16 mm、18 mm、20 mm，电磁力仿真时的永磁体外径与永磁体厚度所对应尺寸参数如图9-19所示。

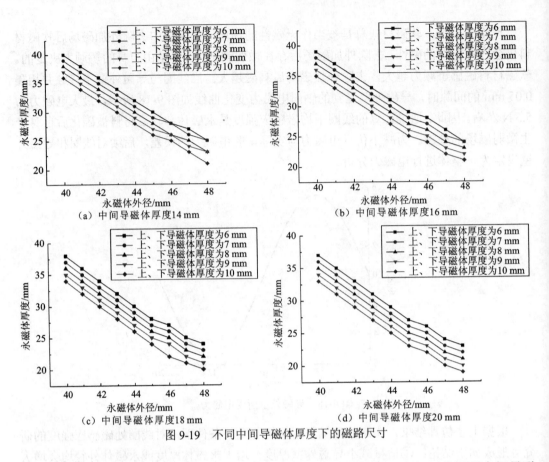

图 9-19　不同中间导磁体厚度下的磁路尺寸

线圈和外壁所受合力（电磁力）的变化曲线如图 9-20 所示。可知，在不同中间导磁体厚度下，电磁力随永磁体外径和上、下导磁体厚度变化规律一致，均随着永磁体外径增大和厚度减小，电磁力基本是先增大后减小，而随上、下导磁体厚度的减小，电磁力呈现增大趋势。

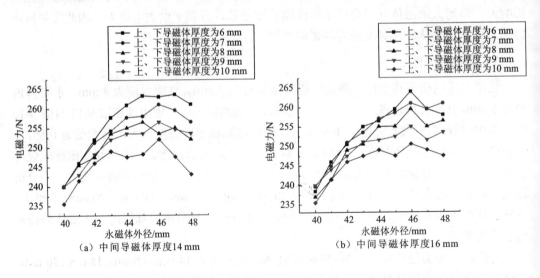

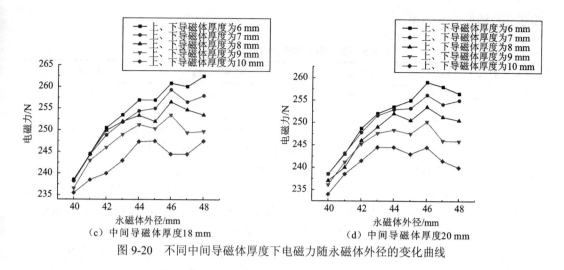

（c）中间导磁体厚度18 mm　　　　（d）中间导磁体厚度20 mm

图9-20　不同中间导磁体厚度下电磁力随永磁体外径的变化曲线

4）磁路最优尺寸参数确定

为确定最佳的电磁力，分析上述4组中间导磁体厚度下电磁力最大值所在曲线，如图9-21所示。

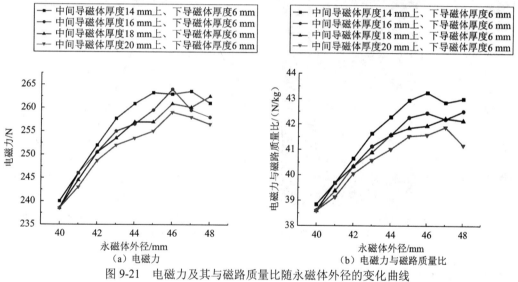

（a）电磁力　　　　　　　　（b）电磁力与磁路质量比

图9-21　电磁力及其与磁路质量比随永磁体外径的变化曲线

由图9-21（a）及表9-6可知，中间导磁体厚度为14 mm时，最大电磁力约为262.95 N；中间导磁体厚度为16 mm时，最大电磁力为264.10 N，此时磁路质量为6.22 kg，其他尺寸下输出电磁力相对较小。由图9-21（b）及表9-6可知，中间导磁体厚度为14 mm、永磁体外径为46 mm时，单位质量下输出的电磁力最大，数值为43.2 N/kg，磁路质量利用率最高，此时磁路质量为6.08 kg，电磁力为262.95 N；考虑质量限制的条件，在中间导磁体厚度为14 mm与16 mm的条件下，最大输出电磁力仅相差1 N左右。因此，中间导磁体厚度确定为14 mm。最佳磁路尺寸参数如下：永磁体外径46 mm，内径5 mm，厚度28 mm，中间导磁体厚度为14 mm，上、下衔铁（导磁体）厚度为6 mm，气隙宽度为8 mm，导磁外壁厚度为7 mm。上、下线圈平均磁感应强度为0.51 T，中间线圈平均磁感应强度为 0.86 T。

表 9-6　不同中间导磁体厚度下的性能参数

中间导磁体厚度/mm	电磁力/N	磁路质量/kg	电磁力与质量比/（N/kg）
14	262.95	6.08	43.24
16	264.10	6.22	42.45

由上述分析可知，在最佳磁路尺寸下，电磁作动器中产生的电磁力为 262.95 N，但与仿真中设定的 300 N 电磁力仍存在一定的差距，主要原因在于上述电磁力仿真分析是在假定的电流安匝数计算得来的。为得到 300 N 的仿真电磁力，若设定总安匝数为 1477 A，经仿真最大电磁力为 300 N，仿真结果如图 9-22 所示。图 9-22（a）为磁路磁感应强度云图，软磁材料的磁感应强度多数在 1.9 T 以下，此时磁路磁阻处在一个急剧增大的分界点上，软磁材料利用率较高。图 9-22（b）为正弦交流激励下电磁力随时间的变化趋势，最大值为 300 N。仿真结果的误差原因可能在于：①电磁作动器运行时温度会升高，仿真未考虑；②购买永磁体性能有差异；③仿真建模有简化。

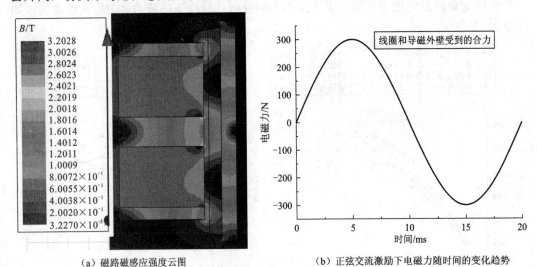

（a）磁路磁感应强度云图　　　　　　（b）正弦交流激励下电磁力随时间的变化趋势

图 9-22　磁路云图及线圈和外壁所受电磁力

9.2.3　性能分析

1. 试验原理

电磁作动器性能测试方法如图 9-23 所示，包括信号发生器、功率放大器、力传感器、信号采集卡和计算机等设备。信号发生器产生一个频率、大小可调的正弦波信号，通过功率放大器实现功率的放大并输送给线圈，力传感器测量动子的振动信号并输出给信号采集卡，计算机利用串口通信读取信号采集卡数据。由于交流电在绕组线圈中会产生电感，线圈的实际电流和理想输入值存在差异，所以在功放和线圈中要添加一个万用表，用于测量线圈中的电流。在作动器线圈输入端安装电流钳，监测输入电流的大小，保证输入电流达到要求。

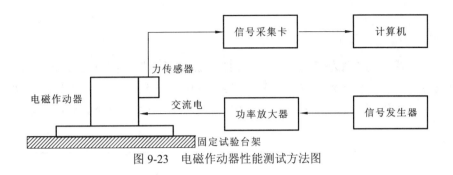
图 9-23　电磁作动器性能测试方法图

2. 试验平台

试验平台由固定台架和传感器固定平台两个部分组成，如图 9-24 所示，其中固定台架的作用为将被测物体固定在试验台架上，避免被测物体传递给地面反馈回来的作用力对其影响以及其他不利因素的影响。传感器固定平台由三个力学传感器和连接板组成，连接板置于力传感器上方，并与被测物体相连接。力传感器与固定台架相连。

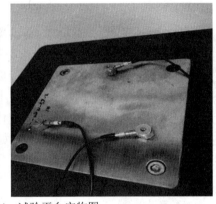

图 9-24　试验平台实物图

3. 试验设备

在测试中主要用到的试验仪器有 B&K 采集系统、力传感器、功率放大器、固定试验台架、电流钳、万用表、便携式笔记本电脑等，如表 9-7 所示。

表 9-7　试验仪器目录

试验仪器	型号	数量
B&K 采集系统	PLUSE 3560-B	1
力传感器	PCB 208C04	3
功率放大器	自研	1
固定试验台架	自研	1
示波器	TPS2000	1
电流钳	C173	1
万用表	UT58A	1
便携式笔记本电脑		2

4. 试验工况

测试作动器分别施加频率最小值为 20 Hz、施加频率最大值为 300 Hz，间隔 25 Hz 的单频信号，使其工作电流分别 2.0 A、2.5 A、3.0 A、3.5 A、4.0 A。测试工况如表 9-8 所示。按照上述步骤，电流分别调整为 2.0 A、2.5 A、3.0 A、3.5 A、4.0 A，进行试验。

表 9-8　作动器单频信号测试工况

工况	频率/Hz	电流/A
1	20～300 Hz 单频（步长 25 Hz）	2.0
2	20～300 Hz 单频（步长 25 Hz）	2.5
3	20～300 Hz 单频（步长 25 Hz）	3.0
4	20～300 Hz 单频（步长 25 Hz）	3.5
5	20～300 Hz 单频（步长 25 Hz）	4.0

5. 试验流程

作动器输出力测试系统设备如图 9-25 所示，将三个力传感器固定在试验台架上。将作动器用到的连接板用 3 个螺钉与力传感器相连，固定在试验台架上，再将作动器用 4 个螺钉拧紧在连接板上，使作动器的两极与功率放大器相连，再连接电脑，如图 9-25 所示。使三个力传感器置于连接板地下分散布置，当作动器内部线圈通电受力后，会产生交变磁场。而该磁场与永磁铁相互作用，形成交变的磁力，导致惯性质量在其平衡位置附近进行微幅振动，从而产生输出力。输出力通过连接板传递给力传感器，可较为准确地测得磁路组件的输出力。

图 9-25　作动器输出力测试系统设备

6. 数据分析

由理论分析可知，当电流频率比电磁作动器固有频率大 10 倍以上时，电磁作动器输出力与电磁力相等。因此测试频率定为 200 Hz 的正弦交流电，幅值为 4.0 A，实测电磁作动器最大电磁力为 210.8 N，与仿真略有误差，考虑电磁力仿真中永磁体性能参数是在 20 ℃环境下设定的，实际运行中由于电磁作动器存在一定的温升，永磁体性能会略微受到影响。因此，电磁力仿真和实测的误差在可接受范围内，基本验证了仿真的正确性；并测试 20 Hz 振动下，输入 4 A 电流时，电磁作动器对外输出为 450 N，满足设计指标。

通过测试电磁作动器输出力随电流频率变化关系，并结合理论分析可以得出动子的共振频率。电流幅值分别在 2.0 A、2.5 A、3.0 A、3.5 A 和 4.0 A 时电磁作动器惯性质量部分的输出力随电流频率变化的规律如图 9-26 所示，当电流频率为 20 Hz 左右时，输出力振动响应最大，表明该频率附近是中间动子的共振频率。

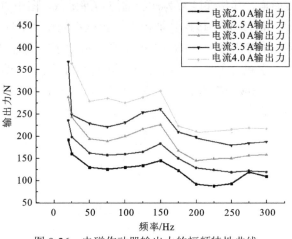

图 9-26 电磁作动器输出力的幅频特性曲线

输出力特性作为电磁作动器重要的性能参数，其线性度影响着实际的控制效果。在电磁作动器运行的稳定区间下（以 100 Hz、150 Hz、200 Hz 电流为例），其输出力随电流的响应规律如图 9-27 所示。可知，动子输出力与电流具有良好的线性，有利于对电磁作动器输出力的可控性，且电磁作动器的输出力满足设计指标。

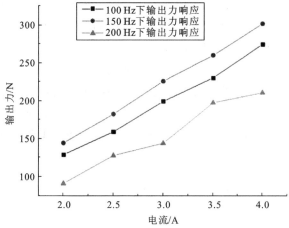

图 9-27 定频下电磁作动器输出力随电流的响应曲线

9.3 基于电磁力的推进轴系横向振动
单通道主动控制方案设计

对于推进轴系的横向振动，船舶螺旋激励是主要因素之一。由于船舶推进轴系横向振动传递路径复杂，难以建立准确的传播模型，而激励位置相对固定，容易采集参考信号，所以拟采用前馈控制方法进行控制。

前馈控制系统的原理如图 9-28 所示。在振动主动控制系统中，外部激励到误差传感器之间的通道被称为初级通道，其传递函数为初级通道传递函数，控制信号到误差传感器之间的通道是次级通道，其传递函数为次级通道传递函数。图中 $f(t)$ 为外部激励，$P(s)$ 为初级通道传递函数，$d(t)$ 为激励传递到被控点引起该点的振动响应信号，$x(t)$ 为外部激励的测量值，也是系统的参考信号，$W(s)$ 为控制器，$u(t)$ 为控制器输出的控制信号，$H(s)$ 为次级通道传递函数，它包含了作动器的转换、输出力到误差点的路径以及信号的误差等，$e(t)$ 为被控点的振动响应与控制力的差值，称为误差信号，当 $e(t)$ 为 0 时代表被控点的振动与施加的控制力完全抵消，即系统振动被完全抑制。

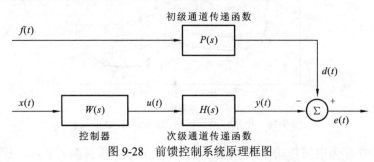

图 9-28　前馈控制系统原理框图

在上述控制系统中，控制算法是核心，按照是否需要被控对象的数学模型，可将主动控制算法分为两类：一类算法需要明确被控对象数学模型，如最优控制、鲁棒控制等；另一类算法则不需要被控对象的数学模型，或不需要精确的数学模型，如自适应控制、模糊控制、神经网络控制等算法。工程实际中被控对象的数学模型往往十分复杂，有时还会受到外部因素影响而发生改变，难以建立准确的数学模型，因此第二类算法更符合需求，其中应用最广泛的是自适应控制算法。

船舶轴系在横向有若干个支撑点，螺旋桨横向激振力通过轴承支撑点向船体传递，引起尾部结构振动及声辐射。螺旋桨横向激振力是激励源，轴系是传递途径，尾部结构是主要的响应面与辐射面。螺旋桨-推进轴-船体系统的横向振动传递路径如图 9-29 所示。轴系横向振动主要来自两大方面：一方面螺旋桨旋转不平衡激励为推进轴系端的能

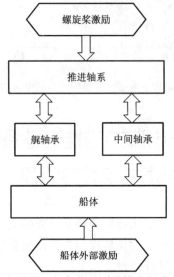

图 9-29　螺旋桨-轴系-船体系统横向振动传递路径

量输入，经过推进轴系和轴承传递到船体；另一方面船体外部激励为船体端的能量输入，经过轴承传递到推进轴系。因此，轴承是船舶艉部振动重要的传递路径，可以通过在轴承上布置作动器的方式控制推进轴系的横向振动。同时，横向振动涉及水平、竖直两个方向，通过多个径向轴承传递振动，因此可以采取单通道或多通道的主动控制方案。

9.3.1　推进轴系横向振动单通道主动控制方案系统搭建

选取武汉理工大学推进轴系动态特性试验台开展验证试验，试验台如图5-10所示，主要尺寸参数如图9-30所示。

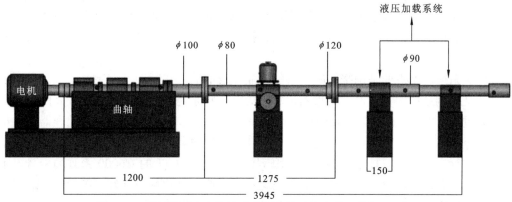

图 9-30　船舶轴系动态特性试验平台的尺寸参数（单位：mm）

1. 推进轴系横向振动单通道主动控制方案

根据前述作动器设计及控制算法选择，推进轴系横向振动单通道主动控制方案如图9-31所示。轴承座处的加速度传感器采集误差信号，液压加载系统附近的加速度传感器采集参考信号，两路信号输入控制器，基于滤波 x 最小均方差（filtered-x least mean square，FxLMS）算法输出控制信号，输入安装在轴承座上的作动器，作动器产生附加振动与已有振动抵消，从而达到降低轴系横向振动的目的。

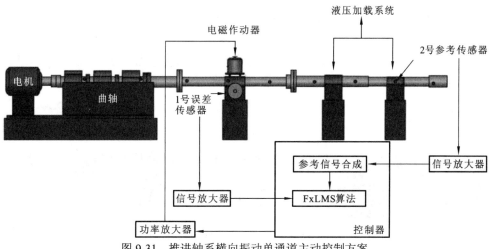

图 9-31　推进轴系横向振动单通道主动控制方案

2. 推进轴系横向振动主动控制系统设备

轴系横向振动主动控制系统主要包括信号采样模块、控制器、信号处理 3 个模块，各模块的设备选型如下。

信号采样模块包括加速度传感器和美国国家仪器（National Instruments，NI）有限公司数据采集系统，功能为：加速度传感器可用于采集测点水平和竖直方向的振动信号，该系统可用于实时监测振动信号并进行分析。控制器主要指内置控制算法的数字信号处理（digital signal process，DSP）芯片，误差传感器和参考传感器输出的电压信号分别作为控制算法的误差信号和参考信号，经过算法的自适应调整，输出一个模拟信号，功率放大器作为一个信号放大模块，接收 DSP 输出的模拟信号，放大后输出给电磁作动器的线圈，电磁作动器根据线圈电流的改变输出控制力并作用于轴系上，实现振动主动控制过程。

控制系统选型主要是围绕匹配核心的控制器选取的，实际振动控制系统中最主要的要求就是控制系统的实时性，处理器运算能力强，特别是面对控制频率比较高的对象而言尤为重要。由于德州仪器（Texas Instruments，TI）的 C6000 系列的型号处理器提供丰富的指令，包括支持复乘、矩阵运算等高级指令，同时具有丰富的高速外设接口，便于与外设进行高速通信，核心控制芯片选用运算频率较高的 TI 的 C6000 系列的型号。主动控制试验要求控制器实时性好，处理器运算能力强，连通性设计好，能耗低，选择南京研旭 TMS320C6747 开发板，主频高达 300 MHz，16 位精度的 AD 模块可接 ±10 V 电压，12 位精度的 DA 模块。

信号处理模块包括信号采集分析仪及信号放大装置。信号采集分析仪采取 NI 数据采集系统，对振动信号进行实时监测及采集，并对振动信号进行时域和频域分析。信号放大装置即功率放大器，由于控制器输出的电流、电压太小，不足以驱动电磁作动器正常运行，所以需要借助功率放大器对输出信号进行放大，选取南京佛能科技实业有限公司的 HEAS-50 作为本试验的功率放大器。

3. 主动控制试验传感器及作动器布置

传感器布置：如图 9-32 所示，在 1 号中间轴承基座处布置 1 个加速度传感器（1 号误差传感器），1 号传感器用来测试中间轴承的垂向振动，同时作为误差信号。在艉轴承基座处布置 1 个加速度传感器（2 号参考传感器），2 号传感器用来测试艉轴承的振动，同时作为参考信号。

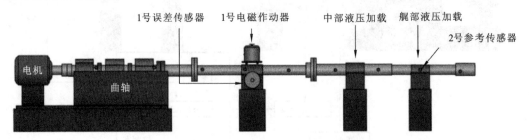

图 9-32　传感器及作动器布置示意图

传感器型号及布置位置如表 9-9 所示。

表 9-9　传感器型号及布置

传感器编号	传感器型号	传感器位置	作用
1	东华测试 1A116E	1 号中间轴承基座	误差信号
2	东华测试 1A116E	艉部液压加载基座	参考信号

作动器布置：采用在中间轴承座上施加垂向作动力的方式，产生附加振动与已有振动抵消，从而有效降低轴系振动，如图 9-33 所示。

4. 试验工况

（1）开启船舶推进轴系动态特性试验台艉部液压加载装置，模拟推进轴系艉部受到的外部激励，激励及推进轴系振动特性受液压加载系统影响。

（2）开启布置在船舶推进轴系动态特性试验台艉部的激振器，模拟推进轴系受到的低频激励，激振器的输出由信号发生器控制，信号发生器设置输出信号

图 9-33　作动器安装图

的波形为正弦波，频率为 60 Hz、80 Hz 和 90 Hz 三种工况。

9.3.2　推进轴系横向振动单通道主动控制结果分析

对比主动控制前后推进轴系的振动特性，激振器激励频率为 60 Hz 时，误差传感器处控制前后的幅频特性曲线如图 9-34 所示。由图可知，控制前，1 号加速度传感器幅频特性曲线最高波峰在 60 Hz 频率处，幅值为 26.2778 dB；控制后，1 号加速度传感器幅频特性曲线最高波峰在 60 Hz 频率处，幅值为 16.5117 dB。控制后在 60 Hz 左右的最高波峰幅值下降了 9.7661 dB。

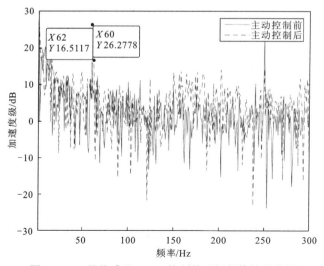

图 9-34　1 号传感器 60 Hz 控制前后幅频特性曲线图

激振器激励频率为 80 Hz 时，误差传感器处控制前后的幅频特性曲线如图 9-35 所示。由图可知，控制前，1 号加速度传感器幅频特性曲线最高波峰在 80 Hz 频率处，幅值为 33.9784 dB；控制后，1 号加速度传感器幅频特性曲线最高波峰在 80 Hz 频率处，幅值为 20.3583 dB。控制后在 80 Hz 左右的最高波峰幅值下降了 13.6201 dB。

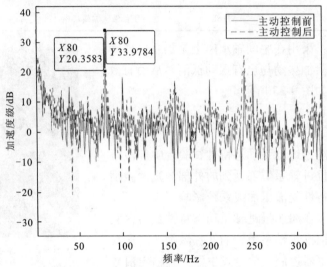

图 9-35　1 号传感器 80 Hz 控制前后幅频特性曲线图

激振器激励频率为 90 Hz 时，误差传感器处控制前后的幅频特性曲线如图 9-36 所示。由图可知，控制前，1 号加速度传感器幅频特性曲线最高波峰在 90 Hz 频率处，幅值为 39.406 dB；控制后，1 号加速度传感器幅频特性曲线最高波峰在 90 Hz 频率处，幅值为 24.8725 dB。控制后在 90 Hz 左右的最高波峰幅值下降了 14.5335 dB。轴系横向振动单频峰值控制后明显下降，说明主动控制策略能够有效抑制轴系的横向振动。

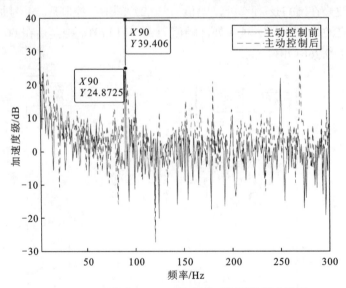

图 9-36　1 号传感器 90 Hz 控制前后幅频特性曲线图

9.4　基于电磁力的推进轴系横向振动双通道主动控制方案设计与优化

单通道主动控制方案仅能控制单点单向，对推进轴系整体振动控制效果有限，因此拟采取双通道主动控制方案，改进推进轴系横向振动的控制效果。由于推进轴系横向振动与水平、垂直两个方向相关，且横向振动沿多个径向轴承传递，分别采用在两个轴承处布置两个作动器的双轴承双通道主动控制方案和在一个轴承处布置水平、垂直两个作动器的单轴承双向双通道主动控制方案展开研究。

9.4.1　推进轴系横向振动双轴承双通道主动控制方案与系统搭建

1. 推进轴系横向振动双轴承双通道主动控制方案

控制方案如图 9-37 所示。通道 1 在 1 号轴承座处布置加速度传感器采集误差信号 2，在该轴承的垂向方向布置 1 号电磁作动器，通道 2 在艉轴承座处布置加速度传感器采集误差信号 2，在该轴承垂向方向布置 2 号电磁作动器，将两路误差信号和液压加载系统附近加速度传感器采集的参考信号，一同输入控制器内，基于 FxLMS 算法输出控制信号，输出的两路信号分别到两个作动器处，作动器产生附加振动与已有振动抵消，使两个轴承处的横向振动均得到抑制，从而达到降低整体轴系横向振动的目的。

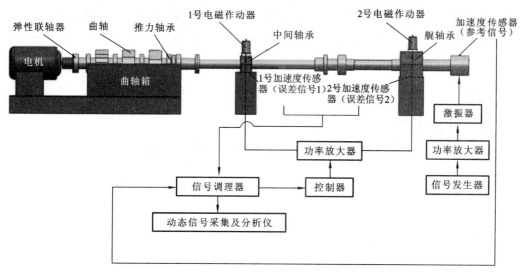

图 9-37　推进轴系横向振动双轴承双通道主动控制方案

2. 双轴承双通道主动控制试验传感器及作动器布置

该双通道主动控制方案所用的仪器与单通道类似，只是增加一个作动器和一个传感器，构成双通道。传感器布置如图 9-37 所示，在 1 号中间轴承基座处布置 1 个单向加速度传感器（1 号），1 号传感器用来测试中间轴承的垂向振动，同时作为 1 号通道的误差信号。在艉轴承基座处布置 1 个单向加速度传感器（2 号），2 号传感器用来测试中间轴承的垂向振动，同时作为 2 号通道的误差信号。

传感器型号及布置位置如表 9-10 所示。

表 9-10　传感器型号及布置

传感器编号	传感器型号	传感器位置	作用
1	东华测试 1A116E	1 号中间轴承基座	1 号误差信号
2	东华测试 1A116E	艉部液压加载基座	2 号误差信号

作动器布置：在 1 号中间轴承基座布置 1 号作动器，艉轴承基座布置 2 号作动器，二者均施加垂向作动力。

3. 双轴承双通道主动控制试验工况

（1）开启船舶推进轴系动态特性试验台艉部液压加载装置，模拟推进轴系艉部受到的外部激励，激励及推进轴系振动特性受液压加载系统影响。

（2）开启布置在船舶推进轴系动态特性试验台艉部的激振器，模拟推进轴系受到的低频激励，激振器的输出由信号发生器控制，信号发生器设置输出信号的波形为正弦波，频率为 130 Hz。

4. 双轴承双通道主动控制试验结果分析

在推进轴系振动双通道主动控制试验中，在艉部液压加载作用下，中间轴承处（1 号传感器）、艉轴承处（2 号传感器）控制前后的幅频特性曲线分别如图 9-38、图 9-39 所示。

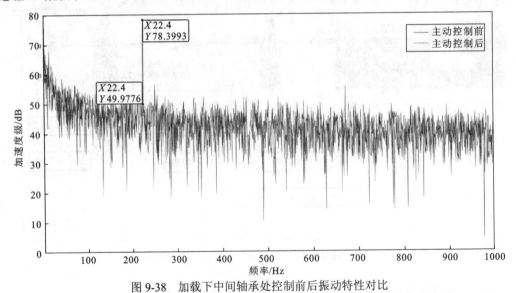

图 9-38　加载下中间轴承处控制前后振动特性对比

当开启艉部液压加载后，控制前，中间轴承处（1 号传感器）横向振动响应特性曲线最高波峰在 224 Hz 频率处，幅值为 78.3993 dB；主动控制后，该点在通道 1 主动控制作用下横向振动响应特性曲线最高波峰 224 Hz 频率处幅值降为 49.9776 dB。因此，该点控制后在 224 Hz 左右的最高波峰幅值下降了 28.4217 dB。经计算，中间轴承处横向振动

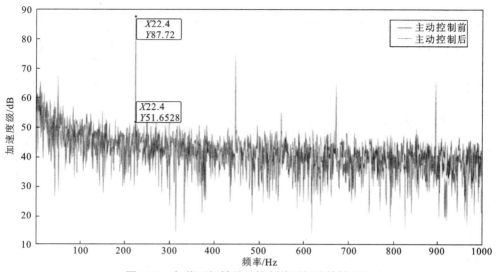

图 9-39 加载下艉轴承处控制前后振动特性对比

在通道 1 主动控制前的加速度总级（20～1000 Hz）为 80.41 dB，主动控制后的加速度总级（20～1000 Hz）为 75.51 dB，总级在控制后下降了 4.90 dB，说明通道 1 的主动控制对该点的横向振动控制效果较好。

当开启艉部液压加载后，控制前，艉轴承处（2 号传感器）横向振动响应特性曲线最高波峰在 224 Hz 频率处，幅值为 87.72 dB；主动控制后，该点在通道 2 主动控制作用下横向振动响应特性曲线最高波峰 224 Hz 频率处幅值降为 51.6528 dB。因此，该点控制后在 224 Hz 左右的最高波峰幅值下降了 36.0672 dB。经计算，艉轴承处横向振动在通道 2 主动控制前的加速度总级（20～1000 Hz）为 88.21 dB，主动控制后的加速度总级（20～1000 Hz）为 78.34 dB，总级在控制后下降了 9.87 dB，说明通道 2 取得了较好的控制效果。

在激振器激励（130 Hz）下，中间轴承处（1 号传感器）、艉轴承处（2 号传感器）控制前后的横向振动响应特性曲线分别如图 9-40 和图 9-41 所示。

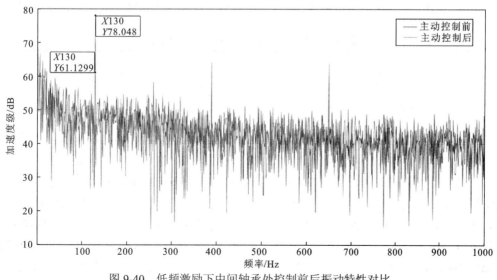

图 9-40 低频激励下中间轴承处控制前后振动特性对比

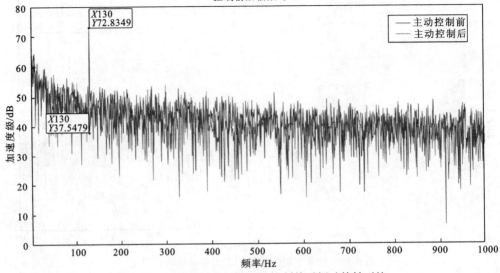

图 9-41　低频激励下艉轴承处控制前后振动特性对比

当开启激振器激励后，控制前，中间轴承处（1 号传感器）横向振动响应特性曲线最高波峰在 130 Hz 频率处，幅值为 78.048 dB；主动控制后，该点在通道 1 主动控制作用下横向振动响应特性曲线最高波峰 130 Hz 频率处幅值降为 61.1299 dB。因此，该点控制后在 130 Hz 左右的最高波峰幅值下降了 16.9181 dB。经计算，中间轴承处在通道 1 主动控制前的加速度总级（20～1000 Hz）为 79.79 dB，主动控制后的加速度总级（20～1000 Hz）为 76.32 dB，总级在控制后下降了 3.47 dB。

当开启激振器激励后，控制前，艉轴承处（2 号传感器）横向振动响应特性曲线最高波峰在 130 Hz 频率处，幅值为 72.8349 dB；主动控制后，该点在通道 2 主动控制作用下横向振动响应特性曲线最高波峰 130 Hz 频率处幅值降为 37.5470 dB。因此，该点控制后在 130 Hz 左右的最高波峰幅值下降了 35.2879 dB。经计算，艉轴承处在通道 2 主动控制前的加速度总级（20～1000 Hz）为 78.08 dB，主动控制后的加速度总级（20～1000 Hz）为 74.69 dB，总级在控制后下降了 3.39 dB，控制前后激励频率加速度级变化如表 9-11 所示。

表 9-11　控制前后激励频率加速度级变化

频率/Hz	通道 1			通道 2		
	主动控制前/dB	主动控制后/dB	变化量/dB	主动控制前/dB	主动控制后/dB	变化量/dB
224	78.3993	49.9776	28.4217	87.7200	51.6528	36.0672
130	78.048	61.1299	16.9181	72.8349	37.5470	35.2879

通过以上分析可知，在该双通道主动控制方案下，无论是在液压加载作用下推进轴系两个轴承处的横向振动，还是在低频激振器加载作用下推进轴系两个轴承处的横向振动均得到了良好的控制，在液压加载工况下，中间轴承和艉轴承最高幅值处线谱下降量分别为 28.41 dB 和 36.07 dB，在 20～1000 Hz 总级下降量分别为 4.90 dB 和 9.87 dB；在低频加载工况下，中间轴承和艉轴承最高幅值处线谱下降量分别为 17.02 dB 和 35.28 dB，在 20～1000 Hz 总级下降量分别为 3.47 dB 和 3.39 dB。从线谱幅值控制来说，双通道主

动控制的控制效果优于单通道控制，且两处振动均得到了控制，使得推进轴系整体控制效果更好。

9.4.2　推进轴系横向振动单轴承双向双通道主动控制方案设计

1. 推进轴系横向振动单轴承双向双通道主动控制方案

推进轴系横向振动双轴承双通道主动控制方案如图 9-42 所示。分别在中间轴承座的竖直方向和水平方向安装电磁作动器，响应误差信号就近选取，在艉部靠近螺旋桨处放置参考传感器，拾取参考信号，将误差信号和参考信号输入基于 FxLMS 算法的自适应前馈控制器中进行计算，得到控制信号输入两个电磁作动器，驱使作动器将控制信号转化成控制力，从垂直和水平方向同时施加控制力，对船舶轴系横向振动进行控制。将方案中位于中间轴承座竖直方向的 1 号电磁作动器和 1 号加速度传感器之间的次级通道称为通道 1，中间轴承座水平方向的 2 号电磁作动器和 2 号加速度传感器之间的次级通道称为通道 2。

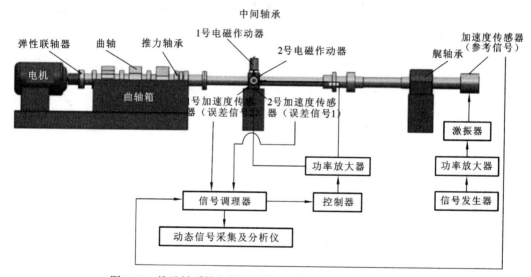

图 9-42　推进轴系横向振动单轴承双向双通道主动控制方案

2. 单轴承双向双通道轴系横向振动主动控制作动器布置

推进轴系横向振动单轴承双向双通道主动控制方案所用到的设备与测试方法与双轴承双通道主动控制方案类似，只是在同一轴承座处布置两个通道。其中，水平、垂直两个方向的作动器采用如图 9-43 所示的支架进行安装。

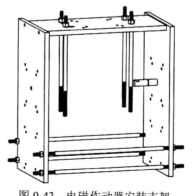

图 9-43　电磁作动器安装支架

3. 试验工况

（1）开启船舶推进轴系动态特性试验台艉部液压加载装置，模拟推进轴系艉部受到的外部激励，激励及推进轴系振动特性受液压加载系统影响。

（2）电机转速为 300 r/min，艉轴端模拟受叶频激励频率 108 Hz。

4. 试验结果与振动控制效果分析

设置试验转速为 300 r/min，即信号发生器频率设置为模拟艉轴端受叶频激励频率为 108 Hz。读取采集系统中误差传感器在主动振动控制前后的变化，效果如图 9-44 和图 9-45 所示。可知，通道 1、通道 2 由激振器产生的 108 Hz 频率处振动加速度级有明显下降。

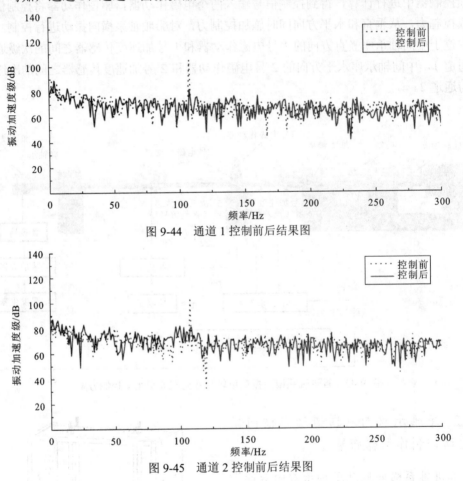

图 9-44　通道 1 控制前后结果图

图 9-45　通道 2 控制前后结果图

轴系转速 300 r/min 工况下，控制前后激励频率加速度级变化如表 9-12 所示。由表可知，通道 1 主要峰值频率为 108 Hz，开启主动控制前振动加速度级为 105 dB，开启后为 81.67 dB，该频率处振动加速度级下降了 23.33 dB，216 Hz 倍频处下降了 6.10 dB。通道 2 主要峰值频率为 108 Hz，开启主动控制前振动加速度级为 104.10 dB，开启后为 79.94 dB，该频率处振动加速度级下降了 24.16 dB，216 Hz 倍频处下降了 1.86 dB[3]。

表 9-12　控制前后激励频率加速度级变化

频率/Hz	通道 1			通道 2		
	主动控制前/dB	主动控制后/dB	变化量/dB	主动控制前/dB	主动控制后/dB	变化量/dB
108	105.00	81.67	23.33	104.10	79.94	24.16
216	74.00	67.90	6.10	76.84	74.98	1.86

9.4.3　推进轴系横向振动双通道主动控制方案优化

以上主动控制方案误差点为与作动力施加点接近的点，因此仅在一个或多个作动力施加点处的横向振动得到了有效控制，为了进一步控制轴系整体横向振动，本小节提出一种基于智能优化算法的多通道主动控制方案，即对误差传感器配置方式进行优化，使该主动控制方案能够有效降低推进轴系的整体振动水平。

1. 传感器位置优化目标函数建立

在一个多通道的主动控制系统中[4]，假设系统有 m 个误差传感器、p 个作动器，各传感器的误差信号为

$$e_m = d_m + G_{mp}u_p \tag{9-2}$$

式中：$e_m \in R^{m \times 1}$ 为控制后的误差信号；$d_m \in R^{m \times 1}$ 为控制前的响应；$u_p \in R^{p \times 1}$ 为控制力；$G_{mp} \in R^{m \times p}$ 为控制通道的传递关系。

定义主动控制系统的控制目标，将 m 个测点的加速度均方和尽可能地降低，此时目标函数为

$$J_m = \sqrt{(e_m^H e_m)/m} \tag{9-3}$$

根据最优控制可知，控制力的最优解为

$$u_{p,\text{opt}} = -(G_{mp}^H G_m^p)^{-1} G_{mp} d_m \tag{9-4}$$

此时目标函数的最小值为

$$J_{m,\min} = \left\{ \frac{1}{m} d_m^H \left[I - G_{mp}(G_{mp}^H G_{mp})^{-1} G_{mp}^H \right] d_m \right\}^{1/2} \tag{9-5}$$

对于拥有 m 个误差传感器和 p 个作动器的多通道主动控制系统，包含了 $m \times p$ 条作动器-传感器的次级通道，m 值较大时，系统变得十分复杂。从保证控制系统的稳定性角度考虑，尽可能减少误差传感器数量能够降低系统复杂程度，有助于系统安全有效运行。因此从 m 个传感器中选择 q 个作为误差传感器（$q < m$），此时这 q 个点的误差信号可表示为

$$e_q = d_q + G_{qp}\hat{u}_p \tag{9-6}$$

式中：$e_q \in R^{q \times 1}$ 为控制后的误差信号；$d_q \in R^{q \times 1}$ 为控制前的响应；$\hat{u}_q \in R^{q \times 1}$ 为误差传感器减少后的控制力；$G_{qp} \in R^{q \times p}$ 为控制通道的传递关系。

此时目标函数可表示为

$$J_q = \sqrt{(e_q^H e_q)/q} \tag{9-7}$$

根据最优控制可知，此时控制力的最优解为

$$\hat{u}_{p,\text{opt}} = -(G_{qp}^H G_q^p)^{-1} G_{qp} d_q \tag{9-8}$$

计算以局部控制力控制原有的 m 个测点振动时的目标函数。此时目标函数的最小值可表示为

$$J_{m,\text{min}} = \left\{ \frac{1}{m} (d_m + G_{mp} + \hat{u}_{p,\text{opt}})^H (d_m + G_{mp} + \hat{u}_{p,\text{opt}}) \right\}^{1/2} \tag{9-9}$$

得到使用 q 个误差传感器控制原本的 m 个点振动水平的目标函数。在实际的振动控制系统中，作动器输出的控制力是有限度的，目标函数有约束条件。因此主动控制系统全局的目标函数为

$$\begin{cases} J = (d_m + G_{mp} u_{p,\text{opt}})^H (d_m + G_{mp} u_{p,\text{opt}}) \\ u_{p,\text{opt}} = -(G_{qp}^H G_{qp})^{-1} G_{qp} d_p \\ u_p \leqslant C \end{cases} \tag{9-10}$$

2. 粒子群优化算法

粒子群优化算法的思想起源于自然界中鸟群、鱼群捕食行为。该算法主要思想是假设在一片丛林中，仅剩下唯一一个食物，丛林中的一群鸟在漫无目的地搜寻，鸟群不知道食物的具体位置，但知道自己与食物的距离。每只鸟儿会自发地搜索自己周围距离食物最近的鸟并向其靠近，然后在新的位置继续搜索周围区域，直至寻找到食物。鸟群的个体之间资源共享，极大地提高了觅食效率。

同样地，在寻找优化问题的最优解时，将问题的任何一个可能解视为群体中的一个个体，称为粒子。在寻优过程中，每一个粒子在搜索空间内寻找最优解，并将个体当前所获得的极值与种群中的其他粒子共享，粒子跟踪周围的其他极值来更新自己的位置，直到找到全局最优解。

粒子群优化算法中种群数量对群体搜索到最优解的速度影响很大，种群很小时，容易陷入局部最优解，较大的种群能够提高系统的收敛性，寻优速度更快，但是相应地也会增大每次迭代的计算量。图 9-46 为粒子位置更新示意图，标准的粒子群算法中，有 n 个粒子存在于一个 D 维搜索空间内，这些例子经过初始化后随机分布在搜索空间中，其速度和位置的计算公式为

$$v_{id}(t+1) = v_{id}(t) + c_1 r_1 [p_{id} - x_{id}(t)] - c_2 r_2 [p_{id} - x_{id}(t)] \tag{9-11}$$

$$x_{id}(t+1) = x_{id}(t) + v_{id}(t+1), \quad 1 \leqslant i \leqslant n, 1 \leqslant d \leqslant D \tag{9-12}$$

式中：$v_{id}(t)$ 为粒子速度矢量的第 d 维分量；$x_{id}(t)$ 为粒子位置矢量的第 d 维分量；p_{id} 为粒子局部最优值的第 d 维分量；p_{gd} 为粒子全局最优值的第 d 维分量；c_1、c_2 为权重因子，是非负常数；r_1 和 r_2 为服从[0, 1]上均匀分布的随机数。

粒子群优化算法的进化过程如图 9-47 所示，具体步骤如下。

（1）初始化。$t = 0$ 时，D 维空间内随机产生 n 个粒子，各粒子的初始位置可表示为 $x_{id}(0)$ 粒子初始速度为 $v_{id}(0)$。

（2）计算适应度函数值。将各粒子的适应度函数值 $f(x_{id}(0))$ 视作初始的局部最优值 P_{best}，这些粒子适应度函数值的最优值就是当前粒子群的全局最优值 g_{best}。

（3）更新时间：设置时间 $t = t+1$。

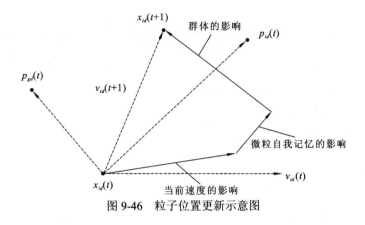

图 9-46　粒子位置更新示意图

（4）更新速度和位置：按照式（9-10）和式（9-11）的计算方法，更新粒子的速度和位置。

（5）更新个体最优值：比较 $f(x_i(t))$ 与 P_{best}，将二者中最优的一个值赋给 P_{best}。

（6）更新全局最优值：在 P_{best}（$i = 1, 2, \cdots, n$）中，选取最优的 P_{best} 赋给 g_{best}。重复步骤（3）～步骤（6），直到得到问题的最优解。

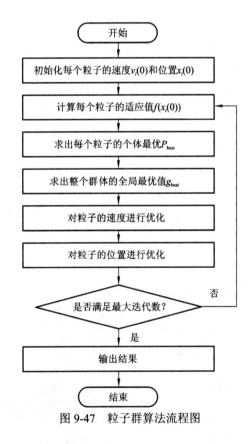

图 9-47　粒子群算法流程图

粒子群算法参数设置如表 9-13 所示。本小节基于粒子群算法，对传感器位置优化的寻优过程如下。

表 9-13　粒子群算法参数设置

种群规模	粒子范围	速度范围	加速度常数	惯性权重因子	最大迭代次数
10	矩阵范围内	[0，40]	$c_1 = c_2 = 2.0$	$w_{max} = 0.95$ $w_{min} = 0.4$	1000

（1）确定种群设计变量的范围。

（2）初始化。随机初始化 10 组传感器配置方式，组成初始粒子群。

（3）计算初始粒子群中个体对应的适应度函数。本小节涉及的适应度函数为振动加速度均方值。粒子分别得到的目标函数最小值为 P_{best}，10 个粒子的整体最小值为 g_{best}。

（4）粒子速度、位置更新。粒子的加速度常数取 2，初始惯性权重取 0.95，最终惯性权重取 0.4。根据粒子群算法计算得到最新的 10 组传感器位置。

（5）计算更新后的粒子群中各粒子对应的新的适应度函数值。新的适应度函数分别与 P_{best}、g_{best} 比较，结果更好则更新个体极值和全局极值。

（6）判断是否停止迭代。当粒子群中个体的最优值与全局最优值相等时，即视为找到使目标函数值最小的传感器配置方案，此时系统停止迭代。或者系统已经达到最大迭代次数仍未找到最优解，同样停止迭代。

3. 传感器位置优化模型数据采集

为了整体评价船舶推进轴系的振动情况，以某船舶推进轴系为对象，在轴系上均匀布置 8 个传感器，分别采集轴系各段的振动数据，8 个传感器布置位置如图 9-48 所示。同时为减少传感器数目，将误差传感器位置与上述的振动监测传感器相结合，从 8 个传感器中选择 2 个作为双通道主动控制系统的 2 个误差传感器。传感器安装位置如图 9-49 所示。推进轴系艉部布置激振器将激励力作用在轴系上，控制目标为减小 8 个待减振点的加速度均方和。

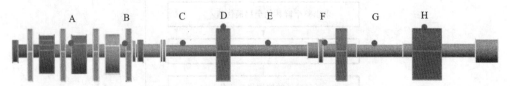

图 9-48　轴系振动监测传感器测点分布示意图

图 9-49　传感器测试图

首先采集次级路径振动信号。在船舶轴系处于静止状态时，在中间轴承座的垂直方向用激振器施加随机信号激励，通过信号采集分析设备收集轴系上8个测试点的振动信号，作为1号电磁作动器与8个传感器对应的次级路径信号。同理，在中间轴承座的水平方向施加随机信号激励，通过信号采集分析设备收集水平方向的振动信号，作为2号电磁作动器与8个传感器对应的次级路径信号。

4. 轴系横向振动主动控制系统及工况

将系统中软硬件设备按照如图9-50所示进行连接，得到完整的船舶推进轴系横向振动主动控制试验系统。

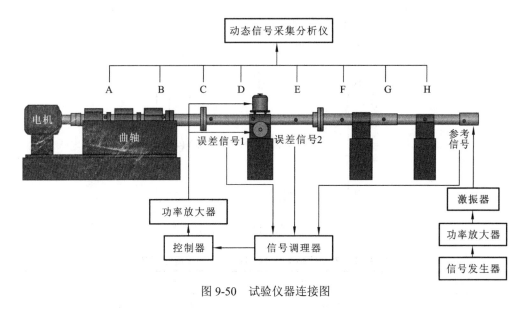

图 9-50　试验仪器连接图

为验证主动控制方案的有效性，根据在某推进轴系上采集的振动数据，分别模拟轴系不同螺旋桨激励时的轴系振动情况。由于采用的试验平台没有螺旋桨激励，用激振器在艉轴端提供141 Hz的激励来模拟螺旋桨叶频激励。

5. 推进轴系横向振动多通道主动控制结果分析

根据最终确定的主动控制方案，1号作动器所在通道误差传感器配置于D点处，2号作动器所在通道误差传感器配置于E点处。在各工况下，分别记录主动控制前后各传感器所在位置的振动数据进行分析[5]。

在螺旋桨激励频率141 Hz的情况下，实时监测A～H各点处振动水平在主动振动控制前后的变化，其控制前后振动曲线如图9-51和图9-52所示。

主动控制开启后，轴系上8个测点的振动水平在141 Hz、282 Hz处振动加速度级均方和出现了不同程度下降，其中141 Hz处下降最为显著。8个测点在141 Hz频率处的振动加速度级变化如表9-14所示。

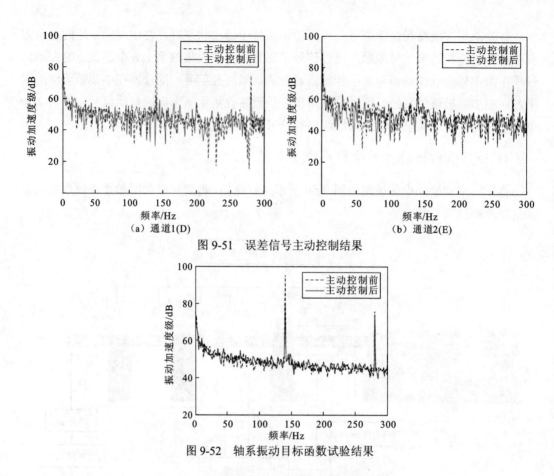

（a）通道1(D)　　　　　　　　　（b）通道2(E)

图 9-51　误差信号主动控制结果

图 9-52　轴系振动目标函数试验结果

表 9-14　主动控制前后 141 Hz 频率加速度级变化

测点	主动控制前/dB	主动控制后/dB	变化量/dB
A	87.02	86.78	0.24
B	91.74	87.43	4.32
C	91.21	77.05	14.16
D	96.51	62.20	34.31
E	95.36	66.42	28.94
F	95.00	64.38	30.62
G	97.82	76.86	20.96
H	107.24	105.78	1.46
加速度级均方和	95.40	79.56	15.84

由表 9-14 可知，在 141 Hz 频率处，几乎所有测点的振动加速度都得到了较好的控制，振动加速度级最高下降了 34.31 dB，8 个测点的振动加速度级均方和由控制前的 95.40 dB 降到 79.56 dB，主动控制后振动加速度级均方和下降了 15.84 dB。

分析以上试验结果，如表 9-15 所示。船舶轴系横向振动主动控制前后对各工况下主要激励频率均有良好的控制效果，在各误差点处的振动控制有 10～30 dB 的减振效果。而从轴系整体振动情况来看，主动控制后能使轴系整体振动水平下降 9.27～15.84 dB。

以上结果表明，本小节所设计并优化的船舶轴系横向振动主动控制方案是可行且有效的。

表 9-15　轴系在各频率的整体振动主动控制效果

频率/Hz	主动控制前/dB	主动控制后/dB	变化量/dB
79	83.27	73.99	9.28
110	85.33	74.49	10.84
141	95.40	79.56	15.84

根据提出的船舶推进轴系横向振动主动控制方案，搭建了船舶推进轴系横向振动主动控制试验系统，进行轴系横向振动主动控制试验。试验结果表明，该主动控制方案对整个轴系平台的振动加速度级控制是有效的，整个轴系平台在控制频率处的减振量可达到 9.27～15.84 dB。

优化前后的主动控制效果对比如表 9-16 所示。

表 9-16　轴系在各频率的整体振动主动控制效果

		主动控制前/dB	主动控制后/dB	变化量/dB
通道 1	优化前	82.44	70.97	11.47
	优化后	82.76	65.31	16.45
通道 2	优化前	86.87	73.17	13.60
	优化后	88.86	70.70	18.16
均方和	优化前	82.49	76.30	6.19
	优化后	83.27	73.99	9.27

从以上实验结果可以看出，通道 1 的振动加速度水平在优化前降低了 11.47 dB，而在优化后降低了 16.45 dB。由此可见，通道 2 的振动加速度水平在优化前降低了 13.60 dB，而在优化后降低了 18.16 dB。最后，采用预优化布置的主动控制系统将轴振动加速度的均平方和降低 6.19 dB，优化布置方案降低 9.27 dB。因此，振动主动控制效果提高了 3.08 dB。可见，优化的船舶轴系统横向振动主动控制方案是可行有效的。

参 考 文 献

[1] 王大中. 振动主动控制及应用[M]. 哈尔滨: 哈尔滨工业大学, 2011.

[2] 李红帅. 基于多通道 FxLMS 算法的船舶轴系横向振动主动控制策略研究[D]. 武汉: 武汉理工大学, 2021.

[3] 王桂. 船舶推进轴系全局横向振动主动控制方案设计及布置优化[D]. 武汉: 武汉理工大学, 2022.

[4] 逯露. 基于改进 FxLMS 算法的船舶轴系横向振动主动控制方法研究[D]. 武汉: 武汉理工大学, 2022.

[5] 韦东垚. 船舶轴系横向振动特性及主动控制模型研究[D]. 武汉: 武汉理工大学, 2021.